BRANDT

20. und 21. Deutscher Finanzgerichtstag

20 Jahre Deutscher Finanzgerichtstag – Steuerrecht und Steuerrechtsschutz in Zeiten zunehmender Digitalisierung und Instrumentalisierung künstlicher Intelligenz

Stand und Entwicklung des Steuerrechts in unsteten Zeiten

BRANDT

20. und 21. Deutscher Finanzgerichtstag 2024/2025

20 Jahre Deutscher Finanzgerichtstag – Steuerrecht und Steuerrechtsschutz in Zeiten zunehmender Digitalisierung und Instrumentalisierung künstlicher Intelligenz

Stand und Entwicklung des Steuerrechts in unsteten Zeiten

herausgegeben

vom Präsidenten des Deutschen Finanzgerichtstages

Prof. Jürgen Brandt,
Richter am Bundesfinanzhof a. D.

für den

Bund Deutscher Finanzrichterinnen und -richter

und den

Verein der Richterinnen und Richter am Bundesfinanzhof

BOORBERG

Ziterweise, Kirchhof, in DFGT 20/21 (2024/25), …

Bibliografische Information der Deutschen Nationalbibliothek | Die Deutsche Nationalbibliothek verzeichnet diese Publikation in der Deutschen Nationalbibliografie; detaillierte bibliografische Daten sind im Internet über www.dnb.de abrufbar.

ISBN 978-3-415-07841-3

Anfragen gemäß EU-Verordnung über die allgemeine Produktsicherheit (EU) 2023/988 (General Product Safety Regulation - GPSR) richten Sie bitte an:
Richard Boorberg Verlag GmbH & Co KG, Produktsicherheit, Scharrstraße 2, 70563 Stuttgart; E-Mail: produktsicherheit@boorberg.de

Satz: Claudia Wild, Otto-Adam-Straße 2, 78467 Konstanz |
Druck und Bindung: Laupp & Göbel GmbH, Robert-Bosch-Straße 42, 72810 Gomaringen

Richard Boorberg Verlag GmbH & Co KG | Scharrstraße 2 | 70563 Stuttgart
Stuttgart | München | Hannover | Berlin | Weimar | Dresden
www.boorberg.de

Inhaltsverzeichnis

Vorwort 9

Programme 11

20. Deutscher Finanzgerichtstag 2024 13

Eröffnung 15
Prof. Jürgen Brandt, Richter am Bundesfinanzhof a. D.,
Präsident des Deutschen Finanzgerichtstages

Grußwort 21
von Dr. Benjamin Limbach, Justizminister des Landes Nordrhein-Westfalen

Grußwort 27
von Dr. Hans-Josef Thesling, Präsident des Bundesfinanzhofs

Grußwort 31
von Prof. Dr. Hartmut Schwab, Präsident der Bundessteuerberaterkammer

Künstliche Intelligenz im Steuerrecht – Einsatzfelder
und Herausforderungen für Steuerrechtsgestaltung, Steuerberatung
und Steuerrechtsschutz 35
Steuerberater Stefan Groß (CISA), München

Rechtsfragen der Videoverhandlung an den Gerichten 57
Dr. Nils Trossen, Richter am Bundesfinanzhof

Verfassungsmäßigkeit der Grundsteuer 65
Prof. Dr. Gregor Kirchhof, Universität Augsburg

Aktuelle Rechtsprechung zur Besteuerung
der Personengesellschaften 97
Dr. Christian Graw, Richter am Bundesfinanzhof

Die steuerliche Behandlung von Einlagenrückgewähren
im internationalen Kontext 107
Dr. Ingo Oellerich, Richter am Finanzgericht Münster

Aktuelle Streitfragen der Umsatzbesteuerung 125
Alexandra Schütze, Richterin am Finanzgericht Düsseldorf

Haftung im Steuerrecht – Aktuelle Rechtsprechung
aus dem Haftungsrecht 137
Dr. Katja Roth, Richterin am Bundesfinanzhof

21. Deutscher Finanzgerichtstag 2025 149

Eröffnung 151
Prof. Jürgen Brandt, Richter am Bundesfinanzhof a. D.,
Präsident des Deutschen Finanzgerichtstages

Grußwort 153
von Dr. Hans-Josef Thesling, Präsident des Bundesfinanzhofs

Grußwort 157
von Prof. Dr. Hartmut Schwab, Präsident der Bundessteuerberaterkammer

Demokratie in der Krise 163
Jürgen Wiebicke, Journalist

Das Leistungsfähigkeitsprinzip im nationalen
und europäischen Steuerrecht 173
Prof. Dr. Michael Lang, Wirtschaftsuniversität Wien

Aktuelle Entwicklungen im finanzgerichtlichen Rechtsschutz 199
Richterin am Bundesfinanzhof Dr. Franziska von Freeden, Richter am Finanzgericht Düsseldorf Dr. Oliver Rode und Prof. Dr. Roman Seer, Universität Bochum

Verfassungsrechtliche Grenzen steuerrechtlicher Mitwirkungspflichten – Steuervollzug im Dienste der Gleichheit und Freiheit 211
Prof. Dr. Johanna Hey, Universität zu Köln

Neuakzentuierungen der Besteuerung von Mitarbeiterbeteiligungen:
Nunmehr relevante Fallgruppen der Besteuerung 243
Dr. Sascha Bleschick, Vorsitzender Richter am Finanzgericht Münster

Problematik der Abfärbewirkung in § 15 Abs. 3 Nr. 1 Satz 1 EStG 259
Ina Schneider, Richterin am Finanzgericht Köln

Schenkungsteuer bei Einlagen und sonstigen Leistungen an Gesellschaften 285
Dr. Sina Baldauf, Richterin am Bundesfinanzhof

Aktuelle Herausforderungen in Betriebsprüfungen 299
Dr. Egmont Kulosa, Richter am Bundesfinanzhof

Vorwort

Dieser Doppelband dokumentiert umfassend den 20. Deutschen Finanzgerichtstag (2024) mit seinem Generalthema „20 Jahre Deutscher Finanzgerichtstag – Steuerrecht und Steuerrechtsschutz in Zeiten zunehmender Digitalisierung und Instrumentalisierung künstlicher Intelligenz" sowie den 21. Deutschen Finanzgerichtstag (2025) unter dem Generalthema „Stand und Entwicklung des Steuerrechts in unsteten Zeiten".

Für beide Veranstaltungen waren unverändert neben den jeweiligen Generalthemen mit ihrer besonderen Prägung durch die Herausforderungen des zunehmenden Einsatzes von KI im Bereich des Steuerrechts – und den innenpolitischen Kontroversen im demokratischen Meinungsbildungsprozess sowie den Belastungen durch den andauernden Krieg in der Ukraine – die aktuellen Entwicklungen im Ertrags- und Umsatzsteuerrecht ebenso wie die Fortentwicklungen des finanzgerichtlichen Verfahrensrechts Gegenstand der intensiven Vorträge und Diskussionen unter Beteiligung von Angehörigen des Bundestages und der Länderparlamente, Richterinnen und Richtern des Bundesverfassungsgerichts sowie des Bundesfinanzhofs, Angehörigen der rechts- und steuerberatenden Berufe sowie der Finanzverwaltung, Professoren und Professorinnen und Interessenverbänden der Steuerzahler.

Die Veröffentlichung des Bandes gibt die Gelegenheit, den Referentinnen und Referenten noch einmal für ihre hervorragenden Vorträge und die trotz hoher Arbeitsbelastung noch möglich gemachte Fassung der Manuskripte zu danken.

Zugleich ist den Sponsoren für ihre nachhaltige Unterstützung der Veranstaltung zu danken. Dies gilt in besonderer Weise für die Förderung der Vorabendveranstaltung sowie der Veröffentlichung des Tagungsbandes durch den Boorberg-Verlag, für den umfänglichen finanziellen Beitrag des NWB-Verlags zur Durchführung des Finanzgerichtstages und für die Unterstützung des Schlussempfangs durch den Otto-Schmidt-Verlag. Schließlich ist hervorzuheben, dass auch die Vielzahl der weiteren Sponsoren wie schon in den Vorjahren die Durchführung des Finanzgerichtstages in hohem Maße erleichtert hat.

Köln, im August 2025

Prof. Jürgen Brandt
Richter am Bundesfinanzhof a. D.
Präsident des Deutschen Finanzgerichtstages

Programme

Programm des 20. Deutschen Finanzgerichtstages

09.00	**Eröffnung – 20 Jahre Deutscher Finanzgerichtstag** Prof. Jürgen Brandt, Richter am Bundesfinanzhof a. D., Präsident des Deutschen Finanzgerichtstages
09.30	**Grußworte** Dr. Benjamin Limbach, Justizminister des Landes Nordrhein-Westfalen Dr. Hans-Josef Thesling, Präsident des Bundesfinanzhofs Prof. Dr. Hartmut Schwab, Präsident der Bundessteuerberaterkammer
10.20	Steuerberater Stefan Groß (CISA), München **Künstliche Intelligenz im Steuerrecht – Einsatzfelder und Herausforderungen für Steuerrechtsgestaltung, Steuerberatung und Steuerrechtsschutz**
11.50	Dr. Nils Trossen, Richter am Bundesfinanzhof **Rechtsfragen der Videoverhandlungen an den Gerichten**
12.20	Prof. Dr. Gregor Kirchhof, Universität Augsburg **Verfassungsmäßigkeit der Grundsteuer**
14.15	Dr. Christian Graw, Richter am Bundesfinanzhof **Aktuelle Rechtsprechung zur Besteuerung der Personengesellschaften**
15.00	Dr. Ingo Oellerich, Richter am Finanzgericht Münster **Die steuerliche Behandlung von Einlagenrückgewähren im internationalen Kontext**
16.00	Alexandra Schütze, Richterin am Finanzgericht Düsseldorf **Aktuelle Streitfragen der Umsatzbesteuerung**
16.30	Dr. Katja Roth, Richterin am Bundesfinanzhof **Haftung im Steuerrecht**
17.00	**Schlusswort**

Programm des 21. Deutschen Finanzgerichtstages

09.00 Uhr	**Eröffnung** Prof. Jürgen Brandt, Richter am Bundesfinanzhof a. D., Präsident des Deutschen Finanzgerichtstages
9.30 Uhr	**Grußworte** Dr. Benjamin Limbach, Justizminister des Landes Nordrhein-Westfalen Dr. Hans-Josef Thesling, Präsident des Bundesfinanzhofs Prof. Dr. Hartmut Schwab, Präsident der Bundessteuerberaterkammer
10.30 Uhr	Jürgen Wiebicke, Journalist **Demokratie in der Krise**
11.30 Uhr	Prof. Dr. Michael Lang, Wirtschaftsuniversität Wien **Das Leistungsfähigkeitsprinzip im nationalen und europäischen Steuerrecht**
12.00 Uhr	Richterin am Bundesfinanzhof Dr. Franziska von Freeden, Richter am Finanzgericht Düsseldorf Dr. Oliver Rode und Prof. Dr. Roman Seer, Universität Bochum **Podiumsdiskussion: Aktuelle Entwicklungen im finanzgerichtlichen Rechtsschutz**
14.15 Uhr	Prof. Dr. Johanna Hey, Universität zu Köln **Verfassungsrechtliche Grenzen steuerrechtlicher Mitwirkungspflichten – Steuervollzug im Dienste der Gleichheit und Freiheit**
14.45 Uhr	Dr. Sascha Bleschick, Vorsitzender Richter am Finanzgericht Münster **Neuakzentuierungen der Besteuerung von Mitarbeiterbeteiligungen**
15.15 Uhr	Ina Schneider, Richterin am Finanzgericht Köln **Problematik der Abfärbewirkung in § 15 Abs. 3 Nr. 1 Satz 1 EStG**
16.15 Uhr	Dr. Sina Baldauf, Richterin am Bundesfinanzhof **Schenkungsteuer bei Einlagen und sonstigen Leistungen an Gesellschaften**
16.45 Uhr	Dr. Egmont Kulosa, Richter am Bundesfinanzhof **Aktuelle Herausforderungen in Betriebsprüfungen**
17.30 Uhr	**Schlusswort**

20. Deutscher Finanzgerichtstag 2024

Eröffnung

20 Jahre Deutscher Finanzgerichtstag – Steuerrecht und Steuerrechtsschutz in Zeiten zunehmender Digitalisierung und Instrumentalisierung künstlicher Intelligenz

Richter am BFH a. D. Prof. Jürgen Brandt, Präsident des Deutschen Finanzgerichtstages

Der in diesem Jahr zum 20. Mal stattfindende Deutsche Finanzgerichtstag steht unter dem Generalmotto „20 Jahre Deutscher Finanzgerichtstag – Steuerrecht und Steuerrechtsschutz in Zeiten zunehmender Digitalisierung und Instrumentalisierung künstlicher Intelligenz".

20 Jahre Deutscher Finanzgerichtstag

Wie auf den früheren Finanzgerichtstagen bildet das Motto das Anliegen des Finanzgerichtstages ab, als Forum der Finanzgerichtsbarkeit für die steuerrechtliche und steuerpolitische Fachdiskussion mit Wissenschaft, Finanzverwaltung, Politik sowie Anwalt- und Steuerberaterschaft die jeweils aktuellen Entwicklungen und Streitfragen aufzugreifen und mit seinen Vorträgen und Beiträgen zur Weiterentwicklung des Steuerrechts beizutragen.

Die sich dabei insbesondere stellenden Grundfragen der Steuergerechtigkeit und der Steuerrechtfertigung, welcher Anteil des Einkommens dem Staat für die Erfüllung seiner Aufgaben im Rahmen der Besteuerung überlassen werden muss und wo die Grenzen im Interesse der wirtschaftlichen Freiheit des Einzelnen liegen, haben die Programme vieler Finanzgerichtstage geprägt.

Die Leitthemen der Finanzgerichtstage 2004 („Für eine bessere Steuerrechtskultur"), 2005 („Für ein gerechteres Steuerrecht"), 2007 („Mitverantwortung von Bürger und Staat für ein gerechtes Steuerrecht"), 2012 („Steuergerechtigkeit und Steuervereinfachung"), 2018 („Steuerrecht im Spannungsverhältnis von Gesetzgebung, Verwaltung und Rechtsprechung") und 2023 („Steuerrecht, Steuergerechtigkeit und Steuerrechtskultur in Krisenzeiten") haben immer wieder thematisiert, dass einerseits – wie es Tipke in seinem Grundwerk *Steuerrechtsordnung* formuliert hat – ohne Steuern kein Staat zu machen ist, andererseits aber die Steuerpolitik nicht außer Acht lassen darf, dass bei ihrer Ausgestaltung nicht nur das einzelne Rechtsverhältnis zwischen Staat und Bürger, sondern auch das Verhältnis der eine Solidargemeinschaft bildenden Steuerpflichtigen untereinander im Blick zu behalten ist.

Hinzu kommen die besonderen Herausforderungen an die Steuerrechtsgestaltung in Krisenzeiten, die der Finanzgerichtstag schon früher u.a. 2010 („Steuerrecht in der Finanzkrise“) sowie 2022 („Steuern und öffentliche Finanzen in und nach der Pandemie“) zur Diskussion gestellt hat.

Aktuelle Herausforderungen für Steuerrecht und Steuerpolitik

Solche besonderen Herausforderungen ergeben sich in der Gegenwart vor allem im Zusammenhang mit dem Krieg Russlands gegen die Ukraine sowie der Energiekrise, die schon Thema auf den letzten Finanzgerichtstagen waren, ohne dass es in der amtierenden Bundesregierung zu einer nachvollziehbaren Entscheidung gekommen ist, wie die Vielzahl der drängenden Aufgaben unter Beachtung der Entscheidung des BVerfG zur gebotenen Beachtung der Schuldenbremse finanziert werden soll.

Die Entscheidung des BVerfG ist Gebot an die Politik, der Versuchung zu widerstehen, trotz ersichtlich gestiegenenem – unausweichlichem – Haushaltsbedarf die erforderlichen Mittel nicht über staatliche Einnahmeverbesserungen, sondern über mehr oder weniger versteckte Schuldenaufnahmen – im Spannungsverhältnis zur verfassungsrechtlichen Schuldengrenze – zu generieren.

Sie dient dem erforderlichen Vertrauen in die verfassungskonforme Problemlösungskompetenz der staatlichen Institutionen wie auch der Erwartung, die Finanzierung anstehender dringender Investitionen in Infrastruktur- und Bildungseinrichtungen im Rahmen einer geordneten Haushaltsplanung vorzunehmen und dabei – soweit nicht Ausgabenminderungen in Betracht kommen können – nach Ausschöpfung bestehender Einsparpotenziale eindeutig die Notwendigkeit des Steueraufkommens für die Finanzierung der Staatsaufgaben nach außen nachvollziehbar zu begründen und zu vermitteln.

In der Wahrnehmung der Bürger werden die bisherigen Überlegungen und Diskussionen in der Ampelkoalition (z.B. hinsichtlich des sog. Heizungsgesetzes) diesen Anforderungen nicht gerecht, sondern werden als „Fettnapf-Hopping mit Arschbombe von einem Fehler zum anderen“ (so der Comedian und Schauspieler Kalkhofe) oder – wie die Überlegung der FDP zu einer Erhöhung der Kinderfreibeträge ohne gleichzeitige Erhöhung des Kindergelds – als sozial unausgewogen beurteilt.

Offene Prüfung des erhöhten Haushaltsbedarfs durch Steuererhöhungen

Angesichts des akuten Handlungsbedarfs z.B. aufgrund von Reparaturstaus der Infrastruktur, einer völlig unzureichenden Bundeswehrausstattung, der gebotenen Vorsorge gegen umweltbedingte massive Flut- oder andere Schäden sowie angesichts des Personalmangels in den Schulen ist von der Politik hinreichend nachdrücklich zu kommunizieren, dass zur Mitverantwortung der Bürger auch die Einsicht in die Notwendigkeit weitgehender Finanzierung von Staatsaufgaben durch Steuern gehört.

Die Akzeptanz einer solchen Politik ist allerdings nur erreichbar, wenn sie erkennbar auf der Grundlage grundlegender Rechtsprinzipien für die steuerliche Lastenverteilung wie dem Prinzip der Besteuerung nach der Leistungsfähigkeit – und nicht nach dem sog. Rasenmäherprinzip – geregelt wird und damit wachsender Staatsverdrossenheit keinen Vorschub leistet.

Die Akzeptanz setzt weiterhin voraus, dass vermeidbare Ausgaben auch tatsächlich zur Minimierung des staatlichen Finanzierungsbedarfs vermieden werden. In diesem Zusammenhang sind die erwartbaren Einsparpotenziale durch Ausgabenkürzungen oder -streichungen allerdings nicht zu hoch zu veranschlagen.

So hat Tschentscher seinerzeit als amtierender Finanzsenator Hamburgs auf dem Finanzgerichtstag 2016[1] zu Recht betont, es sei politisch zehnmal schwerer, eine beschlossene Ausgabe zurückzunehmen, als diese gar nicht erst zu beschließen. Die heftigen Diskussionen um die nach Blockaden und Demonstrationen zurückgenommene Streichung der Subventionen für Agrardiesel in der Landwirtschaft sind ein beredtes Beispiel dafür, dass kurzfristig beschlossene Sparprogramme in der Regel wirkungslos bleiben und zu öffentlicher Erregung und harten Protesten führen, die am Ende nur durch Rücknahme der Sparmaßnahmen beendet werden können.

Im Übrigen ist nach seinen Ausführungen bei den meisten staatlichen Ausgaben eine kurzfristige Änderung kaum möglich, weil sie zumindest in den Bundesländern zu einem Drittel Löhne und Gehälter von Personal im öffentlichen Dienst oder Pensions- und Beihilfezahlungen für Beamtinnen und Beamte im Ruhestand sowie zu einem weiteren Drittel gesetzliche Leistungen betreffen. Auch die das letzte Drittel betreffenden Investitions- und anderen Ausgaben gehören – so Tschentscher – zu den Aufwendungen, die nicht ohne Kollateralschäden und langfristige Folgekosten nennenswert reduziert werden können.

Auf dieser Grundlage ist angesichts des dargestellten Handlungsbedarfs eine baldmögliche abschließende Entscheidung über die Finanzierung des unausweichlichen Haushaltsbedarfs auch durch Steuererhöhungen zu treffen, soweit eine Reduzierung des

---

1 DFGT 2015-2017, S. 136.

Finanzierungsbedarfs durch Ausgabenkürzungen nicht als möglich angesehen wird.

Internationale Konkurrenz als Hindernis für Steuererhöhungen?

Zu dem Einwand im politischen Raum, Steuererhöhungen seien in Deutschland als Hochsteuerland nicht zuträglich, ist im Übrigen auf eine beachtenswerte wissenschaftliche Studie der Europa-Universität Flensburg[2] hinzuweisen.

Danach stellt sich die – verbreitet vertretene – Einstufung als Hochsteuerland als Fehlwahrnehmung beziehungsweise Fehldarstellung dar, weil aufgrund von vergleichenden Feststellungen der OECD – unter Berücksichtigung der jeweils unterschiedlichen Steuerbelastungen durch Transferzahlungen und Verbrauchsteuern sowie unter Berücksichtigung der jeweils unterschiedlichen Finanzierung von Sozialleistungen durch Beiträge oder durch Zahlungen aus dem Staatshaushalt – die Gesamtbelastung in Deutschland nur 38,8 % des Bruttoinlandsproduktes (BIP) beträgt, während sie in Belgien (42,9 %), Dänemark (46,3 %), Frankreich (45,4 %), Luxemburg (39,2 %), den Niederlanden (39,3 %), und Österreich (42,4 %) höher ist. Lediglich die Schweiz zeichnet sich durch eine niedrigere Gesamtbelastung von 28,5 % aus.

In diesem Zusammenhang verweist die Studie auch auf den Vergleich der Situation bei den verteilungsintensiven Steuern, hinsichtlich der Sammelkategorien „Taxes on Income and Profits" und „Taxes on Property" (betr. Vermögens- und Erbschaftsteuern). Danach hat Deutschland in Relation zum BIP (2018) insgesamt 13,7 % (12,6 + 1,1) und damit weniger als viele andere europäische Nachbarländer aufzuweisen.[3] Danach kann aufgrund der wissenschaftlich fundierten Studie ersichtlich allein aus der internationalen Konkurrenz kein Hindernis für mögliche Steuererhöhungen abgeleitet werden.

---

2 Grözinger, Wirtschaftsdienst.eu 2021, S. 837.

3 Grözinger, Wirtschaftsdienst.eu 2021, S. 837 zu den höheren Zahlen in Belgien (19,6 % = 16,2 + 3,4), Dänemark (29,4 % = 27,6 + 1,8), Frankreich (15,6 % = 11,5 + 4,1), Luxemburg (19,5 % = 15,6 + 3,9) und der Schweiz (15,5 % = 13,4 + 2,1); lediglich die Niederlande (13,1 % = 11,5 + 1,6) und Österreich (12,9 % = 12,4 + 0,5) liegen unter diesen Beträgen.

Steuerrecht und Steuerrechtsschutz in Zeiten zunehmender Digitalisierung und Instrumentalisierung künstlicher Intelligenz als Schwerpunktthema des diesjährigen Finanzgerichtstages

Der in der Vergangenheit in vielen Bereichen der Technik und des Wirtschaftslebens zum Teil unmerklich zugenommene Einsatz sog. künstlicher Intelligenz (KI) hat zwischenzeitlich auch in den Bereich der Steuerberatung wie auch des Steuerrechts insgesamt Einzug gehalten und prägt zunehmend die Verfahrensabläufe in der Beratung und in Rechtsschutzverfahren mit einer Vielzahl von Einsatzfeldern, die uns Stefan Groß in seinem Vortrag zur künstlichen Intelligenz nahebringen wird.

Damit sowie mit den weiteren verfahrensrechtlich ausgerichteten Vorträgen zu den „Rechtsfragen der Videoverhandlungen in den Gerichten" (RiBFH Dr. Nils Trossen), der „Haftung im Steuerrecht" (RiBFH Dr. Katja Roth) und zu den aktuellen materiellrechtlichen Fragestellungen wie der „Verfassungsmäßigkeit der Grundsteuer" (Prof. Dr. Gregor Kirchhof), der „Besteuerung der Personengesellschaften" (RiBFH Dr. Christian Graw), der „Kapitaleinkünftebesteuerung grenzüberschreitender Sachverhalte" (RiFG Dr. Ingo Oellerich) und „aktuellen Streitfragen der Umsatzbesteuerung" (RiFG Alexandra Schütze) werden wir heute wieder einen interessanten und zu intensiven Diskussionen anregenden 20. Finanzgerichtstag erleben können.

Grußwort

von Minister der Justiz des Landes Nordrhein-Westfalen
Dr. Benjamin Limbach

Der Deutsche Finanzgerichtstag bietet stets zum Jahresbeginn ein wichtiges Forum für steuerrechtspolitische Themen. Neben den Richterinnen und Richtern der Finanzgerichte und des Bundesfinanzhofs treffen sich hier Vertreter aus Wissenschaft, Politik, Verwaltung und Beratungspraxis zur Diskussion aktueller steuerrechtlicher und steuerpolitischer Fragen. Kurz gesagt: Es ist eine *der* Veranstaltungen der steuerlichen Fachwelt. Im vergangenen Jahr durfte ich bereits anlässlich des 19. Deutschen Finanzgerichtstags ein Grußwort an die Teilnehmenden richten. Der 19. Finanzgerichtstag Anfang des Jahres 2023 fand nach einer pandemiebedingten Unterbrechung erstmals wieder in Präsenz statt. In diesem Jahr feiert der Deutsche Finanzgerichtstag sein 20-jähriges Jubiläum. Dazu gratuliere ich sehr herzlich und wünsche den Organisatoren für die Zukunft weiter gutes Gelingen und allen Teilnehmenden einen stets konstruktiven Dialog zur Fortentwicklung des Steuerrechts.

Mit dem Generalthema des 20. Deutschen Finanzgerichtstages – „Steuerrecht und Steuerrechtsschutz in Zeiten zunehmender Digitalisierung und Instrumentalisierung künstlicher Intelligenz“ – haben die Organisatoren ein spannendes Thema gewählt – eines, das uns alle bereits jetzt und in der Zukunft intensiv beschäftigen wird.

Der digitale Wandel ist eines der beherrschenden Themen unserer Zeit. So ist mein Haus derzeit auch mit zahlreichen Aufgaben befasst, die dieser digitale Wandel mit sich bringt: die Einführung der elektronischen Akte (eAkte) und die Eröffnung des elektronischen Rechtsverkehrs (ERV) in den verschiedenen Gerichtsbarkeiten und Staatsanwaltschaften sind wichtige Themen unserer politischen Agenda. Besondere Erwähnung verdient die E-Klausur in den Juristischen Staatsprüfungen in Nordrhein-Westfalen, die seit dem 1.1.2024 in dieser Form geschrieben werden kann, aber noch nicht muss.

Für die Finanzgerichtsbarkeit besonders interessant sein dürften die aktuellen Entwicklungen im Gesetzgebungsverfahren zur Videoverhandlung und der Stand der Entwicklung des Einsatzes künstlicher Intelligenz in der Justiz. Beide Themen werden im Laufe des Vormittags noch im Rahmen zweier Fachvorträge aus dem Kreis der Berater- und Richterschaft behandelt.

Aus Sicht des JM bietet sich hier folgendes Bild: Die Videoverhandlung ist bereits heute im gerichtlichen Alltag etabliert und wird sich zum

Regelfall für geeignete Verhandlungen weiterentwickeln. Ihre Vorteile liegen auf der Hand: Viele Termine können schneller stattfinden, mit wenig Aufwand durchgeführt werden und sie bietet den Beteiligten eine deutlich größere Flexibilität. Die Justiz wird hierdurch moderner, digitaler und bürgerfreundlicher.

Bei vielen Finanzgerichten ist der Einsatz von Videokonferenztechnik schon seit Jahren üblich. Die dort verhandelten Fälle eignen sich vielfach gut für eine Videoverhandlung, nämlich gerade dann, wenn – wie häufig – alleine Rechtsfragen auf hohem fachlichem Niveau zu erörtern sind. Die Gerichte sind es auch, die den rechtlichen Rahmen für Videoverhandlungen auszuschärfen haben. Hierzu hat gerade der Bundesfinanzhof jüngst mit höchstrichterlichen Entscheidungen beigetragen, deren Bedeutung über die Finanzgerichtsbarkeit hinausreicht.

Geboten ist es aber gleichzeitig, die gesetzlichen Regelungen zur Videoverhandlung stetig auf ihre Praxistauglichkeit hin zu überprüfen. Die Transformation der Justiz in das digitale Zeitalter ist dabei kein Selbstzweck, sondern muss fortlaufend darauf überprüft werden, ob sie der Rechtspflege in ihrer Gesamtheit dienlich ist.

Aber: Das vom Deutschen Bundestag im November 2023 beschlossene „Gesetz zur Förderung des Einsatzes von Videokonferenztechnik in der Zivilgerichtsbarkeit und den Fachgerichtsbarkeiten" sieht Reformen vor, die nach unserer Meinung an vielen Stellen den Anforderungen der gerichtlichen Praxis nicht gerecht werden. Dies entspricht der Auffassung aller Länder, weshalb der Bundesrat am 15.12.2023 einstimmig beschlossen hat, den Vermittlungsausschuss mit dem Ziel der grundlegenden Überarbeitung des Gesetzes einzuberufen.

Dabei möchte ich hier nur auf zwei der vorgesehenen Neuregelungen eingehen, die Anlass zur grundlegenden Überarbeitung des Gesetzes geben:

Die erste Regelung betrifft die Frage: Bedarf es in Zukunft überhaupt noch eines Gerichtssaals oder bleiben künftig auch die Richterinnen und Richter jeweils in ihrem Büro oder heimischen Arbeitszimmer, wobei die Verhandlungen nur noch in einen Zuschauerraum des Gerichts oder auf einer Internetseite gestreamt werden?

Ich bin der Auffassung, dass sich die Richterinnen und Richter auch bei einer Videoverhandlung weiter stets im Sitzungssaal als zentralem Anlaufpunkt aufhalten sollten, also – von pandemischen Sonderlagen vielleicht abgesehen – keine „vollvirtuellen Verhandlungen" stattfinden dürfen. Dies vermeidet nicht nur eine ganze Reihe von praktischen Folgeproblemen, sondern wird in aller Regel auch dem Ansehen des Gerichts besser gerecht als ein Zuschalten der Richterinnen und Richter aus dem häuslichen Umfeld.

Das vom Bundestag beschlossene Gesetz hingegen sieht gerade die Zulässigkeit der Sitzungsleitung durch den von zuhause aus agierenden „Sofa-Richter“ vor. Das soll allgemein gelten und nicht mehr nur – wie noch im Regierungsentwurf vorgesehen – als Möglichkeit zur Erprobung durch die Länder.

Die zweite Regelung wirft die Frage auf: Wer soll in „Streitfällen“ letztendlich darüber entscheiden, ob sich eine Verhandlung für eine Durchführung per Videokonferenz eignet? Diese Entscheidung muss meines Erachtens immer im pflichtgemäßen Ermessen des Gerichts stehen. Der im neuen Gesetz vorgesehenen Einschränkung dieses Ermessens, wonach eine Videoverhandlung angeordnet werden soll, wenn auch nur ein einzelner Verfahrensbeteiligter dies beantragt, stehe ich daher kritisch gegenüber.

Dabei gilt es zu bedenken, dass diese Regelung nicht nur für die Finanzgerichtsbarkeit, sondern auch für andere Gerichtsbarkeiten gilt. Man denke hier etwa an eine Arzthaftungssache in der ordentlichen Gerichtsbarkeit, in der es gerade um die tiefe Betroffenheit einer an ihrer Gesundheit geschädigten Partei geht. Eine solche Person hat wegen der Bedeutung der Sache ein anerkennenswertes und nachvollziehbares Interesse daran, dass ihr Schicksal in angemessenem Rahmen unter physischer Anwesenheit der Beteiligten verhandelt wird – aus meiner Sicht kann es nicht sein, dass in solchen Fällen die gegnerische Partei berechtigt sein soll, dennoch eine Videoverhandlung durchzusetzen.

Wir alle dürfen gespannt sein, welches Ergebnis im Vermittlungsausschuss für den weiteren Weg von Videoverhandlungen erzielt werden kann. Doch bei aller Kritik an dem Gesetz werbe auch ich für eine noch größere Akzeptanz für den Einsatz von Videokonferenztechnik bei den Gerichten in den hierfür geeigneten Fällen. Eine höhere Bereitschaft, Videoverhandlungen durchzuführen, erzielt man indes nur durch Überzeugungsarbeit und positive Erfahrungen in der Praxis, nicht aber durch gesetzgeberischen Zwang „mit der Brechstange“.

Durch den digitalen Wandel wird es – auch mit Blick auf den vermehrten Einsatz von KI und Legal Tech – zu radikalen Veränderungen von Märkten, Geschäftsmodellen und im Bereich der Kriminalität kommen. Die Justiz muss hierauf reagieren und sich aktiv in den Bereich der Digitalisierung einbringen.

Der digitale Wandel bringt grundlegende Veränderungen mit sich. Legal-Tech-Anbieter drängen auf den Markt, Rechtsanwältinnen und -anwälte setzen im Rahmen ihrer Due-Diligence-Prüfungen trainierte Software ein und kriminelle Machenschaften verlagern sich von der analogen in die digitale Welt. Die Berufsfelder der Justiz ändern sich, da sich ihr Umfeld ändert. In dieser Situation dürfen wir nicht passiv zuschauen. Wir müssen vielmehr weiterhin auf digitale Veränderungen reagieren, sie antizipieren und uns aktiv im Feld der Digitalisierung einbringen.

Nordrhein-Westfalen hat bereits in der Vergangenheit immer wieder Digitalisierungsprojekte mitgestaltet und wird dies auch in Zukunft tun. Unser Land hat das *elektronische Aktensystem* entwickelt, das bereits Funktionen wie „Textvergleich“, „Normverweisanalyse“ und „inhaltliche Durchdringung der elektronischen Akte“ enthält. Zwischenzeitlich nutzt nicht nur die Justiz in Nordrhein-Westfalen die elektronische Akte. Auch die Justiz in Niedersachsen, in Hessen, Sachsen-Anhalt, Bremen und im Saarland verwendet unsere Entwicklung. Im bundesweiten Vergleich nimmt Nordrhein-Westfalen beim Rollout der elektronischen Akte eine führende Rolle ein.

Darüber hinaus ist unser Land Kooperationspartner in zwei aktuellen Digitalisierungsprojekten des Bundes zu den Themenbereichen „Digitale Rechtsantragstelle“ und „Einführung eines zivilgerichtlichen Online-Verfahrens“.

Unser Land wird zudem gemeinsam mit Bayern in dem *Forschungsprojekt Generatives Sprachmodell der Justiz (GSJ)* ein speziell auf die Bedürfnisse der Justiz abgestimmtes Large Language Model entwickeln und erproben. Im Rahmen des Projekts werden ausgewählte potenzielle Einsatzmöglichkeiten dieses Modells in der Justiz erforscht, insbesondere mit dem Ziel, die durch Massenverfahren stark geforderten Gerichte zu entlasten. Im (zivil-)richterlichen Bereich könnte ein solches auf die Justiz maßgeschneidertes großes Sprachmodell, welches in die e-Akte integriert wird, den Richterinnen und Richtern bei der *Durchdringung der zu bearbeitenden Akten* helfen:

- Es könnte bspw. automatisch tabellarische Übersichten über den Inhalt von Dokumenten oder den Inhalt des gesamten Akteninhalts anhand von Textfragen erstellen (wie etwa eine chronologische Übersicht des gesamten Akteninhalts).
- Es könnten mithilfe des Tools Fragen über den Akteninhalt formuliert und die Akte gezielt durchsucht werden.
- Mithilfe eines Large Language Modells könnte eine automatische Relationstabelle mit den durch die KI strukturierten Parteivorträgen erstellt werden, also eine Tabelle, die den unstreitigen und den streitigen Vortrag aus der Akte herausfiltert und in Tabellenform gießt.
- Aus höhergerichtlichen Urteilen könnten zitierwürdige rechtliche Regeln extrahiert werden. Damit könnte den Richterinnen und Richtern ähnlich einer automatischen Vervollständigung passende Rechtsprechung zur Zitierung empfohlen werden.
- Bei einer Vielzahl von Verfahren, die im Sachverhalt ähnlich sind

und denen die gleiche Rechtsfrage zugrunde liegt, könnten Schriftsätze aus verschiedenen Akten, die oberflächlich verschieden, jedoch inhaltlich ähnlich sind, verglichen werden. Die Unterschiede könnten nach bestimmten Typen sortiert (bspw. unterschiedliche Anträge oder Fahrzeugmodelle) gegenübergestellt werden.

Richtig eingesetzt kann KI bzw. Legal Tech ein Gewinn für die Justiz sein. Dabei müssen jedoch auch die Gefahren beachtet werden. KI bzw. Legal Tech kann gleichförmige, unterstützende Tätigkeiten teilweise besser als ein Mensch ausführen (bspw. Vergleich zweier nahezu identischer Schriftsätze). *Automatisierungstools dürfen jedoch niemals den Menschen ersetzen. Sie leisten lediglich unterstützende Tätigkeiten.* Zudem muss sich jede Anwenderin und jeder Anwender von KI der *Gefahren* bewusst sein, die der Einsatz eines KI-Tools mit sich bringt. Die Gefahren müssen bei jedem geplanten Einsatz bzw. schon vorher – bei jedem KI-Projekt – mitgedacht werden. Es muss überlegt werden, wie die Gefahren verringert werden können.

Die Gefahren betreffen insbesondere die folgenden Bereiche:

– *Diskriminierungen:*
Eine Diskriminierung durch ein KI-System bzw. eine Verzerrung in den Daten entsteht häufig durch verzerrte menschliche Wahrnehmungen, die Eingang in Daten finden, mit denen die KI arbeitet. Indem die KI die Daten verwendet, werden die Verzerrungen beim Einsatz der KI reproduziert, teilweise sogar noch verstärkt.

– *Automation Bias:*
Unter „Automation Bias“ wird allgemein die Neigung des Menschen verstanden, sich insbesondere bei komplexen Tätigkeiten zu sehr auf entscheidungsunterstützende automatische Systeme zu verlassen und seine eigene Urteilskraft und Fähigkeit, Entscheidungen zu treffen, ungenutzt zu lassen. Auch hier bietet sich präventiv eine Sensibilisierung der Anwenderinnen und Anwender bspw. durch Fortbildungen und Schulungen an.

– *Black-Box-Effekt:*
Unter dem Black-Box-Effekt wird der Effekt verstanden, dass die Entscheidung der KI-Anwendung im Nachhinein nicht transparent und nachvollziehbar ist. Die Transparenzpflicht folgt aus der Verfassung und dem Entwurf der KI-Verordnung. Ihre Einhaltung könnte durch regelmäßige technische Audits des Systems sichergestellt werden.

Bei dem Thema „KI und Legal Tech in der Justiz“ kann mit Zuversicht in die Zukunft geblickt werden. Das Ministerium der Justiz blickt mit Zuversicht in die Zukunft. Als eines der führenden Länder im Bereich der e-Akte und mit Blick auf die drei Digitalisierungsprojekte im Bereich KI und Legal Tech bewegen wir uns am Puls der Zeit. Die Gefahren, die der Einsatz von KI mit sich bringt, und die hierzu notwendigen „Sicherungsmaßnahmen“ haben wir im Blick.

Gleiches gilt für den Gesetzgebungsprozess zur europäischen KI-Verordnung, die erhebliche Auswirkungen auf die IT-Systeme der Justiz haben wird.

Seit März 2023 werden wir zudem in unserer Arbeit durch den Think Tank für Legal Tech und KI beim ITD unterstützt. Durch eine ständig aktuelle Übersicht für KI- bzw. Legal-Tech-Projekte, die für die deutsche Justiz relevant sind, hilft der Think Tank uns, parallele Entwicklungen zu vermeiden. Indem der Think Tank daneben Diskussionen, Produktvorstellungen sowie einschlägige Veröffentlichungen in der Fachpresse beobachtet und die für die Justiz NRW relevanten Informationen an uns weitergibt, ist gewährleistet, dass wir auch weiterhin auf der Höhe der Zeit bleiben werden.

Grußwort

von Dr. Hans-Josef Thesling,
Präsident des Bundesfinanzhofs

Lieber Herr Brandt, Sie haben es zu Recht ins Zentrum Ihrer Begrüßung gestellt:

20 Jahre Deutscher Finanzgerichtstag: Dies sind 20 Jahre steuerrechtliche und steuerpolitische Fachdiskussion auf hohem Niveau – hier in Köln im Maternushaus.

Man kann mit Fug und Recht behaupten: Der Finanzgerichtstag ist erwachsen geworden, er ist im besten Alter und hat – dessen bin ich mir gewiss – noch viele gute Jahre vor sich. Die Veranstaltung hat längst einen festen Platz in den Terminkalendern und erfreut sich nach wie vor großer Beliebtheit – und zwar nicht nur aus Gründen der Fachlichkeit, sondern auch zum Zwecke des kollegialen Austauschs. Aus diesem Grund erfreut es mich insbesondere, heute Morgen hier so viele Kolleginnen und Kollegen aus den Finanzgerichten und aus dem Bundesfinanzhof wiederzusehen.

Der Finanzgerichtstag ist eine unverzichtbare Institution: Er verleiht den Angehörigen der Finanzgerichte und des Bundesfinanzhofs eine Stimme in der steuerrechtspolitischen Diskussion. Mit „richterlicher Brille“ wird über die Entwicklungen des materiellen und formellen Steuerrechts diskutiert. Es wird der Dialog mit den Gesetzgebungsorganen, der Finanzverwaltung, der Wissenschaft und insbesondere der Steuerberater- und Anwaltschaft gesucht und auch gefunden – alles im Sinne der Weiterentwicklung des Steuerrechts. Die Liste der heutigen Referentinnen und Referenten ist – wie auch die Jahre zuvor – Beleg hierfür: Neben Richterinnen und Richtern der Finanzgerichte und des Bundesfinanzhofs tragen Vertreter aus der Beraterschaft und der Wissenschaft zum Gelingen der Veranstaltung bei. Das freut mich sehr.

Lieber Herr Brandt, der 20-jährige Geburtstag des Finanzgerichtstags und die Erfolgsgeschichte dieser Veranstaltung sind untrennbar verbunden mit Ihrem fachlichen, persönlichen und nimmermüden Einsatz. Hierfür darf ich Ihnen, sicherlich auch im Namen des Auditoriums, sehr herzlich danken.

Ein Blick in die Chroniken verrät: Die Generalthemen der bisherigen Finanzgerichtstage waren vielfältig. Die Premierenveranstaltung im Jahr 2004 hatte das Thema „Für eine bessere Steuerrechtskultur“ zum Gegenstand. In den Folgejahren rankten sich die Diskussionen unter anderem um

- ein gerechteres Steuerrecht,
- ein europataugliches Steuerrecht,
- ein gewandeltes Steuerrecht,
- ein Steuerrecht in der Finanzkrise,

- ein Steuerrecht im Fokus pandemiebedingter Herausforderungen,
- ein effektiveres Steuerrecht,
- ja, sogar um ein „einfacheres“ Steuerrecht
- oder um ein besseres Steuerrecht.

Wir sind uns sicherlich alle einig: Fast alle dieser Themen haben auch heute nichts an Aktualität verloren.

Überschrift und Programm des heutigen Finanzgerichtstags zeigen, dass wir einen Schritt weiter gehen und das Steuerrecht insbesondere im Rahmen der Vormittagsvorträge in den Blickwinkel der Digitalisierung und der Instrumentalisierung künstlicher Intelligenz nehmen wollen. Die Zeiten und die Arbeitsabläufe haben sich eben grundlegend geändert. Das Steuerrecht und die steuerliche Rechtsprechung müssen sich hierauf ein- und umstellen.

Die Finanzgerichtsbarkeit hat bereits große Schritte im Digitalisierungsprozess geschafft. Sie alle kennen die dazu gehörenden Stichworte
- EGA
- beA / BeSt und beBPO
- und Videokonferenz.

Die Akten werden in der Finanzgerichtsbarkeit bald bundesweit digital geführt; die Kommunikation mit den Rechtsanwältinnen und Rechtsanwälten, den Steuerberaterinnen und Steuerberatern erfolgt ebenso wie mit der Finanzverwaltung inzwischen nur noch elektronisch und die mündlichen Verhandlungen und Erörterungstermine werden vielfach über Videokonferenztechnik abgewickelt.

Nebenbei ermöglicht die neue Technik eine nie gekannte Flexibilisierung der Arbeitswelt. Homeoffice und die digitale Bibliothek haben dies ermöglicht. Ich kenne heute keine Richterkollegin und keinen Richterkollegen meines Hauses mehr, der den „guten alten Zeiten“ der Papieraktenwelt nachtrauert.

In diesem Bild fehlt allerdings die E-Steuerakte. Das bedarf zur Vollständigkeit immer wieder der Erwähnung, so lange, bis auch hier Vollzug gemeldet werden kann. Ich hoffe, dass es an dieser Stelle nicht mehr oft wiederholt werden muss.

Das Thema Videoverhandlungen will ich näher betrachten: Trotz der einen oder anderen kleineren technischen Unpässlichkeit hat sich die Videoverhandlung in der Finanzgerichtsbarkeit zum Erfolgsmodell entwickelt. Sie eröffnet den Gerichten und den Beteiligten die Möglichkeit, Verfahren flexibler, kostengünstiger und insbesondere ressourcenschonender zu gestalten.

Dies belegen die Zahlen. Bereits ein gutes Vierteljahr nach Einführung wurden beim Bundesfinanzhof in mehr als 50 % der mündlichen Verhandlungen die Videokonferenz beantragt und auch genehmigt. Die Tendenz ist weiter steigend. Gerade für ein Revisionsgericht, in dem lediglich über Rechtsfragen zu befinden ist, erweist sich die Videoschalte als ein sehr geeignetes Verhandlungsformat.

Aber auch in der Tatsacheninstanz hat sich die Videokonferenz als Instrument der Ressourcenschonung und Effizienz – in einzelnen Finanzgerichten seit langer Zeit – bewährt. Die eine oder andere jüngere Entscheidung des Bundesfinanzhofs hat Anforderungen an eine verfahrensgemäße Durchführung einer Videokonferenz gestellt, die die Anwendung nicht einfacher machen; das ist mir und dem Haus bewusst. Dies sollte aber keinesfalls als Hemmschuh für dieses Verhandlungsformat interpretiert werden.

Grundsätzlich beinhaltet die in § 91a FGO ausdrücklich eröffnete Möglichkeit zur Videoverhandlung die gesetzliche Entscheidung, dass eine mündliche Verhandlung unter den Bedingungen der Videokommunikation rechtsstaatlich unangreifbar durchgeführt werden kann. Darin ist eine gesetzliche Wertentscheidung erkennbar, für die Vorteile der räumlichen Flexibilität die Nachteile der nicht gleichwertigen Kommunikation in Kauf zu nehmen. Insoweit sind die beiden Gesetzesvorhaben der Bundesregierung, mit denen die mündliche Verhandlung und auch die Hauptverhandlung für die Strafjustiz unter diesen Bedingungen noch intensiviert werden sollen, – jenseits der umstrittenen Einzelheiten – Bekräftigungen dieses Prinzips. Es ist aber für uns alle offensichtlich, dass die Videoübertragung nicht alle in Präsenz wahrnehmbaren Einzelheiten bietet. Von der nonverbalen Kommunikation untereinander bis hin zur Beobachtung des Mienenspiels und von Stress-Symptomen oder auch Gerüchen der am Prozess Beteiligten ist in einer Bildschirm-Übertragung einiges unmöglich oder zumindest nur vermindert wahrnehmbar. Die Forderung nach Gleichwertigkeit der Wahrnehmungen für beide Kommunikationsformen würde also zur faktischen Ablehnung der Wertentscheidung führen. Die Rechtsprechung muss sich auf der Basis dieser Wertentscheidung entwickeln. Zu den Fragen in verschiedenen Einzelkonstellationen nach geltendem Recht wird Herr Dr. Trossen im Laufe des Vormittags noch referieren.

In Bezug auf den Entwurf des „Gesetzes zur Förderung des Einsatzes von Videokonferenztechnik in der Zivilgerichtsbarkeit und den Fachgerichtsbarkeiten“ muss abgewartet werden, zu welchen Ergebnissen die Verhandlungen im Vermittlungsausschuss führen. Gerade Nordrhein-Westfalen, sehr geehrter Herr Minister, steht hier in der ersten Reihe der Position auf Länderseite.

Lassen Sie mich zum Schluss noch einen Punkt ansprechen: allem voran der nachhaltige Rückgang der Verfahrenseingänge bei den Finanzgerichten und auch beim Bundesfinanzhof sind Grund dafür, dass die Wiederbesetzung aller frei werdenden Richterstellen längst nicht mehr garantiert ist. Wir werden uns – wie im Übrigen auch andere Gerichtsbarkeiten – auf Stellenkürzungen einzustellen haben. Zum Teil ist dies bereits Realität.

Für den Bundesfinanzhof werden die für dieses Jahr grundsätzlich nachzuwählenden drei Richterstellen entgegen der ursprünglichen Ankündigung des Ministeriums aus haushalterischen Gründen nicht bewählt. Als Begründung wird auf die seit Jahren rückläufigen Eingangszahlen verwiesen. Dies ist ein bedauerliches Novum. Andererseits ist die Begründung – bei nüchterner Betrachtung der Zahlen – als Fakt nicht zu bestreiten. Es kommt daher auf die Ausgestaltung des Umfangs und der zeitlichen Dimension an. Ob es sich bei der jetzt ergriffenen Maßnahme nur um einen temporären Stellenaufschub oder aber um eine endgültige Stellenkürzung handelt, wird mit den Verantwortlichen im Bundesministerium zu klären sein.

Damit will ich es bewenden lassen. Ich wünsche Ihnen einen gewinnbringenden Finanzgerichtstag 2024, viele neue rechtliche Erkenntnisse und Impulse sowie interessante Pausengespräche mit bekannten und neuen steuerlichen Weggefährten.

Grußwort

von Prof. Dr. Hartmut Schwab, Präsident der Bundessteuerberaterkammer

Sehr geehrte Damen und Herren, im Namen des Präsidiums der Bundessteuerberaterkammer bedanke ich mich für die Einladung und für die Möglichkeit, heute ein Grußwort zu sprechen.

Lieber Herr Prof. Brandt, Sie sind seit 2003 Präsident des Deutschen Finanzgerichtstages. Ich gratuliere ganz herzlich zum 20-jährigen Jubiläum. Eigentlich muss ich mir selbst gratulieren, die Steuerberaterkammer München war nämlich Gründungsmitglied. Ich kann mich noch gut daran erinnern, als wir damals den Finanzgerichtstag gegründet haben. Zwanzig Jahre ist das jetzt her! Anlass waren die damaligen Bestrebungen, die Finanzgerichtsbarkeit in die ordentliche Gerichtsbarkeit zu integrieren. Das Thema war aber politisch schnell vom Tisch.

Heute ist der Finanzgerichtstag so etwas wie der Auftakt in das neue Steuerjahr. Der Begrüßungsabend war von Anfang an im Brauhaus Früh und die Tagung im Maternushaus: Schön, dass gewisse Dinge noch Bestand haben.

Und das in einer Zeit, die von umwälzenden Ereignissen und großen Herausforderungen geprägt ist. Wir leben in einer Ära, die von Unruhen und Unzufriedenheit durchzogen ist – Bauernproteste, Lokführerstreiks, immer wieder Klimakleber und eine zunehmend angespannte globale Situation sind nur einige Beispiele dafür.

Diese Entwicklungen stellen die Bundesregierung vor erhebliche Herausforderungen und werfen grundlegende Fragen über die Rolle und Effizienz des Staates auf.

Inmitten dieser turbulenten Zeiten steht der Finanzgerichtstag heute unter einem bezeichnenden Motto: „Steuerrecht und Steuerrechtsschutz in Zeiten zunehmender Digitalisierung und Instrumentalisierung künstlicher Intelligenz".

Rechtsschutz im Steuerrecht ist uns natürlich ein besonderes Anliegen. In der Bundessteuerberaterkammer beschäftigen wir uns daher schon länger mit notwendigen Anpassungen des finanzgerichtlichen Verfahrens, die aus unserer Sicht dringend geboten sind und den Rechtsschutz verbessern würden. Vor zwei Jahren haben wir beispielsweise hier, am Finanzgerichtstag, aktuelle Vorschläge präsentiert.

Letztes Jahr hat unser wissenschaftliches Institut, das DWS, diesem Thema ein eigenes Symposium gewidmet. Ein Diskussionspunkt war, bspw. die Revisionszulassungsgründe kritisch zu hinterfragen, zu erweitern und auch die Streitwertrevision wieder zuzulassen.

Ein damit verbundener Anstieg der Verfahren dürfte die Gerichte nicht überfordern. Zeigt doch die Statistik, dass die Verfahren aktuell rückläufig sind. Wenn KI und Digitalisierung die veränderten Prozesse unterstützen, sollte das machbar sein. KI und Digitalisierung werden uns alle effizienter und vielleicht auch schneller machen. Die Algorithmen einfach mal machen zu lassen geht nicht – zumindest jetzt noch nicht. KI kann unser Normendickicht nicht auflösen.

Es ist also zunächst an der Zeit, dass wir uns selbst ernsthaft mit dem Abbau unnötiger Bürokratie befassen. Die Überregulierung hat ein Maß erreicht, das in fast jedem Lebensbereich eine detaillierte Kontrolle und Unmengen von Vorschriften mit sich bringt.

Für unsere Mandanten, die mittelständischen Unternehmen, die das Rückgrat unserer Wirtschaft bilden, bedeutet dies eine erhebliche Belastung. Sie werden in ihrer Innovationsfähigkeit und ihrem Wachstum eingeschränkt, was letztlich zu einer Stagnation des Wirtschaftsstandorts Deutschland führt. Diese Auffassung ist inzwischen parteiübergreifender Konsens, jeder stimmt dieser Aussage zu.

Allein ans Entrümpeln setzt sich keiner. Der Bauernprotest hatte in der Gesellschaft so breite Zustimmung, weil er ein Ventil für den Unmut eigentlich jeder Branche und gesellschaftlichen Gruppe war. Auch der Vorsitzende des Deutschen Beamtenbundes, Ulrich Silberbach, scheint allmählich die Geduld zu verlieren, denn Bürokratie erfordert erhebliche Personalressourcen und die fehlen eben auch der öffentlichen Verwaltung.

Anlässlich seiner Jahrestagung vor wenigen Wochen bemerkte Silberbach: „Es fehlt am Willen, den Umfang staatlicher Aufgaben an die realen Möglichkeiten der Verwaltung anzupassen. Noch nie haben neue Gesetze so umfängliche Kosten und bürokratischen Aufwand für Unternehmen, Behörden und Bürger verursacht. Allein 2022 sind diese Belastungen um 9,3 Milliarden Euro auf 26,8 Milliarden gestiegen."

Diese Aussage verdeutlicht ein zentrales Problem unserer Zeit: die zunehmende Bürokratisierung und Regulierung, die nicht nur die Verwaltung, sondern auch die Wirtschaft und Gesellschaft als Ganzes lähmen. Betrachtet man die aktuellen Wirtschaftsprognosen, müssten wir uns aber schleunigst um Innovationen kümmern, denn Innovation ist der Schlüssel zu wirtschaftlichem Erfolg und gesellschaftlichem Fortschritt. Ohne sie treten wir auf der Stelle.

Ich meine daher, dass wir uns jetzt nicht die Köpfe darüber zermartern sollten, ob KI nun die große Entlastung bringt. Sie wird uns ein ganzes Stück entlasten und unsere Arbeit verändern.

Um aber wirkliche Wachstumseffekte zu erzielen, müsste der Gesetzgeber den Bürokratieabbau ernsthaft anpacken. Im Steuerrecht wäre es dringend Zeit für mehr Pauschalen und weniger Einzelfallgerechtigkeit. Der Staat muss klare Prioritäten setzen und zwischen Aufgaben unterscheiden, die kollektiv getragen werden sollten, und solchen, die in die Eigenverantwortung der Individuen fallen.

Subsidiarität, einst ein Leitprinzip unserer Gesellschaft, ist in den Hintergrund getreten. Heute scheint es, als würden nur noch wenige für mehr Eigenverantwortung eintreten. Stattdessen sollen es immer mehr Regelungen und Berichtspflichten regeln. Zu nennen wären beispielsweise das Lieferkettensorgfaltspflichtengesetz, die noch restriktivere „Lieferketten-Richtlinie" und die EU-Richtlinie zur Nachhaltigkeitsberichterstattung mit einer deutlich ausgeweiteten Berichterstattung im Lagebericht. Sie wird verpflichtend für alle großen Kapitalgesellschaften.

Für sich betrachtet verfolgt jede Richtlinie Ziele, die wir alle unterstützen können. In der Summe ist all das aber für die Unternehmen nicht mehr zu stemmen. Mit Inkrafttreten der EU-Richtlinie am 5.1.2023 steht die bisherige Nachhaltigkeitsbericht-erstattung vor einer grundlegenden Transformation.

Die Vorgaben der Nachhaltigkeitsberichterstattung sind insbesondere für mittelständisch geprägte Unternehmen zu komplex, kaum praktikabel und nicht priorisiert. Ein ausgewogenes Kosten-Nutzen-Verhältnis hinsichtlich der geforderten Datenpunkte besteht nicht. Das erzeugt Frust und manchmal – was schlimmer ist – Resignation.

Soll die Nachhaltigkeitsberichterstattung von KMU gelingen, muss der Grundsatz der Verhältnismäßigkeit gelten. Es muss doch klar sein, dass – wenn überhaupt – nur in den Unternehmen selbst vorliegende Informationen abgefragt werden können. Alles andere ist doch wirklichkeitsfremd, bzw. lähmt unsere gesamte Wirtschaft. Wohin wird uns diese ausufernde Bürokratie führen? Es scheint, als müsse alles Mögliche an diverse Behörden berichtet werden. Das Paradoxe daran ist, dass viele dieser Behörden gar nicht über ausreichend Personal verfügen, um die Flut an Informationen sinnvoll zu analysieren und zu verarbeiten.

Oft sind auch die Insellösungen in der IT der verschiedenen Bundesländer das zentrale Hindernis. Ein Beispiel dafür sind die grenzüberschreitenden Meldepflichten, bei denen der Aufwand für die Meldepflichtigen in keinem Verhältnis zu den Erkenntnissen der Meldungsempfänger steht. Wer versteht da, dass es jetzt auch noch die nationalen Meldepflichten geben soll? Sie sind im Wachstumschancengesetz vorgesehen, das aktuell im Vermittlungsausschuss liegt. Werden sie so umgesetzt, bedeutet das wieder mehr Bürokratie für die Beraterbranche. Die Frage, die sich bei alldem stellt, ist: Warum folgen wir diesem Pfad, insbesondere angesichts der Tatsache, dass die grenzüberschreitenden Meldepflichten wohl kaum als Erfolgsmodell bezeichnet werden können?

Meine Damen und Herren, es ist höchste Zeit, dass wir einen anderen Weg einschlagen. Statt immer mehr Berichtspflichten und Gängelungen der Bürgerinnen und Bürger sollten wir uns auf den Abbau von Bürokratie konzentrieren. Der gute Wille ist da. Das Bundesjustizministerium hatte eine breite Verbändeabfrage gestartet, bei der auch wir umfangreiche Vorschläge zur Vereinfachung im Steuerrecht vorgelegt haben.

Seit letzter Woche liegt nun der hieraus erarbeitete und lang ersehnte Entwurf eines Bürokratieentlastungsgesetzes IV vor. In steuerrechtlicher Hinsicht ist da nicht viel drin, da im Wesentlichen lediglich die Aufbewahrungsfrist für Buchungsbelege im Handels- und Steuerrecht einheitlich von zehn auf acht Jahre verkürzt wird. Zwar wird auf Bürokratieentlastungsmaßnahmen in anderen Gesetzgebungsvorhaben verwiesen. Der große Wurf ist das allerdings nicht. Und wenn man sich vergegenwärtigt, welche Bürokratielasten durch die globale Mindestbesteuerung, die Nachhaltigkeitsberichterstattung und die bereits erwähnten nationalen Meldepflichten anstehen, steht das in keinerlei Verhältnis. Grund genug, heute vor Ihnen, geschätzte Damen und Herren, für die Kultur des Vertrauens zu werben!

Die Bundesregierung, übrigens gilt das auch für die Vorgängerregierung, kann sich nicht dazu durchringen, Bürokratie merklich abzubauen. Grund ist ein tiefsitzendes Misstrauen gegenüber unseren Unternehmen und eine ausgeprägte Kontroll- und Regelungswut. Jede noch so kleine Detailfrage wird geregelt. Dieser Politikstil hat uns nicht weitergebracht.

Der neue Ansatz muss wieder auf Vertrauen und Eigenverantwortung basieren. Es ist an der Zeit, den Menschen und Unternehmen mehr Freiraum zu geben und auf ihre Fähigkeit zu vertrauen, im Rahmen klarer und einfacher Regeln verantwortungsvoll zu handeln. In einer Zeit, in der technologischer Fortschritt und Digitalisierung viele neue Möglichkeiten bieten, sollten wir diese nutzen, um unsere Verwaltung effizienter und benutzerfreundlicher zu gestalten, anstatt sie mit weiteren bürokratischen Lasten zu überfrachten. Nur so können wir ein System schaffen, das sowohl gerecht als auch nachhaltig ist. Der heutige Finanzgerichtstag bietet eine ausgezeichnete Gelegenheit, diese Themen zu diskutieren und nachhaltige, zukunftsorientierte Lösungen zu entwickeln. Darauf freue ich mich und wünsche Ihnen noch eine interessante Tagung!

Künstliche Intelligenz im Steuerrecht – Einsatzfelder und Herausforderungen für Steuerrechtsgestaltung, Steuerberatung und Steuerrechtsschutz

Steuerberater Stefan Groß (CISA), München

Der Vortrag soll Ihnen die Möglichkeiten der künstlichen Intelligenz näher bringen, vielleicht auch teilweise auf eine andere Art und Weise, als Sie es bisher gesehen haben. Ich möchte so ein bisschen Interesse für diese Technologie wecken.

Einführung

Als vor etwa fünf Jahren zum Thema KI in der Steuerberatung die ersten Meldungen über LinkedIn und Social Media kamen, habe ich sie erst einmal beiseitegelegt und gedacht, es sei nur der nächste Hype entstanden. Als dann immer mehr Meldungen kamen, habe ich mir das Ganze etwas genauer angesehen und war – obgleich schon früher mit der Technologie befasst – durch die gegebenen Veränderungen tief beeindruckt.

Nach ersten Gehversuchen habe ich in Kontakten – national wie international – festgestellt, dass auch dort diese Entwicklung – jedenfalls nicht schon für 2023 – erwartet worden ist. Zu diesen Veränderungen möchte ich gerne ein paar Impulse geben. Die Entwicklung ist am besten anhand der Bilder zu illustrieren, die mit ChatGPT zu erzeugen sind und mit der früheren Entwicklung von Sprachmodellen vergleichbar sind.

Dazu habe ich Ihnen ein Bild mitgebracht, das ich gestern Abend schnell mit einer anderen Software als ChatGPT erzeugt habe und den Papst als Disc-Jockey darstellt. Dieses Bild hat so bislang nicht existiert und wurde so zum ersten Mal nur durch eine Eingabe von bloßem Text in eine Lösung erzeugt. Das ist das Neue an generativer KI.

Über solche mit KI erzeugten Bilder (Text-to-Picture) hinaus wird mit KI im nächsten Schritt mit Text-to-Video gearbeitet. Als Beispiel habe ich mir eine kleine Ansprache ausgedacht, die mich ohne realen Hintergrund – als Video per KI erzeugt – zeigt und folgende Worte spricht:

> *„Lieber Herr Prof. Brandt, herzlichen Dank für die Einladung zum 20. Deutschen Finanzgerichtstag nach Köln und Gratulation zum runden Geburtstag der Veranstaltung. Ich freue mich bereits sehr auf meinen Vortrag Künstliche Intelligenz im Steuerrecht – Einsatzfelder und Herausforderungen für Steuerrechtsgestaltung, Steuerberatung und Steuerrechtsschutz."*

Das Beispiel zeigt die Möglichkeit, über entsprechende (Software-)Lösungen innerhalb von 30 Sekunden einen solchen Text zu erstellen und anschließend einen einstündigen Text in diese Software reinzukopieren, der sodann von der Software gesprochen wird.

Nach einer Zeit von ca. vier Wochen wird man auch keine Unterschiede in der Betonung mehr feststellen können. Dies zeigt die Möglichkeiten, aber auch die Notwendigkeit, reflektierend und verantwortungsvoll mit dieser Technologie umzugehen und neue Authentifizierungsverfahren zu schaffen für Bild, für Video und für die Stimme. Dies erfordert eine gewisse Regulierung, ohne aber die Innovation zu sehr abzuschneiden oder zu sehr neue Bürokratie aufzubauen.

Diese generative KI ist gekommen, um zu bleiben. Heute wollen wir über Text sprechen sowie über die Möglichkeiten im Steuerbereich und vielleicht auch in der Finanzgerichtsbarkeit. Hierzu habe ich ein **Beispiel** mitgebracht, das im Textbereich illustriert, was wirklich neu ist an der Technologie:

Ich sage der Maschine:

> *„Schreibe einen Beitrag mit 250 Wörtern über die Chancen und Risiken von KI im Steuerbereich, zitiere dabei zwei Veröffentlichungen mit unterschiedlichen Meinungen und schließe mit einem Zitat zum Thema KI."*

Wenn Sie das Ganze in eine Suchmaschine wie Google eingeben, dann werden Sie kein passendes Ergebnis finden. Warum? Weil dieser Text wahrscheinlich so noch nicht geschrieben wurde. Und Google durchsucht ja nur das Internet danach, ob entsprechende Texte bereits vorhanden sind, und gibt diese Texte wieder.

Generative KI – und das ist die Stärke und die Achillesferse zugleich – erzeugt komplett neue Texte. Sehen Sie sich diesen Text an: Der ist gut geschrieben, er ist grammatikalisch korrekt, er bezieht sich auf das Steuerrecht und er bringt am Ende noch ein passendes Zitat. Das Ganze dauert fünf Sekunden. Das ist neu, hat mich 2022 wirklich beeindruckt und funktioniert eigentlich nahezu täglich besser.

Es steckt heute als Sprachmodell ChatGPT-4 dahinter und wir warten alle auf GPT-5, das ich in den nächsten zwei, drei Monaten erwarte. Dann werden wir nochmal einen deutlichen Schritt sehen.

Warum man dann sagen und behaupten kann, „die Maschine lebt", zeigt folgendes Beispiel für ein „Brainstorming mit der Maschine".

Beispiel: *„Gib mir drei innovative Ideen für einen Blogbeitrag oder Kurzbeitrag zum Thema Steuern und Digitalisierung."*

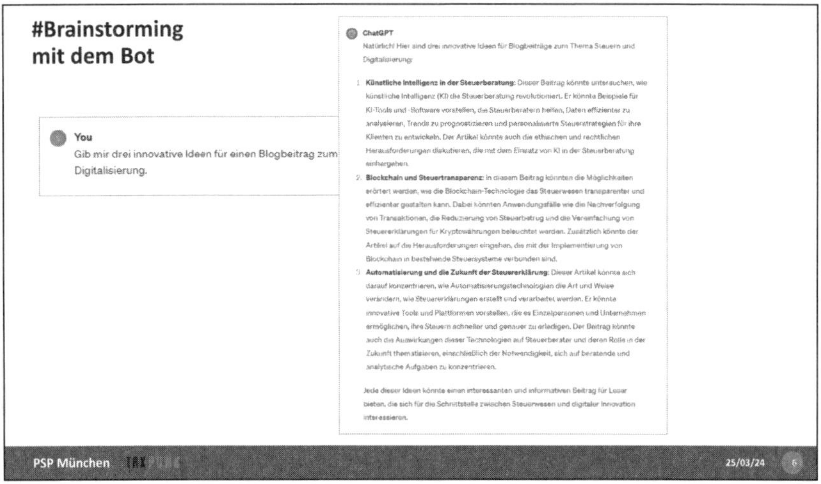

Damit kann ich – nicht schlechte – Ideen einsammeln, die auf Knopfdruck kommen und zeigen, mit welchen Beiträgen ich mich jetzt beschäftigen könnte.

Beispiel: *„Gib mir vier kritische Fragen für eine Podiumsdiskussion zum Thema generative KI, gerichtet an Lösungsanbieter von KI-Anwendungen."*

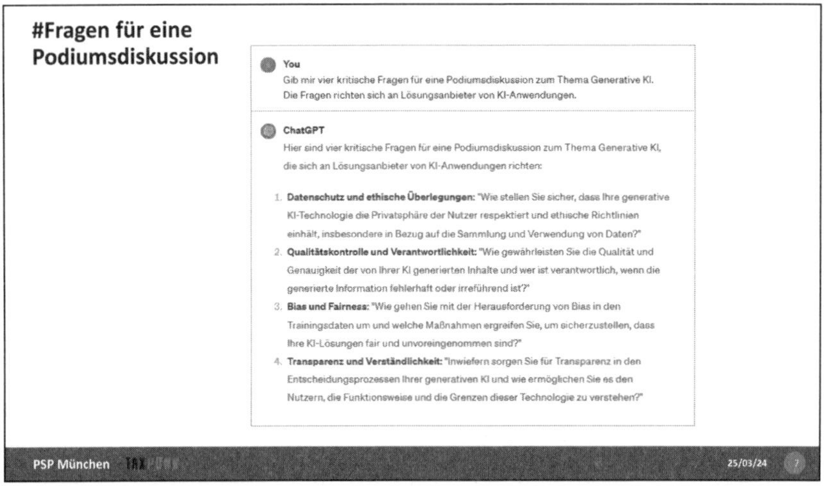

Dabei kommen Fragen wie Datenschutz und Ethik, Qualitätskontrolle und Verantwortlichkeit sowie Bias und Fairness oder Transparenz und Verständlichkeit heraus, die ich immer nehmen würde für eine Diskussion. Bei dieser Technologie ermöglicht Ihnen die Dialogfunktion darüber hinaus die erfolgreiche Aufforderung:

> *„Thema 2 bitte ausführen, Thema 3 bitte vertiefen, liefere mir 20 Stichpunkte dazu."*

Am Ende muss allerdings immer der Mensch stehen, der das Ganze noch einmal fachlich beurteilen muss.

Das Interessanteste dabei ist eigentlich das Thema Emotionen. Ich saß vor ungefähr vier Monaten auf einem Panel mit zwei Professoren eines jeweiligen KI-Lehrstuhls, die mir gesagt haben, die Maschine schreibe empathischere Texte als 99 % aller anderen, die ansonsten Texte erstellen.

Dazu habe ich ein einfaches **Beispiel** mitgebracht, wie die Maschine im Dialog dazu gebracht werden kann, ein von mir über ChatGPT erstelltes **Musteranschreiben an Mandanten** zur Abgabe der Unterlagen für die Steuererklärung freundlicher zu schreiben.

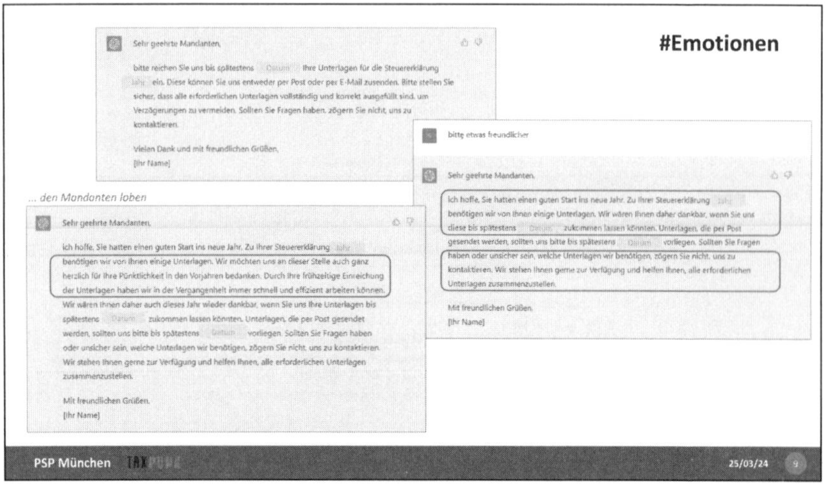

Auf die einfache Aufforderung „etwas freundlicher“ zu schreiben, hat die Maschine folgende Formulierung gefasst:

> *„Ich hoffe, Sie hatten einen guten Start ins neue Jahr. Zu Ihrer Steuererklärung … benötigen wir von Ihnen einige Unterlagen. Wir wären Ihnen daher sehr dankbar, wenn Sie uns diese bis spätestens … zukommen lassen könnten.“*

Auf die ergänzende Aufforderung, „den Mandanten zu loben“, lieferte die Maschine folgende Ergänzung:

> *„Wir möchten uns an dieser Stelle auch ganz herzlich für Ihre Pünktlichkeit im Vorjahr bedanken. Durch Ihre frühzeitige Einreichung der Unterlagen haben wir in der Vergangenheit immer schnell und effizient arbeiten können.“*

Anwendung von KI in der Praxis

Die Frage ist, meine Damen und Herren, wo bleiben *wir* an der Stelle, wenn erst ChatGPT-5 kommt? Wir müssen im täglichen Einsatz aus der Sicht der Steuerberatenden – Entsprechendes gilt für die Finanzgerichtsbarkeit – jedenfalls zwei Dinge ganz klar trennen:

– Zum einen die Frage, was Künstliche Intelligenz leisten kann, um uns als Wissensarbeiter in der täglichen Arbeit und zuerst mal jenseits von fachlichen Fragestellungen gezielt zu unterstützen.

- Zum anderen die (zweite Frage), wie uns generative KI und Sprachmodelle künftig auch beim Bearbeiten fachlicher Inhalte unterstützen können.

Für uns als Wissensarbeiter gibt es unterschiedliche Möglichkeiten, wie z. B. das Erstellen von Kurzbeiträgen, Kurzinformationen, Exzerpten oder Zusammenfassungen sowie deren adressenmäßige Aufbereitung und – soweit wir die fachlichen Inhalte haben – die Erstellung von Vortrags- und kreativen Social-Media-Inhalten.

Beispiel: Erstellen eines Kurzbeitrags

Auf die nicht einfache Bitte an die Maschine, einen kurzen Beitrag zur Blockchain schreiben, der diese Technologie einfach und prägnant erklärt sowie beschreibt, wie sich diese Technologie im Steuerrecht einsetzen lässt, hat die Maschine diese (nicht triviale) Herausforderung in nur 10 Sekunden in wirklich prägnanter Art und Weise erfüllt u. a. mit dem nach den Erkenntnissen des IDST **zutreffenden Hinweis**,

> *„die Blockchain-Technologie kann im Steuerrecht in verschiedenen Bereichen wie z. B. für Steuerzahlungen, Steuererklärungen und Betriebsprüfungen eingesetzt werden. Dadurch würden Prozesse beschleunigt und vereinfacht, da alle Beteiligten jederzeit Zugriff auf die aktuellen Daten hätten. Auch die Sicherheit und Transparenz der Prozesse würde erhöht, da Manipulationen ausgeschlossen sind."*

Beispiel: Erstellung eines Beitrags aus Stichpunkten

Häufig hat man Stichpunkte im Kopf und überlegt sich, daraus einen Beitrag zu formen. So lässt sich aufgrund der Fähigkeiten generativer KI z. B. mit der Vorgabe,

> *„einen Kurzbeitrag mit maximal 100 Wörtern aus den Stichworten Digitalisierung, Künstliche Intelligenz, Steuerberater, Maschine ersetzte Menschen, Steuerberater behält seinen Platz, Mensch-Maschine-Beziehung, Ausbildung muss sich ändern, positiv mitgestalten“*

schnell ein richtig guter Kurzbeitrag erstellen. Entsprechendes gilt auch für Geburtstagsansprachen. Dabei hat man jederzeit die Möglichkeit, den Text im Dialog mit der Maschine nachzutrimmen oder ihm den eigenen Duktus zu geben.

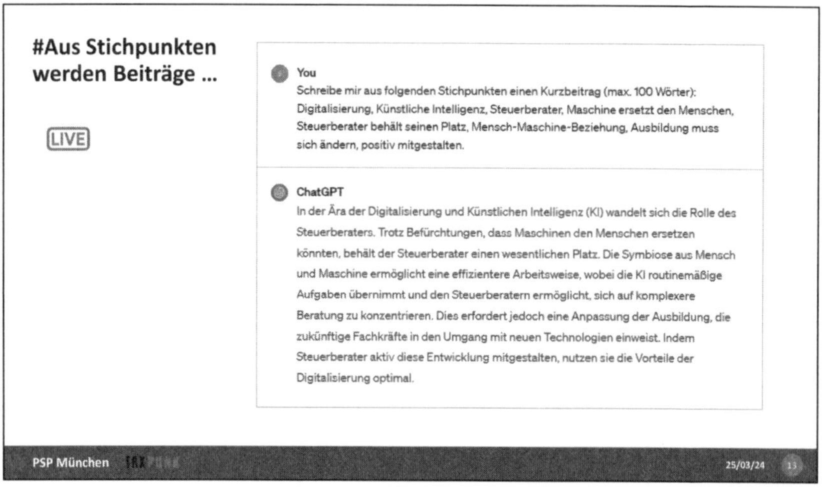

Allerdings sind die Zeiten für die Erwartung, man könne synthetische Texte aus der KI zweifelsfrei erkennen, ersichtlich vorbei. So habe ich beispielsweise eine eigene ChatGPT-Instanz mit meinen Texten trainiert und anschließend der Maschine aufgegeben, den längeren Text eines Kollegen „in meinem Sprachstil“ auszugeben, was uneingeschränkt funktioniert hat.

Adressatengerechte Aufbereitung von Texten in Abhängigkeit von der Vorbildung

KI verschafft die Möglichkeit sowohl für Steuerberater als auch für Verlage, Texte adressatengerecht in Abhängigkeit von der Vorbildung aufzubereiten. So habe ich einen Text zu NFTs, also Non-Fungible Tokens, durch KI in einen für Laien verständlichen Text unter Verwendung von Beispielen sowie Analogien umwandeln lassen. Entsprechende Vereinfachungen sind auch für nicht einfache Texte zur Besteuerung sogenannter Cryptoassets vorstellbar, indem die Texte oder der Link in ChatGPT mit der Bitte kopiert werden, das Ganze etwas einfacher darzustellen, z. B. mit der Aufgabe durch den Steuerberater, den Text mandatengerecht aufzubereiten.

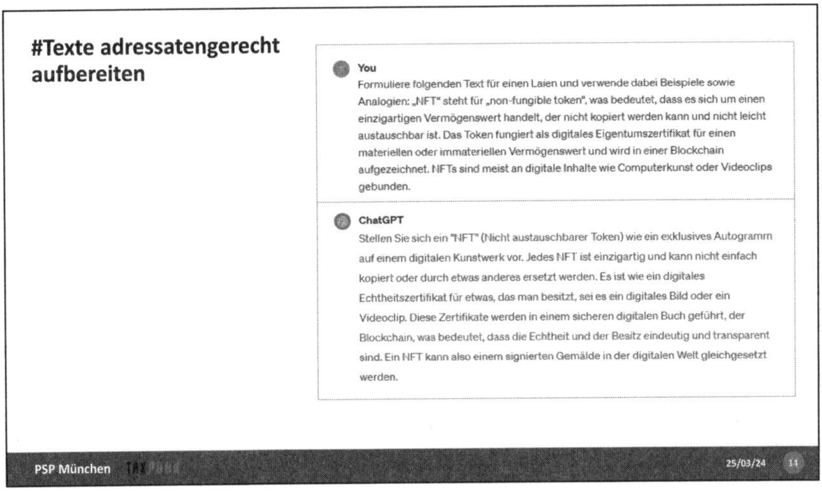

Ebenso besteht die Möglichkeit, durch die generative KI Zusammenfassungen umfangreicherer Darlegungen, wie z. B. die Zusammenfassung eines ausschweifenden Beitrags zum Datenschutz, in drei Sätzen erstellen zu lassen sowie künftig Texte wie Urteile in Tabellen aufzubereiten und ggfs. vergleichen zu lassen bis hin zur Erstellung von Vortragsinhalten für uns Wissensarbeiter.

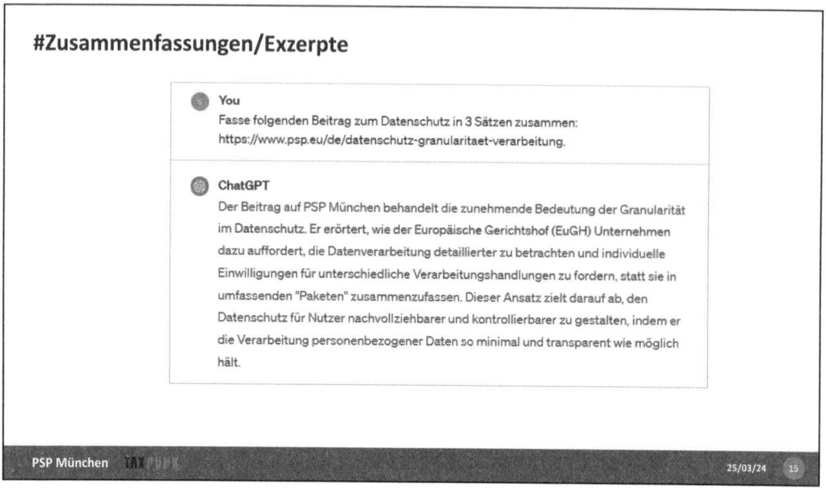

Beispiel:

Meine Aufgabe an die Maschine,

- *mir Inhalte für eine Powerpoint-Präsentation für eine Zuhörerschaft aus Steuerberatern und Wirtschaftsprüfern zum Thema zusammenzustellen, wie ChatGPT funktioniert, und dazu Titel, fünf Folien mit Überschriften und Bullet-Points zu benennen,*
- *das Grundkonzept der Präsentation entsprechend einer SWOT-Analyse unter Angabe von Chancen, Risiken, Stärken und Schwächen darzustellen und*
- *Fußnoten zu möglichen Diskussionspunkten beizufügen,*

wurde perfekt aufbereitet und ermöglicht Ergänzungen mit Anweisungen wie „gib mir noch mehr Inhalte zu Folie 3, arbeite Punkt 5 ausführlicher ...“ sowie durch Nutzung des inzwischen von Microsoft zur Verfügung gestellten Co-Pilot mit der Option, daraus – nach Hinterlegung der Präsentationsvorlage – Folien bauen zu lassen.

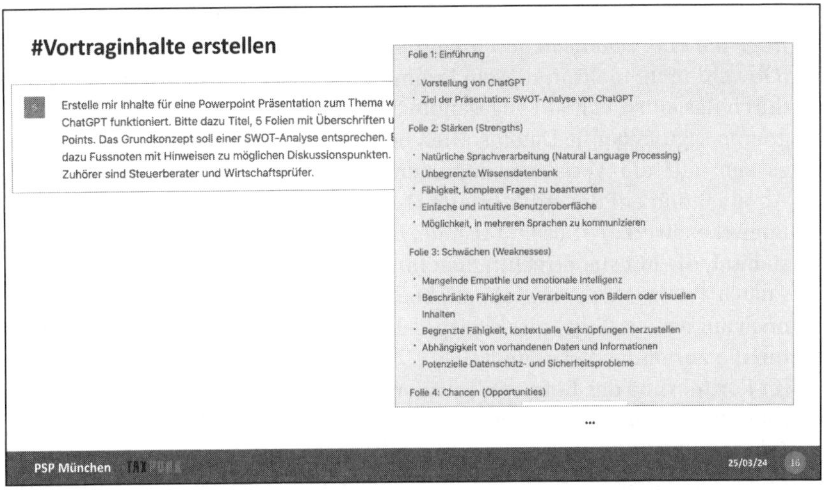

Was bedeuten diese unglaubliche Arbeitserleichterung und Effizienzsteigerung für uns? Sie könnten insbesondere für eine Interaktion zwischen Finanzverwaltung und Steuerberater genutzt werden, für die ich folgendes Beispiel zu einer Betriebsprüfung gewählt habe:

1. Der Betriebsprüfer gibt in das Setup mit den erforderlichen Firmendaten und den Daten des steuerlichen Beraters die Absicht ein, bei der Firma eine Betriebsprüfung durchzuführen und gibt nur ein: *„Bitte vereinbare schriftlich einen Termin am 24.10.2023 um 10 Uhr in der Firmenzentrale in Leipzig.“*
2. Daraus erstellt die Maschine unter Angabe der korrekten Adresse, des Betreffs und der Vorgabe eines freundlichen Schreibens an den Berater der Firma eine Anfrage wegen Betriebsbesichtigung.
3. Als Berater kann ich nun unter einmaliger Eingabe der Adresse des Konzernbetriebsprüfers eingeben *„Bitte ein Antwortschreiben vorbereiten“*, *„Termin ist nicht möglich“*, *„Alternativtermin ist eine Woche später“*, *„Bitte fragen, welche Unterlagen zur Verfügung gestellt werden sollen“*.
   (Das entsprechend von der Maschine erstellte Antwortschreiben in freundlicher und ausführlicher Form könnte auch für uns Steuerberater eine Erleichterung sein.)
4. Daraufhin Antwort des Prüfers über die Maschine: *„Bestätige bitte dem Berater den Termin trotz Feiertag“*. *„Fordere zu diesem Termin mit dem Schreiben die Finanzbuchhaltung und eine Verfahrensdokumentation usw. an“* und *„Gib unter Bezugnahme auf § 147 Absatz 6 AO Hinweise, wie*

die Firma am besten die Daten bereitstellen sollte“ und *„Ergänze die Anfrage um eine Datensatzbeschreibung“.*
(Obwohl nicht mehr in diesem Prompt eingegeben wurde, ist das Ergebnis durch das entsprechend abgesandte Schreiben überzeugend, weil das Programm sagt, folgende Daten sollten bereitgestellt werden; zugleich bezieht es sich auf die Verfahrensdokumentation, gibt den Hinweis auf § 147 Absatz 6 und auf die strukturierte Datensatzbeschreibung etc.
Bemerkenswert an diesem Ergebnis ist, dass es aus keiner Spezialsoftware stammt, die mit steuerrechtlichen Inhalten trainiert wurde. Vielmehr ist es ChatGPT-4 in seiner ursprünglichen Ausprägung. Wir kommen nachher noch auf weitere Ergebnisse zu sprechen, wenn wir Technologie und Fachinhalte zusammenbekommen.)
5. (In Fortführung des Beispiels in einem Antwortschreiben umgesetzte) Eingabe durch mich als Berater: *„Bitte ein Antwortschreiben mit folgendem Inhalt vorbereiten, Termin bestätigen, herzlich bedanken für das zeitliche Entgegenkommen, die Ausführungen zur Prüfung im Detail, dazu den Prüfer bitte offen fragen, ob er für sein Schreiben ChatGPT verwendet hat.“*
6. (In Fortführung des Beispiels) Eingabe durch den Prüfer: *„Eine Erstanalyse der Daten hat Folgendes ergeben“, „In den Rechnungsnummern finden sich 25 fehlende Rechnungsnummern“; „Bitte um Mitteilung, warum die Belegnummer nicht verbucht wurden“.*
7. (In Fortführung des Beispiels in einem Antwortschreiben umgesetzte) Eingabe durch mich als Berater: *„Bitte ein Antwortschreiben mit folgendem Inhalt: Schlüssige Begründung, weshalb Rechnungsnummern fehlen könnten. Dabei absolute Bereitschaft zur Aufklärung des Sachverhalts betonen. Dazu freundlich die Frage stellen, ob die Ergebnisse, welche das KI-System erzeugt, auch nachvollziehbar für das geprüfte Unternehmen sind und dabei auf entsprechende Ausführungen im Schrifttum von Professor Mellinghoff verweisen.“*
Daraufhin kam folgendes Schreiben: *„Zunächst möchte ich betonen, dass wir größten Wert auf eine korrekte und vollständige Buchhaltung legen. Es ist durchaus möglich, dass die fehlenden Rechnungsnummern aufgrund von Stornierungen, internen Umstellungen oder technischen Herausforderungen nicht verbucht wurden. Selbstverständlich werden wir diesen Sachverhalt umgehend prüfen, um Ihnen die Gründe schlüssig darzulegen.“*
Und dann wird noch auf Herrn Mellinghoff verwiesen.

Das Beispiel zeigt die Möglichkeiten der Kommunikation für Steuerberater und die Finanzverwaltung, der in den nächsten Jahren bis zu 45.000 Beamtinnen und Beamte fehlen werden. Allerdings muss man mit den Vorbereitungen für den Einsatz dieser Kommunikationsmöglichkeiten jetzt beginnen und nicht erst 2029, weil es einige Jahre dauert, solche Sprachmodelle zu trimmen und abzusichern.

Was können wir im Übrigen erreichen, wenn wir Sprachmodelle auf der einen Seite mit steuerfachlichem Content auf der anderen Seite verknüpfen, nachdem diese bislang vorhandenen Modelle bislang kaum mit Steuerfachliteratur und schon gar nicht mit deutscher Steuerfachliteratur trainiert wurden? Deshalb wird man – selbst wenn in dem erörterten Beispiel mit seinen Aussagen zu § 147 Abs. 6, Datenstrukturen und so weiter ein relativ gutes Ergebnis erzielt wurde – bei bestimmten fachlichen Fragestellungen heute zu Recht eher enttäuscht sein, weil die Maschine nichts beantworten kann, was sie nicht gelernt hat.

Wie bekommen wir deshalb steuerlichen Content auf der einen Seite und die Möglichkeiten der Maschine auf der anderen Seite zusammen?

Um zu illustrieren, wo der Unterschied der Ergebnisse liegt zwischen dem, was Sie in ein allgemeines Sprachmodell eingeben, und der erreichbaren Qualität, wenn Sie ein Sprachmodell mit den entsprechenden Inhalten versehen, habe ich Ihnen folgendes einfache, aber beratungstypische Beispiel mitgebracht:

Beispiel:

Frage an ChatGPT: *Was ist auf Grundlage der GoBD zu beachten, wenn Daten konvertiert werden?*

Das Beispiel betrifft die sich typischerweise in der Praxis stellende und nach Maßgabe der GoBD zu beurteilende Frage, wenn steuerrelevante Daten entstehen und archiviert werden, z. B. wenn jemand elektronische Rechnungen bekommt, diese konvertiert und in einem Archivsystem ablegt, was für die Betriebsprüfung vorgehalten werden muss.

In der Praxis würde man jetzt entweder jemanden losschicken oder selbst in einem Kommentar nachschauen, um die gar nicht so einfache Frage zu beantworten.

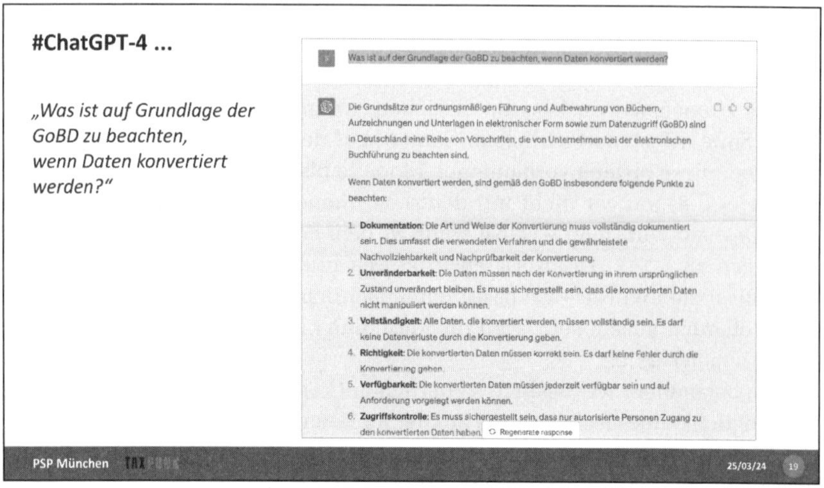

Weil ChatGPT nicht mit den erforderlichen steuerlichen Daten aus der steuerlichen Literatur trainiert wurde, war die Antwort unvollständig und missverständlich und damit reif, sie in die „digitale Tonne“ zu treten. Wenn Inhalte aus der Steuerrechtsliteratur allenfalls rudimentär und vielleicht zufällig Eingang in das Sprachmodell gefunden haben, können wir damit nicht arbeiten, aber auch deshalb nicht, weil ChatGPT-4 Quellenangaben fehlen und man deshalb nicht weiß, woher das Ganze kommt.

Verwertbare Antwort bei Verknüpfung mit Fachliteratur

Verknüpft man das Sprachmodell mit einem Kommentar zum Thema GoBD und stellt die Frage sodann – mit dem Trick, dass für das gesamte Sprachmodell angenommen wird, das gesamte Wissen bestehe nur aus diesem Kommentar –, so erhält man eine gute und nachvollziehbare Antwort unter Angabe einer Quelle, die man an Mandanten weitergeben kann.

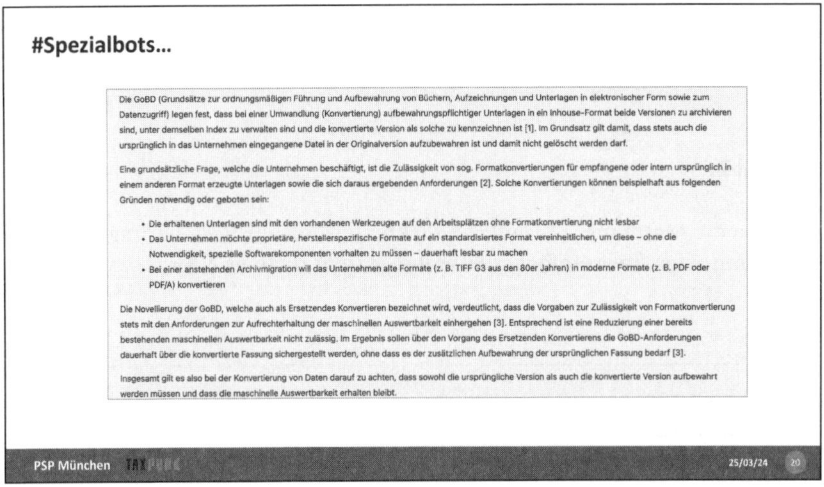

Diese Kombination eines Spezialistenbereichs von Sprachmodellen mit Inhalten von Otto Schmidt war eine der ersten Lösungen mit der weitergehenden Möglichkeit, jetzt die Maschine zu befragen, zu urteilen, zu befragen und so mit der Maschine in Interaktion zu treten, auch wenn man an dieser Stelle sagen muss, insoweit ist noch Luft nach oben. Gleichwohl werden die heute schon zu etwa 70 oder 80 Prozent funktionierenden Lösungen immer besser.

So werden wir künftig sicherlich die Möglichkeit haben, steuerliche juristische Gutachten zu entwerfen oder vorzuformulieren, auch wenn es am Ende klar den Menschen braucht.

Wir werden Schriftsätze analysieren können bis hin vielleicht auch zu Betriebsprüfungsberichten. Wir werden Entgegnungen und Gegenpositionen entwerfen können.

Hier drei Beispiele von Prompts, was man vielleicht künftig mit der Maschine macht.

Beispiel 1:

„Suche mir Rechtsprechung und Kommentarliteratur, die die Argumentation in diesem Text (Text wurde hochgeladen oder verlinkt) unterstützen oder dagegen sprechen.“ „Formuliere eine Gegenposition zu dieser Abhandlung, zitiere dabei Rechtsprechung, Literatur und Verwaltungsauffassung“ oder

„Vervollständige das vorliegende Memo, indem du eine sehr gut gegliederte rechtliche Begründung am Zitaten aus Rechtsprechung und juristischer Literatur hinzufügst.“

Beispiel 2:

Frage an die Maschine: *„Erstelle einen kurzen Text zur Besteuerung von NFTs und bereite den Text einfach adressatengerecht in einer E-Mail für den Mandanten auf.“*

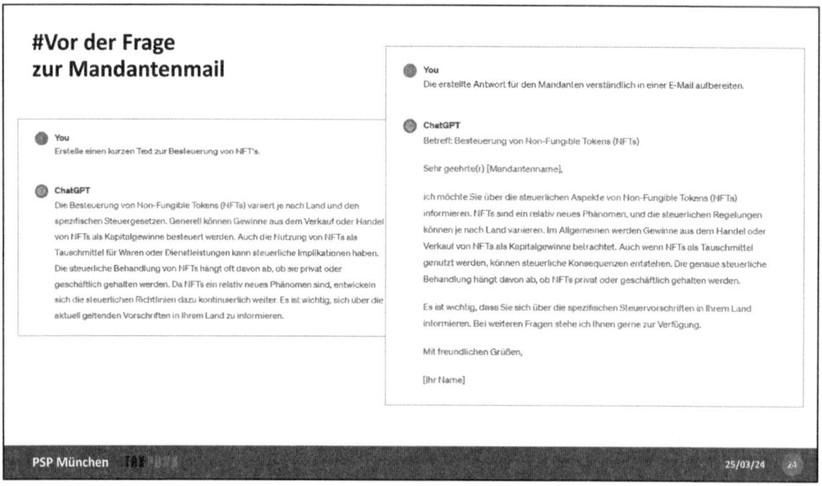

Das war ein einfacher Fall, geht auf Knopfdruck und hilft uns und der Finanzverwaltung, einfach schneller zu werden.

Beispiel 3: Literaturbefragung / Chat with PDF.

Hochladen einer PDF-Datei zu einem (von mir geschriebenen) GoBD-Leitfaden von 250 Seiten, den die Software fünf Sekunden für die KI aufbereitet und vektorisiert, sodass man mit diesem Dokument in Interaktion treten kann.

Stellt man jetzt die schon bereits erwähnte Frage, was beachtet werden muss, wenn Daten konvertiert werden, erhält man eine Antwort unter Angabe der Quellen mit Verweisen auf die Seiten 67, 68, 87, 95 und 207 des Leitfadens, die man jeweils unmittelbar ansteuern kann.

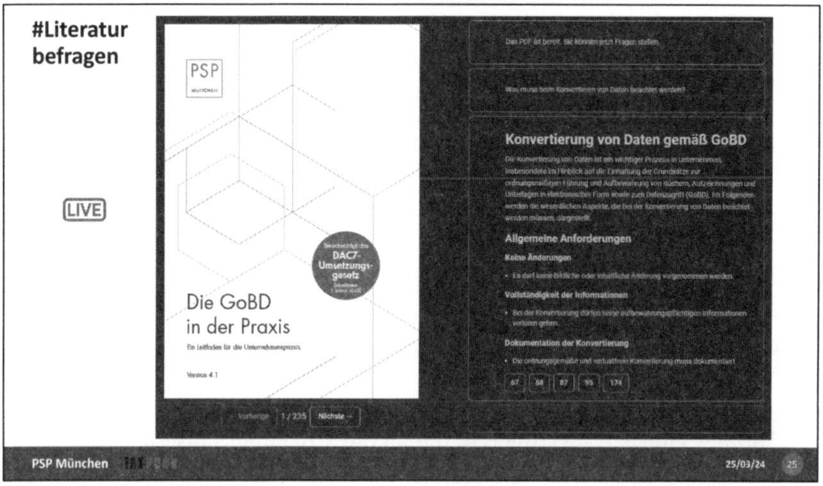

Welche Möglichkeiten dies schafft, können Sie am Beispiel des Gesetzentwurfs zum Wachstumschancengesetz sehen, nach dessen Hochladen Sie die wesentlichen Aussagen abfragen können; *„Was sind denn die wesentlichen Aussagen? Was gibt es denn dort zur Umsatzsteuer?“*

Entsprechend können Sie nach Hochladen zu Pillar 2, einem Riesengesetzeswerk, abfragen, an welchen Stellen Sie zu diesem oder jenem Thema etwas finden.

Zu den weiteren Möglichkeiten gehört es, Urteile zusammenzufassen durch Eingabe folgender Anweisung: „Urteil des Bundesfinanzhofs“ mit entsprechendem Link.

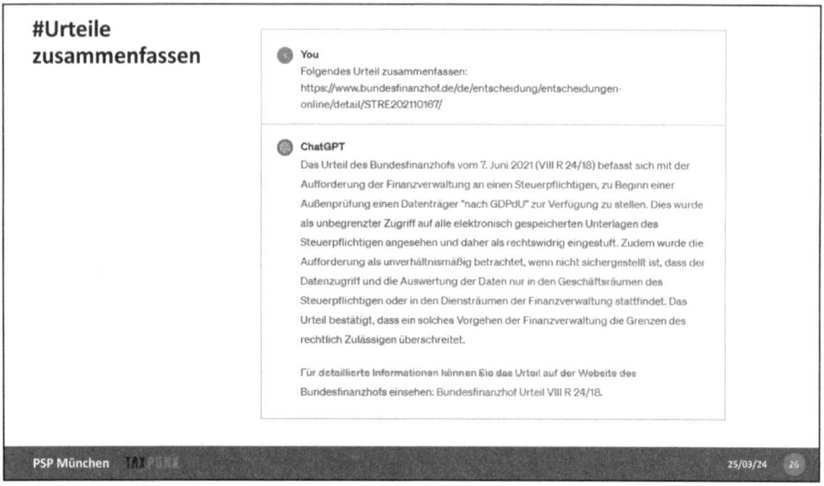

Sie können Videos transkribieren, indem Sie z. B. einen Link zu einem Video auf YouTube mit der Anweisung eingeben, das Video zu transkribieren oder zusammenzufassen.

Eine unglaubliche Erleichterung ist auch die Nutzung von YouTube zur Fortbildung unter Nutzung von KI durch Eingabe „folgendes Video transkribieren" (unter Angabe des Links).

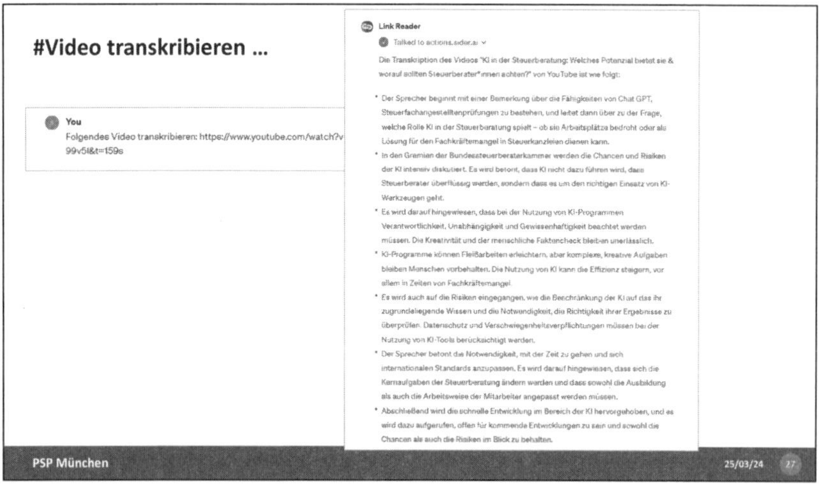

Zukunftsaussichten

Der neueste Trend und eines der spannendsten Themen ist die Sachverhaltsermittlung über die KI unter Nutzung ihres Prompt Engineers. Das Thema Prompting ist künftig nicht Ihre Aufgabe, sondern die der Maschine, was man in der Technologie Reverse Prompting nennt. Ich schreibe einen Prompt und ich bekomme einen Befehl an die Maschine, dass sie mir alle Fragen stellt, die sie, die Maschine, wissen muss, um mir eine vollständige Antwort zu geben.

Beispiel

„Du, Maschine, bist mein virtueller Steuerassistent, frage mich zuerst, was das Thema bzw. die Frage ist, die du bearbeiten sollst. Anschließend bitte folgenden Prozess durchlaufen: 1. Du stellst die Fragen zum Sachverhalt, die du brauchst, um mir eine korrekte und vollständige Antwort zu geben. 2. Wenn alle deine Fragen beantwortet sind, erstellst du mir deine Antwort. Und mit einem einfachen Beispiel, ich bin jetzt Mandant, ich habe vielleicht gar kein so großes steuerliches Wissen und sage, ich möchte einen Gegenstand von Deutschland nach Italien verkaufen – muss ich Umsatzsteuer ausweisen?“

Dann fängt die Maschine an und stellt mir die Fragen, die sie wissen muss, um mir eine vollständige Antwort zu geben. Das heißt, ich muss mir künftig gar keine Gedanken mehr machen, was muss ich denn alles eingeben, damit ich eine vollständig korrekte Antwort bekomme, sondern ich lasse die Maschine mir die Fragen stellen, was sie benötigt, um mir die vollständig korrekten Antworten zu geben.

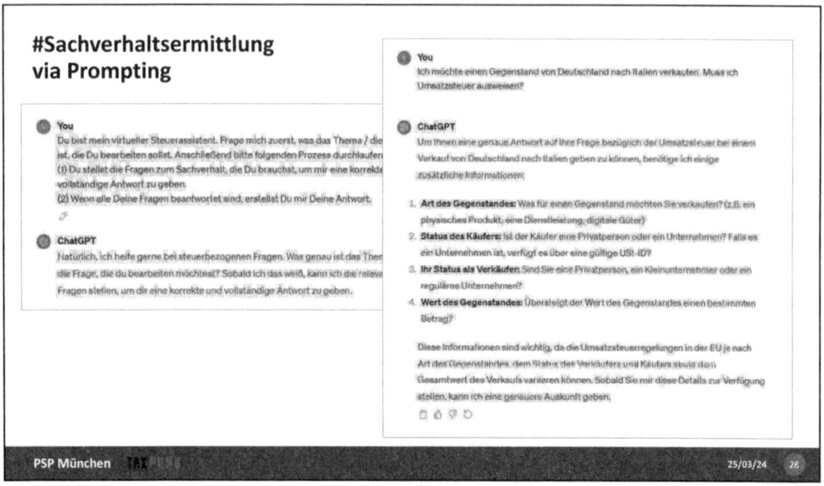

Das geht seit kurzem noch besser. Sie können in ChatGPT ein eigenes GPT bauen, können es standardmäßig hinterlegen und haben dann Ihren Bot, den Sie per Knopfdruck aufrufen können und mit dem Sie dann arbeiten. Diesen Prompt habe ich noch einmal mit folgender Anweisung verfeinert: *„Bevor du mir die Antwort gibst, entwirfst du zehn weitere Antworten, also bevor ich sie bekomme. Anschließend unterziehst du alle Antworten einem Faktencheck und gibst mir dann die beste Antwort aus.“* Damit kriegen Sie die Maschine nochmal in eine entsprechende Endlos-Schleife. Das sind die Dinge, mit denen man sich beschäftigen muss.

Zum Schluss habe ich Ihnen noch so zwei, drei Dinge mitgebracht, wohin sich die KI entwickelt. Nachdem wir jetzt einerseits beleuchtet haben, was sie für uns Wissensarbeiter leisten kann, und zum anderen, wohin die Reise im Steuerrecht hingeht, stellt sich die Frage, welche sonstigen KI-Entwicklungen es geben wird.

So kann man das Video einer Person nehmen, auf eine Plattform hochladen und eins zu eins mit der gleichen Stimme in 90 Sprachen der Welt deren Worte wieder ausgeben. Was bedeutet das für unsere Profession? Wird es uns unabhängig machen oder wird es die Unabhängigkeit des Personals in den legalen Studien lösen? Im Übrigen verwenden wir diese Technologie häufig, wenn wir zum Beispiel etwas auch in einer anderen Sprache an Berufskollegen schicken, deren Sprache wir nicht so beherrschen.

Ganz zum Schluss habe ich Ihnen die neueste und wirklich beeindruckende Entwicklung mitgebracht. So kann mit der – in der Beta-Version vorliegenden – neuesten Technologie „Text to Video“ der Maschine gesagt werden:

„Erstelle mir mal ein cooles, modernes Video zu einer Veranstaltung mit folgenden Details:“

Diese Veranstaltung gibt es so tatsächlich, deren Veranstaltungsinhalte ich lediglich aus einem LinkedIn-Post herauskopiert habe, verbunden mit der Aufforderung, dazu ein Video zu erstellen, das innerhalb von 20 Sekunden mit folgendem Text erstellt wurde.

> *„Welcome to the AI Conference 2024, where we're revolutionizing tax and AI. Get ready for an event like no other designed for tax and AI experts. We're bringing you innovative solutions for control functions and tax application scenarios from AI meets tax function to daily business, science, use cases, data protection and future tax audits. We've got it all covered and our keynote speaker Nicole Büttner-Thiel is a force to.“*

Wenn ich es geschafft habe, Sie für das Thema zu interessieren, dann habe ich das erreicht, was ich mit dieser kurzen Keynote erreichen wollte. Beschäftigen Sie sich mit dem Thema und gehen Sie damit verantwortungsvoll um. Herzlichen Dank.

Rechtsfragen der Videoverhandlung an den Gerichten

Dr. Nils Trossen, Richter am Bundesfinanzhof

Spätestens seit der Corona-Pandemie ist die Videoverhandlung Alltag in der Praxis der Finanzgerichtsbarkeit geworden. Die ersten Rechtsfragen dazu haben Finanzgerichte und den Bundesfinanzhof (BFH) erreicht. Auch der Gesetzgeber verfolgt mit dem Gesetz zur Förderung des Einsatzes von Videokonferenztechnik in der Zivilgerichtsbarkeit und den Fachgerichtsbarkeiten[1] das Ziel, Videoverhandlungen einfacher und unbürokratischer zu ermöglichen. Der nachfolgende Beitrag wird in einem ersten Teil die wichtigsten Änderungen des Gesetzentwurfs darstellen, die in der finanzgerichtlichen Praxis eine Rolle spielen. In einem zweiten Teil wird er Praxisfragen aus der jüngeren Rechtsprechung darstellen und beleuchten. Im dritten und letzten Teil wird ein Ausblick auf das „Videoportal der Justiz" (VdJ) gegeben. Dies stellt die aktuell in Entwicklung befindliche gemeinsame Bund-Länder-Videoplattform dar, die vom Bundesministerium der Justiz (BMJ) entwickelt wird und bundesweit in der Justiz für einen einheitlichen Standard bei Videoverhandlungen sorgen soll.

I. Der neue Gesetzentwurf zur Videoverhandlung

Der Entwurf des Gesetzes zur Förderung des Einsatzes von Videokonferenztechnik in der Zivilgerichtsbarkeit und den Fachgerichtsbarkeiten enthält zahlreiche Neuerungen, die für die Finanzgerichtsbarkeit von Bedeutung sind. Zunächst fällt ins Auge, dass die bisherige Regelung zu Videoverhandlungen in § 91a FGO, die in geänderter Form bereits seit dem Jahr 2000 bestand,[2] ersatzlos wegfällt. Vielmehr kommt für das finanzgerichtliche Verfahren über den Verweis in § 155 FGO die Regelung des § 128a ZPO zur Anwendung. Während die Sozialgerichtsbarkeit, die Arbeitsgerichtsbarkeit und zuletzt im Gesetzgebungsverfahren auch die Verwaltungsgerichtsbarkeit in ihren Verfahrensordnungen eigene Regelungen verankern konnten, bleibt es für die Finanzgerichtsbarkeit bei dem Verweis auf die Regelung in der ZPO. Warum im

---

1 BT-Drucks 20/8095.

2 Vgl. zur Historie Gräber/Herbert, Finanzgerichtsordnung, 9. Aufl., § 91a Rz 1.

Gesetzgebungsverfahren seitens der anderen Fachgerichtsbarkeiten unter Hinweis auf die Besonderheiten der eigenen Gerichtsbarkeit überwiegend auf eine eigene Regelung gedrängt wurde, erschließt sich historisch nicht. Die bisherigen Regelungen in allen Verfahrensordnungen[3] waren praktisch identisch und auch bislang konnten alle Gerichtsbarkeiten mit vergleichbaren Regelungen Videoverhandlungen durchführen.

In § 193 GVG n.F. wird erstmals – klarstellend – eine Rechtsgrundlage für die Online-Beratung bei Spruchkörpern geschaffen. Nach bisheriger Auffassung erlaubte auch die geltende Rechtslage Beratungen und Abstimmungen mittels Videokonferenz. Das war aber nicht unumstritten, so wurden seitens der Richterschaft teilweise Bedenken geäußert. Mit der Neuregelung besteht damit eine gesicherte Grundlage, auch Beratungstermine (oder Sitzungen ohne mündliche Verhandlung) per Videokonferenz durchführen zu können.

Die wesentlichen Neuerungen für die Durchführung von Videoverhandlungen finden sich in § 128a Abs. 2 und 3 ZPO n.F. Bisher konnte das Gericht eine Teilnahme an der mündlichen Verhandlung per Videokonferenz auf Antrag der Beteiligten nur gestatten, nicht aber anordnen. Den Verfahrensbeteiligten stand es zudem frei, auch bei Terminierung einer Videoverhandlung im Gericht zu erscheinen und in Präsenz an der Verhandlung teilzunehmen. § 128 Abs. 2 Satz 1 ZPO n.F. ermöglicht die Anordnung der Videoverhandlung durch eine prozessleitende Verfügung seitens des Vorsitzenden. Es ist also zukünftig kein Gestattungsbeschluss, der vom Einzelrichter oder allen Berufsrichtern des Spruchkörpers zu signieren ist, nötig. Dies vereinfacht und beschleunigt erheblich die Anberaumung von Videoverhandlungen. Weiter ist im Fall der Anordnung einer Videoverhandlung die Teilnahme für den Prozessbeteiligten zwingend, d.h., eine alternative Teilnahme vor Ort im Gerichtssaal ist nicht möglich.

Die Entscheidung über die Gestattung oder Anordnung einer Videoverhandlung liegt im pflichtgemäßen Ermessen des oder der Vorsitzenden. § 128 Abs. 2 Satz 2 ZPO n.F. schränkt bei Anträgen aller Prozessbevollmächtigten auf Teilnahme an der Verhandlung mittels Videokonferenz das Entscheidungsermessen der oder des Vorsitzenden dahingehend ein, dass eine Videoverhandlung in der Regel anzuordnen ist („Soll-Vorschrift"). Beantragen mithin alle Prozessbevollmächtigten (nicht die Prozessbeteiligten selbst) die Durchführung einer Videoverhandlung, ist das Ermessen dahingehend gebunden, dass eine Videoverhandlung nur ausnahmsweise abgelehnt werden kann. Dies ist z.B. der Fall, wenn der Vorsitzende das Verfahren für eine Videoverhand-

3 § 102a VwGO, § 128a ZPO, § 91a FGO, § 110a SGG.

lung in tatsächlicher oder in rechtlicher Hinsicht für ungeeignet hält. Den Ablehnungsgründen muss im Einzelfall ein so besonderes Gewicht zukommen, dass diese gegenüber den Gründen, die für eine Videoverhandlung sprechen, deutlich überwiegen.[4]

Nach § 128 Abs. 2 Satz 3 ZPO n. F. ist die Ablehnung eines Antrags auf Teilnahme per Bild- und Tonübertragung unter Berücksichtigung der Umstände des Einzelfalls zu begründen. Die Begründungspflicht gilt sowohl für ablehnende Entscheidungen über Anträge einzelner Verfahrensbeteiligter auf Durchführung einer Videoverhandlung als auch für übereinstimmende Anträge aller Prozessbeteiligten. Die Begründungspflicht hat zum Inhalt, dass das Gericht unter Angabe der maßgeblichen Tatsachen kurz erläutern muss, warum es im konkreten Fall eine Videoverhandlung (ggf. trotz der übereinstimmenden Anträge der Prozessbeteiligten) für ungeeignet hält. Formularmäßige Ablehnungen sind nicht zulässig, vielmehr hat die Begründung einzelfallbezogen zu erfolgen.[5]

§ 128 Abs. 3 ZPO n. F. bestimmt, wo sich das Gericht im Fall einer Videoverhandlung aufzuhalten hat. Nach § 128 Abs. 3 Sätze 1 und 2 ZPO n. F. leitet der Vorsitzende die Videoverhandlung von der Gerichtsstelle (Terminsort i. S. d. § 219 ZPO) aus. Er kann anderen Mitgliedern des Gerichts bei Vorliegen erheblicher Gründe gestatten, an der mündlichen Verhandlung per Bild- und Tonübertragung teilzunehmen. Solche erheblichen Gründe können in der persönlichen Sphäre einer Richterin oder eines Richters liegen. Als Beispiel können Quarantäneverpflichtungen oder gesundheitliche Beeinträchtigungen angeführt werden. Erhebliche Gründe können aber auch in Mobilitätseinschränkungen liegen, z. B. aufgrund eines Streiks oder ungünstiger Wetterbedingungen. Gerade den Bundesgerichten mit einem hohen Anteil an Fernpendlern in der Richterschaft wird damit mehr Flexibilität gegeben. Durch die Beschränkung der Gestattungsmöglichkeit auf das Vorliegen erheblicher Gründe wird sichergestellt, dass eine „hybride Richterbank", bei der einzelne Mitglieder des Gerichts im Sitzungssaal und andere Mitglieder per Video an der mündlichen Verhandlung teilnehmen, die Ausnahme bleibt.[6]

Gegen eine Anordnung der Videoverhandlung seitens des Gerichts kann nach § 128a Abs. 5 Sätze 1 bis 3 ZPO n. F. der Adressat innerhalb einer Frist von zwei Wochen Einspruch einlegen. Hierauf weist der Vorsitzende mit der Anordnung hin. Wird der Einspruch fristgerecht eingelegt, so hebt der Vorsit-

4 BT-Drucks 20/8095, S. 50.
5 BT-Drucks 20/8095, S. 50.
6 BT-Drucks 20/8095, S. 51.

zende die Anordnung für alle Verfahrensbeteiligten auf. In diesem Fall soll der Vorsitzende den Verfahrensbeteiligten, die keinen Einspruch eingelegt haben, die Teilnahme per Bild- und Tonübertragung gestatten.

Nehmen alle Verfahrensbeteiligten und alle Mitglieder des Gerichts an der mündlichen Verhandlung per Bild- und Tonübertragung teil, so kann nach § 128a Abs. 6 Satz 1 ZPO n.F. der Vorsitzende die Videoverhandlung von einem anderen Ort als der Gerichtsstelle aus leiten. In diesem Fall ist in öffentlichen Verhandlungen die Öffentlichkeit herzustellen, indem die Videoverhandlung in Bild und Ton an einen öffentlich zugänglichen Raum im zuständigen Gericht übertragen wird (§ 128a Abs. 6 Satz 2 ZPO n.F.).

Daneben enthält der Gesetzentwurf noch weitere Regelungen:
- Die Erprobung vollvirtueller Videoverhandlungen in der Zivilgerichtsbarkeit inkl. Videostream für die Öffentlichkeit (§ 16 EGZPO n.F.).
- Im Rahmen von Vertagungsanträgen (§ 227 Abs. 2 ZPO n.F.) ist zukünftig der Vortrag erforderlich, dass keine Eignung des Verfahrens für Teilnahme per Videoverhandlung besteht und dass die Gründe für die Vertagung bei Durchführung einer Videoverhandlung nicht entfallen.

Aktuell befindet sich der Gesetzentwurf im Vermittlungsverfahren.[7] Die Anrufung des Vermittlungsausschusses erfolgte mit den Stimmen aller 16 Bundesländer. Nach Ansicht der Länder beeinträchtigt die in § 128a Abs. 2 Satz 2 ZPO n.F. enthaltene Ermessensbindung den Entscheidungsspielraum des Gerichts unangemessen. Die richterliche Verfahrensgestaltung sei kein Bestandteil der Dispositionsbefugnis der Beteiligten.[8] Ebenso stößt die Begründungspflicht bei der Ablehnung eines Antrags auf Videoverhandlung auf Bedenken. Schließlich wird befürchtet, dass es bei vollvirtuellen Verhandlungen zukünftig zum Missbrauch durch Abfilmen der Verhandlung kommen kann. Die nächsten Wochen werden zeigen, ob es zu einer Kompromisslösung kommt. Angedacht ist z.B. die Begründungspflicht auf „kurze" Begründungen zu beschränken sowie einen „Geeignetheitsvorbehalt" einzuführen. D.h., trotz übereinstimmenden Antrags der Prozessbeteiligten kann das Gericht von der Anberaumung einer Videoverhandlung absehen, wenn es das Verfahren nicht für einen Videotermin als geeignet einstuft.

7 BT-Drucksache 20/9877.
8 BT-Drucksache 20/9877, S. 1.

II. Praxisfragen aus der Rechtsprechung

1. Alle Richterinnen und Richter im Blick (BFH v. 30.8.2023 – V B 13/22)

In einer in Justizkreisen kontrovers diskutierten[9] Entscheidung befasste sich der BFH mit der Kameraeinstellung bei einer Videoverhandlung. Im Streitfall dauerte die mündliche Verhandlung ca. 90 Minuten und der Vorsitzende Richter war während ca. zwei Drittel der Verhandlungsdauer allein im Bild gewesen. Die Richterbank mit den übrigen Richterinnen und Richtern und der aktuell sprechende Richter waren nie gleichzeitig zu sehen gewesen. Nach Ansicht des V. Senats des BFH muss für die Beteiligten während der zeitgleichen Bild- und Tonübertragung nach § 91a Abs. 1 FGO – ähnlich wie bei einer körperlichen Anwesenheit im Verhandlungssaal – feststellbar sein, ob die beteiligten Richterinnen und Richter in der Lage sind, der Verhandlung in ihren wesentlichen Abschnitten zu folgen. Dies erfordert, dass alle zur Entscheidung berufenen Richterinnen und Richter während der Videoverhandlung für die lediglich „zugeschalteten" Beteiligten sichtbar sind.[10] Daran fehlt es jedenfalls dann, wenn für den überwiegenden Zeitraum der mündlichen Verhandlung nur der Vorsitzende Richter des Senats im Bild zu sehen ist.

Besonderheit der Entscheidung ist, dass der BFH den Mangel als Fall der nicht vorschriftsmäßigen Besetzung nach § 119 Nr. 1 FGO eingestuft hat. Auf die Vorschriften über die Besetzung des Gerichts kann nicht wirksam verzichtet werden. Das bedeutet, dass ein Rügeverzicht nach § 155 FGO i. V. m. § 295 ZPO keine Auswirkungen hat. Anders ist dies allerdings zu beurteilen, wenn der geschilderte Ablauf nicht als Verstoß gegen die vorschriftsmäßige Besetzung eingeordnet wird, sondern als Verstoß gegen das faire Verfahren.[11] Im letzten Fall entfaltet ein Rügeverzicht am Schluss der mündlichen Verhandlung Wirkung. Diese Auffassung ist vorzugswürdig, denn nur die unrichtige Besetzung des Gerichts, nicht die fehlende Möglichkeit von deren (rechtzeitiger) Überprüfung begründet eine Verletzung des Rechts auf den gesetzlichen Richter.[12]

---

9 Vgl. u. a. Zschieschack, NJW 2023, 2600; Gomm, jM 2024, 128.

10 Für die Anforderungen auch Gomm, jM 2024, 128 (130).

11 Vgl. BVerfG v. 15.1.2024 – 1 BvR 1615/23.

12 So auch Gomm, jM 2024, 128 (131); Einsfelder, jM 2024, 28 (32); Zschieschack, NJW 2023, 2600.

2. 180°-Entscheidung (BFH v. 18.8.2023 – IX B 104/22)

Nach einer Entscheidung des IX. Senats des BFH muss bei einer Videoverhandlung jeder Beteiligte zeitgleich die Richterbank und die anderen Beteiligten visuell und akustisch wahrnehmen können. Daran fehlt es, wenn ein im Gerichtssaal anwesender Beteiligter den zugeschalteten Beteiligten nur sehen kann, wenn er selbst sich um 180° dreht.

Diese Entscheidung des BFH ist vielfach kritisiert worden.[13] Zum einen wird angeführt, dass die tatsächlichen Umstände im Sitzungssaal vor Ort nicht den in der Entscheidung geschilderten Umständen entsprochen haben, denn anders als im Verfahren des V. Senats hatte der IX. Senat keine dienstlichen Stellungnahmen der beteiligten Richterinnen und Richter eingeholt, sondern sich allein auf das – in diesem Punkt nicht zutreffende – Vorbringen des Prozessbeteiligten verlassen. Zum anderen lässt die Entscheidung die Tendenz erkennen, an Videoverhandlungen die gleichen – wenn nicht sogar höhere – Anforderungen zu stellen als an Präsenzverhandlungen. Auch in einem großen Sitzungssaal ist es für einen Prozessbeteiligten ggf. kaum möglich, Gericht und Gegenseite ununterbrochen gleichzeitig im Blick zu haben und deren Mimik hochauflösend zu erkennen.[14] Gerade in Verfahren mit vielen Prozessbeteiligten ist eine Sitzordnung „hintereinander" kaum zu vermeiden (z. B. wenn es sich um Großverfahren mit einer Vielzahl von Beteiligten in Messe- oder Sporthallen handelt). Der Prozessbeteiligte, der eine Videoverhandlung beantragt, kann daher nicht verlangen, in gleicher Qualität wie in Präsenz verhandeln zu können.[15] Will der Prozessbeteiligte die gleichen Möglichkeiten zur Wahrnehmung von Mimik, Akustik und Präsenz wie im Sitzungssaal erfahren, muss er auf die Möglichkeit der Videoverhandlung verzichten und in Präsenz an Gerichtsstelle erscheinen.

3. Vertagung trotz Videoverhandlungen (BFH V. 26.7.2023 – II R 4/21)

Nach einer Entscheidung des II. Senats des BFH schließt die Möglichkeit zur Teilnahme an einer Videoverhandlung eine Vertagung und damit eine Terminsaufhebung aus.[16] Im Streitfall hatte der Spruchkörper den Beteiligten

---

13 Vgl. u. a. Gomm, jM 2024, 128.
14 Vgl. auch Einsfelder, jM 2024, 28 (30).
15 A. A. hingegen Zöller/Greger, ZPO, 34. Aufl. § 128a Rz 6.
16 Vgl. dazu auch Reddig, AO-StB 2023, 370.

selbst die Möglichkeit zur Teilnahme mittels Videoverhandlung angeboten. Der Prozessbevollmächtigte konnte wegen eines kurzfristigen Ausfalls des geplanten Flugs nicht an der mündlichen Verhandlung teilnehmen und beantragte die Vertagung. Diese lehnte das Gericht ab, weil es dem Prozessbevollmächtigten möglich gewesen wäre, an der mündlichen Verhandlung per Videokonferenz teilzunehmen. Mit der Entscheidung werden daher neue Anforderungen an die Darlegung von Vertagungsgründen formuliert. Dies bedeutet, dass zukünftig im Rahmen eines Vertagungsantrags auch dazulegen ist, warum eine Wahrnehmung des Termins mittels Videoverhandlung nicht möglich ist.

4. Umgang mit Störungen (BFH v. 9.11.2023 – IX B 56/23)

Das Gericht muss im Rahmen einer Videoverhandlung zwar dafür sorgen, dass alle Richterinnen und Richter zu sehen und zu hören sind. Die technische Ausstattung der Beteiligten liegt jedoch nicht in der Verantwortlichkeit des Gerichts.[17] Dies gilt z. B. für die für die Videoverhandlung erforderliche Bandbreite, die Ausgabe- und Übertragungsqualität (Auflösung, Bildgröße, Tonqualität, Synchronität von Bild und Ton) sowie die Nutzung von Mikrofon und Kamera. Beruft sich ein Prozessbeteiligter auf Verbindungsabbrüche oder Übertragungsfehler, muss von ihm dargelegt werden, dass alle technischen Voraussetzungen für die Teilnahme an der Videoverhandlung beachtet wurden und der Fehler nicht in seinem Verantwortungsbereich liegt. In der Praxis hilft es hier, eine Videokonferenzsoftware einzusetzen, die eine asymmetrische Übertragung unterstützt. In diesem Fall wird z. B. bei Problemen mit der Leitungskapazität zunächst vorrangig das an das Gericht übertragene Bild der Prozessbeteiligten eingeschränkt. Hat dem Gericht mithin während der gesamten Verhandlung eine ungestörte Bild- und Tonübertragung zur Verfügung gestanden, gilt dies auch für die zugeschalteten Prozessbeteiligten.

III. Videoportal der Justiz

Das BMJ entwickelt zusammen mit den Ländern und den Bundesgerichten das Videoportal der Justiz (VdJ). Ziel ist es, einen bundesweit einheitlichen sicheren Videokonferenzdienst zu schaffen. Seit 2021 arbeitet das BMJ mit den Län-

---

17 So auch Bertrand, Stbg 2024, 139 (140).

dern und allen Bundesgerichten in verschiedenen Projektgruppen an der Lösung. Diese soll justizspezifische Anforderungen erfüllen und einen einheitlichen Zugang für alle Gerichte und Verfahrensbeteiligten ermöglichen. Der Vorteil einer justizweit einheitlichen, standardisierten Lösung besteht darin, dass Prozessbeteiligte sich nicht jedes Mal vor Beginn einer Videoverhandlung erst mit den Eigenheiten der vom jeweiligen Gericht verwendeten Software (z. B. hinsichtlich der Erkennbarkeit von Mikrofon und Kamera, der Lautstärkeregelung und Stummschaltung) vertraut machen müssen, sondern eine bekannte Anwendung nutzen. Ein Betriebsmodell für einen gemeinsamen Betrieb der Anwendung durch Bund und Länder besteht bereits. Technologiepartner für Entwicklung und Betrieb ist Dataport. Die Programmbasis der Anwendung ist die Software Jitsi Meet, die bislang in vielen Ländern unter der Bezeichnung „dOnlineZusammenarbeit" von Dataport bereits zur Verfügung gestellt worden ist. Aktuell befindet sich die Anwendung in der finalen Fertigstellung. Mit einer ersten Pilotierung, u. a. durch den BFH, ist im Spätsommer 2024 zu rechnen. Ein Einsatz ist ab Jahresende 2024 wahrscheinlich.

Nach dem Start wird das bundesweite System für Videoverhandlungen allen deutschen Gerichten zur Verfügung stehen. Der Bund finanziert die Entwicklungskosten für die notwendigen Anpassungen im Rahmen des Pakts für den digitalen Rechtsstaat. Der spätere Regelbetrieb wird nutzungsabhängig von Bund und Ländern finanziert.

Bei der Anwendung handelt es sich um eine reine Browserlösung, d. h., es ist keine Installation auf einem Server des jeweiligen Gerichts notwendig. Jedes Land / Bundesgericht enthält einen eigenen konfigurierbaren Eingangsbereich. Damit soll dem Nutzer verdeutlicht werden, dass er sich in einer Gerichtsverhandlung an einem Gericht befindet. Es soll besser die besondere Bedeutung der Gerichtsverhandlung hervorgehoben werden. Zudem soll die Hoheit über die Darstellung der Videoverhandlung (Optik) und damit die Außendarstellung der Gerichte in den Händen der Justiz und nicht der Anbieter gängiger Videokonferenzsoftware liegen. Die Lösung ist datenschutz- und BSI-konform.

Verfassungsmäßigkeit der Grundsteuer

Prof. Dr. Gregor Kirchhof, Universität Augsburg

Inhalt

I. Die notwendige Reform der Grundsteuer und die Reaktionen des Bundes und der Länder
II. Der kompetenzrechtliche Konstruktionsfehler des Bundesgesetzes und die freiheits- und gleichheitswidrigen Folgen
1. Die Grundsteuerkompetenz der Länder bis zur Reform im Jahr 2019
2. Ignorierte Verfassungsreform – das Bundesmodell wurde in den engen Grenzen der Fortschreibungskompetenz erarbeitet
3. Der Bund hat seinen gesetzgeberischen Entscheidungsraum nicht genutzt
4. Zu komplexes und gleichheitswidriges System
5. Zu ungenaue Parameter
6. Freiheitswidrige Grundsteuer
III. Kein erkennbarer Belastungsgrund – Verstoß gegen Art. 3 Abs. 1 GG
1. Der Belastungsgrund einer Steuer ist kenntlich zu machen (BVerfG)
2. Der Belastungsgrund des Bundesmodells wird nicht klar
3. Fehlendes grundsteuerliches Belastungssystem
IV. Zu ungenaue Bodenrichtwerte – Gleichheitsverstoß, Übermaßverbot
1. Gleichheit vor dem Gesetz – realitätsgerechte und verhältnismäßige Typisierungen
2. Die Bemessung nach Richtwerten und der nachträglich geregelte Gegenbeweis
3. Gleichheitsverstoß – reine Richtwerte, Bewertungshärten, Varianz bis 30 Prozent
4. Zu ungenaue Parameter – Gutachterausschüsse, Zonenzuschnitt, Datenlage
5. Nicht rechtfertigbare Folgen – Wohnungen, Gewerbe
6. Durch den Gegenbeweis wird das Maß der Verfassung nicht gewahrt
V. Grundgesetzwidrige steuerliche Sonderwege des Bundes und Baden-Württembergs – Ergebnisse

I. Die notwendige Reform der Grundsteuer und die Reaktionen des Bundes und der Länder

Die lange Diskussion über die Grundsteuer ist in die entscheidende Phase eingetreten.[1] Ab dem 1.1.2025 werden die neuen Grundsteuergesetze angewandt. Die verfassungsrechtlichen Debatten begannen aber mindestens

1 Siehe zum Folgenden bereits *G. Kirchhof*, DStR 2018, 2661 ff.; *ders.*, DB 2023, 1116 ff.

30 Jahre vorher. Im Jahr 1995 stellte das Bundesverfassungsgericht fest, dass die Einheitswerte das Grundgesetz verletzen. Das Bewertungssystem stammt aus dem Jahr 1934.[2] Für die Vermögen-, Gewerbekapital-, Erbschaft- und Schenkungsteuer sowie die Grundsteuer galten nicht jeweils eigene, sondern steuerübergreifende Parameter. Aufgrund des sehr aufwändigen Bewertungsverfahrens wurden die Werte in den östlichen Bundesländern aber seit dem Jahr 1935 und in den westlichen Ländern seit 1964 nicht fortgeschrieben. Deutliche Bewertungsgefälle waren die Folge. Der Gleichheitssatz wurde ersichtlich verletzt. Das Bundesverfassungsgericht erklärte daher die Vermögensteuer[3] sowie die Erbschaft- und Schenkungsteuer[4] für gleichheitswidrig. Zum 1. Januar 1998 wurde die ebenfalls betroffene Gewerbekapitalsteuer durch den Gesetzgeber aufgehoben.[5] Damit war auch das verfassungsrechtliche Schicksal der verbliebenen Grundsteuer besiegelt.[6] Eine Reformdiskussion begann. Es ist kein Ruhmesblatt des Verfassungsstaats, dass erst Jahrzehnte später und nach einer weiteren Entscheidung des Bundesverfassungsgerichts[7] die notwendigen Grundsteuerreformen tatsächlich auf den Weg gebracht wurden. Zudem wurde die Kompetenzordnung des Grundgesetzes geändert.

Für die Grundsteuer greift nach den neuen Kompetenzregeln ab dem Jahr 2025 das Grundsteuergesetz des Bundes, außer ein Land erlässt abweichende grundsteuerliche Regelungen.[8] Die Länder Baden-Württemberg, Bayern, Hamburg, Hessen und Niedersachsen haben eigene Grundsteuergesetze erlassen. In den übrigen Bundesländern greift das Bundesgesetz, wenngleich zuweilen abweichende Steuermesszahlen, Steuersätze oder Hebesätze in Kraft gesetzt wurden. Doch verletzen das Grundsteuergesetz des Bundes und das Bodenwertmodell Baden-Württembergs – wie bereits im Gesetzgebungsprozess vielfach kritisiert[9] – das Grundgesetz. Der Gesetzgeber hat jüngst auf den Kritik-

---

2 Gesetz v. 16.10.1934, RGBl. I 1934, 1035; Gesetz v. 13.8.1965, BGBl. I 1965, 851.

3 BVerfG, 22.6.1995 – 2 BvL 37/91, BVerfGE 93, 121 (133 ff.) – Vermögensteuer.

4 BVerfG, 22.6.1995 – 2 BvR 552/91, BVerfGE 93, 165 (172 ff.) – Erbschaftsteuer I.

5 Gesetz zur Fortsetzung der Unternehmenssteuerreform, 29.10.1997, BGBl. I 1997, 2590 (2593).

6 BFH, 30.6.2010 – II R 60/08, BStBl. II 2010, 897; BVerfG, 10.4.2018 – 1 BvL 11/14 u. a., BVerfGE 148, 147 (209 ff. Rz 157 ff.) – Grundsteuer.

7 BVerfG, 10.4.2018 – 1 BvL 11/14 u. a., BVerfGE 148, 147 – Grundsteuer.

8 Art. 105 Abs. 2 S. 1, Art. 72 Abs. 3 S. 1 Nr. 7 GG in der Fassung des 64. Gesetzes zur Änderung des Grundgesetzes (Art. 72, 105 und 125b) vom 15.11.2019, BGBl. I 2019, 1546.

9 **Zum Bundesmodell:** Wissenschaftlicher Dienst des Deutschen Bundestages, 17.10.2019, WD 4 – 3000 119/19, 13; *R. Seer*, FR 2019, 941 (949); *J. Hey*, ZG 2019, 297 (309 ff.); *F. J. Marx*, DStZ 2019, 687 (692); *D. Löhr*, DStR 2019, 1433 (1439); Bund der Steuerzahler Deutschland e. V., Deutscher Bundestag, Finanzausschuss, Prot. 19/50, Anlage 1, 2; Haus & Grund, ebenda, Anlage 7, 1 ff.; *L. J. Jarass*, ebenda, Anlage 10, 1; *D. Löhr*, ebenda, Anlage 12, 2; *G. Kirchhof*,

punkt, die verwendeten Bodenrichtwerte seien zu ungenau, reagiert. Nunmehr ist gem. § 220 Abs. 2 BewG an Stelle des gesetzlichen Grundsteuerwertes ein niedrigerer gemeiner Wert bei der Grundsteuer des Bundes anzusetzen, wenn der Steuerpflichtige nachweist, dass der Grundsteuerwert den gemeinen Wert um mindestens 40 Prozent übersteigt. Baden-Württemberg, dessen Grundsteuer sich ebenfalls nach den Bodenrichtwerten bemisst, hat bereits zuvor einen Gegenbeweis bei einer Wertvarianz von mehr als 30 Prozent zugelassen (§ 38 Abs. 4 LGrStG BW). Doch führen diese Beweise die Grundsteuergesetze nicht in das Maß der Verfassung. Der Gleichheitssatz erlaubt – auch das soll im Folgenden gezeigt werden – keine Wertdifferenzen in der Bemessungsgrundlage von bis zu 30 oder 40 Prozent.

---

ebenda, Anlage 11; *M. Eichholz*, DStR 2020, 1217 (1218, 1222 f., 1227); in die Richtung eines Verfassungsverstoßes weist: Deutscher Steuerberaterverband e. V., ebenda, Anlage 3, 12; für einen Verfassungsverstoß mit Blick auf ein älteres Modell: *G. Kirchhof*, DStR 2018, 2661 (2668); gegen eine Grundgesetzverletzung für einen früheren Entwurf: *H. Tappe*, Gesetzgebungskompetenz für die Reform der Grundsteuer, Rechtsgutachten, 2019; die Verfassungsfestigkeit des beschlossenen Grundsteuergesetzes lediglich feststellend: ver.di, Stellungnahme, Deutscher Bundestag, Finanzausschuss, Prot. 19/50, Anlage 14. **Stimmen, die eine Bodenwertsteuer ablehnen**: *K. Bizer*, NuR 1995, 385 (388 f.); *Chr. Spengel*, StBW 2012, 31 (34); *St. Ronnecker*, ZKF 2018, 49 (50 ff.); *P. Kirchhof*, DWW 2000, 174 (178 f.); *P. Michaelis*, ZUR Sonderheft 2002, 129 (130); *M. Rodi*, ZUR Sonderheft 2002, 164 (165 ff.); *D. Eisele*, DStZ 2003, 834 (838); Ausschuss für Bildung, Forschung und Technikfolgenabschätzung, 2.3.2007, BT-Drs. 16/4500, S. 14, 87 f., 92; *S. Bartsch*, KStZ 2011, 206 (206); Jahresgutachten 2018/2019 des Sachverständigenrats zur Begutachtung des gesamtwirtschaftlichen Gleichgewichts, 14.11.2018, BT-Drs. 19/5800, S. 57, 331, 365; *W. Scheffler/M. Roith*, Leitlinien für eine Reform der Grundsteuer, ifst-Schrift Nr. 526 (2018), S. 56; *W. Scheffler*, in ders./*J. Hey*, Aktuelle Fragen der Grundsteuerreform: Wirkungen und Gesetzgebungskompetenz, ifst-Schrift Nr. 530 (2019), S. 6; *H.-J. Beck*, DS 2019, 48 (53); *J. Boysen-Hogrefe/C. Krolage*, Der Gemeindehaushalt 4/2019, 73 (74); *R. Maiterth/M. Lutz*, StuW 2019, 22 (34); *Fraktion der SPD*, zitiert in *F. Güntzler/B. Daldrup/M. Herbrand*, 17.10.2019, BT-Drs. 19/14157, S. 5; *P. Heine*, KStZ 2020, 1 (5); *G. Kirchhof*, DStR 2020, 1073 (1080); *F. J. Marx*, in Stenger/Loose, Bewertungsrecht, Landesgrundsteuergesetz Baden-Württemberg, 172. Lfg. 11/2024, Rz 28 ff.; zurückhaltend, aber kritisch: *W. Scheffler/M. Feldner*, Umsetzung der Grundsteuerreform in den Bundesländern – Auswirkungen und verfassungsrechtliche Beurteilung, ifst-Schrift Nr. 542, 2021, S. 66 ff.; *R. Bräutigam/U. Weber*, DStR 2023, 739 (240 f.); *H.L. Freitag*, FR 2024, 68 (70 f.). **Befürworter der Bodenwertsteuer:** Bericht der Expertenkommission Wohnungspolitik, 30.12.1994, BT-Drs. 13/159, S. 193 f.; *H. Dieterich/R. Josten*, WuM 1998, 531 ff.; *K.-M. Groth/Ch. Streck*, KJ 1998, 318 ff.; *R. Josten*, Die Bodenwertsteuer, 2000; *A. Anger*, Monetäre Anreize und Finanzierungsmöglichkeiten zur Optimierung des Bodenschutzes, 2014, S. 115 ff.; *U. Kriese*, „Grundsteuer: Zeitgemäß!"/NABU, WuM 2016, 266 ff.; *R. Seer*, DB 2018, 1488 (1493 f.); *J. Hey*, ZG 2019, 297 (321); *D. Löhr/S. Kempny*, DStR 2019, 537 (539 ff.); *D. Löhr*, BB 2020, 1687 ff.; *F. J. Marx*, DStZ 2020, 758 ff.

II. Der kompetenzrechtliche Konstruktionsfehler des Bundesgesetzes und die freiheits- und gleichheitswidrigen Folgen

1. Die Grundsteuerkompetenz der Länder bis zur Reform im Jahr 2019

Die Bundesländer haben nach der verfassungsrechtlichen Ordnung eine Gesetzgebungskompetenz, soweit das Grundgesetz diese dem Bund nicht zuweist (Art. 70 Abs. 1, Art. 30 GG). Seit der Verfassungsreform im Herbst 2019[10] steht dem Bund gem. Art. 105 Abs. 2 Satz 1 GG die konkurrierende Gesetzgebung über die Grundsteuer zu. Die Länder können aber abweichende Grundsteuergesetze in Kraft setzen (Art. 72 Abs. 3 Satz 1 Nr. 7 GG).[11]

Der Bund hat sein Grundsteuergesetz erarbeitet, bevor sich diese Grundgesetzänderung abzeichnete. Er ging dabei ausdrücklich von der alten Kompetenzlage aus.[12] Nach dieser erfasste der nunmehrige Art. 105 Abs. 2 Satz 2 GG auch die Grundsteuer. Hiernach hat der Bund „die konkurrierende Gesetzgebung über die übrigen Steuern, wenn ihm das Aufkommen dieser Steuern ganz oder zum Teil zusteht oder die Voraussetzungen des Artikels 72 Abs. 2 [GG] vorliegen." Das Grundsteueraufkommen fließt den Gemeinden zu (Art. 106 Abs. 6 Satz 1 GG). Für die Grundsteuer griffen daher die Grenzen des Art. 72 Abs. 2 GG, die hier und anders als im sonstigen Regelungskonzept des Grundgesetzes nicht kompetenzbeschränkend, sondern kompetenzbegründend wirken. Art. 72 Abs. 2 GG wurde im Jahre 1994 verschärft und so der Kompetenzbereich der Länder erweitert. Der Bund hat die Gesetzgebungskompetenz gem. Art. 72 Abs. 2 GG nicht mehr, wenn ein Bedürfnis nach einer bundesgesetzlichen Regelung bestand, sondern nur noch, wenn und soweit die Herstellung gleichwertiger Lebensverhältnisse im Bundesgebiet oder die Wahrung der Rechts- oder Wirtschaftseinheit im gesamtstaatlichen Interesse eine bundesgesetzliche Regelung erforderlich macht.

Nach diesen Regelungen hat der Bund durch die Reform im Jahr 1994 die Kompetenz, die Grundsteuer zu regeln, verloren. Hätte der Bund das Grundsteuersystem ohne eine Verfassungsänderung auf Grundlage der allgemeinen Kompetenzordnung reformieren wollen, hätte er jedenfalls hinreichend darlegen müssen, dass eine bundesgesetzliche Regelung für die Wahrung der

---

10 Gesetz zur Änderung des Grundgesetzes (Art. 72, 105 und 125b) vom 15.11.2019, BGBl. I 2019, 1546.

11 Siehe bereits unter I.

12 Gesetzentwurf der Fraktionen der CDU/CSU und SPD zur Reform des Grundsteuer- und Bewertungsrechts (Grundsteuer-Reformgesetz – GrStRefG), 25.6.2019, BT-Drs. 19/11085, 90.

Rechts- oder Wirtschaftseinheit im gesamtstaatlichen Interesse erforderlich ist (Art. 72 Abs. 2 Alt. 2 GG). Die Grundsteuer ist wie der Grundbesitz, den sie belastet, örtlich radiziert. Die Steuer lässt sich daher leicht der Gemeinde, in der der Grundbesitz liegt, zuordnen. Sie erinnert insoweit an die örtlichen Verbrauch- und Aufwandsteuern. Eine bundeseinheitliche Regelung der Grundsteuer ist daher nicht erforderlich.[13] Jedenfalls war die Kompetenz des Bundes so zweifelhaft, dass sich der Bundesgesetzgeber hierauf nicht berufen wollte.

2. Ignorierte Verfassungsreform – das Bundesmodell wurde in den engen Grenzen der Fortschreibungskompetenz erarbeitet

Vielmehr hat der Bund das neue Grundsteuergesetz auf Grundlage der sog. Fortschreibungskompetenz erarbeitet. Nach Art. 125a Abs. 2 Satz 1 GG gelten Regelungen des Bundes, die nach der Novelle des Art. 72 Abs. 2 GG in den 1990er Jahren nicht mehr als Bundesrecht erlassen werden können, fort. Das alte Grundsteuergesetz des Bundes blieb trotz der Änderung der Kompetenzordnung in Kraft. Die Kompetenzreform sollte geltende Bundesgesetze nicht aushebeln und so für eine erhebliche Rechtsunsicherheit sorgen. Auch sollten die Bundesländer nicht gezwungen werden, die betroffenen Gesetze umgehend neu zu regeln. Durch Bundesgesetz kann aber gem. Art. 125a Abs. 2 Satz 2 GG in den betroffenen Regelungsbereichen bestimmt werden, dass es durch Landesrecht ersetzt werden kann (sog. Freigabegesetz). Ein solches Freigabegesetz hat der Bundesgesetzgeber für die Grundsteuer nie erlassen. Gilt ein Bundesgesetz nach der Verfassungsreform gem. Art. 125a Abs. 2 Satz 1 GG fort, soll dieses nicht versteinern. Der Bund darf es daher unter „Beibehaltung der wesentlichen Elemente“ modifizieren. Weil die Gesetzgebungskompetenz aber nunmehr bei den Bundesländern liegt, darf das Gesetz nicht grundlegend neu geregelt werden.[14] Diese sog. Fortschreibungskompetenz ist – so fährt das Bundesverfassungsgericht fort – „eng auszulegen und an die Beibehaltung der wesentlichen Elemente der in dem fortgeltenden Bundesgesetz enthaltenen Regelung geknüpft. Diese darf vom Bundesgesetzgeber modifiziert werden. Zu

---

13 *D. Hantzsch*, DStZ 2012, 758 (761 f.); *S. Kempny/E. Reimer*, Gutachten D zum 70. Dt. Juristentag, 2014, D 72 ff., insbes. D. 77; *St. Homburg*, Wirtschaftsdienst 2018, 169 (170); *R. Seer*, DB 2018, 1488 (1491).

14 BVerfG, 9.6.2004 – 1 BvR 636/02, BVerfGE 111, 10 (31) – Ladenschlussgesetz; BVerfG, 27.7.2004 – 2 BvF 2/02, BVerfG 111, 226 (268 f.) – Juniorprofessur; BVerfG, 26.1.2005 – 2 BvF 1/03, BVerfGE 112, 226 (250) – Gebührenfreiheit des Studiums.

einer grundlegenden Neukonzeption wären dagegen nur die Länder befugt, allerdings erst nach einer Freigabe durch Bundesgesetz.“[15]

Der Bund hat sein Grundsteuergesetz erarbeitet, bevor sich die Neuregelung der Grundsteuerkompetenzen in Art. 105 Abs. 2 Satz 1, Art. 72 Abs. 3 Satz 1 Nr. 7 GG n.F. in hinreichender Klarheit abzeichnete. Deshalb wurde das Gesetz ausdrücklich auch in den Grenzen des Art. 125a Abs. 2 Satz 1 GG erlassen.[16] Daher durften die für die Grundsteuer maßgeblichen verfassungswidrigen Einheitswerte nach der Rechtsprechung des Bundesverfassungsgerichts nicht neu konzipiert werden. Vielmehr war der Gesetzgeber an die wesentlichen Elemente des bestehenden grundsteuerlichen Bewertungssystems gebunden. Er durfte nach der eigenen, allerdings nunmehr fehlerhaften Vorstellung das Gesetz nur in diesen Grenzen modifizieren.[17] Diese Regelungsgrenzen betont auch der Gesetzentwurf.[18]

Der Bund hat sich bemüht, in den engen Grenzen der Fortschreibungskompetenz ein neues Grundsteuergesetz zu erlassen. Dieses Unterfangen konnte trotz des bemerkenswerten Gesetzgebungsaufwandes nicht gelingen. Die Einheitswerte wurden auch aufgrund ihrer Komplexität nicht gleichheitsgerecht fortgeschrieben.[19] Letztlich waren die Werte von vornherein zu kompliziert und daher zum Scheitern verurteilt. Ein altes komplexes Bewertungsgesetz aus den 1930er Jahren kann nicht so umgebaut werden, dass ein zeitgemäßes verfassungskonformes Gesetz entsteht. Im Rückblick hätte der Bund, nachdem das Bundesverfassungsgericht im April 2018 das Grundsteuergesetz für verfassungswidrig erklärt hat,[20] nicht Monate abwarten, sondern gleich ein Freigabegesetz gem. Art. 125a Abs. 2 Satz 2 GG erlassen sollen. Dann hätten die

15 BVerfG, 9.6.2004 – 1 BvR 636/02, BVerfGE 111, 10 (31) – Ladenschlussgesetz; BVerfG, 27.7.2004 – 2 BvF 2/02, BVerfG 111, 226 (268 f.) – Juniorprofessur; BVerfG, 26.1.2005 – 2 BvF 1/03, BVerfGE 112, 226 (250) – Gebührenfreiheit des Studiums; BVerfG, 10.4.2018 – 1 BvL 11/14 u.a., BVerfGE 148, 147 (182 Rz 89) – Grundsteuer.

16 Gesetzentwurf der Fraktionen der CDU/CSU und SPD zur Reform des Grundsteuer- und Bewertungsrechts (Grundsteuer-Reformgesetz – GrStRefG), 25.6.2019, BT-Drs. 19/11085, 90.

17 BVerfG, 9.6.2004 – 1 BvR 636/02, BVerfGE 111, 10 (31) – Ladenschlussgesetz; BVerfG, 27.7.2004 – 2 BvF 2/02, BVerfG 111, 226 (268 f.) – Juniorprofessur; BVerfG, 26.1.2005 – 2 BvF 1/03, BVerfGE 112, 226 (250) – Gebührenfreiheit des Studiums; BVerfG, 10.4.2018 – 1 BvL 11/14 u.a., BVerfGE 148, 147 (182 Rz 89) – Grundsteuer.

18 Gesetzentwurf der Fraktionen der CDU/CSU und SPD zur Reform des Grundsteuer- und Bewertungsrechts (Grundsteuer-Reformgesetz – GrStRefG), 25.6.2019, BT-Drs. 19/11085, 1, 2, ebenso: 90.

19 Vgl. BVerfG, 10.4.2018 – 1 BvL 11/14 u.a., BVerfGE 148, 147 (151 Rz 4 f., 187 ff. Rz 103 ff.) – Grundsteuer; bereits unter I.

20 BVerfG, 10.4.2018 – 1 BvL 11/14 u.a., BVerfGE 148, 147 – Grundsteuer.

Länder die Grundsteuer regeln müssen und deutlich früher mit ihren Reformüberlegungen angefangen.

3. Der Bund hat seinen gesetzgeberischen Entscheidungsraum nicht genutzt

Jedenfalls hätte der Bund, nachdem ihm in Art. 105 Abs. 2 Satz 1 GG die unbeschränkte Gesetzgebungskompetenz über die Grundsteuer zugewiesen wurde, diese nutzen und ein neues verfassungskonformes Grundsteuergesetz beschließen müssen. Entgegen der veränderten Kompetenzordnung hielt er an den nicht mehr bestehenden Bindungen der Fortschreibungskompetenz i. S. d. Art. 125b Abs. 2 GG und daher am vergeblichen Unterfangen fest, die zu komplizierten und veralteten Einheitswerte für das steuerliche Massenverfahren der Grundsteuer umzubauen. Das Grundgesetz weist dem Gesetzgeber einen Entscheidungsraum zu, damit dieser nach seinem Willen gestalten, sachgerechte Konzepte entwerfen und entsprechende Gesetze erlassen kann. Dieser Gestaltungsraum wurde aber nicht geschaffen, damit der Bund unter der Annahme nicht mehr bestehender kompetenzrechtlicher Schranken kein neues Grundsteuersystem entwirft, sondern versucht, ein veraltetes komplexes System zu vereinfachen. Letztlich hat der Bundesgesetzgeber verfassungswidrig den ihm durch die Verfassungsreform im Herbst 2019 zugewiesenen Entscheidungsraum nicht genutzt.

4. Zu komplexes und gleichheitswidriges System

Aufgrund der Grenzen der Fortschreibungskompetenz regelte der Bundesgesetzgeber kein einfaches Bewertungssystem. Vielmehr griff er auf zahlreiche Parameter der Einheitswerte zurück, wenn die Gebäudeart, Wohnflächen, das Baujahr und Mietniveaustufen-Abschläge, Bewirtschaftungskosten, der Liegenschaftszinssatz, die Restnutzungsdauer, der Abzinsungsfaktor sowie der Bodenwert maßgeblich sind.[21] In einer der ersten Stellungnahmen zum neuen Grundsteuergesetz wies das Bundesfinanzministerium auf die Vereinfachung des Bewertungssystems der Einheitswerte hin. Waren für Wohngrundstücke 20 Parameter maßgeblich, seien gegenwärtig nur noch fünf notwendig. Bei

21 §§ 253 ff. BewG; Gesetzentwurf der Fraktionen der CDU / CSU und SPD zur Reform des Grundsteuer- und Bewertungsrechts (Grundsteuer-Reformgesetz – GrStRefG), 25.6.2019, BT-Drs. 19/11085, 113 f.

Gewerbegrundstücken seien die Kriterien von mehr als 30 auf maximal acht zurückgenommen worden. Zwar liegt hierin jeweils eine Vereinfachung. Doch erzeugt eine solche erhebliche Reduktion der entscheidenden Faktoren ein anderes und verfassungswidriges Bewertungsrecht. Immobilienwerte sind entweder in zahlreichen Faktoren genau zu ermitteln oder in klaren vereinfachenden Typisierungen gleichheitsgerecht zu bewerten. Das Grundsteuergesetz des Bundes errichtet ein verfassungswidriges Mischsystem.

5. Zu ungenaue Parameter

Zudem sind die gewählten Parameter zu unscharf. So lässt das veränderte Ertragswertverfahren maßgebliche grundstücksspezifische Parameter gleichheitswidrig außer Acht. So werden privatrechtliche Vereinbarungen und Belastungen, spezifische öffentlich-rechtliche Merkmale wie Baulasten, Denkmalschutzauflagen, Bindungen der Wohnbauförderung, Altlasten, Immissionen, ein besonders guter Erhaltungszustand oder Baumängel nicht hinreichend berücksichtigt. Auch die pauschale steuerliche Bemessung der Miete spiegelt die Wirklichkeit nicht treffend.[22] Zudem wird darauf hingewiesen, dass auch die pauschalen Mietstufen,[23] die Liegenschaftszinssätze und der Abzinsungsfaktor zu erheblichen Friktionen führen.[24] Das Baujahr einer Immobilie ist bei einer detaillierten Bewertung anhand zahlreicher Parameter ein wichtiger Faktor. Die nun geregelte Rolle des Gebäudealters verletzt jedoch den Gleichheitssatz. In steigender Reihenfolge werden Immobilien aus den Baujahren bis 1948, von 1991 bis 2000 und ab 2001 hoch, aus den Baujahren 1949 bis 1978 sowie 1979 bis 1990 hingegen niedriger bewertet (Anlage 39 zum BewG). Doch spiegeln diese Altersstufen den Wert einer Immobilie nicht treffend, wenn eine teure Gründerzeitvilla mit einem günstigen Bau aus den 2020ern verglichen wird, wenn ein hoch solides Steinhaus aus den 1970ern wertvoller ist als ein Fertigbau aus dem Jahr 1985 und wenn ein Passivhaus aus den 1990ern aufgrund des maßvollen Energieverbrauches begehrter ist als ein Betonbau aus den letzten fünf Jahren. Das neue Bewertungsrecht des Bundes führt insgesamt zu unsystematischen und widersprüchlichen Grundsteu-

22 *D. Löhr*, DStR 2019, 1433 (1435); *R. Seer*, FR 2019, 941 (948 ff.).

23 Haus & Grund, Deutscher Bundestag, Finanzausschuss, Prot. 19/50, Anlage 7, 2.

24 Bund der Steuerzahler Deutschland e. V., Deutscher Bundestag, Finanzausschuss, Prot. 19/50, Anlage 1, 9 ff.; Deutscher Steuerberaterverband e. V., ebenda, 13 ff.; zum Liegenschaftszins zudem Haus & Grund, ebenda, Anlage 7, 2.

erlasten. Es folgt dem Gebot einer pauschalen, dabei aber möglichst gleichmäßigen Belastung augenscheinlich nicht, sondern wählt „zu grobe" und daher verfassungswidrige Typisierungen.[25]

6. Freiheitswidrige Grundsteuer

Der Bund hat aus kompetenzrechtlichen Gründen, die zum Zeitpunkt des Erlasses des Gesetzes nicht mehr bestanden, ein unnötig kompliziertes und damit nicht erforderliches Grundsteuersystem in Kraft gesetzt. Die Länder Bayern, Hamburg, Hessen und Niedersachsen geben Beispiele für schonendere Grundsteuergesetze, die die öffentliche Hand verlässlicher finanzieren. Das neue Bundesgesetz verlangt, an Stelle der üblichen Kubikmeter die Brutto-Grundfläche eines Gebäudes anzugeben (§ 259 Abs. 2 BewG i. V. m. Anlage 42),[26] obwohl diese Grundfläche die Steuerpflichtigen in der Regel erst ermitteln mussten, die Kubikmeter hingegen den Steuerpflichtigen und Finanzämtern in vielen Fällen vorliegen. Diese vermeidbare Belastung ist erkennbar nicht erforderlich und daher verfassungswidrig. Die grundrechtliche Freiheit wird auch dadurch verletzt, dass die öffentliche Hand die Steuerpflichtigen zu Informationen über die Größe des Grundbesitzes verpflichtet und die richtige Abgabe sodann strafbewehrt prüft, obwohl dem Staat die Daten bereits vorliegen.

Insgesamt konnte der Bund das selbst gesetzte Ziel, ein verfassungskonformes Grundsteuergesetz in Kraft zu setzen, das „einfach, transparent und nachvollziehbar" ausgestaltet und weitgehend automatisch anwendbar ist,[27] von vornherein nicht erreichen. Das Grundsteuergesetz des Bundes leidet unter einem erheblichen kompetenzrechtlichen Konstruktionsfehler. Es verletzt das Grundgesetz.

25 *J. Hey*, Deutscher Bundestag, Finanzausschuss, Prot. 19/50, Anlage 8, S. 14 f.

26 *M. Eichholz*, DStR 2020, 1217 (1222 f.).

27 Gesetzentwurf der Fraktionen der CDU/CSU und SPD zur Reform des Grundsteuer- und Bewertungsrechts (Grundsteuer-Reformgesetz – GrStRefG), 25.6.2019, BT-Drs. 19/11085, 80.

III. Kein erkennbarer Belastungsgrund – Verstoß gegen Art. 3 Abs. 1 GG

1. Der Belastungsgrund einer Steuer ist kenntlich zu machen (BVerfG)

Steuerpflichtige sind durch Steuergesetze rechtlich und tatsächlich gleich zu belasten. Art. 3 Abs. 1 GG verlangt eine Gleichheit im Belastungserfolg. Bei der Ausgestaltung einer steuerlichen Belastungsentscheidung hat der Gesetzgeber nach der ständigen Rechtsprechung des Bundesverfassungsgerichts einen weiten Gestaltungsraum. Er muss aber die eng miteinander verbundenen Vorgaben des Leistungsfähigkeitsprinzips und des Folgerichtigkeitsgebots wahren. Eine getroffene Belastungsentscheidung ist in der Gleichheit vor dem Gesetz systemgerecht umzusetzen.[28] Dies kann nur gelingen, wenn die Bemessungsgrundlage einer Steuer gleichheitsgerecht ausgestaltet wird.[29] Das Bundesverfassungsgericht betont daher in seiner Grundsteuerentscheidung, dass ein neues Grundsteuergesetz den steuerlichen Belastungsgrund und das hieraus abzuleitende Bemessungsziel erkennen lassen muss. Hieraus sind die Bewertung und damit die Steuerlast folgerichtig, realitäts- und gleichheitsgerecht zu entwickeln.[30] Mögliche Wertverschiebungen sind zu beachten.[31]

Der Belastungsgrund einer Steuer ist vom Steuergegenstand, der Leistungsfähigkeit, auf die steuerlich zugegriffen wird, und der Rechtfertigung von Steuern zu unterscheiden, wenngleich diese steuerlichen Grundlagen verbunden sind.[32] Steuern sollen die öffentliche Hand finanzieren. Hierfür belasten sie jeden Steuerpflichtigen „gerecht“ nach seiner Leistungsfähigkeit,[33] wenn die Einkommensteuer an den Ertrag[34] und die Grundsteuer im allen Grund-

28 BVerfG, 10.4.2018 – 1 BvL 11/14 u.a., BVerfGE 148, 147 (185 ff. Rz 97 ff.) – Grundsteuer; BVerfG, 29.3.2017 – 2 BvL 6/11, BVerfGE 145, 106 (141 ff. Rz 98 ff.) – Verlustverrechnung bei Kapitalgesellschaften; BVerfG, 12.10.2010 – 1 BvL 12/07, BVerfGE 127, 224 (244 f.) – Hinzurechnungsbesteuerung; BVerfG, 4.2.2009 – 1 BvL 8/05, BVerfGE 123, 1 (23 f.) – Spielgerätesteuer Hamburg; BVerfG, 9.12.2008 – 2 BvL 1, 2/07, 1, 2/08, BVerfGE 122, 210 (231) – Pendlerpauschale.

29 BVerfG, 10.4.2018 – 1 BvL 11/14 u.a., BVerfGE 148, 147 (185 ff. Rz 97 ff.) – Grundsteuer; BVerfG, 23.6.2015 – 1 BvL 13, 14/11, BVerfGE 139, 285 (309 f. Rz 72 f.) – Grunderwerbsteuergesetz; jeweils m.w.N. auf die st. Rspr.

30 BVerfG, 10.4.2018 – 1 BvL 11/14 u.a., BVerfGE 148, 147 (185 ff. Rz 97 ff.) – Grundsteuer; BVerfG, 23.6.2015 – 1 BvL 13, 14/11, BVerfGE 139, 285 (309 f. Rz 72 f.) – Grunderwerbsteuergesetz.

31 BVerfG, 22.6.1995 – 2 BvL 37/91, BVerfGE 93, 121 (136) – Vermögensteuer.

32 Siehe hierzu *V. Freund*, FR 2019, 931.

33 BVerfG, 17.1.1957 – 1 BvL 4/54, BVerfGE 6, 55 (67, 77 f.) – Steuersplitting; BVerfG, 23.11.1976 – 1 BvR 150/75, BVerfGE 43, 108 (120) – Kinderfreibeträge; *M. Desens*, StuW 2016, 240.

34 § 2 Abs. 1 und Abs. 2 EStG.

steuergesetzen an den Grundbesitz[35] anknüpfen. In dem jeweiligen Steuergegenstand ruht bereits ein Maß der Besteuerung, wenn die Einkommensteuersätze 40 Prozent übersteigen,[36] ein Steuerzugriff in dieser Höhe aber bei der Grundsteuer ersichtlich verfassungswidrig wäre, weil er die Steuerpflichtigen regelmäßig zum Verkauf des Grundbesitzes zwingen würde, um die Abgabe entrichten zu können. Zu diesem allgemeinen Erhebungsgrund und Maß aller Steuern[37] treten zuweilen Lenkungszwecke, nach denen Steuerpflichtige z. B. im Sinne des Umweltschutzes oder des sozialen Staats handeln sollen (§ 3 AO). Von diesen steuerübergreifenden Anliegen sind die allgemeine Steuerrechtfertigung, den Staat freiheitlich zu finanzieren, und der spezifische Belastungsgrund jeder Steuer zu unterscheiden. Steuern finanzieren den Staat freiheitlich, weil dieser nicht selbst erwerbstätig sein muss, um Erträge zu erwirtschaften, sondern den Raum des freien Wettbewerbs den Steuerpflichtigen überlassen kann. Steuergesetze erfassen im Steuergegenstand typisierend jeweils eine Quelle steuerlicher Leistungsfähigkeit.[38] Dieser Zugriff ist aus der jeweiligen Steuer zu rechtfertigen und zu bemessen. Der Steuergegenstand vermag eine Steuer, ihre Bemessung, die Erhebungstechnik, die wirtschaftlichen Auswirkungen, mögliche Ausnahmen und den Profiteur des Aufkommens jedoch allein nicht verfassungsrechtlich zu begründen. Der Belastungsgrund füllt diese Lücke. Der jeweilige Belastungsgrund einer Steuer erklärt, warum ein Steuergegenstand als Zeichen einer steuerlichen Leistungsfähigkeit gewählt wird und welche Bemessungsgrundlage deshalb mit welcher Erhebungstechnik und welchen wirtschaftlichen Auswirkungen steuerlich zu belasten ist.

2. Der Belastungsgrund des Bundesmodells wird nicht klar

Den vom Bundesverfassungsgericht hervorgehobenen grundgesetzlichen Auftrag, den spezifischen Belastungsgrund der Grundsteuer im Gesetz erkennbar zu regeln und aus diesem die Steuer zu bemessen,[39] erfüllt das Grundsteuer-

35 § 1 Abs. 1 S. 1, § 3 LGrStG BW, § 1 Abs. 1, § 2 GrStG Bund; nach Art. 1 Abs. 1 S. 1 LGrStG BY, § 1 Abs. 1 LGrStG HH, § 1 S. 1 LGrStG HE und § 2 Abs. 1 S. 1 LGrStG NI bilden die Grundstücke als wirtschaftliche Einheit des Grundvermögens den Steuergegenstand.

36 § 32a EStG.

37 *K. Tipke*, Die Steuerrechtsordnung, II, 2. Auflage 2003, 580.

38 *D. Birk*, Leitgedanken des Rechts, II, 2013, § 147 Rz 9 ff.

39 BVerfG, 10.4.2018 – 1 BvL 11/14 u. a., BVerfGE 148, 147 (185 Rz 97) – Grundsteuer; BVerfG, 13.4.2017 – 2 BvL 6/13, BVerfGE 145, 171 (192 ff. Rz 61 ff.) – Kernbrennstoffsteuer.

gesetz des Bundes – wie vielfach kritisiert[40] – nicht. Der allgemeine Gleichheitssatz des Art. 3 Abs. 1 GG wird so verletzt. Das Grundsteuergesetz des Bundes regelt zwar den Belastungsgegenstand der Grundsteuer im inländischen Grundbesitz i. S. d. Bewertungsgesetzes (§ 2 GrStG 2025), lässt aber den Belastungsgrund der Abgabe nicht erkennen. So richtet sich der Blick in der Suche nach dieser verfassungsgeforderten Grundlage der Besteuerung auf die Begründung des Gesetzentwurfs. Der Belastungsgrund wird in der gesamten Begründung lediglich in zwei Kontexten erwähnt. Zunächst betont die Begründung mehrfach und ausdrücklich die verfassungsrechtliche Vorgabe, den Belastungsgrund der Grundsteuer kenntlich machen zu müssen.[41] Dennoch wird in den allgemeinen Ausführungen zum neuen Bewertungsrecht der Belastungsgrund nicht erwähnt. Es ist erstaunlich, dass die Begründung des Gesetzentwurfs den Verfassungsauftrag auf drei Seiten betont, ohne ihn sodann zu erfüllen. Auch der insofern einschlägige Abschnitt über die Belastungsentscheidung der neuen Grundsteuer erklärt den Grund nicht.[42] So bleibt der Belastungsgrund in der allgemeinen Erklärung des Gesetzentwurfs unerwähnt und letztlich insgesamt offen.

Erst später in den Ausführungen im „Besonderen Teil" zu den einzelnen Vorschriften findet der Belastungsgrund eine Erwähnung, wenn es beim Abschnitt über das Grundvermögen zu den „Folgerungen für das Bewertungsverfahren" heißt: „Mit der Anlehnung an die anerkannten Vorschriften zur Ermittlung von Verkehrswerten von Grundstücken auf der Grundlage des Baugesetzbuchs erfassen die neuen Bewertungsvorschriften zur Bewertung des Grundvermögens den Belastungsgrund der Grundsteuer und bilden die Relation der Wirtschaftsgüter zueinander realitätsgerecht ab."[43] Die Gesetzesbegründung verweist hier an einer eher versteckten Stelle für den Belastungsgrund auf für verschiedene Steuern geltende Regelungen des Baugesetzbuchs. Doch kann das Baugesetzbuch in seiner steuerübergreifenden Geltung nicht den Belastungsgrund einer Abgabe – der Grundsteuer – erkennbar machen.

---

40 *H.-J. Beck*, Das Grundeigentum, 2019, 483 (484); *F.J. Marx*, DStZ 2019, 687 (692); Bund der Steuerzahler Deutschland e. V., Deutscher Bundestag, Finanzausschuss, Prot. 19/50, Anlage 1, 2; Haus & Grund, ebenda, Anlage 7, 1 f.; Deutscher Steuerberaterverband e. V., ebenda, Anlage 3, 12; *G. Kirchhof*, ebenda, Anlage 11.

41 Gesetzentwurf der Fraktionen der CDU/CSU und SPD zur Reform des Grundsteuer- und Bewertungsrechts (Grundsteuer-Reformgesetz – GrStRefG), 25.6.2019, BT-Drs. 19/11085, 81 f., 84.

42 Gesetzentwurf der Fraktionen der CDU/CSU und SPD zur Reform des Grundsteuer- und Bewertungsrechts (Grundsteuer-Reformgesetz – GrStRefG), 25.6.2019, BT-Drs. 19/11085, 1 ff., 84 ff., zur Belastungsentscheidung: 84.

43 Gesetzentwurf der Fraktionen der CDU/CSU und SPD zur Reform des Grundsteuer- und Bewertungsrechts (Grundsteuer-Reformgesetz – GrStRefG), 25.6.2019, BT-Drs. 19/11085, 107.

Auch der Hinweis auf den „Verkehrswert“ genügt nicht. Der Verkehrswert ist zwar das Bemessungsziel des neuen Grundsteuergesetzes des Bundes.[44] Doch soll dieses Ziel nach der Rechtsprechung des Bundesverfassungsgerichts aus dem Belastungsgrund entwickelt werden.[45] Der Belastungsgrund und das Bemessungsziel hängen zusammen, unterscheiden sich dabei aber. Insofern hilft auch die einmalige Erwähnung des Belastungsgrundes in der Begründung des Gesetzentwurfs nicht weiter. Das Grundsteuergesetz des Bundes und die Begründung des Gesetzentwurfs lassen den Belastungsgrund der Grundsteuer letztlich gleichheitswidrig offen.

3. Fehlendes grundsteuerliches Belastungssystem

Auch die weiteren Darlegungen über die neue Grundsteuer in der Gesetzesbegründung geben keine Klarheit über den Belastungsgrund. Die Begründung benennt zunächst mit dem Grundbesitz das Steuerobjekt der Grundsteuer, das ohne Ansehung der Person belastet werde und so den Steuerpflichtigen zu einer ertragsbringenden Nutzung des Grundbesitzes anhalten solle.[46] An zahlreichen Stellen wird sodann die vom Bundesverfassungsgericht für die Vermögensteuer gezeichnete Grenze der Besteuerung im Sollertrag, die auch für die Grundsteuer gilt,[47] in der Gesetzesbegründung hervorgehoben[48] und in einen Zusammenhang mit dem Steuergegenstand gebracht.[49] Sodann wird der gängige Belastungsgrund der Grundsteuer, der Äquivalenzgedanke, lediglich angedeutet und umgehend in eine Verbindung mit der „objektiven Leistungsfähigkeit“ des Grundbesitzes gebracht. Den Begriff der Äquivalenz nutzt die

---

44 Gesetzentwurf der Fraktionen der CDU/CSU und SPD zur Reform des Grundsteuer- und Bewertungsrechts (Grundsteuer-Reformgesetz – GrStRefG), 25.6.2019, BT-Drs. 19/11085, 82, 85, 107.

45 BVerfG, 10.4.2018 – 1 BvL 11/14 u.a., BVerfGE 148, 147 (185 Rz 97) – Grundsteuer; BVerfG, 23.6.2015 – 1 BvL 13, 14/11, BVerfGE 139, 285 (310 Rz 73) – Grunderwerbsteuergesetz.

46 Gesetzentwurf der Fraktionen der CDU/CSU und SPD zur Reform des Grundsteuer- und Bewertungsrechts (Grundsteuer-Reformgesetz – GrStRefG), 25.6.2019, BT-Drs. 19/11085, 84.

47 BVerfG, 22.6.1995 – 2 BvL 37/91, BVerfGE 93, 121 (140) – Vermögensteuer.

48 Gesetzentwurf der Fraktionen der CDU/CSU und SPD zur Reform des Grundsteuer- und Bewertungsrechts (Grundsteuer-Reformgesetz – GrStRefG), 25.6.2019, BT-Drs. 19/11085, 84, 85, 86, 87, 88, 102, 103, 112.

49 Gesetzentwurf der Fraktionen der CDU/CSU und SPD zur Reform des Grundsteuer- und Bewertungsrechts (Grundsteuer-Reformgesetz – GrStRefG), 25.6.2019, BT-Drs. 19/11085, 84.

gesamte Begründung nicht.[50] Als Bewertungsziel wird an zahlreichen Stellen die „Ermittlung eines objektiviert-realen Werts innerhalb eines Wertekorridors des gemeinen Werts“ ausgegeben.[51] Zudem wird der Verkehrswert als Bewertungsziel genannt.[52]

Diese Hinweise auf den „Grundbesitz“ als Steuergegenstand, die verfassungsrechtliche Grenze der „Sollertragsteuer“, die „Infrastrukturleistungen“ der Gemeinde, die „objektive Leistungsfähigkeit“ des Vermögens und die Bewertungsziele eines „objektiviert-realen Werts“ und „Verkehrswerts“ geben keine Klarheit über den Belastungsgrund. Zahlreiche Begriffe, die im Zusammenhang mit der Besteuerung von Vermögen maßgeblich sind, werden gleichsam im Gießkannenprinzip erwähnt, ohne den Belastungsgrund zu bestimmen und eine erkennbare Belastungsentscheidung zu treffen. Letztlich fehlt dem Gesetz die klare Entscheidung für ein Belastungssystem.

Entgegen der vom Bundesverfassungsgericht,[53] vom Bundesfinanzhof,[54] auch vom Bundesrat[55] und von der Begründung des Gesetzentwurfs selbst[56] ausdrücklich betonten Vorgabe wird keine spezifische Bewertung der Grundsteuer aus einem im Gesetz erkennbaren eigenen Belastungsgrund entwickelt. Das Grundgesetz wird so verletzt. Dies ist insofern erklärbar, als kein neues Grundsteuergesetz und System in Kraft gesetzt, sondern die Einheitswerte lediglich fortgeschrieben werden sollten.[57] Allein durch eine Vereinfachung von zu komplizierten Regeln entsteht kein System. Der Versuch, ein Steuer-

50 Gesetzentwurf der Fraktionen der CDU/CSU und SPD zur Reform des Grundsteuer- und Bewertungsrechts (Grundsteuer-Reformgesetz – GrStRefG), 25.6.2019, BT-Drs. 19/11085, 84.

51 Gesetzentwurf der Fraktionen der CDU/CSU und SPD zur Reform des Grundsteuer- und Bewertungsrechts (Grundsteuer-Reformgesetz – GrStRefG), 25.6.2019, BT-Drs. 19/11085, 90, siehe auch: 82, 85, 107; zum objektiviert-realen Wert zudem: 84, 85, 86, 87, 112; Gesetzentwurf der Bundesregierung zur erleichterten Umsetzung der Reform der Grundsteuer und Änderung weiterer steuerrechtlicher Vorschriften (Grundsteuerreform-Umsetzungsgesetz – GrStRefUG), 22.4.2021, BT-Drs. 19/28902, 1, 15; Monatsbericht des BMF, Juli 2019, 13.

52 Gesetzentwurf der Fraktionen der CDU/CSU und SPD zur Reform des Grundsteuer- und Bewertungsrechts (Grundsteuer-Reformgesetz – GrStRefG), 25.6.2019, BT-Drs. 19/11085, 82; ausdrücklich für eine Bemessung nach dem Verkehrswert auch: Antrag der Fraktion DIE LINKE, 21.2.2019, BT-Drs. 19/7980, 82, 85, 107, 119.

53 BVerfG, 10.4.2018 – 1 BvL 11/14 u.a., BVerfGE 148, 147 (185 Rz 97) – Grundsteuer; BVerfG, 13.4.2017 – 2 BvL 6/13, BVerfGE 145, 171 (192 ff. Rz 61 ff.) – Kernbrennstoffsteuer.

54 BFH, 22.10.2014 – II R 16/13, BStBl. II 2014, 957 – Vorlagen Einheitsbewertung.

55 Gesetzentwurf des Bundesrates zur Änderung des Bewertungsgesetzes, 4.11.2016, BR-Drs. 515/16, 36.

56 Gesetzentwurf der Fraktionen der CDU/CSU und SPD zur Reform des Grundsteuer- und Bewertungsrechts (Grundsteuer-Reformgesetz – GrStRefG), 25.6.2019, BT-Drs. 19/11085, 81 f., 84.

57 Unter II.

gesetz ohne eine Gewissheit über den Belastungsgrund und die daraus folgende Bewertung zu entwickeln, konnte nicht gelingen. Auch die folgenden Verfassungsverletzungen durch das neue Grundsteuergesetz des Bundes sind im kompetenzrechtlichen Konstruktionsfehler, dem fehlenden Belastungsgrund und Bemessungssystem bereits vorgezeichnet.

IV. Zu ungenaue Bodenrichtwerte – Gleichheitsverstoß, Übermaßverbot

1. Gleichheit vor dem Gesetz – realitätsgerechte und verhältnismäßige Typisierungen

Der allgemeine Gleichheitssatz bindet alle drei Gewalten (Art. 1 Abs. 3 GG). Art. 3 Abs. 1 GG gibt dem Gesetzgeber vor, wesentlich Gleiches gleich und wesentlich Ungleiches ungleich zu behandeln.[58] Je nach Regelungsgegenstand und Differenzierungsmerkmalen reichen die Bindungen „vom bloßen Willkürverbot bis zu einer strengen Bindung an Verhältnismäßigkeitserfordernisse.“ Unterscheidungen sind durch sachliche Gründe zu rechtfertigen, „die dem Differenzierungsziel und dem Ausmaß der Ungleichbehandlung angemessen sind. Art. 3 Abs. 1 GG ist jedenfalls dann verletzt, wenn sich ein vernünftiger, sich aus der Natur der Sache ergebender oder sonst wie sachlich einleuchtender Grund für eine gesetzliche Differenzierung oder Gleichbehandlung nicht finden lässt.“[59] Das Steuerrecht muss dabei nicht nur auf eine Gleichheit im Steuergesetz, sondern auch im „Belastungserfolg“ angelegt sein. Steuerpflichtige sind rechtlich und tatsächlich gleich zu behandeln.[60]

---

58 BVerfG, 19.11.2019 – 2 BvL 22/14 u.a., BVerfGE 152, 274 (311 Rz 95 m.w.N.) – Erstausbildungskosten; BVerfG, 23.5.2017 – 2 BvR 883, 905/14, BVerfGE 145, 304 (329f. Rz 81) – Ostbesoldung; BVerfG, 21.6.2006 – 2 BvL 2/99, BVerfGE 116, 164 (180) – Kappung des Einkommensteuertarifs (§ 32c EStG); BVerfG, 11.1.2005 – 2 BvR 167/02, BVerfGE 112, 164 (174) – Kinder im Familienleistungsausgleich; jeweils m.w.N.

59 BVerfG, 19.11.2019 – 2 BvL 22/14 u.a., BVerfGE 152, 274 (312 Rz 96f. – Zitat) – Erstausbildungskosten; BVerfG, 6.6.2018 – 1 BvL 7/14 u.a., BVerfGE 149, 126 (153 Rz 69) – sachgrundlose Befristung von Arbeitsrechtsverhältnissen; BVerfG, 10.4.2018 – 1 BvL 11/14 u.a., BVerfGE 148, 147 (183f. Rz 94ff.) – Grundsteuer; BVerfG, 29.3.2017 – 2 BvL 6/11, BVerfGE 145, 106 (141f. Rz 98, 143 Rz 101) – Verlustabzug bei Kapitalgesellschaften; BVerfG, 7.3.2017 – 1 BvR 1314, 1630/12 u.a., BVerfGE 145, 20 (86f. Rz 171) – Spielhallenregulierung der Länder; BVerfG, 17.12.2014 – 1 BvL 21/12, BVerfGE 138, 136 (180f. Rz 121ff.) – Erbschaftsteuer III.

60 BVerfG, 18.07.2018 – 1 BvR 1675/16, 745, 836, 981/17, BVerfGE 149, 222 (257f. Rz 72f. m.w.N.) – Rundfunkbeitrag; BVerfG, 9.3.2004 – 2 BvL 17/02, BVerfGE 110, 94 (112) – Spekulationssteuer.

Der Steuergesetzgeber muss das Leistungsfähigkeitsprinzip und das Gebot der Folgerichtigkeit beachten.[61]

Der Gesetzgeber hat nach der Rechtsprechung des Bundesverfassungsgerichts einen weiten Entscheidungsraum, in diesen Grenzen Steuergesetze zu regeln. Insbesondere steht ihm die Möglichkeit offen, steuerliche Regeln zu vereinfachen, damit sie im Massenverfahren gleichheitsgerecht leichter anwendbar sind. Das Steuergesetz darf und soll Typisierungen und Pauschalierungen nutzen. Die damit „unvermeidlich verbundenen Härten" können in Kauf genommen, Besonderheiten generalisierend vernachlässigt, Begünstigungen oder Belastungen zum Zwecke der Verwaltungsvereinfachung in einem gewissen Maße pauschaliert werden. Die gesetzlichen Typisierungen müssen sich aber realitätsnah am Regelfall orientieren, dem „Gebot möglichst gleichmäßiger Belastung" folgen, insgesamt gleichheitsgerecht sein und das Maß der Verhältnismäßigkeit wahren. „Die Vorteile der Typisierung müssen im rechten Verhältnis zu der mit ihr notwendig verbundenen Ungleichheit der steuerlichen Belastung stehen. Typisierung setzt voraus, dass die durch sie eintretenden Härten und Ungerechtigkeiten nur unter Schwierigkeiten vermeidbar wären, lediglich eine verhältnismäßig kleine Zahl von Personen betreffen und das Ausmaß der Ungleichbehandlung gering ist."[62]

2. Die Bemessung nach Richtwerten und der nachträglich geregelte Gegenbeweis

Die Höhe der Grundsteuer wird im Bundessystem wie gegenwärtig in drei Stufen ermittelt, nach dem Grundsteuerwert, dem Grundsteuermessbetrag und dem Hebesatz der Gemeinden (§§ 1, 13, 25 GrStG 2025). Die Hauptfeststellung der neuen Grundsteuer soll zu der Hauptveranlagung am 1.1.2025 führen (§ 36 Abs. 1 GrStG 2025). Die auf den jeweiligen Verkehrswert ausgerichteten Bewertungen werden im Anschluss in Zeitabständen von je sieben Jahren aktualisiert und allgemein festgestellt (Hauptfeststellung, § 221 Abs. 1 BewG).

61 BVerfG, 19.11.2019 – 2 BvL 22/14 u. a., BVerfGE 152, 274 (313 Rz 99) – Erstausbildungskosten; insgesamt zudem: BVerfG, 5.11.2014 – 1 BvF 3/11, BVerfGE 137, 350 (366 Rz 41) – Luftverkehrsteuer; BVerfG, 15.1.2014 – 1 BvR 1656/09, BVerfGE 135, 126 (144f. Rz 56f.) – degressive Zweitwohnungsteuer; jeweils m. w. N.

62 BVerfG, 19.11.2019 – 2 BvL 22/14 u. a., BVerfGE 152, 274 (313ff. Rz 100ff. – Zitate) – Erstausbildungskosten; BVerfG, 10.4.2018 – 1 BvL 11/14 u. a., BVerfGE 148, 147 (185f. Rz 98) – Grundsteuer; BVerfG, 29.3.2017 – 2 BvL 6/11, BVerfGE 145, 106 (145ff. Rz 106ff.) – Verlustabzug bei Kapitalgesellschaften; jeweils m. w. N.

So sollen Wertentwicklungen im Turnus gleichheitsgerecht aufgenommen werden.[63] Die wirtschaftlichen Einheiten des Grundvermögens regeln die §§ 243f. BewG. Unbebaute Grundstücke (§ 246 BewG) werden regelmäßig durch eine Multiplikation der Fläche mit dem Bodenrichtwert bewertet (§ 247 Abs. 1 Satz 1 BewG).[64] Die Bodenrichtwerte sind von den Gutachterausschüssen i. S. d. §§ 192ff. BauGB zu erarbeiten (§ 247 Abs. 2 BewG). Es handelt sich um durchschnittliche Lagewerte, die aufgrund von Kaufpreissammlungen unter Berücksichtigung des unterschiedlichen Entwicklungszustands eines Grundstücks für die jeweiligen Richtwertzonen flächendeckend gewonnen werden (§ 196 Abs. 1 Satz 1 und Satz 3, § 195 BauGB). Eine Bebauung bleibt bei der Wertermittlung unberücksichtigt (§ 196 Abs. 1 Satz 2 BauGB). Wird kein solcher Wert ermittelt, ist der Wert aus vergleichbaren Flächen abzuleiten (§ 247 Abs. 3 BewG). Bebaute Grundstücke (§§ 248f. BewG) sind überwiegend nach dem veränderten Ertragswertverfahren zu bemessen (§ 250 Abs. 1 und Abs. 2 BewG).[65] Hier werden die Bodenrichtwerte zunächst als Mindestwert maßgeblich (§ 251 BewG). Einen zentralen Bewertungsfaktor bilden sie sodann, weil sich der Grundsteuerwert aus der Summe des kapitalisierten Reinertrags (§ 253 BewG) und des abgezinsten Bodenwerts nach § 257 BewG ergibt (§ 252 BewG).[66] Vor der Abzinsung ist der Bodenwert um selbständig nutzbare Teilflächen i. S. d. § 257 Abs. 3 BewG zu korrigieren. Der Abzinsungsfaktor (Anlage 41) richtet sich sodann gem. § 257 Abs. 2 BewG nach der Restnutzungsdauer des Gebäudes (§ 257 Abs. 2 i. V. m. § 253 Abs. 2 Satz 3 bis 6 BewG) und dem gesetzlich geregelten Liegenschaftszinssatz (§ 256 BewG). Hinzu tritt ein Umrechnungskoeffizient, durch den abweichende Grundstücksgrößen beim Bodenwert von Ein- und Zweifamilienhäusern berücksichtigt werden sollen (§ 257 Abs. 1 BewG i. V. m. Anlage 36).[67] Das Sachwertver-

---

63 Gesetzentwurf der Fraktionen der CDU/CSU und SPD zur Reform des Grundsteuer- und Bewertungsrechts (Grundsteuer-Reformgesetz – GrStRefG), 25.6.2019, BT-Drs. 19/11085, 94.

64 Gesetzentwurf der Fraktionen der CDU/CSU und SPD zur Reform des Grundsteuer- und Bewertungsrechts (Grundsteuer-Reformgesetz – GrStRefG), 25.6.2019, BT-Drs. 19/11085, 109.

65 Gesetzentwurf der Fraktionen der CDU/CSU und SPD zur Reform des Grundsteuer- und Bewertungsrechts (Grundsteuer-Reformgesetz – GrStRefG), 25.6.2019, BT-Drs. 19/11085, 109; *M. Eichholz*, DStR 2020, 1217 (1217f.).

66 Gesetzentwurf der Fraktionen der CDU/CSU und SPD zur Reform des Grundsteuer- und Bewertungsrechts (Grundsteuer-Reformgesetz – GrStRefG), 25.6.2019, BT-Drs. 19/11085, 113.

67 Insgesamt Gesetzentwurf der Fraktionen der CDU/CSU und SPD zur Reform des Grundsteuer- und Bewertungsrechts (Grundsteuer-Reformgesetz – GrStRefG), 25.6.2019, BT-Drs. 19/11085, 116.

fahren findet als „Auffangverfahren“[68] für Geschäftsgrundstücke, gemischt genutzte Grundstücke, Teileigentum und sonstige Grundstücke Anwendung.[69] Insgesamt sind daher die Bodenrichtwerte im Bundesmodell für die Höhe der Grundsteuer prägend.

Die Bemessung der Grundsteuer beruht auch nach dem Gesetz Baden-Württembergs auf den Bodenrichtwerten. Der Grundsteuerwert der Grundstücke ergibt sich aus der Multiplikation der Grundstücksfläche mit diesen Werten (§ 38 Abs. 1 Satz 1 LGrStG BW). Maßgebend ist der Bodenrichtwert des Richtwertgrundstücks in der Bodenrichtwertzone (§ 38 Abs. 1 Satz 2 LGrStG BW). Die zuständigen Gutachterausschüsse ermitteln und veröffentlichen die Bodenrichtwerte (§ 38 Abs. 2 LGrStG BW; §§ 192 ff. BauGB). Liegt kein Bodenrichtwert vor, ist der Wert des Grundstücks aus den Werten vergleichbarer Flächen abzuleiten (§ 38 Abs. 3 LGrStG BW).

Das Steuerrecht nutzt die im Baugesetzbuch geregelten Bodenrichtwerte für unterschiedliche Abgaben. Es ist sich dabei bewusst, dass die Steuerbemessung dann Ungenauigkeiten aufweist. Die durchschnittlichen Grundstückswerte werden einzelnen Grundstücken in der Bodenrichtwertzone, die Besonderheiten oder auch nur vom Richtwertgrundstück abweichende Wertmerkmale aufweisen, nicht gerecht. Hinzu tritt, dass Eigenarten, die mit Gebäuden verbunden sind, unberücksichtigt bleiben. Die Probleme steigen, wenn keine hinreichenden Kaufpreissammlungen vorliegen. Bewertungsungenauigkeiten treten zudem auf, wenn keine Bodenrichtwerte verfügbar und daher vergleichbare Flächen für die Steuerbemessung heranzuziehen sind. Aufgrund dieser erheblichen Bewertungsgefälle lässt das Steuerrecht, wenn es die Richtwerte nutzt, den Gegenbeweis des niedrigeren gemeinen Wertes zu.[70] Es wird von einem Anspruch auf den Ansatz des niedrigeren gemeinen Wertes gesprochen.[71]

Dennoch schloss zunächst das Bundesmodell und auch das Gesetz Baden-Württembergs den Beweis eines niedrigeren gemeinen Wertes bewusst aus.[72] Entgegen dem gesetzgeberischen Willen wurde später der Gegenbeweis in einem § 220 Abs. 2 BewG für das Bundesmodell und einem neuen § 38 Abs. 4 LGrStG BW zugelassen, wenn der durch ein qualifiziertes Gutachten nachgewiesene tatsächliche Wert des Grund und Bodens zum Zeitpunkt der Hauptfeststellung mehr als 40 Prozent im Bundesmodell und mehr als 30 Prozent

---

68 Gesetzentwurf der Fraktionen der CDU/CSU und SPD zur Reform des Grundsteuer- und Bewertungsrechts (Grundsteuer-Reformgesetz – GrStRefG), 25.6.2019, BT-Drs. 19/11085, 86.

69 § 250 BewG.

70 § 198 BewG.

71 *R. Halaczinsky*, in Rössler/Troll, BewG, 38. El. April 2024, § 198 Rz 6.

72 Entwurf LGrStG BW, 30.9.2020, BW LT-Drs. 16/8907, S. 81, 99.

in der Bodenwertsteuer Baden-Württembergs vom Grundsteuerwert abweicht. Das Bodenwertmodell greift hier nach der Begründung des Gesetzentwurfs den Wert von § 15 Abs. 1 Satz 2 ImmoWertV auf, nach dem die Wertunterschiede in einer Richtwertzone nicht mehr als 30 Prozent betragen dürfen.[73] Der Gesetzentwurf begründet die Typisierung ausdrücklich damit, dass die Abweichungsfälle eher selten sind. Doch bereits im öffentlichen Anhörungsverfahren wurde vorgetragen, dass diese Annahme nicht richtig ist. Die reinen Richtwerte führen in vielen Fällen zu erheblichen Bewertungsunterschieden. Zudem wurde die 30-Prozent-Grenze als zu hoch angesehen. Eine steuerliche Bemessung dürfe nicht in einer so großen Spannweite Unschärfen aufweisen.[74]

Der Bundesfinanzhof hat für das Bundesmodell betont, dass das verfassungsrechtliche Übermaßverbot insbesondere dann verletzt wird, „wenn sich der festgestellte Wert als erheblich über das normale Maß hinausgehend erweist. Nach der bisherigen Senatsrechtsprechung setzt dies regelmäßig voraus, dass der vom Finanzamt festgestellte Wert den nachgewiesenen niedrigeren gemeinen Wert um 40 % oder mehr übersteigt."[75] Auf diese Rechtsprechung wurde zunächst durch koordinierte Erlasse der obersten Finanzbehörden der Länder[76] und sodann durch einen neuen § 220 Abs. 2 BewG reagiert. Hiernach ist der „niedrigere gemeine Wert [...] als Grundsteuerwert anzusetzen, wenn der Steuerpflichtige nachweist, dass der nach den Vorschriften dieses Abschnitts ermittelte Grundsteuerwert erheblich von dem gemeinen Wert der wirtschaftlichen Einheit im Feststellungszeitpunkt abweicht. Davon ist auszugehen, wenn der Grundsteuerwert den nachgewiesenen gemeinen Wert um mindestens 40 Prozent übersteigt."[77]

---

73 Entwurf ÄndGLGrStG BW, 26.10.2021, BW LT-Drs. 17/1076, S. 19f.

74 Steuerberaterkammern Nord- und Südbaden, sowie Stuttgart, Entwurf ÄndGLGrStG BW, 26.10.2021, BW LT-Drs. 17/1076, S. 29; Baden-Württembergischer Industrie- und Handelskammertag, ebenda, S. 25; Bund der Steuerzahler Baden-Württemberg, ebenda, S. 27.

75 BFH, 27.5.2024 – II B 78/23 (AdV), BStBl. II 2024, 543 (Rz 31ff. – Zitate) – AdV Grundsteuer; BFH, 16.11.2022 – II R 39/20, BStBl. II 2024, 246 (Rz 27); zum notwendigen Gegenbeweis der entsprechenden verfassungskonformen Auslegung: BFH, 30.1.2019 – II R 9/16, BStBl. II 2019, 59 (Rz 23); BFH, 25.4.2018 – II R 47/15, BStBl. II 2019, 144 (Rz 18); BFH, 11.12.2013 – II R 22/11, BFH/NV 2014, 1086 (Rz 13); BFH, 26.4.2006 – II R 58/04, BStBl. II, 793 (Rz 11).

76 Koordinierte Erlasse der obersten Finanzbehörden der Länder betr. Ansatz eines niedrigeren gemeinen Werts bei der Bewertung des Grundvermögens für Zwecke der Grundsteuer ab 1. Januar 2025; Aussetzung der Vollziehung (§ 361 AO) von Bescheiden über die Feststellung des Grundsteuerwerts, 24.6.2024, BStBl. I S. 1073.

77 BGBl. 2024 I, S. 52; Entwurf eines Jahressteuergesetzes 2024 (Jahressteuergesetz 2024 – JStG 2024), 16.10.2024, BT-Drs. 20/13419, S. 262.

3. Gleichheitsverstoß – reine Richtwerte, Bewertungshärten, Varianz bis 30 Prozent

Vereinfachende Typisierungen sind im steuerlichen Massenfallrecht zulässig und geboten. Die Typisierungen müssen sich aber am Regelfall orientieren, realitätsnah und gleichheitsgerecht den Belastungsgrund aufnehmen und verhältnismäßig sein. Härten dürfen auftreten, wenn sie nur unter Schwierigkeiten vermeidbar wären und – diese Vorgabe spiegelt die Begründung – eine verhältnismäßig kleine Zahl von Fällen treffen.[78] Doch sind die erheblichen Ungenauigkeiten der Bodenrichtwerte nicht auf wenige Fälle beschränkt. Die Parameter sind reine Richtwerte, die eine „schematisierte vereinfachte Bewertung" bewirken.[79] Sie führen – in den klaren parallelen Worten von *Roman Seer* und *Klaus-Dieter Drüen* und mit weiteren Stimmen – „nicht nur in einem atypischen Einzelfall, sondern in einer Fülle von Einzelfällen zu grundsteuerrechtlichen Überbewertungen."[80] In einem anderen Kontext ergänzte *Roman Seer* jüngst, dass Abweichungen „in der Praxis nicht selten" auftreten. Zahlreiche wertbeeinflussende Faktoren sind unbeachtlich. „Dies überzeugt" – so sein Fazit – „unter Beachtung des Art. 3 Abs. 1 GG nicht." Letztlich ist es „willkürlich, andere individuelle Grundstücksbesonderheiten schlicht außer Betracht zu lassen."[81] Die gewählte Typisierung durch die Bodenrichtwerte führt nicht nur in Ausnahmefällen, sondern in vielen Fällen zu erheblichen Ungleichbehandlungen. Der Bundesgesetzgeber und der Gesetzgeber in Baden-Württemberg haben bereits deshalb ihren Gestaltungsraum, im Massenverfahren vereinfachende Typisierungen zu regeln, verlassen. Die steuerliche Bemessung nach den Bodenrichtwerten verletzt den Gleichheitssatz.

---

78 BVerfG, 19.11.2019 – 2 BvL 22/14 u. a., BVerfGE 152, 274 (313 ff. Rz 100 ff.) – Erstausbildungskosten; BVerfG, 10.4.2018 – 1 BvL 11/14 u. a., BVerfGE 148, 147 (185 f. Rz 98) – Grundsteuer; BVerfG, 29.3.2017 – 2 BvL 6/11, BVerfGE 145, 106 (145 ff. Rz 106 ff.) – Verlustabzug bei Kapitalgesellschaften.

79 *R. Halaczinsky*, in Rössler / Troll, BewG, 38. El. April 2024, § 198 Rz 4.

80 *R. Seer*, FR 2019, 941 (947 f.). „Die Gefahr einer sachlich unzutreffenden Bewertung, etwa aufgrund einer geringen Anzahl von Verkäufen betrifft – insbesondere im ländlichen Raum – aber nicht nur atypische Einzelfälle" (*K.-D. Drüen*, in Stenger / Loose, BewG / ErbStG / GrStG, 172. Lfg., 11/2024, Grundsteuer und Verfassungsrecht, D. I. 2.; Nord- und Südbaden, sowie Stuttgart, Entwurf ÄndGLGrStG BW, 26.10.2021, BW LT-Drs. 17/1076, S. 29; Baden-Württembergischer Industrie- und Handelskammertag, ebenda, S. 25; Bund der Steuerzahler Baden-Württemberg, ebenda, S. 27; anders: FG Baden-Württemberg, 11.6.2024 – 8 K 1582/23, StE 2024, 649 (Rz 77 ff.)).

81 *R. Seer*, in Tipke / Lang, Steuerrecht, 25. Aufl. 2024, Rz 15.61.

Das Abstellen auf einen Wert für eine gesamte Richtwertzone bewirkt – in den Worten des Finanzgerichts Rheinland-Pfalz – Wertrelationen in einem Umfang, „dass insofern nicht mehr von einer im Wesentlichen gleichen Leistungsfähigkeit ausgegangen werden kann. Auch ein Höchstmaß an Verwaltungsvereinfachung oder durch eine solche Vereinfachung weitaus bessere Kosten-/Nutzenrelation zwischen Erhebungsaufwand und Steueraufkommen vermag den Umfang dieser Typisierung nicht mehr zu rechtfertigen."[82] Die Unterschiede in den Grundlagen und der Genauigkeit der Bodenrichtwerte sind für eine generelle, eine ausnahmslose steuerliche Bewertung zu groß. Individuelle Wertunterschiede könnten nicht hinreichend aufgenommen werden.[83] Insgesamt weisen die Werte „systematische Bewertungslücken"[84] und „derzeit weder innerhalb eines Bundeslandes noch bundeslandübergreifend eine vergleichbare Qualität und Aussagekraft auf. Durch die Anknüpfung an die Bodenrichtwerte und die stark typisierende Ausgestaltung des Bodenrichtwertverfahrens gewährleisten die §§ 218 ff. BewG keine vergleichsfähigen Wertrelationen. Zusammen mit den vielfältigen anderen typisierungsbedingten Wertverzerrungen ergeben sich substanzielle bewertungsbedingte Differenzierungen. Die Normen verstoßen daher gegen Art. 3 Abs. 1 GG."[85] Auch Befürworter der Bodenwertsteuer fordern, einen individuellen Gegenbeweis zuzulassen.[86] Fehler im Rahmen der Bewertung müssten jedenfalls justiziabel sein.[87]

Der Verweis auf das geringe Steueraufkommen der Grundsteuer vermag diese Ungleichbehandlungen nicht zu rechtfertigen. Das in Art. 3 Abs. 1 GG geregelte Gebot der Steuergerechtigkeit gilt für alle Steuern. „Eine substantielle und weitgreifende Ungleichbehandlung wie bei Wertverzerrungen im Kernbereich einer Steuererhebung kann durch Geringfügigkeitserwägungen nicht gerechtfertigt werden."[88] Eine Steuer darf nicht ungerecht und gleichheitswidrig erhoben werden, nur weil sie viele Fälle betrifft und die Lasten im

---

82 FG Rheinland-Pfalz, 23.11.2023 – 4 V 1295/23, DStRK 2024, 28 (Rz 447).

83 *S. Bartsch*, KStZ 2011, 206 (206).

84 *K. Bizer/D. Joeris*, Finanzwissenschaftliche Diskussionsbeiträge, No. 97-3, FiFo Köln, 1997, S. 8.

85 *M.-M. Niebuhr*, Bodenrichtwerte in der steuerlichen Bewertung, 189. Bochumer Steuerseminar, Präsentation, 23.2.2024 (https://www.kompetenzzentrum-steuerrecht.de/de/weiterbildung/Bochumer_Steuerseminar/Protokolle.pdf/240223_Niebuhr_Bodenrichtwerte_in_der_steuerlichen_Bewertung.pdf?m=1712044008& – 14.1.2025).

86 *R. Seer*, FR 2019, 941 (947 f.); *D. Löhr/S. Kempny*, DStR 2019, 537 (541); zudem: *K.-H. Günther*, ErbStB 2019, 155.

87 *J. Hey*, ZG 2019, 297 (318).

88 FG Rheinland-Pfalz, 23.11.2023 – 4 V 1295/23, DStRK 2024, 28 (Rz 420, 423).

Vergleich zu anderen Steuern geringer sind.[89] Ohnehin führen das Bundesmodell und das Bodenwertmodell zuweilen zu hohen Grundsteuerlasten. Zudem zeigen die Grundsteuergesetze der Länder Bayern, Hamburg, Hessen und Niedersachsen, dass eine Besteuerung des Grundbesitzes auch ohne die Verwendung der Bodenrichtwerte leicht möglich ist. Die steuerliche Typisierung durch die Bodenrichtwerte kann daher nicht durch fehlende Alternativen und gesetzgeberische Probleme gerechtfertigt werden. Das Bundesmodell und das Grundsteuergesetz Baden-Württembergs verlassen den Gestaltungsraum des Gesetzgebers und verletzen den Gleichheitssatz.

Der Bodenrichtwert ist, wie es der Name bereits sagt, ein reiner Richtwert. Das Richtwertgrundstück bietet eine Orientierung über den Wert der Grundstücke in der Bodenrichtwertzone, der von vornherein und aus sich heraus Abweichungen von bis zu 30 Prozent immanent sind (§ 15 Abs. 1 ImmoWertV).[90] Doch können auch höhere Abweichungen auftreten. Das Grundgesetz verlangt vom Gesetzgeber, verhältnismäßig zu typisieren und gleichmäßig sowie realitätsgerecht zu bewerten. Eine grundsätzliche Varianz von 30 Prozent erlaubt die Verfassung im Steuerrecht nicht.[91] Der Verweis auf das grundsteuerliche Massenfallrecht vermag diesen Maßstab nicht zu schwächen. Auch das Einkommen-, Umsatz-, Gewerbe-, Körperschaft- und Energiesteuerrecht – um nur die fünf ertragsstärksten Steuern zu nennen – greifen für viele Steuerfälle. Hier und bei den insgesamt rund 40 Steuern, die in Deutschland erhoben werden, die gleiche Zahllast zu fordern, wenn die Bemessungsgrundlagen in einer Varianz von 30 Prozent Unschärfen aufweisen, steht dem Grundrechts- und Rechtsstaat fern. Der Gleichheitssatz wäre ersichtlich verletzt, wenn bei einem Umsatz von 100 oder 130 Euro die gleiche Umsatzsteuer oder bei entsprechenden Jahresbeträgen in Tausend Euro die gleiche Einkommen-, Körperschaft- oder Gewerbesteuer entrichtet würde. Die Energiesteuern müs-

---

89 *K.-D. Drüen*, in: Stenger/Loose, Bewertungsrecht – BewG/ErbStG/GrStG, 172. Lfg. 11/2024, Grundsteuer und Verfassungsrecht, C.I.2.

90 Siehe hierzu auch die Stellungnahme des Ministeriums für Finanzen, Tauglichkeit großer Bodenrichtwertzonen als Basis für die Grundsteuer, 22.11.2023, BW LT-Drs. 17/5851, S. 4.

91 Das Bundesverfassungsgericht hat „dem Gesetzgeber für die Grundbesitzwertermittlung einen Typisierungsrahmen von (nur) 20 % eingeräumt. Soweit lagebedingte Abweichungen im typisierten Verfahren nicht durch Umrechnungsfaktoren zur Bodenrichtwertkarte ausgeglichen werden können, würde sich insoweit eine über das zulässige Maß hinausgehende Wertdifferenz gegenüber dem gemeinen Wert des zu bewertenden Grundstücks ergeben" (*I. Krause*, in Stenger/Loose, Bewertungsrecht – BewG/ErbStG/GrStG, 172. Lfg. 11/2024, § 179 BewG Rz 11; Steuerberaterkammern Nord- und Südbaden, sowie Stuttgart, Entwurf ÄndGLGrStG BW, 26.10.2021, BW LT-Drs. 17/1076, S. 29; Baden-Württembergischer Industrie- und Handelskammertag, ebenda, S. 25; Bund der Steuerzahler Baden-Württemberg, ebenda, S. 27).

sen den Energieverbrauch realitätsgerecht erfassen und dürfen nicht eine parallele Last bewirken, wenn der Verbrauch zwischen 100 und 130 Prozent variiert. Das Bundesverfassungsgericht hat ganz in diesem Sinne für die Erbschaftsteuer auf Bewertungsschwierigkeiten reagiert. Wenn sich realisierbare Marktwerte nicht feststellen lassen, muss die Steuerpraxis mit Ungenauigkeiten umgehen. Dann sei eine Varianz von allenfalls bis zu 20 Prozent hinnehmbar.[92] Diese Vorgabe wurde später in der verfassungsrechtlichen Prüfung der Grunderwerbsteuer bestätigt.[93] Ungenauigkeiten von bis zu 30 Prozent erlaubt das Gericht ausdrücklich nicht. Zudem sind Unterschiede bis zu 20 Prozent nur erlaubt, wenn Bewertungsprobleme bestehen und eine genauere Bemessung der Steuer daher nicht möglich ist. Ohne solche Schwierigkeiten ungenaue Werte heranzuziehen, steht der Verfassung fern.[94] Dieser Befund wird auch von Befürwortern der Bodenwertsteuer betont.[95] Doch ziehen das Grundsteuergesetz des Bundes und Baden-Württembergs mit den Bodenrichtwerten ohne Not Werte heran, die eine Ungenauigkeit von bis zu 30 Prozent aufweisen. Die so geregelte steuerliche Bemessung ist gleichheitswidrig.

4. Zu ungenaue Parameter – Gutachterausschüsse, Zonenzuschnitt, Datenlage

Ein näherer Blick auf die Bodenrichtwerte bestätigt den Befund, dass diese für eine steuerliche Bemessung zu ungenau sind. Diese Erkenntnis war bereits bei Erlass des Bundesmodells und des Grundsteuergesetzes Baden-Württembergs deutlich. Seitdem ist der Blick auf die erheblichen Ungenauigkeiten der Bodenrichtwerte durch die Wertfeststellungen, durch die hohe Zahl der betroffenen Steuerpflichtigen, die die beachtlichen Belastungsunterschiede nicht akzeptieren, durch Gerichtsentscheide insbesondere des Finanzgerichts

---

92 BVerfG, 7.11.2006 – 1 BvL 10/02, BVerfGE 117, 1 (45 f., 56 f.) – Erbschaftsteuer II.

93 „Zur Begründung hierfür hat [... das Bundesverfassungsgericht] auf einen bei Grundbesitz allenfalls erreichbaren Wertkorridor mit einer Streubreite von plus/minus 20 % und die Typisierungsbefugnis des Gesetzgebers verwiesen“ (BVerfG, 23.6.2015 – 1 BvL 13, 14/11, BVerfGE 139, 285 (314 Rz 79) – Grunderwerbsteuergesetz).

94 In diese Richtung aber FG Baden-Württemberg, 11.6.2024 – 8 K 1582/23, StE 2024, 649 (Rz 91); anders: BVerfG, 7.11.2006 – 1 BvL 10/02, BVerfGE 117, 1 (45 f., 56 f.) – Erbschaftsteuer II; BVerfG, 23.6.2015 – 1 BvL 13, 14/11, BVerfGE 139, 285 (314 Rz 79) – Grunderwerbsteuergesetz.

95 Mit *D. Löhr/S. Kempny*, DStR 2019, 537 (541), ist die Möglichkeit des Gegenbeweises unverzichtbar und ab einem hohen Wertunterschied z. B. von 20 % anzubringen (siehe bereits Fn. 28).

Rheinland-Pfalz[96] und Stimmen der Wissenschaft deutlich geschärft worden. Der Gesetzgeber sollte diese Erkenntnisse zum Anlass nehmen, den jeweiligen Verfassungsbruch zu korrigieren und die Vielzahl der Steuerpflichtigen im Bundesmodell und in Baden-Württemberg davor bewahren, grundgesetzwidrige Grundsteuerbescheide zu erhalten.

Die Gutachterausschüsse sollen und wollen reine Richtwerte erarbeiten, die über eine Lage informieren. Das gelingt. Doch sind steuerliche Bemessungsgrundlagen anhand von verlässlichen Daten präzise zu ermitteln. Für eine steuerliche Bewertung sind die Richtwerte auch deshalb zu ungenau.[97] Es besteht ein rechtserheblicher Unterschied zwischen der Finanzverwaltung, die im steuerlichen Eingriffsrecht den Gleichheitssatz wahren muss, und den Gutachterausschüssen, die Richtwerte und damit eine allgemeine Orientierung erarbeiten.

Die Bodenrichtwerte werden von Experten erarbeitet. Die Ausschüsse unterscheiden sich im bundesweiten Vergleich, aber auch in einzelnen Bundesländern. Sie sind zuweilen bei den Stadtkreisen oder den Gemeinden angeschlossen. Hinzu treten bestehende und neue Kooperationen.[98] Das Finanzgericht Rheinland-Pfalz hat zahlreiche Probleme bei der Besetzung der Gutachterausschüsse und der notwendigen unabhängigen Zusammensetzung dargelegt. Zudem hat es in erheblichem Umfang Datenlücken bei der Führung und Auswertung der Kaufpreissammlungen festgestellt, aus denen die Bodenrichtwerte abgeleitet werden.[99] Auch können die Ausschüsse die notwendigen Parameter nicht mit hinreichender Verlässlichkeit ermitteln und prüfen.[100] Den Ausschüssen ist insofern kein Vorwurf zu machen, weil ihnen die hierfür erforderlichen rechtlichen Instrumente fehlen. Doch wird ersichtlich, dass die Ausschüsse in der Besetzung, der Datenlage sowie in der Ermittlung und Prüfung der Parameter dafür geschaffen sind, reine Richtwerte zu erarbeiten. Die notwendige Besetzung, Präzision und die erforderlichen Instrumente einer

---

96 FG Rheinland-Pfalz, 23.11.2023 – 4 V 1295/23, DStRK 2024.

97 Zu den Bodenrichtwerten mit Blick auf das Bundesgesetz: FG Rheinland-Pfalz, 23.11.2023 – 4 V 1429/23, BB 2023, 2837 ff.

98 Insgesamt: Zentrale Geschäftsstelle für Grundstückswertermittlung (ZGG), Landesamt für Geoinformation und Landentwicklung Baden-Württemberg (LGL) (https://www.zgg-bw.de/Gutachterausschuesse/VeRzeichnis-gemaess-Gutachter-ausschussverordnung/ – 14.1.2025).

99 FG Rheinland-Pfalz, 23.11.2023 – 4 V 1295/23, DStRK 2024, 28 (Rz 371 ff.).

100 Insgesamt stehen den Gutachterausschüssen „nur unzureichende rechtliche Instrumente zur effektiven Sachverhaltsermittlung sowie zur Überprüfung der Angaben von Grundstückseigentümern zur Verfügung, die für die Ermittlung der Bodenrichtwerte aber erforderlich wären" (FG Rheinland-Pfalz, 23.11.2023 – 4 V 1295/23, DStRK 2024, 28 (Leitsatz 10)).

Finanzverwaltung, Besteuerungsgrundlagen festzustellen, haben die Ausschüsse nicht.

Die Bodenrichtwertzonen sind so zu bilden, dass lagebedingte Wertunterschiede zum Bodenrichtwertgrundstück grundsätzlich nicht mehr als 30 Prozent betragen (§ 15 Abs. 1 Satz 2 ImmoWertV).[101] Bereits der so geregelte Zuschnitt der Zonen führt zu maßgeblichen Friktionen, weil in einer präzisen Grenze bestimmt wird, wann eine Zone endet und die nächste Zone beginnt. Doch lassen sich die Werte von Grundstücken so nicht aufteilen. „Die Bestimmung der Bodenrichtwertzonen ist daher in besonderem Maß geeignet, zu Verzerrungen der grundsteuerlichen Bewertung zu führen."[102] Diese Probleme des Zuschnitts werden durch Beispiele deutlich, in denen Bodenrichtwertzonen mit Wertunterschieden von mehr als dem Zehnfachen unmittelbar aneinander angrenzen.[103]

Die Bodenrichtwerte werden von den Gutachterausschüssen aufgrund von Kaufpreissammlungen als flächendeckende durchschnittliche Lagewerte ermittelt. Für die Kaufpreissammlung ist jeder Vertrag über die Übertragung von Grundeigentum heranzuziehen.[104] Die Bodenrichtwerte hängen damit entscheidend von den Kaufpreissammlungen ab. Diese haben jedoch eine sehr unterschiedliche Qualität. Zuweilen bestehen in erheblichem Umfang Datenlücken bei der Führung und Auswertung der Kaufpreissammlung.[105] Eine Steuer strukturell auf Grundlage von Datenlücken zu erheben, steht dem Rechtsstaat aber fern.

Die Probleme steigen, wenn keine hinreichenden Kaufpreissammlungen vorliegen, was aufgrund eines Mangels von Verkaufsfällen gerade in hochpreisigen Regionen vorkommt, wenn hier Grundstücke nicht verkauft, sondern vererbt oder in anderer Weise weitergegeben werden. Der Gesetzgeber hat diesen Mangel aufgenommen. Fehlen ausreichende Vergleichspreise, werden die Werte „deduktiv oder in anderer geeigneter Weise ermittelt"[106] oder aus Werten vergleichbarer Flächen abgeleitet (§ 38 Abs. 3 LGrStG BW).[107] Eine gleichheits-

---

101 Stellungnahme des Ministeriums für Finanzen Tauglichkeit großer Bodenrichtwertzonen als Basis für die Grundsteuer, 22.11.2023, BW LT-Drs. 17/5851, S. 4.

102 FG Rheinland-Pfalz, 23.11.2023 – 4 V 1295/23, DStRK 2024, 28 (Rz 448).

103 Verfahren vor dem Finanzgericht Baden-Württemberg, Az. 8 V 2317/24.

104 § 196 Abs. 1 S. 1 bis 3, § 195 Abs. 1 S. 1 BauGB; § 38 E-LGrStG BW.

105 FG Rheinland-Pfalz, 23.11.2023 – 4 V 1295/23, DStRK 2024, 28 (Rz 371 ff.); *K.-D. Drüen*, in Stenger/Loose, BewG/ErbStG/GrStG, 172. Lfg. 11/2024, Grundsteuer und Verfassungsrecht, D.I.2.

106 § 40 Abs. 3 S. 1 ImmoWertV.

107 Siehe auch § 145 Abs. 3 S. 4, § 179 S. 4, § 247 Abs. 3 BewG.

gerechte Bemessung einer Steuer gelingt so aber ersichtlich nicht. Art. 3 Abs. 1 GG fordert die individuelle Gleichheit im Belastungserfolg.[108] Eine Steuer strukturell in Vergleichsverfahren zu erheben, verbietet das Grundgesetz.

5. Nicht rechtfertigbare Folgen – Wohnungen, Gewerbe

Die Bodenrichtwerte sind in Wohngebieten in aller Regel höher als in Gewerbegebieten. Die Bemessung der Grundsteuer nach diesen Werten führt daher dazu, dass Gewerbeimmobilien strukturell weniger belastetet werden als Wohngebiete. So wurden für Baden-Württemberg exemplarisch Verschiebungen ausgerechnet, nach denen Geschäftsgrundstücke etwa 40 Prozent weniger Grundsteuer entrichten müssen, Mietwohngrundstücke hingegen eine Abgabenerhöhung von rund 30 Prozent, Einfamilienhäuser von rund 60 und Zweifamilienhäuser von rund 70 Prozent trifft. „Hieraus lässt sich" – so fährt der Gemeinderat Freiburg fort – „der Schluss ziehen, dass Gewerbegrundstücke eher entlastet werden, während Wohngrundstücke in der Summe belastet werden. Wobei diese Feststellung pauschal eher auf Gewerbegrundstücke außerhalb der Innenstadt zutrifft. Diese Verschiebung der Grundsteuerbelastung von Gewerbe- hin zu Wohngrundstücken ist nahezu ausschließlich das Resultat des ‚Bodenwertmodells', da Gewerbegrundstücke meistens in Gebieten mit geringeren Bodenrichtwerten als Wohngrundstücke liegen. Das Landesgrundsteuergesetz sieht keine Möglichkeit vor, seitens der Kommunen dieses Ergebnis zu korrigieren. Initiativen zur Absenkung der Steuermesszahl für Wohngrundstücke von 0,9 Promille auf 0,4 Promille hat das Finanzministerium Baden-Württemberg eine Absage erteilt."[109]

Die Verschiebung der Grundsteuerlast vom gewerblichen zum privaten Grundbesitz ist nicht rechtfertigbar. Hierfür besteht kein hinreichender sachlicher Grund.[110] Ganz im Gegenteil erzielen Gewerbetreibende aus ihrem Grundbesitz einen Ertrag, sodass sie eine höhere Finanzkraft gewinnen und daher eine Grundsteuer leichter entrichten können. Privaten Grundbesitzern fehlt demgegenüber regelmäßig nicht nur ein Grundbesitzertrag, sondern zudem auch die Finanzkraft, wenn sie sich verschulden mussten, um den

---

108 Unter 1. m. w. N.

109 Gemeinderat Freiburg, 8.11.2024, Drs. G-24/180, S. 7.

110 Für diesen Maßstab BVerfG, 19.11.2019 – 2 BvL 27/14 u. a., BVerfGE 152, 274 (311 ff. Rz 95 ff.) – Erstausbildungskosten; BVerfG, 6.6.2018 – 1 BvL 7/14 u. a., BVerfGE 149, 126 (153 Rz 69) – sachgrundlose Befristung von Arbeitsrechtsverhältnissen; BVerfG, 10.4.2018 – 1 BvL 11/14 u. a., BVerfGE 148, 147 (183 f. Rz 94 ff.) – Grundsteuer; bereits unter 1. m. w. N.

Grundbesitz zu erwerben. Die Leistungsfähigkeit gewerblichen Grundbesitzes ist strukturell höher als die des privaten. Auch nutzen Gewerbeimmobilien die gemeindliche Infrastruktur in der Regel stärker, wenn ein höheres Aufkommen von Verkehr, Müll, Abwasser, des Internets etc. auftritt. Zwar bleiben Spielplätze, Kindergärten und Schulen vom gewerblichen Grundbesitz in der Regel unmittelbar ungenutzt. Doch profitiert gerade das Gewerbe in Zeiten des steigenden Fachkräftemangels von einer demografisch gut aufgestellten Gemeinde und damit mittelbar von den genannten kindbezogenen Angeboten, weil so die Wahrscheinlichkeit steigt, die notwendigen Arbeitnehmer vor Ort zu finden.

Zudem ist das private Wohnen ein existenzielles, von der Menschenwürdegarantie geschütztes Bedürfnis.[111] Die Grundsteuer wird daher pointiert als Wohnsteuer[112] und Einwohnersteuer[113] kritisiert. Sie darf in diesen Wirkungen jedenfalls nicht den elementaren Schutz des Wohnens durch das Existenzminimum berühren.[114] Auch deshalb ist es nicht zu rechtfertigen, dieses Grundbedürfnis durch die Grundsteuer strukturell höher, gewerbliche Immobilien hingegen in aller Regel geringer zu besteuern. Auch die grundsteuerliche Entlastung von Wohnungen gegenüber Mehr- und Einfamilienhäusern ist angesichts des elementaren Wohnbedürfnisses und ohne Ansehung der Immobilien nicht hinreichend begründbar. Sie kann auch aus dem Leistungsfähigkeits- und Äquivalenzprinzip, auf die das Bundesmodell und das Bodenwertmodell rekurrieren, nicht begründet werden, wenn eine Luxuswohnung strukturell niedriger belastet wird als ein kleines baufälliges Einfamilienhaus. Der Sachverständigenrat zur Begutachtung der gesamtwirtschaftlichen Entwicklung spricht von einer Tendenz zur Segregation, weil die Bodenwertsteuer das Wohnen für Eigentümer und Mieter in guten Lagen verteuert.[115] Diese Wirkungen der Bodenwertsteuer, die Differenzen zwischen Wohnimmobilien und die Entlastung von gewerblichen Immobilien verletzen die Verfassung.

---

111 BVerfG, 5.11.2019 – 1 BvL 7/16, BVerfGE 152, 68 (112 ff. Rz 118 ff.) – Sanktionen im Sozialrecht; BVerfG, 9.2.2010 – 1 BvL 1/09 u. a., BVerfGE 125, 175 (223 m. w. N.) – Hartz-IV-Gesetz; jeweils m. w. N.

112 Vgl. *J. Hey*, in: dies./Maiterth / Houben, Zukunft der Vermögensbesteuerung, 2012, 89 m. w. N.

113 *R. Seer*, in: Tipke / Lang, Steuerrecht, 25. Auflage 2025, Rz 16.2 m. w. N.

114 BVerfG, 9.2.2010 – 1 BvL 1/09 u. a., BVerfGE 125, 175 (223 m. w. N.) – Hartz-IV-Gesetz; *K. Tipke*, Die Steuerrechtsordnung, II, 2. Auflage 2003, S. 958 f., 963.

115 Jahresgutachten 2018/2019 des Sachverständigenrates zur Begutachtung der gesamtwirtschaftlichen Entwicklung, 14.11.2018, BT-Drs. 19/5800, S. 365 f.

6. Durch den Gegenbeweis wird das Maß der Verfassung nicht gewahrt

Das Bodenwertmodell nutzte zunächst die Bodenrichtwerte, ohne den Beweis eines niedrigeren gemeinen Wertes zuzulassen. Später regelte der Gesetzgeber jedoch in Anlehnung an die strukturellen Ungenauigkeiten der Bodenrichtwerte den Gegenbeweis in § 38 Abs. 4 LGrStG BW, der ab einer Wertvarianz von 30 Prozent greift. Im Bundesmodell wurde der Gegenbeweis ebenfalls zunächst abgelehnt. Erst nach einer Entscheidung des BFH[116] wurde er ab einer Wertungenauigkeit von 40 Prozent zugelassen (§ 220 Abs. 2 BewG).[117]

Der Bundesfinanzhof, die Begründungen der Gesetzentwürfe und die Gesetzestexte betonen einstimmig, dass erhebliche Bewertungsunterschiede von Verfassungs wegen auszugleichen sind. Sodann wird wortgleich festgestellt, dass dies regelmäßig eine Wertdifferenz von 30 oder 40 Prozent voraussetzt. Eine Varianz in diesem Maße steht dem Steuerrecht nach der Rechtsprechung des Bundesverfassungsgerichts aber fern.[118] Das Grundvermögen kann – so das Gericht – „keinen absoluten und sicher realisierbaren Marktwert" abbilden, „sondern allenfalls ein Marktwertniveau, auf dem sich mit mehr oder weniger großen Abweichungen vertretbare Verkehrswerte bilden. Dabei wird von einer Streubreite von plus / minus 20 % der Verkaufspreise für ein und dasselbe Objekt ausgegangen, innerhalb derer ein festgestellter Verkehrswert als noch vertretbar angesehen wird."[119] In einer späteren Entscheidung knüpft das Bundesverfassungsgericht an diese Rechtsprechung an. Der beim „Grundbesitz allenfalls erreichbare Wertkorridor" darf lediglich eine „Streubreite von plus / minus 20 %" aufweisen.[120] Eine Ungenauigkeit der steuerlichen Bemessung von 30 oder 40 Prozent verbietet der Gleichheitssatz auch im steuerlichen Massenfallrecht. Auch bei anderen Abgaben wie der Einkommen-, Umsatz-, Gewerbe-, Körperschaft- oder Energiesteuer wäre eine solche Varianz gleichheitswidrig.[121] Ganz in diesem Sinne liegen übliche Erheblichkeitsschwellen im Steuerrecht deutlich unter 20 Prozent. So betont der

---

116 BFH, 27.5.2024 – II B 78/23 (AdV), BStBl. II 2024, 543 (Rz 31 ff.) – AdV Grundsteuer; BFH, 16.11.2022 – II R 39/20, BStBl. II 2024, 246 (Rz 27); zum notwendigen Gegenbeweis der entsprechenden verfassungskonformen Auslegung: BFH, 30.1.2019 – II R 9/16, BStBl. II 2019, 59 (Rz 23); BFH, 25.4.2018 – II R 47/15, BStBl. II 2019, 144 (Rz 18); BFH, 11.12.2013 – II R 22/11, BFH/NV 2014, 1086 (Rz 13); BFH, 26.4.2006 – II R 58/04, BStBl. II, 793 (Rz 11).

117 Bereits unter 2.

118 Bereits unter 3.

119 BVerfG, 7.11.2006 – 1 BvL 10/02, BVerfGE 117, 1 (45 f.) – Erbschaftsteuer II.

120 BVerfG, 23.6.2015 – 1 BvL 13, 14/11, BVerfGE 139, 285 (314 Rz 79) – Grunderwerbsteuergesetz.

121 Bereits unter 3.

Bundesfinanzhof selbst, dass die anerkannte Marge, wann Wertunterschiede nicht maßgeblich sind, zehn Prozent beträgt.[122] Diese Schwelle aber unterscheidet sich rechtserheblich von den geregelten 30 oder 40 Prozent.

Art. 3 Abs. 1 GG fordert nach der ständigen Rechtsprechung des Bundesverfassungsgerichts, die steuerliche Bemessung realitäts- und gleichheitsgerecht gesetzlich zu regeln.[123] Eine Varianz in der Bemessungsgrundlage von 30 oder 40 Prozent erfüllt diesen Auftrag ersichtlich nicht. Das Bundesmodell und Bodenwertmodell verletzen den Gleichheitssatz, weil es Bewertungsunterschiede in diesem Maß regelt. Ein Gegenbeweis, der erst ab diesen Wertdifferenzen ansetzt, vermag die Gesetze daher nicht in das Maß des Grundgesetzes zu führen.

Ohnehin wird die verfassungsrechtliche Verantwortung des Gesetzgebers verkannt. Die Möglichkeit, auf Antrag einen Gegenbeweis eines niedrigeren Wertes anzusetzen, ist verfassungsrechtlich ein Verfahren, das Ausnahmefällen gerecht werden soll. Ein Gegenbeweis aber macht aus einem gleichheitswidrigen Gesetz keine verfassungskonforme Regelung. Wenn aufgrund des Rückgriffs auf die Bodenrichtwerte die Steuerbemessung in einer Vielzahl der Fälle von vornherein gleichheitswidrig ist, kann ein Gegenbeweis diesen Gleichheitsverstoß im Nachhinein nicht korrigieren. Daher verlässt auch der Aufwand, der zahlreichen Steuerpflichtigen aufgrund der zu ungenauen Werte für den notwendigen Gegenbeweis aufgebürdet wird, das Maß des Zumutbaren. Es ist die erste Verantwortung des Gesetzgebers und der Finanzverwaltung, nicht aber der Steuerpflichtigen, die Steuer gleichmäßig gesetzlich zu regeln und zu erheben. Das Bundesmodell und die Grundsteuer Baden-Württembergs sind gleichheitswidrig, weil die Bodenrichtwerte aufgrund der erheblichen Verzerrungen, die sie bewirken, eine steuerliche Bemessung nicht prägen dürfen.

---

122 BFH, 16.11.2022 – II R 39/20, BStBl. II 2024, 246 (Rz 27 m. w. N.); siehe zu dieser allgemeinen Marge nur *G. Kirchhof*, in BeckOK EStG, 19. Ed. 2024, § 12 Rz 142 ff. m. w. N.

123 BVerfG, 19.11.2019 – 2 BvL 27/14 u. a., BVerfGE 152, 274 (311 ff. Rz 95 ff. m. w. N.) – Erstausbildungskosten; bereits unter 1. m. w. N.

V. Grundgesetzwidrige steuerliche Sonderwege des Bundes und Baden-Württembergs – Ergebnisse

Das Grundsteuergesetz des Bundes geht in *zehn Schritten* einen steuerlichen Sonderweg, der das Grundgesetz verletzt. Es leidet – *erstens* – unter einem erheblichen kompetenzrechtlichen Konstruktionsfehler. Der Bund hatte zu Beginn der Bundesrepublik die Gesetzgebungskompetenz, ein Grundsteuergesetz für den Gesamtstaat zu erlassen. Diese Kompetenz wurde im Zuge der Verfassungsreform Mitte der 1990er Jahre den Ländern zugewiesen. Das Bundesgesetz blieb gleichwohl in Kraft. Es konnte aber wegen der nunmehrigen Länderbefugnis nur noch in den sehr engen Grenzen der sog. Fortschreibungskompetenz geändert werden (Art. 125a Abs. 2 GG). Der Bund fühlte sich, als er sein neues Grundsteuergesetz entwarf, an diese engen Grenzen gebunden. Mit der Grundgesetznovelle im Herbst 2019 wurde dem Bund eine unbeschränkte Gesetzgebungskompetenz zugewiesen. Die Bundesländer können abweichende Regelungen in Kraft setzen (Art. 105 Abs. 2 Satz 1, Art. 72 Abs. 3 Satz 1 Nr. 7 GG). Dennoch hat der Bund kein grundlegend neues Grundsteuergesetz erlassen, sondern weiterhin die nicht mehr bestehenden Bindungen des Art. 125a Abs. 2 GG beachtet. So hält er bis heute grundlos an dem zum Scheitern verurteilten Unterfangen fest, die zu komplizierten Einheitswerte aus den 1930er Jahren zu vereinfachen.

Dieser kompetenzrechtliche Geburtsfehler hatte weitere Verfassungsverstöße zur Folge. Der Bund nutzt – *zweitens* – seinen grundgesetzlichen Entscheidungsraum nicht, wenn er nicht mehr vorhandene Kompetenzgrenzen einhält. *Drittens* hat der Bund daher zu viele Parameter für die grundsteuerliche Bemessung verwendet. Anders als in den Grundsteuergesetzen von Bayern, Hamburg, Hessen und Niedersachsen sind nicht nur wenige leicht zu ermittelnde Parameter maßgeblich, sondern die Gebäudeart, die Wohnflächen, das Bauahr, Mietniveaustufen-Abschläge, Bewirtschaftungskosten, der Liegenschaftszinssatz, die Restnutzungsdauer, der Abzinsungsfaktor und der Bodenwert zu berücksichtigen. Die gewählten Kriterien typisieren – *viertens* – zuweilen zu grob und daher gleichheitswidrig, wenn die pauschalen Nettokaltmieten, die Restnutzungsdauer und das Alter des Gebäudes von einer realitäts- und gleichheitsgerechten Bewertung abweichen. *Fünftens* nutzt das neue Grundsteuerrecht ohne sachlichen Grund und damit freiheitswidrig an Stelle von dem bewährten Parameter der Kubikmeter der Gebäude, der den Steuerpflichtigen und dem Fiskus vorliegt, in der Brutto-Grundfläche einen Wert, der erst umständlich ermittelt werden musste. Zudem ist es – *sechstens* – nicht erforderlich und zumutbar, wenn die öffentliche Hand in den Gebäude- und Grundstücksgrößen Daten von den Steuerpflichtigen erhebt und strafbewehrt prüft, obwohl ihr diese zugänglich sind. Insgesamt hat der Bundestag – *siebtens* – ein unnötig kompliziertes und daher freiheitswidriges Grundsteuergesetz in Kraft gesetzt.

Insgesamt entscheidet sich der Bundesgesetzgeber – *achtens* – anders als vom Bundesverfassungsgericht, dem BFH, dem Bundesrat und den eigenen Ausführungen ausdrücklich gefordert, nicht für einen Belastungsgrund der Grundsteuer und ein eigenes Bewertungssystem. *Neuntens* werden – anders als sonst im steuerlichen Bewertungsrecht – die erheblichen Ungenauigkeiten der Bodenrichtwerte im Bundesmodell erst aber eine Wertvarianz von 40 Prozent und im Bodenwertmodell Baden-Württembergs ab einer Varianz von 30 Prozent durch Gegenbeweise von niedrigeren gemeinen Werten korrigiert. Der Gleichheitssatz wird so verletzt. Eine steuerliche Bemessung nach Richt- und Durchschnittswerten sowie Ungenauigkeiten in der Bemessungsgrundlage von bis zu 30 oder 40 Prozent erlaubt der Gleichheitssatz nach der Rechtsprechung des Bundesverfassungsgerichts nicht. Das Gericht lässt im Falle von Bewertungsproblemen Ungenauigkeiten bis zu 20 Prozent zu. Die allgemeine Bagatellgrenze liegt im Steuerrecht bei 10 Prozent. Immobilienwerte sind – *zehntens* – entweder in zahlreichen Faktoren genau zu ermitteln oder in vereinfachenden Typisierungen gleichheitsgerecht zu bewerten. Das Grundsteuergesetz des Bundes errichtet jedoch ein Mischsystem, das nicht folgerichtig ist und das Grungesetz verletzt.

Aktuelle Rechtsprechung zur Besteuerung der Personengesellschaften

Dr. Christian Graw, Richter am Bundesfinanzhof

Der folgende Beitrag zur Besteuerung der Personengesellschaften befasst sich mit aktueller Rechtsprechung zur Abfärbung nach § 15 Abs. 3 Nr. 1 EStG (I.) sowie zur Einbringung nach § 24 UmwStG, insbesondere zur Behandlung (negativer) Ergänzungsbilanzen nach der Einbringung (II.). Daneben sollen die Auswirkungen des Gesetzes zur Modernisierung des Personengesellschaftsrechts (MoPeG) vom 10.8.2021 (BGBl I 2021, 3436) auf das Steuerrecht (Kreditzweitmarktförderungsgesetz) kurz gestreift werden (III.).

I. Abfärbung

Nach § 15 Abs. 3 Nr. 1 EStG gilt als Gewerbebetrieb in vollem Umfang die mit Einkünfteerzielungsabsicht unternommene Tätigkeit einer offenen Handelsgesellschaft, einer Kommanditgesellschaft oder einer anderen Personengesellschaft, wenn die Gesellschaft auch eine Tätigkeit i. S. d. Absatzes 1 Satz 1 Nummer 1 ausübt (Alt. 1) oder gewerbliche Einkünfte i. S. d. Absatzes 1 Satz 1 Nummer 2 bezieht (Alt. 2 – eingefügt durch das Jahressteuergesetz 2007 (JStG 2007) vom 13.12.2006, BGBl I 2006, 2878). Dies gilt unabhängig davon, ob aus der Tätigkeit i. S. d. Absatzes 1 Satz 1 Nummer 1 ein Gewinn oder Verlust erzielt wird oder ob die gewerblichen Einkünfte i. S. d. Absatzes 1 Satz 1 Nummer 2 positiv oder negativ sind (§ 15 Abs. 3 Nr. 1 Satz 2 EStG – eingefügt durch das Gesetz zur weiteren Förderung der Elektromobilität und zur Änderung weiterer steuerlicher Vorschriften („JStG 2019") vom 12.12.2019, BGBl I 2019, 2451).

Hintergrund des § 15 Abs. 3 Nr. 1 EStG ist vor allem die Vereinfachung der Einkünfteermittlung und die Sicherung des Gewerbesteueraufkommens. Die Norm ist allerdings verfassungsrechtlicher Kritik ausgesetzt: Personengesellschaften werden gegenüber Einzelunternehmern, die mehrere Einkunftsarten nebeneinander verwirklichen können, benachteiligt. Zudem stellt sich die Frage, ob die Abfärbung durch eine Geringfügigkeitsgrenze sachgerecht eingeschränkt werden kann (muss).

1. Seitwärtsabfärbung – BFH-Urteil vom 30.6.2022 – IV R 42/19 (BStBl II 2023, 118)

a) Vereinfachter Sachverhalt: Die aus A und B bestehende GbR erzielte im Streitjahr einen Verlust aus einer Vermietungstätigkeit in Höhe von 7 T€ (bei Einnahmen in Höhe von 105 T€) sowie einen Verlust aus dem Betrieb einer Photovoltaik-Anlage in Höhe von 20 T€ (bei Erlösen in Höhe von 8 T€). Das Finanzamt wendete § 15 Abs. 3 Nr. 1 EStG an und ging davon aus, dass die GbR insgesamt gewerbliche Einkünfte erzielt habe. Klage und Revision blieben ohne Erfolg.

b) Der Betrieb der Photovoltaik-Anlage ist eine originär gewerbliche Tätigkeit (§ 15 EStG), die gemäß § 15 Abs. 3 Nr. 1 Satz 1 Alt. 1 und Satz 2 Alt. 1 EStG die im Übrigen vermögensverwaltende Tätigkeit der GbR in eine gewerbliche Tätigkeit umqualifiziert.

c) Nach ständiger Rechtsprechung des BFH gilt für gemischt tätige freiberufliche Personengesellschaften eine Geringfügigkeitsgrenze von 3 % der Gesamt-Nettoumsätze (relative Grenze) sowie von 24.500 EUR (absolute Grenze; Urteile vom 27.8.2014 – VIII R 16/11, BStBl II 2015, 996, Rn. 28, VIII R 41/11, BStBl II 2015, 999, Rn. 27 und VIII R 6/12, BStBl II 2015, 1002, Rn. 53). Nach dem BFH-Urteil vom 30.6.2022 – IV R 42/19 (BStBl II 2023, 118) gilt diese Geringfügigkeitsgrenze auch für gemischt tätige vermögensverwaltende Gesellschaften. Damit schafft der BFH Rechtssicherheit (Häsner/Preil/Weinhold DStR 2022, 2254, 2255; Geissler HFR 2023, 143). Im Streitfall wurde die relative Grenze indes überschritten.

Nach Ansicht des BFH ist die seitwärts abfärbende Wirkung des § 15 Abs. 3 Nr. 1 Satz 1 Alt. 1 und Satz 2 Alt. 1 EStG i. d. F. des „JStG 2019" für gemischt tätige vermögensverwaltende Personengesellschaften – trotz der gravierenden Folgen der Verstrickung – nicht stärker einzuschränken, als dies bisher für gemischt tätige freiberufliche Personengesellschaften geschehen ist. Angesichts der Gesetzesbegründung und der verfassungsrechtlichen Unbedenklichkeitserklärung des § 15 Abs. 3 Nr. 1 EStG a. F. durch das BVerfG (Beschluss vom 15.1.2008 – 1 BvL 2/04, BGBl I 2008, 1006), das ausdrücklich auf die einschränkende Interpretation der Vorschrift durch die höchstrichterliche Finanzrechtsprechung Bezug genommen hat, ist eine höhere Bagatellgrenze nicht gerechtfertigt.

d) Gleiches gilt für die Annahme eines längeren Beobachtungszeitraums bei Anwendung der Geringfügigkeitsgrenze, etwa von drei Jahren (vgl. dazu Krumm in Kirchhof/Seer, EStG, 23. Aufl., § 15 Rn. 148; Kanzler, FR 2015, 512; Kahle/Braun, DStZ 2019, 332, 336; Schmidt/Wacker, EStG, 43. Aufl., § 15 Rn. 188). Ob ein solcher geboten ist, hatte die höchstrichterliche Rechtsprechung bis dato offengelassen. Mangels Rechtsgrundlage lehnt der BFH einen mehrjährigen Beobachtungszeitraum jedoch ab (zustimmend Schlücke, Ubg 2023, 42, 44; krit. Pohl, Ubg 2023, 40, 41). Demnach ist die Abfärbung veranlagungszeitraumbezogen zu prüfen.

e) Zudem hält der BFH § 15 Abs. 3 Nr. 1 Satz 1 Alt. 1 EStG für verfassungskonform. Trotz der bestehenden Ungleichbehandlung von Personengesellschaften gegenüber Einzelunternehmern liegt kein Verstoß gegen Art. 3 Abs. 1 GG vor, da mit der intendierten Vereinfachung der Einkünfteermittlung und der Erhaltung der Substanz der Gewerbesteuer legitime Gesetzeszwecke einschlägig sind. Zudem hat der BFH auf die bereits angesprochene restriktive Auslegung der Norm durch die Rechtsprechung, auf die Möglichkeit der Ausgliederung der schädlichen Tätigkeit (dazu unter g)) sowie auf die im Zusammenhang mit der Abfärbung bestehenden Gestaltungsmöglichkeiten (Inanspruchnahme steuerlicher Vorteile infolge der Gewerblichkeit) rekurriert.

f) Ferner hat der BFH entschieden, dass auch Verluste aus einer gewerblichen Tätigkeit bei Überschreiten der sog. Bagatellgrenze der Umqualifizierung der im Übrigen vermögensverwaltenden Tätigkeit einer GbR nicht entgegenstehen. Damit hat er die im Urteil vom 12.4.2018 – IV R 5/15 (BStBl II 2020, 118) vertretene (gegenteilige) Auffassung aufgegeben, wozu der BFH angesichts der rechtsprechungsbrechenden Gesetzesänderung in § 15 Abs. 3 Nr. 1 Satz 2 Alt. 1 EStG gezwungen war. Die mit der Gesetzesänderung verbundene Rückwirkung stellt sich als verfassungsrechtlich zulässig dar, da mit ihr eine Rechtslage festgeschrieben worden ist, die vor dem genannten BFH-Urteil einer gefestigten höchstrichterlichen Rechtsprechung und einheitlichen Rechtspraxis entsprochen hat.

g) Im Urteil vom 30.6.2022 – IV R 42/19 (BStBl II 2023, 118) hat der BFH eine Ausgliederung der schädlichen Tätigkeit auf eine personenidentische Schwesterpersonengesellschaft aus tatsächlichen Gründen abgelehnt. Die Ausgliederung der schädlichen Tätigkeit ist allerdings weiterhin ein Gestaltungsmittel zur Vermeidung der Seitwärtsabfärbung. Darauf hat bereits das BVerfG (Beschluss vom 15.1.2008 – 1 BvL 2/04, BGBl I 2008, 1006, Rn. 135) ausdrücklich hingewiesen. Die Ausgliederung erfordert indes stets, dass sie auch „nach außen hin" erkennbar wird. In diesem Zusammenhang ist auf verschiedene Beweisanzeichen abzustellen, z. B. das Auftreten im Rechtsverkehr, die Nutzung einheitlicher bzw. unterschiedlicher Bankkonten, die Anzahl der Gewinnermittlungen etc. Es bedarf einer klaren Trennung der Tätigkeiten und einer sorgfältigen Dokumentation (Pohl, Ubg 2023, 40).

Dabei stellt sich allerdings die Frage, ob durch die Ausgliederung eine Betriebsaufspaltung begründet wird (sodass die Gewerblichkeit letztlich doch nicht vermieden werden könnte). Überlässt die vermögensverwaltende Personengesellschaft die wesentlichen Betriebsgrundlagen einer gewerblich tätigen Schwesterpersonengesellschaft allerdings unentgeltlich oder zu einem nicht kostendeckenden Entgelt, erzielt sie grundsätzlich keine gewerblichen Einkünfte aufgrund einer mitunternehmerischen Betriebsaufspaltung. Es fehlt an der erforderlichen Gewinnerzielungsabsicht. Ihre Tätigkeit ist weiterhin als vermögensverwaltend zu qualifizieren. Die zur Nutzung überlassenen Wirtschaftsgüter können indes Sonderbetriebsvermögen I bei der gewerblich tätigen Gesellschaft sein (§ 15 Abs. 1 Satz 1 Nr. 2 Halbsatz 2 EStG).

h) Mit der Entscheidung hat der BFH einige Fragen im Zusammenhang mit der Seitwärtsabfärbung geklärt (Bagatellgrenze, Jahresbetrachtung, Verfassungsmäßigkeit des Nichtanwendungsgesetzes in § 15 Abs. 3 Nr. 1 Satz 2 EStG). Gegen das Urteil ist Verfassungsbeschwerde eingelegt worden (Az.: 2 BvR 2113/22).

i) Der Vollständigkeit halber ist auf § 3 Nr. 72 Satz 3 EStG in der Fassung des Jahressteuergesetzes 2022 (JStG 2022) vom 16.12.2022 (BGBl I 2022, 2294) hinzuweisen. Danach gilt § 15 Abs. 3 Nr. 1 EStG im Hinblick auf steuerfreie Einnahmen aus Photovoltaik-Anlagen unter gewissen Voraussetzungen nicht. Damit können auch vermögensverwaltende Personengesellschaften Photovoltaik-Anlagen auf Mietobjekten installieren und ihre Mieter mit selbst produziertem Strom versorgen, ohne steuerliche Nachteile befürchten zu müssen. Nicht abschließend geklärt ist allerdings, ob bei den von der Abfärbung betroffenen Gesellschaften mit diesem „Abfärbungsausschluss" eine Zwangsbetriebsaufgabe zum 1.1.2022 einhergeht (vgl. dazu BMF-Schreiben vom 17.7.2023, BStBl I 2023, 1494, Rn. 23: Entnahme der Gebäude im Veranlagungszeitraum 2022 (nicht der Photovoltaik-Anlage), aus Vertrauensschutzgründen jedoch keine Entnahme, wenn die Verstrickung bis 31.12.2023 wiederhergestellt worden ist; a.A. z.B. Bodden, BeSt 2023, 4, 5: keine Zwangsentnahme; ebenso Müller, DB 2023, 414; Wacker, FR 2023, 725, 732: Grundsätze wie beim Übergang zum Liebhabereibetrieb).

2. Aufwärtsabfärbung – BFH-Urteil vom 5.9.2023 – IV R 24/20 (BFHE 281, 374)

a) Vereinfachter Sachverhalt: Die aus den Gesellschaftern W, D und G bestehende vermögensverwaltende W-GbR war an der A-GmbH & Co. KG beteiligt, die gewerbliche Einkünfte erzielte. Daher brachte das Finanzamt § 15 Abs. 3 Nr. 1 in Verbindung mit § 52 Abs. 32a EStG 2007 für die Veranlagungszeiträume 2003 bis 2006 (rückwirkend) zur Anwendung, sodass die Vermietungseinkünfte in gewerbliche Einkünfte umqualifiziert wurden. Die Klage hatte teilweise Erfolg; das FG ging von einer fehlenden Gewerbesteuerbarkeit aus. Die Revisionen der Klägerin und des FA hat der BFH als unbegründet zurückgewiesen.

b) Die – durch die Gewinnfeststellungsbescheide der A-GmbH & Co. KG bindend festgestellten – Beteiligungserträge führen nach § 15 Abs. 3 Nr. 1 Satz 1 Alt. 2 EStG zu einer Aufwärtsabfärbung. Somit erzielt die W-GbR insgesamt gewerbliche Einkünfte.

c) § 15 Abs. 3 Nr. 1 Satz 1 Alt. 2 EStG ist in einkommensteuerrechtlicher Hinsicht auch ohne Berücksichtigung einer Geringfügigkeitsgrenze verfassungsgemäß. Damit hat der BFH sein gleichlautendes Judikat aus dem Jahr 2019 (Urteil vom 6.6.2019 – IV R 30/16, BStBl II 2020, 649) bestätigt. Nach Ansicht des BFH besteht ein sachlicher Rechtfertigungsgrund für die Ungleichbehandlung der Personengesellschaften gegenüber den Einzelunternehmen in der umfassenden Verstrickung des Gesellschaftsvermögens und der Erleichterung der Einkünfteermittlung durch Konzentration auf eine Einkunftsart. Die Regelung erweist sich auch als verhältnismäßig, jedenfalls unter Berücksichtigung der – nach Ansicht des BFH – vorzunehmenden verfassungskonformen Auslegung des § 2 GewStG (dazu unter d)). Vor diesem Hintergrund hält der BFH eine Geringfügigkeitsgrenze im Fall der Aufwärtsabfärbung – im Unterschied zur Situation bei der Seitwärtsabfärbung – nicht für geboten.

d) Zudem hat der BFH entschieden, dass die in § 52 Abs. 32a EStG 2007 angeordnete rückwirkende Einführung des § 15 Abs. 3 Nr. 1 Alt. 2 EStG 2007 (nunmehr § 15 Abs. 3 Nr. 1 Satz 1 Alt. 2 EStG) nicht gegen das verfassungsrechtliche Rückwirkungsverbot verstößt. Auch insofern erweist sich die echte Rückwirkung als ausnahmsweise zulässig, weil der Gesetzgeber in zulässiger Weise eine Rechtslage festgeschrieben hat, die vor dem BFH-Urteil vom 6.10.2004 – IX R 53/01 (BStBl II 2005, 383) einer gefestigten Rechtsprechung und einheitlichen Rechtspraxis entsprochen hat. Auch davon war der BFH schon bislang ausgegangen (Urteil vom 19.7.2018 – IV R 39/10, BStBl II 2019, 77).

e) Mit Spannung war erwartet worden, ob der BFH die Wirkung der Aufwärtsabfärbung weiterhin auf die Einkommensteuer beschränken, d. h. die Gewerbesteuer davon ausnehmen würde. Die Finanzverwaltung hatte auf das betreffende Judikat vom 6.6.2019 – IV R 30/16 (BStBl II 2020, 649) mit einem Nichtanwendungserlass reagiert (gleich lautende Ländererlasse vom 1.10.2020, BStBl I 2020, 1032). Der BFH legt § 2 Abs. 1 Satz 2 GewStG indes weiterhin verfassungskonform dahin aus, dass ein gewerbliches Unternehmen i. S. d. § 15 Abs. 3 Nr. 1 Satz 1 Alt. 2 EStG nicht als nach § 2 Abs. 1 Satz 1 GewStG der Gewerbesteuer unterliegender Gewerbebetrieb gilt. Dies begründet er mit einer ansonsten drohenden verfassungswidrigen Ungleichbehandlung von

Personengesellschaften: Allein wegen der Abfärbung würden an sich nicht der Gewerbesteuer unterliegende Einkünfte aus vermögensverwaltender Tätigkeit mit Gewerbesteuer belastet, obschon die Beteiligungserträge selbst gemäß § 9 Nr. 2 GewStG aus dem Gewerbeertrag der Obergesellschaft ausgeschieden werden.

Die dagegen gerichteten Einwendungen des dem Revisionsverfahren beigetretenen BMF hält der BFH für nicht durchgreifend. Insbesondere § 7 Satz 2 GewStG ist nicht dahin auszulegen, dass eine als Mitunternehmerin an einer Personengesellschaft beteiligte, im Übrigen nur vermögensverwaltend tätige Personengesellschaft nicht vom Regelungsgehalt der Norm erfasst wird. Trotz fehlender gewerbesteuerlicher Abfärbung auf die laufenden Einkünfte der vermögensverwaltenden Obergesellschaft ist der Gewinn der Obergesellschaft aus der Veräußerung ihres Mitunternehmeranteils an der Untergesellschaft gemäß § 7 Satz 2 Nr. 2 GewStG dem Gewerbeertrag der Untergesellschaft zuzurechnen, wenn die Obergesellschaft nur infolge ihrer gewerblichen Beteiligungseinkünfte insgesamt gewerbliche Einkünfte erzielt.

f) Als Fazit ist festzuhalten, dass es bei der „Abkopplung der gewerbesteuerlichen Frage" (krit. Krumm in Kirchhof/Seer, EStG, 23. Aufl., § 15 Rn. 150b) bleibt. Die Aufwärtsabfärbung gilt mit Blick auf die Einkommensteuer, entfaltet aber weiterhin für Zwecke der Gewerbesteuer keine Wirkung. Dies macht das Steuerrecht sicherlich nicht einfacher. Durch diese einschränkende Auslegung versucht der BFH allerdings, zumindest die einkommensteuerrechtliche Wirkung der Aufwärtsabfärbung (verfassungsrechtlich) zu rechtfertigen. Nach dem neuerlichen BFH-Judikat erscheint die Aufhebung der gleich lautenden Ländererlasse vom 1.10.2020 (BStBl I 2020, 1032) angezeigt (Strahl, NWB 2023, 3110, 3112). Aber auch eine Gesetzesänderung ist denkbar, etwa in Gestalt einer Konkretisierung des § 2 Abs. 1 Satz 2 GewStG (vgl. Prinz, FR 2023, 1076; Micker/Klein, Ubg 2023, 725, 727).

II. Einbringung nach § 24 UmwStG und Buchung auf dem gesamthänderisch gebundenen Rücklagenkonto – BFH-Urteil vom 23.3.2023 – IV R 27/19 (BStBl II 2023, 1112)

1. Vereinfachter Sachverhalt: Die M-GmbH beteiligte sich zum 30.12.2005 als weitere Kommanditistin zu 20 % an der C-KG. Dafür leistete sie eine Bareinlage in Höhe von 2,5 Mio. €. Dieser Betrag überstieg die (anteiligen) steuerlichen Buchwerte der C-KG. Zur Vermeidung der anteiligen Aufdeckung der stillen Reserven führte die C-KG gemäß § 24 UmwStG die Buchwerte fort. Der

M-GmbH wurde ein den Beteiligungsverhältnissen entsprechender Betrag in Höhe von 150 T€ auf ihrem Festkapitalkonto gutgeschrieben. Der verbliebene Rest in Höhe von 2,35 Mio. € wurde in die gesamthänderisch gebundene Rücklage eingestellt. Soweit diese Einlage in die gesamthänderisch gebundene Rücklage die der M-GmbH zuzurechnenden anteiligen Buchwerte der C-KG überstieg, wurden für die M-GmbH eine positive Ergänzungsbilanz und für die Altgesellschafter entsprechende negative Ergänzungsbilanzen aufgestellt.

Zum 1.1.2011 schied die M-GmbH gegen Abfindung aus der C-KG aus. Ihr Anteil wuchs den Altgesellschaftern an. Daraus ergab sich ein Veräußerungsgewinn in Höhe von 1.180 T€ (2.560 T€ Abfindung abzüglich 800 T€ Buchwerte des Gesamthandsvermögen sowie 580 T€ Mehrkapital aus der positiven Ergänzungsbilanz). Nach Auffassung der Betriebsprüfung mussten die Altgesellschafter ihre negativen Ergänzungsbilanzen spiegelbildlich auflösen. Die dagegen gerichtete Klage wies das FG als unbegründet ab. Die Revision der Klägerin war erfolgreich.

2. Nach Ansicht des BFH sind die für die Altgesellschafter gebildeten negativen Ergänzungsbilanzen anlässlich des Ausscheidens des Neugesellschafters gegen Abfindung nicht aufzulösen. Die positiven und negativen Ergänzungsbilanzen sind jeweils streng mitunternehmerbezogen; sie stehen nach der Einbringung zu Buchwerten nicht im Verhältnis gegenseitiger Abhängigkeit, sondern korrespondieren allein mit der Bilanzierung und Bewertung der entsprechenden Wirtschaftsgüter in der Gesamthandsbilanz (Steuerbilanz der Personengesellschaft). Ist die positive Ergänzungsbilanz des Neugesellschafters anlässlich seines Austritts aufzulösen, resultiert daraus keine Verpflichtung zur Auflösung der negativen Ergänzungsbilanzen der Altgesellschafter.

3. Daneben hat der BFH auf Folgendes hingewiesen: § 24 Abs. 1 UmwStG setzt voraus, dass der Einbringende Mitunternehmer der Personengesellschaft wird. Die Einräumung einer Mitunternehmerstellung zeigt sich dadurch, dass der Wert des eingebrachten Betriebsvermögens dem Kapitalkonto des Gesellschafters gutgeschrieben wird, welches nach dem Gesellschaftsvertrag die Mitunternehmerstellung (Gesellschaftsrechte) repräsentiert; dieses wird im Fall des Mehrkontenmodells üblicherweise als Kapitalkonto I oder als Festkapitalkonto bezeichnet. Der BFH hat daran festgehalten, dass es für die Anwendung des § 24 Abs. 1 UmwStG ausreicht, wenn bei erstmaliger Einräumung der Mitunternehmerstellung der Wert des eingebrachten Betriebsvermögens neben dem Kapitalkonto I (Festkapitalkonto) auch dem gesamthänderisch gebundenen Rücklagenkonto gutgeschrieben wird. Dies entspricht der Verwaltungsauffassung (BMF-Schreiben vom 11.11.2011, BStBl I 2011, 1314, Rn. 24.07 i. V. m. BMF-Schreiben vom 26.7.2016, BStBl I 2016, 684). Bei anteiliger Gutschrift des Werts des eingebrachten Betriebsvermögens auf dem

gesamthänderisch gebundenen Rücklagenkonto ist der Vorgang jedenfalls dann insgesamt als ein tauschähnliches (entgeltliches) Geschäft gemäß § 24 UmwStG zu beurteilen, wenn die Einbringung insgesamt für Rechnung des Einbringenden erfolgt, d. h. es zu keinen Vermögensverschiebungen zwischen den Gesellschaftern kommt.

4. Möglicherweise wird die Finanzverwaltung das BFH-Urteil vom 23.3.2023 – IV R 27/19 (BStBl II 2023, 1112) in den Umwandlungssteuererlass aufnehmen. Der überarbeitete Erlass soll dem Vernehmen nach im Jahr 2024 veröffentlicht werden.

5. Nach dem zwischenzeitlich veröffentlichten BFH-Urteil vom 1.2.2024 – IV R 9/20 (BFHE nn) kann der Einbringende selbst dann i. S. v. § 24 Abs. 1 UmwStG Mitunternehmer der Gesellschaft werden, wenn er im Zeitpunkt der Einbringung bereits zu 100 % am Vermögen, Gewinn und Verlust sowie an den Stimmrechten der übernehmenden Personengesellschaft beteiligt ist. Es reicht also aus, wenn sich seine maßgeblichen Gesellschaftsrechte zwar nicht relativ, aber absolut erhöhen.

6. Zur Einbringung eines Wirtschaftsguts des Privatvermögens wird auf das BFH-Urteil vom 23.3.2023 – IV R 2/20 (BStBl II 2023, 999) verwiesen. Danach ist die Übertragung eines solchen Wirtschaftsguts auf eine gewerbliche Personengesellschaft gegen erstmalige Einräumung einer Mitunternehmerstellung auch dann ein vollentgeltliches Geschäft (Einbringung gegen Gewährung von Gesellschaftsrechten), wenn der Wert des übertragenen Wirtschaftsguts nicht nur dem Kapitalkonto I (Festkapitalkonto), sondern auch einem gesamthänderisch gebundenen Rücklagenkonto gutgeschrieben wird (Bestätigung der Rechtsprechung).

III. MoPeG und Kreditzweitmarktförderungsgesetz

1. Mit dem MoPeG ist das zivilrechtliche Gesamthandsprinzip mit Wirkung zum 1.1.2024 aufgegeben worden (vgl. Regierungsentwurf des MoPeG, BR-Drs. 59/21, Satz 110; Möhlenbrock/Haubner, FR 2022, 53). Der Gesetzgeber hat die §§ 718, 719 BGB a. F. gestrichen; zugleich stellt § 713 BGB n. F. klar, dass das Gesellschaftsvermögen der Gesellschaft gehört und nicht den Gesellschaftern in gesamthänderischer Verbundenheit (Röder, DStR 2023, 1085). Hierin liegt eine „Abschaffung" des Gesamthandsprinzips (Möhlenbrock/Haubner, FR 2022, 53) oder – präziser formuliert – eine Angleichung des geschriebenen Rechts der GbR an die in jahrzehntelanger Rechtsfortbildung erfolgte Aufgabe des Gesamthandsprinzps (vgl. Osterloh-Konrad in Schön/Stark, Zukunftsfragen des Steuerrechts IV, 2022, Satz 1; Röder, DStR 2023,

1085, 1086; Stöber, GmbHR 2022, 967, 968). Dabei standen mögliche Folgewirkungen im Steuerrecht nicht im Fokus (Röder, DStR 2023, 1085).

2. Nach wohl überwiegend vertretener Auffassung ergeben sich aus dem MoPeG jedoch keine unmittelbaren Auswirkungen auf die Anwendung ertragsteuerrechtlicher Normen (vgl. Kilincsoy, FR 2021, 248, 252; Möhlenbrock/Haubner, FR 2022, 53; Stöber, GmbHR 2022, 967, 969; krit. dagegen Seer, StuW 2023, 30, 37). Diese Einschätzung ist zutreffend. Der (Zivilrechts-)Gesetzgeber ist selbst nicht von einer Änderung der ertragsteuerlichen Grundsätze zur Besteuerung von Personengesellschaften ausgegangen (BT-Drs. 19/27635, 107; BT-Drs. 19/31105, 6). Mit dem MoPeG hat er die Aufgabe des Gesamthandsprinzips lediglich gesetzlich nachvollzogen. Ohne Änderung der zivilrechtlichen Grundstrukturen können sich indes keine unmittelbaren Auswirkungen auf das Steuerrecht ergeben. Dies gilt umso mehr, als das Steuerrecht zunächst unverändert geblieben ist (vgl. Schmidt/Wacker, EStG, 43. Aufl., § 15 Rn. 166; Wacker, FR 2022, 625, 626; Möhlenbrock/Haubner, FR 2022, 53, 54; Stöber, GmbHR 2022, 967, 969). Zudem wurden Mitunternehmerschaften auch in der Vergangenheit nicht anders behandelt, wenn sie zivilrechtlich über kein Gesamthandsvermögen verfügen, wie dies etwa bei atypisch stillen Gesellschaften der Fall ist (Möhlenbrock/Haubner, FR 2022, 53, 54; Stöber, GmbHR 2022, 967, 972). Dementsprechend erfährt die Mitunternehmerbesteuerung in § 15 Abs. 1 Satz 1 Nr. 2 EStG durch das MoPeG keine Änderung (Stöber, GmbHR 2022, 967, 969). Dafür spricht auch die nahezu zeitgleiche Einführung des Optionsmodells nach § 1a KStG. Normative Bezugnahmen auf die Gesamthand (z.B. in § 6 Abs. 5 Satz 3, § 6b Abs. 10 Satz 10, § 7g Abs. 7 Satz 2 EStG) ließen sich „ertragsteuerautonom" auslegen (Schmidt/Wacker, EStG, 43. Aufl., § 15 Rn. 166).

3. Ungeachtet dieses Befunds ist eine gesetzliche Klarstellung der fehlenden steuerrechtlichen Relevanz der mit dem MoPeG einhergehenden Änderungen, etwa in § 39 Abs. 2 Nr. 2 AO, schon früh in Erwägung gezogen worden. Diese sollte möglichst „minimalinvasiv" ausfallen (Röder, DStR 2023, 1085, 1093). So hat Drüen (in Tipke/Kruse, § 39 AO Rn. 80) den „systemkonservierenden" Gesetzgeber ermuntert, über die Absichtsbekundung einer nichtinvasiven Wirkung der Reform für die transparente Besteuerung hinaus aktiv die legislative Affirmation einer spezifisch steuerrechtlichen Gesamthand anzugehen.

4. Vor diesem Hintergrund sah der Entwurf eines Gesetzes zur Stärkung von Wachstumschancen, Investition und Innovation sowie Steuervereinfachung und Steuerfairness (Wachstumschancengesetz, BT-Drs. 20/8628) eine Änderung des § 39 Abs. 2 Nr. 2 AO vor. Das Gesetz ist jedoch bekanntlich im Jahr 2023 nicht mehr zustande gekommen. Daraufhin hat der Gesetzgeber die Ände-

rung des § 39 Abs. 2 Nr. 2 AO in das Gesetz zur Förderung geordneter Kreditzweitmärkte und zur Umsetzung der Richtlinie (EU) 2021/2167 über Kreditdienstleister und Kreditkäufer sowie zur Änderung weiterer finanzrechtlicher Bestimmungen (Kreditzweitmarktförderungsgesetz) vom 22.12.2023 (BGBl I 2023 Nr. 441) aufgenommen. Die zum 01.01.2024 in Kraft getretene Norm lautet nunmehr wie folgt:

„Wirtschaftsgüter, die mehreren zur gesamten Hand **oder einer rechtsfähigen Personengesellschaft zustehen**, werden den Beteiligten **oder Gesellschaftern** anteilig zugerechnet, soweit eine getrennte Zurechnung für die Besteuerung erforderlich ist. **Rechtsfähige Personengesellschaften gelten für Zwecke der Ertragsbesteuerung als Gesamthand und deren Vermögen als Gesamthandsvermögen**."

Die Gesetzesänderung soll verdeutlichen, dass das Gesamthandsprinzip bei der Besteuerung nach dem Einkommen unverändert zu beachten ist. Die Wirtschaftsgüter einer rechtsfähigen Personengesellschaft werden ihren Gesellschaftern – ungeachtet der anders lautenden Zivilrechtslage – weiterhin anteilig zugerechnet, soweit eine getrennte Zurechnung für die Besteuerung von Bedeutung ist. Rechtsfähige Personengesellschaften gelten ertragsteuerlich als Gesamthand, ihr Vermögen wird als Gesamthandsvermögen fingiert (BT-Drs. 200/9782 (neu), Satz 200).

Diese gesetzliche Klarstellung hat gleichermaßen für vermögensverwaltende Personengesellschaft wie auch für Mitunternehmerschaften Bedeutung. Zwar wird § 39 Abs. 2 Nr. 2 AO für die Zuordnung von Gesellschaftsvermögen bei Mitunternehmerschaften von § 15 Abs. 1 Satz 1 Nr. 2 EStG verdrängt. Bedeutsam ist die Legaldefinition aber etwa für Zwecke des § 6 Abs. 5 Satz 3 EStG (vgl. Möhlenbrock/Haubner, FR 2022, 53, 54, Fn. 15). Materielle Änderungen ergeben sich daraus jedoch nicht (Schmidt/Wacker, EStG, 43. Aufl., § 15 Rn. 166).

Die steuerliche Behandlung von Einlagenrückgewähren im internationalen Kontext

Dr. jur. Ingo Oellerich, Richter am Finanzgericht Münster

I. Einführung

Ausschüttungen von Kapitalgesellschaften an ihre Anteilseigner führen grundsätzlich zu Kapitaleinkünften (§ 20 Abs. 1 Nr. 1 Satz 1 EStG). Gleiches gilt für Einnahmen aus Leistungen aus Körperschaften, Personenvereinigungen oder Vermögensmassen (§ 20 Abs. 1 Nr. 9 Satz 1 EStG). Eine Ausnahme besteht bei *unbeschränkt* steuerpflichtigen Kapitalgesellschaften für Kapitalherabsetzungen sowie nach § 20 Abs. 1 Nr. 1 Satz 3 EStG für Einnahmen, soweit sie aus Ausschüttungen einer Körperschaft stammen, für die Beträge aus dem steuerlichen Einlagekonto als verwendet gelten. Was zunächst seitens der Gesellschafter als Eigenkapital in die juristische Person hineingegeben wurde, kann bei seiner Rückgewähr nicht zu steuerpflichtigen Einnahmen führen. Das ist aus der Perspektive der Einkommensteuer als einer Ertragsteuer konsequent und ist ein Grundsatz, der in § 4 Abs. 1 EStG unmissverständlich zum Ausdruck kommt: Die Zu- und Rückführung von Eigenkapital ist ein gesellschaftlich veranlasster Vorgang, der auf die Höhe der Einkommensermittlung keinen Einfluss haben soll.[1]

Der Grundtatbestand in § 27 Abs. 1 KStG knüpft indes an die *unbeschränkte* Steuerpflicht der Kapitalgesellschaft an. § 27 Abs. 7 KStG erweitert dies auf unbeschränkt steuerpflichtige Körperschaften und Personenvereinigungen.[2] Aber auch **im Ausland ansässige Körperschaften und Personenvereinigungen** können Rückzahlungen aus dem Eigenkapital erbringen. Es wäre nicht einsehbar, warum diese im Inland steuerpflichtig sein sollten.

Gleichwohl schien zunächst – ausgehend vom Wortlaut des § 27 KStG – selbst bei in **EU- oder EWR-Staaten** ansässigen Gesellschaften eine steuerfreie Einlagenrückgewähr nicht möglich; erst durch § 27 Abs. 8 KStG i. d. F. des SEStEG[3] (= § 27 Abs. 8 KStG a. F.) schuf der Gesetzgeber Abhilfe, ausdrücklich

---

1 Schnitger/Nordmeier in Schnitger/Fehrenbacher, KStG, 2. Aufl. 2018, § 27 Rz 5.

2 Zum Ausschluss von Vermögensmassen, insbesondere Stiftungen BFH vom 17.5.2023 – I R 42/19, BFHE 280, 487.

3 V. 7.12.2006, BGBl I 2006, 2782.

allerdings zunächst nur für in EU-Mitgliedstaaten unbeschränkt steuerpflichtige Körperschaften und Personenvereinigungen. Hinzu kommt, dass der Gesetzgeber hier eine andere Regelungstechnik wählen musste, da ausländische Steuergesetze ein steuerliches Einlagekonto nicht kennen. Festgestellt wurde daher nach § 27 Abs. 8 KStG a. F. allein die *konkrete Einlagenrückgewähr*, die sich dann auf der Ebene des Anteilseigners steuerfrei auswirkte.

Durch § 27 Abs. 8 KStG a. F. vergrößerte der Gesetzgeber aber eine weitere Baustelle. Die ausdrückliche Regelung schien dafür zu sprechen, dass eine steuerfreie Einlagenrückgewähr von Körperschaften und Personenvereinigungen, die in einem **Drittstaat** unbeschränkt steuerpflichtig sind, nicht zulässig sein sollte. Das rief nicht nur verfassungsrechtliche (Art. 3 Abs. 1 GG), sondern insbesondere unionsrechtliche Bedenken auf den Plan (Art. 63 AEUV). Auch das JStG 2022[4] hat diese Besorgnisse – trotz der Erweiterung auf alle im Inland nicht unbeschränkt steuerpflichtigen Körperschaften und Personenvereinigungen in § 27 Abs. 8 KStG – nicht zerstreuen können, sondern im Gegenteil nur verlagert, denn es hat das Feststellungserfordernis des § 27 Abs. 8 KStG nun auf *alle* nicht im Inland unbeschränkt steuerpflichtigen Kapitalgesellschaften erstreckt. Gerade die Verbindung einer einmaligen, zudem fristgebundenen Feststellung eines punktuellen Ereignisses bei einer ausländischen, im Inland nicht unbeschränkt steuerpflichtigen Gesellschaft führt in der Rechtspraxis zu erheblichen Problemen, die das Erreichen des angestrebten Ziels, der Steuerfreiheit der Einlagenrückgewähr, sehr erschweren.

Im Verlauf des letzten Vierteljahrhunderts bestand ein sich wandelndes komplexes Regelungsgefüge, das bei der praktischen Anwendung bis heute große Schwierigkeiten bereitet. Aber eines möchte ich den folgenden Betrachtungen als Quintessenz bereits vorausschicken: Trotz nicht unerheblicher Unkenrufe führt dies nicht zur Unionsrechtswidrigkeit namentlich des § 27 Abs. 8 KStG.

II. Steuerfreiheit und Anknüpfung an das steuerliche Einlagenkonto

§ 20 Abs. 1 Nr. 1 Satz 3 EStG macht die einkommensteuerliche Steuerfreiheit ausdrücklich davon abhängig, dass es sich um Bezüge handelt, für die Beträge aus dem steuerlichen Einlagekonto als verwendet gelten. Hierbei handelt es sich um eine allein **steuerliche Sonderrechnung** (sodass die Bezeichnung als Konto irreführend erscheint), in der alle nicht in das Nennkapital geleisteten

4 V. 16.12.2022, BGBl I 2022, 2294.

Einlagen erfasst werden, die sich bilanziell sonst nicht ausdrücklich niederschlagen. Folge des Charakters als rein steuerliche Sonderrechnung ist, dass die Entwicklung des Kontos nicht bilanziellen, sondern allein steuerrechtlichen Grundsätzen folgt; insbesondere gilt hier das Zu- und Abflussprinzip,[5] sodass eine Erhöhung der Kapitalrücklage nicht mit einer Erhöhung des steuerlichen Einlagekontos einhergehen muss.

Die steuerliche Sonderrechnung erfolgt auf der Ebene der Kapitalgesellschaft, nicht aber auf der des *jeweiligen* Anteilseigners, was zur Folge hat, dass sich die Einlage einerseits und die Rückgewähr andererseits bei unterschiedlichen Anteilseignern und in unterschiedlicher Quote auswirken können.[6] Während ggf. ein Anteilseigner allein die Einlage leistet, nimmt er nur quotal, möglicherweise auch gar nicht an der Rückgewähr teil. Das ist Ausdruck des körperschaftsteuerlichen Trennungsprinzips, nach dem Aspekte der Anteilseigner für die körperschaftsteuerliche Beurteilung keine Rolle spielen. Da das steuerliche Einlagekonto seine eigentliche materielle Bedeutung aber auf der einkommensteuerlichen Ebene des Anteilseigners entfaltet, mag dies bei unbefangener Sicht überraschen.

Die sichere und einheitliche Ableitung der verwendbaren Beträge wird durch die gesonderte Feststellung auf der Ebene der Kapitalgesellschaft nach § 27 Abs. 2 Satz 1 KStG gewährleistet. Sie dient damit dem rechtsstaatlichen Grundsatz der **Rechtssicherheit** einerseits und ist andererseits aus Gründen der **Verwaltungsvereinfachung** gerechtfertigt.[7] Das kann aber nicht darüber hinwegtäuschen, dass das eigentliche Interesse an einer zutreffenden Feststellung allein bei den Anteilseignern liegt, die einkommensteuerlich in den Genuss steuerfreier Kapitalerträge kommen wollen. Körperschaftsteuerrechtlich stellt die Feststellung daher einen Fremdkörper dar. Die Notwendigkeit einer fortlaufenden gesonderten Feststellung der Entwicklung des steuerlichen Einlagekontos führt zudem in der Praxis nicht selten zu erheblichen Problemen. „Vergessene“ Beträge können nicht in einem späteren Jahr nachgeholt werden. Entsprechende Gerichtsverfahren, in denen Kapitalgesellschaften deshalb eine Korrektur der Feststellung, häufig gestützt auf § 129 Satz 1 AO, begehrt haben, sind inzwischen Legion.[8]

---

5 Oellerich in Brandis / Heuermann, § 27 KStG Rz 16.

6 Oellerich in Brandis / Heuermann, § 27 KStG Rz 16a.

7 Bauschatz in Gosch, KStG, 4. Aufl. 2020, § 27 Rz 67; Pohl in Micker / Pohl, BeckOK KStG, § 27 Rz 253.

8 Bspw. BFH-Urteile vom 8.12.2021 – I R 47/18, BFHE 275, 293, BStBl II 2022, 827, und vom 22.10.2024 – VIII R 33/21, BFH/NV 2025, 145; FG Münster, Urteile vom 25.2.2014 – 9 K 840/12 K, F EFG 2014, 1155 [nachgehend BFH-Beschluss vom 9.12.2014 – I B 48/14, BFH/NV

III. Steuerfreiheit bei im Ausland unbeschränkt steuerpflichtigen Körperschaften und Personenvereinigungen

1. Erweiterung der Steuerfreiheit durch § 27 Abs. 8 KStG a. F.

Bei allein im Ausland unbeschränkt steuerpflichtigen Körperschaften und Personenvereinigungen gibt es indes kein steuerliches Einlagekonto. Es handelt sich insoweit um eine **deutsche Spezialität**, die im Ausland keine Entsprechung hat; insbesondere erfolgt auch keine fortlaufende gesonderte Feststellung, an die das deutsche FA anknüpfen könnte. Um gleichwohl eine steuerfreie Einlagenrückgewähr gewährleisten zu können, sieht § 27 Abs. 8 KStG a. F. mit Wirkung vom VZ 2006 eine andere Lösung vor.

Eine Einlagenrückgewähr sollte hiernach auch durch Körperschaften oder Personenvereinigungen erbracht werden können, die in **einem anderen Mitgliedstaat der EU** der unbeschränkten Steuerpflicht unterliegen und Leistungen i. S. d. § 20 Abs. 1 Nr. 1 oder 9 EStG gewähren können (§ 27 Abs. 8 Satz 1 KStG a. F.). Diese Regelungstechnik ist schon deshalb wenig gelungen, weil die Steuerfreiheit für den Anteilseigner in § 20 Abs. 1 Nr. 1 Satz 3 EStG geregelt ist und dieser von seinem Wortlaut daran anknüpft, dass Beträge aus dem steuerlichen Einlagekonto als verwendet gelten. Wie zuvor gesehen gibt es das aber bei den betroffenen Körperschaften und Personenvereinigungen nicht. Helfen mag man sich mit der Erwägung, dass zur Bemessung der konkreten Einlagenrückgewähr auch der Bestand des steuerlichen Einlagekontos fiktiv zu entwickeln ist (der aber nicht festgestellt wird). Auch § 27 Abs. 8 Satz 9 KStG geht erkennbar davon aus, dass eine Friktion mit § 20 Abs. 1 Nr. 1 Satz 3 EStG nicht besteht, weil die Einlagenrückgewähr als steuerbare Gewinnausschüttung gilt, wenn sie nicht als Einlagenrückgewähr auf der Ebene der Körperschaft oder Personenvereinigung festgestellt worden ist. Elegant ist die Regelungstechnik des Gesetzgebers gleichwohl nicht.

2015, 472], vom 2.4.2014 – 9 K 2089/13 F, BeckRS 2014, 95766, rkr., vom 13.10.2017 – 13 K 1204/17 F, EFG 2018, 15 [m. Anm. Schmitz-Herscheidt, nachgehend BFH-Beschluss vom 7.3.2018 – I B 129/17, n. v.], vom 8.11.2017 – 9 K 689/17 F, EFG 2018, 396 [m. Anm. Oellerich], rkr.; FG München, Urteile vom 14.12.2015 – 7 K 1250/14, BeckRS 2015, 96196, rkr., vom 14.12.2015 – 7 K 2772/14, DStRE 2017, 103, rkr., vom 25.4.2016 – 7 K 2616/15, BeckRS 2016, 95389, rkr., vom 25.9.2017 – 7 K 2461/16, DStRE 2019, 51, rkr.; und vom 26.2.2018 – 7 K 3119/16, EFG 2018, 908 [m. Anm. Forchhammer], rkr.; FG Hamburg, Urteil vom 10.10.2016 – 6 K 85/15, BeckRS 2017, 94058, rkr.; FG Thüringen, Urteil vom 18.10.2017 – 3 K 127/17, EFG 2018, 903 [m. Anm. Leist], rkr.; Hessisches FG, Urteil vom 15.6.2018 – 4 K 1844/16, BeckRS 2018, 42797, rkr.

§ 27 Abs. 8 Satz 1 KStG a. F. war aber auch deshalb wenig geglückt, weil er einen klassischen Begünstigungsausschluss enthielt; denn in der bis zum JStG 2022 geltenden Fassung erfasste § 27 Abs. 8 KStG bei wörtlicher Auslegung allein *im EU-Ausland* unbeschränkt steuerpflichtige Körperschaften und Personenvereinigungen. Damit waren in EWR-Staaten ansässige Gesellschaften vom Wortlaut nicht erfasst, obwohl die Grundfreiheiten auch für sie anwendbar sind (vgl. Art. 31 EWR-Abkommen:[9] Niederlassungsrecht, Art. 40 EWR-Abkommen: Kapitalverkehr). Im Wege einer entsprechenden Anwendung – wobei die genaue Ableitung unterschiedlich bewertet wurde und dogmatisch keineswegs zweifelsfrei war[10] – wendeten BMF[11] und die h. M. in der Literatur[12] § 27 Abs. 8 KStG auch auf **im EWR-Ausland unbeschränkt steuerpflichtige Körperschaften und Personenvereinigungen** an. Körperschaften und Personenvereinigungen aus Drittstaaten waren unstreitig anfangs jedoch nicht erfasst; Abhilfe schuf insoweit erst das JStG 2022 für Leistungen und Nennkapitalrückzahlungen ab dem 1.1.2023 (§ 34 Abs. 10 KStG i. d. F. des JStG 2022). Umstritten war zudem, ob – aufgrund der unionsrechtlichen Bedenken – die Grundsätze nach Abs. 8 auch bereits für VZ vor 2006 anwendbar sein sollten.[13] Dieses Problem dürfte sich jedoch aufgrund Zeitablaufs inzwischen erledigt haben.

2. Voraussetzungen und Rechtsfolge des § 27 Abs. 8 KStG a. F. (bis einschließlich 2022)

a) Grundsätzliches

Die Einlagenrückgewähr war in entsprechender **Anwendung der Abs. 1 bis 6 des § 27 KStG und der §§ 28 f. KStG** zu ermitteln. Der dann als Einlagenrückgewähr festzustellende Betrag wird auf befristeten Antrag der Körperschaft oder Personenvereinigung gesondert festgestellt (§ 27 Abs. 8 Satz 3 und 4 KStG a. F.). Insoweit liegen quotal verteilt keine Kapitaleinkünfte bei den Anteilseignern vor. Soweit eine gesonderte Feststellung unterbleibt, gelten die

9 Abkommen über den Europäischen Wirtschaftsraum, ABl. 1994, Nr. L 1/3.

10 Gegen diese Lösung Binnewies / Stenert, AG 2017, 422, 423.

11 BMF vom 4.4.2016, BStBl I 2016, 468.

12 Berninghaus in Herrmann / Heuer / Raupach, § 27 KStG Rz 160; Bauschatz in Gosch, KStG, 4. Aufl. 2020, § 27 Rz 136; Oellerich in Brandis / Heuermann, § 27 KStG Rz 80.

13 Hierzu Bauschatz in Gosch, KStG, 4. Aufl. 2020, § 27 Rz 135; Oellerich in Brandis / Heuermann, § 27 KStG Rz 80.

Leistungen *unwiderlegbar* als steuerpflichtige Gewinnausschüttung (§ 27 Abs. 8 Satz 9 KStG a.F.).

b) Ermittlung der Einlagenrückgewähr

Die Ermittlung der konkreten Einlagenrückgewähr folgt denselben Maßgaben wie die Regelungen zur Entwicklung des steuerlichen Einlagekontos. Bei der Ermittlung des EK und der auf dem fiktiv gebildeten und fortzuführenden steuerlichen Einlagekonto gespeicherten Einlagen gelten **inländische steuerrechtliche Grundsätze**. Dies macht ggf. auch eine Überleitungsrechnung analog § 60 Abs. 2 EStDV notwendig, denn der Gesetzgeber wollte eine Verifizierung des ausländischen Handelsrechts gerade vermeiden.[14] Andererseits lässt sich nicht verhehlen, dass gerade diese „Schattenbilanzierung" nach inländischem Recht eine enorme Hürde für die Anwendung des § 27 Abs. 8 KStG a.F. darstellt.[15]

Das BZSt[16] verlangt bei der Antragstellung der Körperschaft/Personengesellschaft derzeit folgende Unterlagen:

- Angaben über die beschränkte Körperschaftsteuerpflicht des Antragstellers in Deutschland;
- **Angabe über Vermögen und Tätigkeiten in Deutschland** zur Prüfung der Zuständigkeit nach § 27 Abs. 8 Sätze 5 und 6 KStG;
- aktueller **Handelsregisterauszug**;
- eine **Firmenübersicht**, aus der sich ergibt, wie die einzelnen Firmen entstanden und miteinander verbunden sind. Aus der Übersicht muss erkennbar sein, wie lange die einzelnen Firmen bestanden haben (z.B. in Form eines Organigramms);
- **Höhe des Anteils des inländischen Anteilseigners**;
- ggf. **Vertretungsvollmacht** nach § 80 AO und Empfangsvollmacht;
- **eigene Entwicklung der verschiedenen Bestandteile des Eigenkapitals** ab dem Zeitpunkt, ab dem Einlagen erbracht wurden, deren Rückzahlung geltend gemacht wird, frühestens seit dem 1.1.1977;
- eine **Ermittlung der Einlagenrückgewähr**;
- **Jahresabschlüsse mit Überleitungsrechnungen** ins deutsche Steuerrecht in analoger Anwendung des § 60 EStDV für den Zeitraum, ab dem Einlagen erbracht wurden, deren Rückzahlung geltend gemacht wird, frühestens seit dem 1.1.2006;

---

14 Berninghaus in Herrmann/Heuer/Raupach, § 27 KStG Rz 165.

15 Zutreffend Berninghaus in Herrmann/Heuer/Raupach, § 27 KStG Rz 165.

16 PDF-Datei „Unterlagenkatalog" abrufbar unter https://www.bzst.de/DE/Unternehmen/Kapitalertraege/Einlagenrueckgewaehr/einlagenrueckgewaehr_node.html#js-toc-entry1.

- **Beschlüsse und Nachweise** über die tatsächliche Durchführung von
  - **Einlagen**, deren Rückzahlung geltend gemacht wird, frühestens seit dem 1.1.1977;
  - **Leistungen** für den beantragten Veranlagungszeitraum;
  - **Veränderungen des Nennkapitals** für den Zeitraum, ab dem Einlagen erbracht wurden, deren Rückzahlung geltend gemacht wird, frühestens seit dem 1.1.1977;
  - **Umwandlungen** in dem Zeitraum, ab dem Einlagen erbracht wurden, deren Rückzahlung geltend gemacht wird, frühestens seit dem 1.1.1977.

Die Höhe und die tatsächliche Durchführung der Bareinlagen und Barleistungen sind nach Auffassung des BZSt durch die **Vorlage von Kontoauszügen** (Bankbelege, aus welchen Zahlungsleistender und Zahlungsempfänger ersichtlich sind) nachzuweisen.

Der Antrag war nach § 27 Abs. 8 Satz 4 KStG a. F. nach **amtlich vorgeschriebenem Vordruck** bis zum Ende des Kalenderjahres zu stellen, das auf das Kalenderjahr folgt, in dem die Leistung erfolgt ist. Diese Frist hat der Gesetzgeber durch das JStG 2022 modifiziert und nicht unerheblich verkürzt: Nunmehr ist der Antrag nämlich nach amtlich vorgeschriebenem Vordruck bis zum Ende des zwölften Monats zu stellen, der auf das *Ende des Wirtschaftsjahres* folgt, in dem die Leistung erfolgt ist. Hierdurch sollte dem angeblichen Problem einer tatsächlichen Ballung von Anträgen begegnet werden.[17] Anzubringen ist der Antrag schließlich bei dem nach § 20 AO zuständigen FA bzw. dem BZSt, wenn für die Körperschaft / Personenvereinigung im Zeitpunkt der Antragstellung kein FA im Inland zuständig ist (§ 27 Abs. 8 Satz 5 und 6 KStG).

Gelingt der Körperschaft / Personenvereinigung der Nachweis, wird die konkrete Einlagenrückgewähr **gesondert festgestellt**. Ggf. kann auch nur die anteilige Leistung an einen inländischen Anteilseigner gesondert festgestellt werden.[18] Grundsätzlich betrifft die gesonderte Feststellung aber die gesamte Einlagenrückgewähr, weil die Feststellung auf der Ebene der Körperschaft bzw. Personenvereinigung erfolgt; in der Regel muss der festgestellte Betrag daher noch auf die konkrete Beteiligung heruntergebrochen werden. Diese gesonderte Feststellung ist zugleich materielle Voraussetzung für die Einkommensteuerfreiheit der Einlagenrückgewähr; andernfalls gilt § 27 Abs. 8 Satz 9 KStG (unwiderlegbare Fiktion als Gewinnausschüttung).

---

17 BTDrucks. 20/4229, 17.

18 Schnitger / Nordmeyer in Schnitger / Fehrenbacher, KStG, 2. Aufl. 2018, § 27 Rz 342.

3. Kritik an der Rechtslage bis einschließlich 2022

Wie im reinen Inlandsfall knüpfte der Gesetzgeber auch bei im EU-Ausland steuerpflichtigen Körperschaften und Personenvereinigungen an eine gesonderte Feststellung an; anders als im Inlandsfall handelt es sich allerdings nicht um eine fortlaufende Feststellung der Entwicklung des Einlagekontos, sondern allein um eine Feststellung des **punktuellen Ereignisses** (der konkreten Einlagenrückgewähr).

Hier kommt es also nicht auf eine Feststellung des Bestandes des steuerlichen Einlagekontos über eine Vielzahl von Jahren an. Der Vorteil ist, dass sich vergessene und nicht festgestellte Einlagen hier nicht ergeben können; das steuerliche Einlagekonto ist nach rein materiellen Gesichtspunkten fiktiv bis zum Zeitpunkt der Einlagenrückgewähr durchzuentwickeln. Genau darin liegt aber zugleich ein Nachteil. Die gesonderte Feststellung dient im Inlandsfall der Herstellung der **Rechtssicherheit und der Verwaltungsvereinfachung, die hier nun beide fehlen**, weil ein langjähriger Zeitraum fiktiv fortzuentwickeln ist, und dies angesichts eines grenzübeschreitenden Sachverhalts, in dem die Steuerberatung der ausländischen Körperschaft / Personenvereinigung das deutsche Steuerrecht ggf. nur unzureichend kennt und umgekehrt das FA und ein ggf. hinzugezogener inländischer Berater nur unzureichend das ausländische Gesellschafts- und Steuerrecht. Namentlich die geforderte Überleitungsrechnung wird in der Praxis große Schwierigkeiten bereiten. Massenverwaltungstauglich erscheint all das nicht; ist allerdings Folge des Willens des Gesetzgebers eine Gleichbehandlung des grenzüberschreitenden Sachverhalts mit dem ausländischen Sachverhalt herzustellen und daher nur insoweit eine Steuerfreiheit erlauben zu wollen, wie sie auch in einem reinen Inlandsfall gewährt würde.

Einlagen und Rückgewähren müssen seit Bestehen der Körperschaft nachvollzogen werden, was allerdings aus Sicht der Literatur und auch der Verwaltung zu erheblichen – und bedenklichen – Schwierigkeiten führt. In der Literatur wird deshalb versucht, **Erleichterungen für die antragstellende Körperschaft zu finden**, ohne das Verifikationsinteresse zu beeinträchtigen. Bspw. wird vorgeschlagen, zu einem bestimmten Zeitpunkt in der Vergangenheit sämtliche neben dem Nennkapital stehende Eigenkapitalanteile dem ausschüttbaren Gewinn zuzuordnen und anschließend mit der Fortentwicklung des steuerlichen Einlagekontos anzusetzen.[19] Ähnlich scheint auch das BZSt

19 In diesem Sinne Bauschatz in Gosch, KStG, 4. Aufl. 2020, § 27 Rz 144; Berninghaus in Herrmann / Heuer / Raupach, § 27 KStG Rz 170.

keine Bedenken zu haben, zu einem bestimmten Zeitpunkt mit der Entwicklung des steuerlichen Einlagekontos zu beginnen, in dem die Erbringung von Einlagen feststeht, die nicht an die Gesellschafter zurückgegangen sind.[20] Das sind alles Behelfslösungen, die dem Gesetz eigentlich nicht entsprechen. Komplikationen entstehen zudem, wenn das Wirtschaftsjahr nicht dem Kalenderjahr entspricht, weil § 27 Abs. 8 Satz 3 KStG auf Letzteres – nämlich den VZ – abstellt.[21] Um den hier drohenden Problemen zu entgehen, akzeptiert die FinVerw eine wirtschaftsjahrbezogene Antragstellung, die das Gesetz eigentlich nicht kennt.

Hinzu kommen die **hohen Nachweisanforderungen durch das BZSt.**[22] Diese sind allerdings bei Licht betrachtet, gesetzlich nicht in jedem Fall gefordert;[23] des in der Literatur bedachten Auswegs, ggf. einen Billigkeitserweis beantragen zu müssen, wenn in überschaubaren Fällen der Nachweiskatalog nicht in toto erfüllt wird,[24] bedarf es daher nicht.

Zudem darf nicht übersehen werden, dass die aufwendige gesonderte Feststellung allein zugunsten ggf. nur weniger inländischer Anteilseigner durchgeführt werden soll. Diese sind auf den **Antrag der Körperschaft/Personenvereinigung** angewiesen und dies auch noch innerhalb einer Jahresfrist. Gerade bei großen ausländischen Kapitalgesellschaften, bei denen inländische Anteilseigner allein Streubesitzanteile halten, haben diese kaum eine Möglichkeit auf die Gesellschaft einzuwirken, im Inland die gesonderte Feststellung durchführen zu lassen. Für die Anteilseigner gilt – wenn der Antrag nicht erfolgt – die **unwiderlegbare Fiktion** des § 27 Abs. 8 Satz 9 KStG.

Zwar darf nicht verkannt werden, dass auch die Feststellung des steuerlichen Einlagekontos auf der Ebene der Körperschaft erfolgt und bei großen juristischen Personen die einzelnen Anteilseigner kaum effektiv Einfluss auf eine zutreffende Feststellung oder ggf. notwendige Berichtigung der Feststellung nehmen können. Allerdings wird dieses Problem bei grenzüberschreitenden Sachverhalten, zumal wenn an einem globalen Konzern nur zu einem Bruchteil inländische Anteilseigner beteiligt sind, noch um Einiges potenziert, weil die ausländische juristische Person selbst kaum Interesse aufbringen wird, ggf. für einige in Deutschland unbeschränkt steuerpflichtige Anteilseigner eine kostenintensive gesonderte Feststellung durchführen zu lassen.

---

20 Vgl. Stimpel in Rödder/Herlinghaus/Neumann, KStG, 2. Aufl. 2023, § 27 Rz 231.

21 Stimpel in Herlinghaus/Rödder/Neumann, KStG, 2. Aufl. 2023, § 27 Rz 234.

22 Schnitger/Nordmeyer in Schnitger/Fehrenbacher, KStG, 2. Aufl. 2018, § 27 Rz 353.

23 Zutreffend Mössner in Mössner/Oellerich/Valta, KStG, 5. Aufl. 2021, § 27 Rz 273.

24 In diesem Sinne Schnitger/Nordmeyer in Schnitger/Fehrenbacher, KStG, 2. Aufl. 2018, § 27 Rz 355.

4. Drittstaatensachverhalte bis einschließlich VZ 2022

Obwohl für Anteilseigner einer EU-ausländischen Körperschaft oder Personenvereinigung somit ein rauer Wind weht, war der Wellengang für Anteilseigner einer Drittstaatenkörperschaft zunächst noch erheblich schwerer. Hier schien die Systematik des § 27 Abs. 1 und 8 KStG a.F. nämlich dafür zu sprechen, dass gar keine steuerfreie Einlagenrückgewähr möglich war und immer eine steuerbare Einlagerückgewähr vorlag. Da einschlägige Grundfreiheit die Kapitalverkehrsfreiheit nach Art. 63 AEUV war, konnte dies freilich nicht das endgültige Ergebnis sein, denn diese ist als einzige Grundfreiheit des AEUV auch in Drittstaatensachverhalten anwendbar.[25]

So ging auch der BFH von einer Verletzung der Kapitalverkehrsfreiheit aus, weil es allein im Drittstaatenfall bei der Kapitalrückzahlung zu Substanzbesteuerungen auf Ebene des inländischen Anteilseigners und damit zu einem Verstoß gegen die Besteuerung nach der Leistungsfähigkeit komme. Insoweit war es für einen solchen Anteilseigner weniger attraktiv, in eine Drittstaatenkörperschaft zu investieren. Dies, so der BFH, könne auch nicht gerechtfertigt werden. Insbesondere sei der Anwendungsbereich von § 27 Abs. 8 KStG a.F. für EU-Gesellschaften – trotz Nachweisschwierigkeiten – grundsätzlich eröffnet, und es ergebe sich aus der Auskunftsklausel im – streitgegenständlichen DBA Deutschland-USA – eine ausreichende Kontrollmöglichkeit für das inländische FA, die Angaben des Stpfl. zu den Voraussetzungen des Vorliegens einer nicht steuerbaren Einlagenrückgewähr zu überprüfen.[26]

Interessant war, dass der BFH keinerlei Anlass sah, die Rechtsfrage dem EuGH vorzulegen, zumal er in der Rechtsfolge aus der Verletzung der Grundfreiheit schloss, abweichend von § 27 Abs. 8 KStG einen **individuellen Nachweis der steuerfreien Einlagenrückgewähr durch den Anteilseigner** vorzusehen; eine (analoge) Anwendung des § 27 Abs. 8 KStG, die in der Sache auf die bloße Beseitigung des diskriminierenden Merkmals und damit auf eine Erweiterung des sachlichen Anwendungsbereichs des § 27 Abs. 8 KStG hinausgelaufen wäre, lehnte der BFH jedenfalls ausdrücklich ab.[27]

In der Sache ist dem BFH freilich dahingehend zu folgen, dass unter der Geltung des alten § 27 Abs. 8 KStG a.F. eine Verletzung der Kapitalverkehrsfreiheit vorlag. Seine Lösung auf der Rechtsfolgenebene ist allerdings bemerkenswert. Unionsrecht genießt Anwendungsvorrang. Das bedeutet, unions-

---

25 EuGH v. 18.6.2020 – C-78/18, Europäische Kommission/Ungarn, Rz 52.

26 BFH 13.7.2016 – VIII R 47/13, BFHE 254, 390, BStBl II 2022, 263.

27 BFH 13.7.2016 – VIII R 47/13, BFHE 254, 390, BStBl II 2022, 263.

rechtliche Vorgaben verdrängen in ihrer Tragweite entgegenstehendes nationales Recht und hindern den Erlass neuen nationalen Rechts, das dem Unionsrecht widerspricht (Sperrwirkung). Mitgliedstaatliche Stellen haben hiernach im Umfang der Kollision mit dem Unionsrecht eine Verwerfungsbefugnis.[28] Wenn man daher zunächst einmal allein den Begünstigungsausschluss als unionsrechtlich problematisch betrachtet hätte, zumal der BFH gerade den § 27 Abs. 8 KStG a. F. in seine Betrachtung einbezieht, so hätte es auf den ersten Blick nahe gelegen, nicht einen individuellen Nachweis seitens des Anteilseigners vorzusehen, sondern allein das diskriminierende Merkmal „in einem Mitgliedstaat der Europäischen Union" außer Anwendung zu lassen (insoweit). Für eine Privilegierung des Anlegers in eine Drittstaatengesellschaft jenseits des § 27 Abs. 8 Satz 9 KStG a. F. hätte dann keinerlei Anlass bestanden. Schon diese Rechtsprechung deutete also verdeckt an, dass der BFH viel erheblichere Bedenken gegen § 27 Abs. 8 KStG a. F. selbst hegen musste.

Bereits nach den ersten Entscheidungen des BFH zu den Drittstaatenfällen wurde in der Literatur zu Recht noch ein weiteres Problem aufgegriffen,[29] das bislang nicht rechtssicher gelöst worden ist: Wie nämlich ist denn dann der Nachweis zu führen? Der BFH hat insoweit erläutert, dass die Nachweisobliegenheit und das Nachweisrisiko beim Steuerpflichtigen liege.[30] Das ist klar, weil es sich um einen für den Steuerpflichtigen günstigen Umstand handelt. Nach allgemeinen Grundsätzen kann dies im Ergebnis aber allein eine *objektive* Feststellungslast bedeuten. Klar ist auch, dass nicht die erschwerten Darlegungs- und Feststellungsanforderungen des § 27 Abs. 8 KStG gelten,[31] weil dieser insgesamt nicht anwendbar sein soll. Allerdings muss der Stpfl. als Anteilseigner schon eine Einlagenrückgewähr geltend machen können. Dafür muss er nicht nur wissen, dass es dem Grunde nach zu einer Einlagenrückgewähr gekommen ist. Im Idealfall muss er auch angeben können, wie hoch der auf ihn entfallende Betrag ist. In der Literatur wird daher empfohlen, besondere Sorgfalt auf eine **Nachweisdokumentation** zu legen.[32] Was darunter genau zu verstehen sein soll und wie der Stpfl. an die hierfür notwendigen Informationen gelangen soll, bleibt indes im Unklaren.

---

28 Streinz in Streinz, 3. Aufl. 2018, Art. 4 AEUV Rz 39.

29 Arjes/Foddanu, DB 2017, 688, 691.

30 BFH 13.7.2016 – VIII R 73/13, BFHE 254, 404, BStBl II 2022, 271 Rz 19.

31 Schaflitzl/Laschewski, BB 2016, 3095, 3098.

32 Arjes/Foddanu, DB 2017, 688, 691.

Im Kern gibt diese Rspr. dem Stpfl. **Steine statt Brot**: Es muss weiterhin der volle Nachweis über die Höhe der Einlagenrückgewähr geführt werden. Das BMF hat jüngst versucht, sich dem durch folgende Grundsätze zu nähern:[33]

Bei einer **Nennkapitalrückzahlung** gelten hiernach die Grundsätze nach § 7 Abs. 2 des Gesetzes über steuerrechtliche Maßnahmen bei Erhöhung des Nennkapitals aus Gesellschaftsmitteln (KapErhStG). Das tatsächliche Vorliegen einer Nennkapitalrückzahlung sei durch geeignete Unterlagen, insbesondere den Beschluss über die Herabsetzung und die Rückzahlung, nachzuweisen.

Hinsichtlich einer Einlagenrückgewähr ist interessant, dass das BZSt auf eine Überleitungsrechnung analog § 60 Abs. 2 EStDV verzichten will, was gegenüber dem EU-Sachverhalt tatsächlich zu einer Erleichterung führen würde. Allerdings seien auch weiterhin folgende Unterlagen in deutscher Sprache einzureichen:

- **Nachweis über die unbeschränkte Steuerpflicht** der ausschüttenden Körperschaft oder Personenvereinigung in einem Drittstaat für den beantragten Zeitraum,
- **Höhe der Beteiligung** des inländischen Anteilseigners,
- Beschlüsse und Nachweise über die **geleistete Ausschüttung**,
- **ausländische Bilanz** der die Leistung erbringenden Gesellschaft.

Da die rechtliche Herleitung der Möglichkeit der Einlagenrückgewähr für Drittstaatengesellschaften auf der Vermeidung einer ansonsten gegebenen Diskriminierung der Anteilseigner ausländischer Kapitalgesellschaftsanteile beruht, bestimmt sich sodann die **Verwendungsreihenfolge** der ausgeschütteten Beträge – in Fortentwicklung der bisherigen Rechtsprechung – nach den Grundsätzen der Verwendungsfiktion des § 27 Abs. 1 Satz 3 und 5 KStG. Nur dieses Rechtsverständnis stellt sicher, dass die Gesellschafter von Drittstaatengesellschaften nicht schlechter, aber auch nicht besser behandelt werden als die Gesellschafter von inländischen oder von EU-ausländischen Gesellschaften.[34]

Damit muss aber auch der Steuerpflichtige nunmehr die **Höhe des ausschüttbaren Gewinns** (§ 27 Abs. 1 Satz 5 KStG) und damit **im Ergebnis der Einlagenrückgewähr nachweisen**. Auch hierfür ist die Fortentwicklung eines fiktiven steuerlichen Einlagekontos notwendig, dessen Bestand im Ausland allerdings von der juristischen Person schon zu keinem Zeitpunkt festgehalten worden ist. Er wird diese Daten selbst auch kaum exakt ermitteln können. Aus

33 BMF v. 21.4.2022, BStBl I 2022, 647.

34 BFH v. 10.4.2019 – I R 15/16, BFHE 265, 56, BStBl II 2022, 266.

allgemein zugänglichen Quellen werden sich ihm die notwendigen Daten nicht vollständig erschließen lassen. In vielen Fällen wird die Körperschaft oder Personenvereinigung kaum Interesse zeigen, den Steuerpflichtigen bei seiner Sachverhaltsermittlung zu unterstützen, zumal wenig Kenntnis und Verständnis der einschlägigen Maßgaben des deutschen Steuerrechts vorhanden sein werden, um den Steuerpflichtigen hier ohne weitere sachkundige Hilfe unterstützen zu können.

Selbst wenn es nun freilich keine subjektive Darlegungslast des Steuerpflichtigen geben mag und das FA den Sachverhalt nach § 88 Abs. 1 Satz 1 AO von Amts wegen ermittelt, wird es ebenso schnell an seine Grenzen stoßen, denn eigene Ermittlungen im Ausland sind ihm nicht möglich. Der „Schwarze Peter" kann auch nicht dem Steuerpflichtigen über § 90 Abs. 2 AO zugewiesen werden, der trotz Vorliegens eines Auslandssachverhalts den Sachverhalt nicht aufgeklärt und die notwendigen Beweismittel beschafft habe. Dieses „Schwert" wäre nur scharf, wenn die Erfüllung der Pflicht, die dem Steuerpflichtigen auferlegt werden soll, möglich, zumutbar und verhältnismäßig ist.[35] Das wird jedenfalls bei „kleinen" Anteilseignern häufig nicht der Fall sein.

Zwar sehen DBA regelmäßig Auskunftsklauseln entsprechend Art. 26 OECD-MA vor, die die Möglichkeit geben, über die ausländische Finanzverwaltung Informationen einzuholen. Dies kann jedoch nicht durch jedes FA geschehen, das gerade einen Fall zur Einlagenrückgewähr prüft. Vielmehr erfolgt die Amtshilfe über das BZSt[36], dem diese Befugnis gemäß § 5 Abs. 1 Nr. 5 FVG anstelle des eigentlich zuständigen BMF delegiert worden ist. Der ausländische Vertragsstaat wird ebenfalls eine entsprechende zentrale Behörde haben, an die das Auskunftsersuchen zu richten ist. Zwar mag diese dann in ihrem Staat die in Deutschland benötigten Informationen sammeln können. Da diese Informationen aber mit Blick auf das deutsche Steuerrecht zu sammeln sind, wird die ausländische Behörde dies ausgesprochen fordern. Offen und sicherlich von Land zu Land unterschiedlich ist, wie lange es dauert, bis die Informationen zurück nach Deutschland gelangen und wie aussagekräftig und hinreichend sie im Hinblick auf die zu beantwortende Frage sind. Dieses „Stille-Post-Prinzip" unter Einbindung einer zusätzlichen ausländischen Verwaltungsstelle macht die Informationsgewinnung deutlich schwieriger, als wenn die inländische Behörde direkt mit der ausländischen juristischen Per-

---

35 Statt aller Schönfeld/Erdem in Flick/Wassermeyer/Baumhoff/Schönfeld, § 90 Abs. 2 AO Rz 631.

36 Schreiben betr. Aufgaben des Bundeszentralamtes für Steuern gemäß § 5 Absatz 1 Nr. 5 Finanzverwaltungsgesetz v. 20.6.2011, BStBl I 2011, 674.

son zur Ermittlung des Sachverhalts in Kontakt stehen würde, wie dies in den Fällen des § 27 Abs. 8 KStG der Fall ist.

Andererseits ist das zentral gesteuerte Auskunftsersuchen jedenfalls eine Möglichkeit, divergierende Ergebnisse bei den einzelnen im Inland ansässigen Anteilseignern zu vermeiden. Massenfalltauglich dürfte dieses schwerfällige Verfahren gleichwohl nicht sein.

5. Rückkoppelungen der Drittstaatenrechtsprechung für EU-Sachverhalte

In seiner jüngeren Rechtsprechung hat der BFH seine „Besserstellung" von Drittstaatenfällen dadurch wieder eingefangen, dass er nunmehr zu erkennen gibt, dass er das Erfordernis einer gesonderten Feststellung und einer unvermeidbaren Steuerpflicht von Einlagenrückgewähren bei Nichtfeststellung (§ 27 Abs. 8 Satz 9 KStG) seinerseits für unionsrechtswidrig halten könnte. In mehreren Fällen, in denen eine gesonderte Feststellung nicht vorlag und deshalb § 27 Abs. 8 Satz 9 KStG anwendbar war, hat er die Sache an die FG zur Aufklärung der Einlagenrückgewähr zurückverwiesen.[37] Im Gegensatz zu einer kurz vorher gefällten Entscheidung[38] hielt der BFH diese Aufklärung für geboten, weil er in den Fällen offenbar **konkrete Anhaltspunkte für die Möglichkeit einer Einlagenrückgewähr** sah.

Das führt für die FG in den zurückverwiesenen Fällen nun zu der Notwendigkeit, die Einlagenrückgewähr dem Grunde und der Höhe nach zu ermitteln. Es stellen sich hier **dieselben Schwierigkeiten**, wie sie soeben für die Drittstaatenfälle angesprochen worden sind. Auch hier ist das Gericht verpflichtet, nach § 76 Abs. 1 Satz 1 FGO von Amts wegen den Sachverhalt zu erforschen, und muss sich fragen, wie es dies bewerkstelligen soll. Möglicherweise hilft auch hier nur ein Auskunftsersuchen, um im Ausland den Sachverhalt aufklären zu lassen. Prozessual denkbar wäre auch, dem Grunde nach das Vorliegen einer Einlagenrückgewähr zu prüfen, ohne deren Höhe auf den letzten Cent zu klären, um den EuGH klären zu lassen, ob § 27 Abs. 8 Satz 9 KStG tatsächlich unionsrechtswidrig ist.

---

37 BFH v. 4.5.2021 – VIII R 17/18, BFH/NV 2021, 1579; v. 4.5.2021 – VIII R 14/20, BFH/NV 2021, 1675.

38 BFH v. 27.10.2020 – VIII R 18/17, BFHE 270, 494, BStBl II 2022, 524.

6. Erweiterung des § 27 Abs. 8 KStG durch das JStG 2022

Angesichts dieser ausdifferenzierten Rechtslage war ein Handeln des Gesetzgebers überfällig. Durch das JStG 2022 hat der Gesetzgeber die Rechtslage für die grenzüberschreitenden Sachverhalte vereinheitlicht. § 27 Abs. 8 KStG n. F. gilt für alle Nennkapitalrückzahlungen und Leistungen nach dem 31.12.2022 (§ 34 Abs. 10 KStG i. d. F. des JStG 2022). Nunmehr müssen alle Körperschaften und Personenvereinigungen die gesonderte Feststellung durchführen, sollen ihre Anteilseigner in den Genuss der Steuerfreiheit kommen. Leistet die juristische Person dies nicht, so gilt nunmehr allgemein – insbesondere auch bei Drittstaatengesellschaften – die unwiderlegbare Vermutung in § 27 Abs. 8 Satz 9 KStG, die eine Steuerfreiheit ausschließt.

Durch die Ausweitung des persönlichen Anwendungsbereichs hat der Gesetzgeber freilich die vom BFH bereits aufgeworfenen unionsrechtlichen Zweifel sogar noch verbreitert. Nunmehr stellt sich insgesamt die Frage, ob die Behandlung der Einlagenrückgewährungen ausländischer Körperschaften und Personenvereinigungen unter dem Eindruck der Rechtsprechung des EuGH, namentlich in den Rechtssachen van Caster[39] und Meilicke[40], mit der Kapitalverkehrsfreiheit vereinbar ist.

Hierbei ist insbesondere – und das sieht auch der BFH – das **Interesse an einer wirksamen Steuerkontrolle** als ein Interesse des Allgemeinwohls zu berücksichtigen, das einen Eingriff in die Kapitalverkehrsfreiheit rechtfertigen kann.

§ 27 Abs. 8 KStG kann m. E. insbesondere auch die Erforderlichkeit zur Erreichung dieses Zwecks nicht abgesprochen werden. Es ist jedenfalls **kein *gleich* geeignetes milderes Mittel**, den Steuerpflichtigen den individuell zu führenden Nachweis zu gestatten. Wenn es ihnen nicht gelingt, die Körperschaft oder Personenvereinigung dazu zu bewegen, innerhalb eines Jahres die gesonderte Feststellung in Deutschland durchführen zu lassen, erscheint es zweifelhaft, ob sie dann als einzelne Personen in der Lage sein werden, dieselben Nachweise, die nicht zum Zwecke der Feststellung bei der deutschen Behörde eingereicht worden sind, selbst von eben dieser juristischen Person zu beschaffen und dem FA vorzulegen. Betrachtet man die Erforderlichkeit der gesonderten Feststellung, darf nicht unberücksichtigt bleiben, dass **ohne eine Mitwirkung der juristischen Person** und **ohne eine Beurteilung auf deren**

---

39 EuGH v. 9.10.2014 – C-326/12, van Caster.

40 EuGH v. 30.6.2011 – C-262/09, Meilicke.

Ebene eine verlässliche und gleichmäßige Verifikation der Besteuerungsgrundlagen nicht zu gewährleisten ist.

Es sollte zudem berücksichtigt werden, dass der Gesetzgeber auch nicht – wie in der Sache van Caster – in- und ausländische Sachverhalte gleichbehandelt hätte. Ausländische juristische Personen müssen für deutsche steuerliche Zwecke keine jährlichen gesonderten Feststellungen des steuerlichen Einlagekontos durchführen lassen. Die Regelungstechnik ist – weil das steuerliche Einlagekonto ein deutsches steuerrechtliches Spezifikum ist – so, dass nur in dem konkreten Fall einer Einlagenrückgewähr eine Feststellung und dann auch nur der konkreten Einlagenrückgewähr erfolgt. Dass die dann zu beschaffenden Informationen erheblich sind, liegt in der Natur der Sache. Es ist dem Grundsatz der Steuerautonomie der Mitgliedstaaten indes inhärent, und auch dies führt der EuGH in der Rs. van Caster aus, dass die Mitgliedstaaten zunächst einmal selbst bestimmen, welche Angaben gemacht und welche materiellen und formellen Voraussetzungen erfüllt werden müssen, um es der Steuerverwaltung zu ermöglichen, die Steuer richtig festzusetzen.[41] Hiervon hat der Gesetzgeber in Deutschland durch seine ausdifferenzierte Regelung in § 27 Abs. 1 und 8 KStG Gebrauch gemacht.

Darüber hinaus ist es auch nicht so, dass der Fiskus sich aus unionsrechtlichen Gründen mit einem geringeren Beweismaß zufriedengeben muss, weil der Nachweis für den Steuerpflichtigen schwierig ist. Diesbezüglich hat der EuGH bereits in der Rs. Meilicke festgestellt: „Wie der Gerichtshof bereits entschieden hat, ist der fehlende Informationsfluss auf der Anlegerseite nämlich kein Problem, das der betroffene Mitgliedstaat auffangen müsste (vgl. Urteil Haribo Lakritzen Hans Riegel und Österreichische Salinen, Randnr. 98).“[42]

Soweit der EuGH dem folgen sollte, dürfte auch die **Jahresfrist** für den Antrag auf die Feststellung der Einlagenrückgewähr nicht unionsrechtswidrig sein. Hier hat der BFH bereits zu § 27 Abs. 8 Satz 4 KStG a. F. zu Recht keinen Verstoß gegen das Äquivalenzprinzip oder den Effektivitätsgrundsatz gesehen. Die Festsetzung angemessener Ausschlussfristen für die Rechtsverfolgung sei im Interesse der Rechtssicherheit, die zugleich den Abgabepflichtigen und die Behörde schützt, mit dem Gemeinschaftsrecht vereinbar. Solche Fristen sind – so der BFH – nicht geeignet, die Ausübung der durch die Unionsrechtsordnung verliehenen Rechte praktisch unmöglich zu machen oder übermäßig zu

41 EuGH v. 9.10.2014 – C-326/12, van Caster, Rz 47.
42 EuGH v. 30.6.2011 – C-262/09, Meilicke, Rz 48.

erschweren.[43] Daran hat sich auch durch die ggf. eintretende Verkürzung des JStG 2022 m.E. nichts geändert.

IV. Fazit

Soweit in Altfällen (vor dem 1.1.2023) bei Einlagenrückgewähren von Körperschaften und Personenvereinigungen aus Drittstaaten der einzelne Anteilseigner die individuelle Möglichkeit des Nachweises haben soll, um in den Genuss der Steuerfreiheit der Einlagenrückgewähr nach § 20 Abs. 1 Nr. 1 Satz 3 EStG zu kommen, dürfte der BFH den Steuerpflichtigen Steine statt Brot gegeben haben, soweit es sich um größere Körperschaften und Personenvereinigungen handelt, an denen sie nur zu einem Bruchteil beteiligt sind. Sie und die Finanzverwaltung werden kaum die Möglichkeit haben, die Besteuerungsgrundlagen effektiv zu verifizieren, auch wenn man ggf. darüber nachdenken mag, in Fällen, in denen jedenfalls dem Grunde nach sicher eine Einlagenrückgewähr vorliegen muss, diese nach § 162 AO zu schätzen. In vielen Fällen wird es aber schon schwierig sein, dem Grunde nach eine Einlagenrückgewähr sicher festzustellen.

Schon von diesem Gesichtspunkt ausgehend zeigt sich: Ohne Mitwirkung der Körperschaft und Personenvereinigung geht es nicht. Und um eine einheitliche Rechtsanwendung sicherzustellen, ist es auch sachgerecht, eine gesonderte Feststellung auf der Ebene der Körperschaft / Personenvereinigung vorzusehen, die für alle Anteilseigner gilt. Dies sind auch Gesichtspunkte, die aus unionsrechtlicher Warte Gewicht genießen.

Es wird nicht verkannt, dass die Körperschaften und Personenvereinigungen häufig keine Kenntnis von § 27 Abs. 8 KStG haben werden oder ihnen die Feststellungsnotwendigkeit aufgrund der damit verbundenen Schwierigkeiten gleichgültig sein wird. Das ist aber unionsrechtlich nicht zu beanstanden. Einerseits liegt es dann an den Anteilseignern, auf eine Feststellung zu drängen; ignoriert die Körperschaft / Personenvereinigung dies, bleibt den geschädigten Anteilseignern nur der Zivilrechtsweg, auf dem sie auf Schadensersatz wegen des entgangenen Steuervorteils klagen können.

43 BFH v. 27.2.2018 – I B 37/17, BFH/NV 2018, 841.

Aktuelle Streitfragen der Umsatzbesteuerung

Alexandra Schütze, Richterin am Finanzgericht Düsseldorf

I. Einleitung

Ich werde im Folgenden einige aktuelle Streitfragen in der Umsatzsteuer darstellen, beginnend mit einem seit Jahren streitigen Thema – der umsatzsteuerlichen Organschaft. Hier könnte sich durch den EuGH eine grundlegende Änderung andeuten. Anschließend folgt eine mögliche Änderung im Bereich der unentgeltlichen Wertabgaben.

Schließlich möchte ich auf die Rechtsprechung des BFH zur Bruchteilsgemeinschaft und die gesetzliche Neuregelung eingehen, die möglicherweise nicht die erhoffte Klarstellung bringt.

Am Ende werde ich kurz auf Verfahren hinweisen, die sich mit der Unionsrechtskonformität der Nachzahlungszinsen im Bereich der Umsatzsteuer beschäftigen.

II. Umsatzsteuerliche Organschaft

Im Rahmen der umsatzsteuerlichen Organschaft war streitig geworden, ob es unionsrechtskonform ist, den Organträger als Steuerschuldner zu bestimmen. Neu hinzugekommen ist innerhalb dieser Vorlageverfahren beim EuGH, ob die Innenumsätze innerhalb der Mitglieder der Organschaft der Umsatzsteuer unterliegen.

Die erste Frage, ob der Organträger als alleiniger Steuerschuldner unionsrechtskonform ist, dürfte im Sinne der deutschen Regelung geklärt sein.

So hat der EuGH im Urteil Norddeutsche Gesellschaft für Diakonie vom 1.12.2022 – C-141/20[1] entschieden, dass es einem Mitgliedstaat nicht verwehrt sei, zum einzigen Steuerpflichtigen einer Gruppe [= Organschaft] den Organträger dieser Gruppe zu bestimmen, unter der Voraussetzung, dass diese Bestimmung nicht zur Gefahr von Steuerverlusten führt. Insbesondere im Hinblick auf die Haftungsregeln (§ 75 AO) sah der EuGH Letzteres als erfüllt.

---

1 EU:C:2022:944.

Der zweite Leitsatz dieser Entscheidung hingegen, der eigentlich nicht Gegenstand der Vorlagefragen war, führte zu einer neuen Streitfrage – und zwar hinsichtlich eines der wenigen Dinge, denen man sich bei der Organschaft bislang sicher war: nämlich, ob Umsätze zwischen Organträger und Organgesellschaft steuerbar sind. Es war in Deutschland seit fast 100 Jahren unstreitig, dass es sich um nichtsteuerbare Innenleistungen innerhalb eines Unternehmens handelt. Dies war überhaupt der Grund, warum die Rechtsprechung des Reichsfinanzhofes zu seiner Zeit die umsatzsteuerliche Organschaft „entwickelt" hatte.

Diese Rechtsfolge steht nunmehr auf dem Prüfstand:

Denn der EuGH führte im zweiten Leitsatz der Entscheidung Norddeutsche Gesellschaft für Diakonie vom 1.12.2022 – C-141/20[2] aus, dass Art. 11 MwStSystRL nicht gestattet, Einheiten im Wege der Typisierung als nicht selbständig anzusehen, wenn sie finanziell, wirtschaftlich und organisatorisch in den Organträger einer Mehrwertsteuergruppe eingegliedert sind. Aus den Schlussanträgen der Generalanwältin vom 13.1.2022[3] ergab sich noch eindeutiger, dass sie – im Übrigen ganz selbstverständlich – davon ausgeht, dass Leistungen zwischen Gruppenmitgliedern der MwSt unterliegen (Rn. 71 ff.)

Der zweite Leitsatz ging eigentlich zwar lediglich auf die Überlegung des vorlegenden XI. Senats des BFH[4] zurück, ob sich die strengen Anforderungen an die finanzielle, wirtschaftliche und organisatorische Eingliederung in der deutschen Organschaftsregelung nicht als Typisierung einer fehlenden „Selbständigkeit" im Sinne des allgemeinen Unternehmerbegriffes unionsrechtlich rechtfertigen lassen. Der EuGH verneinte die Unselbständigkeit jedoch generell, was dem deutschen Organschaftsverständnis diametral entgegensteht (§ 2 Abs. 2 UStG: „Die Tätigkeit wird nicht selbständig ausgeübt …").

In der Folgeentscheidung des 11. Senats des BFH, Urteil vom 11.1.2023 – XI R 29/22, finden sich zu den Rechtsfolgen des zweiten Leitsatzes keine tragenden Ausführungen. Das war nicht mehr entscheidungserheblich, denn Klägerin war die – nunmehr als solche anerkannte – Organgesellschaft.

Zwar stellte der XI. Senat fest, dass die OG aufgrund des EuGH-Urteils „selbständig" ist, der Organträger jedoch aufgrund der Organschaft die Umsätze versteuern muss. Damit war der Fall zu Ende. Die die Steuer auf 0 € herabsetzende Vorentscheidung des FG wurde bestätigt.

---

2 EU:C:2022:944.

3 EU:C:2022:11.

4 4. Vorlagefrage des Vorlagebeschlusses vom 11.12.2019 – XI R 16/18, BFHE 268, 240.

Die Frage, welche Rechtsfolgen sich ergeben können, wenn die Organgesellschaft nicht unselbständig i. S. v. § 2 Abs. 1 UStG ist, stellte sich nicht mehr und wurde ausdrücklich offengelassen.

Anders im Vorlageverfahren des V. Senates des BFH:

Im EuGH mit Urteil vom selben Tage (Urt. v. 1.12.2022 – C-269/20, Finanzamt T, EU:C:2022:944) wurde zunächst im ersten Leitsatz ebenfalls die Steuerschuldnerschaft des Organträgers bestätigt.

Spannend war auch hier der 2. Leitsatz, der sich auf die Vorlagefrage bezog, ob eine unentgeltliche Wertabgabe vorliegt, wenn die Organgesellschaft Leistungen an den Organträger erbringt und dieser die Leistung für seine nichtunternehmerische Tätigkeit (im Streitfall: hoheitliche Tätigkeit einer Universität) nutzt, was nach deutschem Verständnis der Fall wäre.

Im Leitsatz wird dies verneint: Bei einer Organschaft, die zum einen wirtschaftliche Tätigkeiten und zum anderen hoheitliche ausübt, darf die Erbringung einer Dienstleistung im Zusammenhang mit der hoheitlichen Tätigkeit durch ein Mitglied dieser Gruppe nicht als unentgeltliche Wertabgabe besteuert werden.

Aus der Begründung des EuGH – und den Schlussanträgen der Generalanwältin – ergibt sich, dass der EuGH dies auch deswegen verneint, weil die Organgesellschaft ein Entgelt für ihre Leistung erhalten hat; mithin fehlt es an einer „Unentgeltlichkeit“ (Rn. 60-62).

Dies hat auch der V. Senat des BFH so verstanden – er hat sich jedoch für ein erneutes Vorabentscheidungsersuchen im selben Rechtstreit entschieden,[5] um die Frage zweifelsfrei klären zu lassen, zumal in der Vergangenheit in anderen Verfahren die Generalanwälte offenbar zum Teil auch von nicht steuerbaren Innenleistungen ausgegangen sind.

Als zweite Frage möchte der BFH schließlich wissen, ob – im Hinblick darauf, dass der EuGH die Verlagerung der Steuerschuldnerschaft auf den Organträger bejaht hat unter der Voraussetzung, dass es nicht zu einer Gefahr von Steuerverlusten kommt – die Steuerbarkeit von Innenumsätzen auch nur dann erfolgen muss, wenn diese Gefahr besteht, d. h. bei nicht wirtschaftlichen Tätigkeiten und unechten Steuerbefreiungen (Az EuGH: C-184/23).

5 Vorlagebeschluss vom 26.1.2023 – V R 20/22.

Meine Prognose lautet:[6]

- Der EuGH wird die grundsätzliche Steuerbarkeit bestätigen; die bisherigen rechtlichen Ausführungen in den beiden Parallelverfahren waren eindeutig.
- Die Mitgliedschaft führt nicht zur „Unselbständigkeit" i. S. d. MwStSystRL.
- Der EuGH hat im Vorlageverfahren Norddeutsche Diakonie eine „selbständige wirtschaftliche Tätigkeit" der Organgesellschaft geprüft und bejaht (trotz der „strengen" deutschen Eingliederungs- und Unterordnungsanforderungen).
- Die Frage nach der unentgeltlichen Wertabgabe wurde so beantwortet, weil er von steuerbaren Leistungen der Organgesellschaft an den Organträger ausgegangen ist.
- Die zweite Vorlagefrage, eine Beschränkung der Steuerbarkeit von Innenumsätzen bei Steuerbefreiungen und nichtwirtschaftlichen Tätigkeiten, wäre dann zu verneinen – im Sinne einer nicht weiteren unnötigen Verkomplizierung der Organschaftsregeln.
- Dann würde der steuerliche Anreiz einer Organschaft vollständig entfallen, da keine Steuerersparnis mehr möglich wäre, was der EuGH meines Erachtens auch ausschließt, denn eine Organschaft darf nicht zu einer „Gefährdung des Steueranspruchs" führen.

III. Unentgeltliche Wertabgaben

Das nächste Thema, bei dem eine Neuausrichtung erfolgen könnte – dieses Mal jedoch nicht ausgelöst durch den EuGH, sondern durch den vorlegenden BFH –, sind die unentgeltlichen Wertabgaben.

Der BFH hat das Vorliegen und die steuerliche Behandlung von unentgeltlichen Wertabgaben im zwischenunternehmerischen Bereich aufgegriffen und in der Folge die Ermittlung der Bemessungsgrundlage thematisiert.

Im – stark vereinfacht dargestellten – Vorlagefall betreibt der Stpfl. ein Blockheizkraftwerk (BHKW) zur Stromerzeugung. Der Strom wird ins Netz eingespeist und vergütet (= unternehmerische Tätigkeit). Das Problem ist die

6 Überholt durch Urteil des EuGH Finanzamt T vom 11.7.2024 – C-184/23, EU:C:2024:599 und die Folgeentscheidung des BFH-Urteils vom 29.8.2024 – V R 14/24. Entgeltliche Leistungen, die eine Organgesellschaft an den Organträger erbringt, sind entsprechend der bisherigen BFH-Rechtsprechung nicht steuerbar. Erbringt eine Organgesellschaft Leistungen gegen Entgelt an den Organträger, lässt die Nichtsteuerbarkeit das Entgelt nicht entfallen, sodass es mangels Unentgeltlichkeit nicht zu einer Entnahmebesteuerung gemäß § 3 Abs. 9a Nr. 2 UStG beim Organträger kommt.

während der Stromerzeugung „automatisch" anfallende Wärme. Diese Wärme wird unentgeltlich an zwei andere Unternehmer für deren Unternehmen überlassen (Beheizen von Spargelfeldern und Trocknen von Holz). Die jeweiligen Unternehmer bauten die Vorrichtungen zur Entnahme und Weiterleitung der Wärme zu ihrem Unternehmen auf eigene Kosten.

Der Stpfl. zog aus der Überlassung der Wärme keine umsatzsteuerlichen Konsequenzen. Aus der Errichtung der Anlage hatte er den vollen Vorsteuerabzug geltend gemacht; Umsätze wegen der entweichenden Wärme versteuerte er nicht. Er vertrat die Auffassung, die Wärme sei ohnehin entstanden und die Abgabe verursache keine Mehrkosten. Die Finanzverwaltung nahm hinsichtlich der Wärme eine unentgeltliche Wertabgabe an.

Vor dem FG und im 1. Rechtszug vor dem BFH stritt man um die Ermittlung der Bemessungsgrundlage (spezifisch auf BHKW bezogen); im 2. Rechtsgang nun hat sich der BFH dem Ganzen grundlegender genähert und es erfolgte die Vorlage an den EuGH:[7]

1. Handelt es sich um eine „unentgeltliche Zuwendung" i. S. v. Art. 16 MwStSystRL, wenn ein Steuerpflichtiger Wärme aus seinem Unternehmen unentgeltlich an einen anderen Steuerpflichtigen für dessen wirtschaftliche Tätigkeit abgibt?
2. Kommt es hierfür darauf an, ob der steuerpflichtige Empfänger die Wärme für Zwecke verwendet, die ihn zum Vorsteuerabzug berechtigen?

Die anderen beiden Fragen betreffen die – hier nicht weiter aufgegriffene – Ermittlung der Bemessungsgrundlage:

- Schränkt der Tatbestand der Entnahme (Art. 16 MwStSystRL) den Selbstkostenpreis i. S. d. Art. 74 MwStSystRL dahingehend ein, dass bei seiner Berechnung nur vorsteuerbelastete Kosten einzubeziehen sind (anders als die deutsche h. M. und Verwaltungsauffassung)?
- Gehören zum Selbstkostenpreis nur die unmittelbaren Herstellungs- oder Erzeugungskosten oder auch nur mittelbar zurechenbare Kosten wie z. B. Finanzierungsaufwendungen?

Rechtsgrundlagen für die unentgeltliche Wertabgabe finden sich in § 3 Abs. 1b Nr. 1-3 UStG für Lieferungen und in § 3 Abs. 9a Nr. 1 und 2 UStG für sonstige Leistungen bzw. in Art. 16 (und 26) MwStSystRL. Nach Art. 16 MwStSystRL liegt eine unentgeltliche Wertabgabe vor bei der Entnahme (bzw. Verwendung) eines dem Unternehmen zugeordneten Gegenstands

---

7 Vorlage Beschluss des BFH vom 22.11.2022 – XI R 17/20.

- für privaten Bedarf des Unternehmers oder für den [privaten] Bedarf seines Personals,
- als unentgeltliche Zuwendung,
- allgemein für unternehmensfremde Zwecke.

Nach Art. 74 MwStSystRL ist Bemessungsgrundlage für Art. 16 MwStSystRL der „Einkaufspreis für diese oder gleichartige Gegenstände", subsidiär der Selbstkostenpreis.

Art. 16 MwStSystRL nennt mehrere Fallgruppen für unentgeltliche Wertabgaben. Die Entnahme oder die Verwendung eines unternehmerischen Gegenstands für den eigenen privaten Bedarf des Unternehmers oder seines Personals – der „klassische Fall" –ist weitgehend unproblematisch. Schwierigkeiten bereiten die Entnahmen als unentgeltliche Zuwendung und der Auffangtatbestand „allgemein für unternehmensfremde Zwecke", wozu bereits EuGH-Rechtsprechung vorliegt.

Grundlegend ist hier wohl die Entscheidung des EuGH, wonach unentgeltliche Wertabgaben auch bei Abgaben für unternehmerische Zwecke vorliegen (EuGH, Urteil vom 27.4.1999 – C-48/97, Kuwait Petroleum, EU:C:1999:203), denn Ziel der unentgeltlichen Wertabgaben ist zum einen, einen unversteuerten Endverbrauch zu vermeiden, und zum anderen eine Gleichstellung des Unternehmers mit einem privaten Endverbraucher, der die entsprechende Leistung (= Wärme) mit Umsatzsteuer belastet erwerben müsste.

Auf der anderen Seite gilt auch im Bereich der unentgeltlichen Wertabgaben der Neutralitätsgrundsatz, d. h., der Unternehmer soll im unternehmerischen Bereich vollständig von der MwSt entlastet werden. Hierzu dient auf der Eingangsseite der Vorsteuerabzug. Auf der Ausgangsseite erhält der leistende Unternehmer die Umsatzsteuer von seinem Kunden und leitet diese nur an das FA weiter (als „Steuereinsammler des Staates").

Damit erklärt sich dann das Problem im vorliegenden Fall, wo es einerseits nicht zu einem unversteuerten Letztverbrauch kommt, weil die Wärme an einen Unternehmer geht, der diese in seinem Unternehmen weiterverwendet und die damit in seine Ausgangsumsätze eingeht und aber andererseits Umsatzsteuer auf die unentgeltliche Wertabgabe anfällt, die der leistende Unternehmer zwar abführen muss, aber vom Leistungsempfänger nicht erhält und sie auch niemand als Vorsteuer abziehen kann.

Man könnte zwar argumentieren, der Leistungsempfänger hat keine Zahlung geleistet und braucht deswegen auch keinen VorSt-Abzug zur Entlastung und der abgebende Unternehmer ist nicht belastet, weil im Ergebnis nur sein VorSt-Abzug neutralisiert wurde. Im Vergleich dazu, dass er seinen Vorsteuerabzug jedoch behalten dürfte, wenn er die Wärme einfach entweichen lassen würde, kann man meines Erachtens durchaus von einer echten Belastung und damit von einem Verstoß gegen den Neutralitätsgrundsatz sprechen. Zudem würde er seinen VorSt-Abzug behalten und erhielte die USt vom Leistungsempfänger gezahlt, wenn er ein – auch nur geringes – Entgelt verlangen würde – warum soll er also schlechter gestellt werden, als wenn er *kein Entgelt* erhält.

Der BFH hat daher dem EuGH zwei Möglichkeiten vorgeschlagen, dieses unbefriedigende Ergebnis zu vermeiden:

Die erste Möglichkeit ist die Beschränkung der unentgeltlichen Wertabgabe, indem man die unentgeltlichen B2B-Abgaben aus dem Anwendungsbereich von Art. 16 MwStSystRL ausnimmt.

Dies könnte durch eine einschränkende teleologische Auslegung erreicht werden, indem das Ziel der Vermeidung des unversteuerten Letztverbrauchs in Art. 16 MwStSystRL berücksichtigt wird.

Eine andere Möglichkeit wäre eine erweiternde Auslegung derart, dass die Eingangsleistung durch diese Abgabe „zumindest auch" die besteuerten Umsätze fördert und damit in erster Linie in eigenunternehmerischem Interesse und damit nicht als „Zuwendung an einen anderen" oder für unternehmensfremde Zwecke erfolgt. Ein derartiger Ansatz könnte eventuell der EuGH-Entscheidung Mitteldeutsche Hartstein-Industrie[8] entnommen werden. Als Korrektiv könnte bei nicht zum Vorsteuerabzug berechtigten Leistungsempfängern doch eine unentgeltliche Wertabgabe angenommen werden, um die Neutralität nicht zu gefährden. Dies würde jedoch eine aufwändigere Prüfung des leistenden Unternehmers hinsichtlich der Verwendungsabsicht des Leistungsempfängers erfordern.

Die zweite Möglichkeit, die der BFH erwogen hat, ist die Eröffnung des Vorsteuerabzugs für den Leistungsempfänger unter den „normalen" Voraussetzungen des § 15 UStG bzw. den entsprechenden Vorschriften der MwStSystRL. Dann wäre auch eine Rechnung erforderlich; als „Entgelt" wäre die Bemessungsgrundlage für die unentgeltliche Wertabgabe anzugeben.

Das Problem liegt darin, dass dann entweder der Leistungsempfänger einen Vorsteuerabzug erhalten würde, ohne finanziell belastet zu sein, da er die Leistung ja unentgeltlich erhält, oder – wovon der BFH ausgeht – der Leistungsempfänger zahlt nur den Umsatzsteuerbetrag an den abgebenden Unternehmer. Bislang besteht jedoch Konsens, dass die Zahlung „nur" des Steuerbetrages nicht möglich ist – alles, was der Leistungsempfänger zahlt, ist die Gegenleistung, aus der dann der Steuerbetrag, i. d. R. 19 %, herausgerechnet wird (§ 10

8 EuGH-Urteil vom 16.9.2020 – C-528/19, EU:C:2020:712.

Abs. 1 UStG, Art. 73 MwStSystRL: „BMG alles, was den Wert der Gegenleistung bildet, die der Lieferer oder Dienstleistungserbringer für diese Umsätze vom Erwerber erhält … Art. 78 MwStSystRL: außer die USt selbst").

Diese Lösung ist meines Erachtens nur sinnvoll, wenn das Reverse-Charge-Verfahren auf unentgeltliche Wertabgaben angewendet würde. Dann zahlt der Leistungsempfänger die USt und kann sie gleichzeitig als VorSt abziehen. Hierfür wäre allerdings eine Änderung der MwStSystRL erforderlich, da diese Reverse-Charge für unentgeltliche Wertabgaben nicht vorsieht.

Meine Prognose daher ist, dass der EuGH den Weg des Vorsteuerabzugs eher nicht gehen wird – eine einschränkende Auslegung der unentgeltlichen Wertabgabe halte ich zumindest für möglich.[9]

Im Weiteren hatte der BFH noch gefragt, ob in den Selbstkostenbegriff – wie nach deutschem Verständnis – alle Kosten fallen oder nur die vorsteuerbelasteten Kosten; Letzteres würde zumindest in manchen Fällen zu einer deutlich geringeren Bemessungsgrundlage führen.

IV. Bruchteilsgemeinschaft als Unternehmer

Der Dauerstreit dreht sich um die mögliche oder nicht mögliche Unternehmereigenschaft der Bruchteilsgemeinschaft. Nachdem im deutschen Umsatzsteuerrecht seit Jahrzehnten unstreitig war, dass die Bruchteilsgemeinschaft trotz fehlender Rechtsfähigkeit Unternehmer ist, hat der 5. Senat des BFH mit Urteil vom 2.11.2018 (V R 65/17) entschieden, dass eine Bruchteilsgemeinschaft nicht Unternehmer sein kann. Es liegen vielmehr zivil- und umsatzsteuerrechtlich durch die Gemeinschafter als jeweilige Unternehmer anteilig erbrachte Leistungen vor.

Da zur Bestimmung der Leistungsbeziehungen auf das zugrunde liegende Rechtsverhältnis abgestellt werden müsse und die Bruchteilsgemeinschaft nicht rechtsfähig sei, könne sie auch nicht Beteiligte des Rechtsverhältnisses

---

9 Überholt durch Urteil des EuGH vom 25.4.2024 – C-207/23, EU:C:20 und die Nachfolgeentscheidung des BFH vom 4.9.2024 – XI R 15/24. Danach handelt es sich um eine unentgeltliche Zuwendung eines Gegenstandes, auch wenn die Wärme unentgeltlich an andere Unternehmer für deren Unternehmen abgegeben wird. Der Besteuerung der unentgeltlichen Zuwendung steht nicht entgegen, dass die Leistungsempfänger die Wärme für Zwecke verwenden, die sie zum Vorsteuerabzug berechtigen. Die Selbstkosten im Sinne des § 10 Abs. 4 Satz 1 Nr. 1 UStG umfassen nicht nur die unmittelbaren Herstellungskosten oder Erzeugungskosten, sondern auch mittelbar zurechenbare Kosten wie Finanzierungsaufwendungen, wobei es keine Rolle spielt, ob es sich um vorsteuerbelastete Kosten handelt oder nicht.

und damit auch nicht leistender Unternehmer sein. Im Hinblick auf den Vorsteuerabzug war das schon seit den 1990er-Jahren ständige Rechtsprechung („Mähdrescherfall").

Bemerkenswert an der Entscheidung ist, dass sie ohne Bezugnahme auf die MwStSystRL oder EuGH-Rechtsprechung erging.

Trotz Kritik in der Literatur wurde diese Rechtsauffassung durch Urteil vom 7.5.2020 – V R 1/18 bestätigt.

Der Gesetzgeber hat auf die BFH-Rechtsprechung reagiert und wollte mit dem Jahressteuergesetz 2022 ab dem 1.1.2023 die alte Rechtslage wiederherstellen: Die Unternehmerdefinition in § 2 Abs. 1 UStG wurde um den Zusatz „unabhängig davon, ob er nach anderen Vorschriften rechtsfähig ist" ergänzt. Aus der Gesetzesbegründung ergibt sich ausdrücklich, dass es sich um ein Reparaturgesetz handelt.

Der V. Senat hatte zwar noch keinen Fall zu entscheiden, in dem die neue Rechtslage gilt. Aber er hat in einem NZB-Beschluss vom 28.8.2023 – V B 44/22 – zumindest darauf hingewiesen, dass es zweifelhaft sein könne, ob trotz dieser gesetzlichen Regelung die Bruchteilsgemeinschaft wieder Unternehmer sein könne, denn sie sei nach wie vor nicht in der Lage, eine wirtschaftliche Tätigkeit im eigenen Namen, für eigene Rechnung und in eigener Verantwortung auszuüben und zudem ein mit dieser Tätigkeit einhergehendes wirtschaftliches Risiko zu tragen – was der Definition einer „selbständigen wirtschaftlichen Tätigkeit" durch den EuGH entspricht.

Es bleibt abzuwarten, wie es weitergeht, wenn die ersten Fälle den BFH erreichen. Eventuell kommt es zu einer Vorlage an den EuGH.

V. Unionsrechtskonformität von § 233a AO

Als Letztes erfolgt ein kurzer Hinweis auf die Rechtsprechung zur Vereinbarkeit der Verzinsung nach § 233a AO in Umsatzsteuerfällen mit dem Unionsrecht.

Das BVerfG hat bekanntermaßen im Jahr 2021 entschieden,[10] dass § 233a AO ab 2014 insoweit verfassungswidrig ist, als ein Zinssatz von 6 % zugrunde gelegt wird.[11]

Die Entscheidung ist zwar zu einer Zinsfestsetzung zur Gewerbesteuer ergangen, aber das BVerfG hat explizit ausgeführt, das gelte auch für die ande-

10 BVerfG Beschluss vom 8.7.2021 – 1 BvR 2237/14 2422/17.

11 Mit einer Fortgeltungsanordnung bis 2018.

ren Steuerarten – auch für die Umsatzsteuer. Die Prüfung war jedoch auf einen Verstoß gegen das GG beschränkt: zum einen ging es um die nicht harmonisierte GewSt, zum anderen besitzt das BVerfG nicht die Entscheidungskompetenz, eine Vereinbarkeit mit EU-Recht zu prüfen.

Vom BFH gab es bislang lediglich einen ADV-Beschluss (BFH-Beschl. v. 23.5.2022 – V B 4/22) zur Verfassungsmäßigkeit von Säumniszuschlägen zur USt, in dem er ebenfalls ausgeführt hat, dass diese Vorschriften auch unionsrechtskonform sind.

Es gibt damit keine höchstrichterliche Rechtsprechung, ob die Festsetzung von Nachzahlungs-Zinsen mit dem Unionsrecht vereinbar ist. In der Literatur wurden vereinzelt Bedenken bezüglich der Höhe des Zinssatzes nach Entscheidung des BVerfG geltend gemacht.

Es existieren mittlerweile drei erstinstanzliche Entscheidungen hierzu, gegen zwei davon sind Rechtsmittel vor dem BFH anhängig. Hierbei handelt es sich um zwei Entscheidungen des FG Düsseldorf (ein ADV-Beschluss und ein Urteil[12]) – beide nicht rechtskräftig[13] – sowie ein rechtskräftiger Gerichtsbescheid des FG Saarland.[14] Alle Entscheidungen bejahen die Unionsrechtskonformität.

Im Fall des FG Düsseldorf wurde gerügt, dass die Festsetzung von Nachzahlungszinsen generell gegen Neutralitätsgrundsatz und Verhältnismäßigkeitsgrundsatz verstößt, da die Vorschriften nicht berücksichtigen würden, ob überhaupt ein Steuerschaden auf Seiten der Finanzverwaltung eingetreten sei und ob und ggfs. wen ein Verschulden an der verspäteten Festsetzung treffe.

Das FG hat einen Verstoß gegen Unionsrecht verneint.

Es hat dabei offengelassen, ob der Neutralitätsgrundsatz überhaupt bei Zinsfestsetzungen anwendbar ist. Der BFH verneint dies in ständiger Rechtsprechung, da Zinsen nicht durch die MwStSystRL geregelt würden und der Neutralitätsgrundsatz nur innerhalb der MwStSystRL gelte, nicht aber für Zinsen.

---

12 Beschluss vom 12.5.2023 – 1 V 115/23 A(U); Beschwerde BFH: V B 34/23 und Urteil vom 23.6.2023 – 1 K 1869/23 U; Rev. BFH – V R 14/23.

13 Der Beschluss des BFH im ADV-Verfahren vom 1.3.2024 – V B 34/24 sieht bei summarischer Prüfung für Verzinsungszeiträume bis zum 31.12.2018 keine ernstlichen Zweifel an der Vereinbarkeit von §§ 233a, 238 Abs. 1 AO mit dem Unionsrecht. Bei § 233a AO handelt es sich nicht um eine Vorschrift für Zinsen als Sanktionsbestimmung, sondern diese Zinsen dienen dem reinen Ausgleich für die Kapitalnutzung ohne weitergehende Lenkungsfunktion (Abgrenzung zur EuGH-Rechtsprechung zu Verzugszinsen, Geldbußen und anderen Abgaben).

14 Gerichtsbescheid vom 13.11.2023 – 1 K 1313/21.

Die Klägerin hat jedoch nicht dargelegt, inwieweit ihre beiden Argumente zu einem Verstoß gegen den Neutralitätsgrundsatz führen könnten – sie hat sie selbst dem Verhältnismäßigkeitsgrundsatz zugeordnet.

Die Verhältnismäßigkeit hat das FG dann bejaht. Billigkeitsmaßnahmen ermöglichen ausreichend insbes. die Berücksichtigung von finanziellen Schäden. Die EuGH-Rspr. zu Sanktionen, nach der das (fehlende) Verschulden berücksichtigt werden muss, ist nach Auffassung des FG auf Zinsen nicht übertragbar. Dies folge im Wege eines Erst-Recht-Schlusses aus der BFH-Rspr., nach der die Nichtberücksichtigung eines Verschuldens bei Säumniszuschlägen ungeachtet ihrer zinsähnlichen Struktur und ihres Sanktionscharakters mit Unionsrecht vereinbar sei.

Der Entscheidung des FG Saarland lagen andere Rügen gegen die Unionsrechtskonformität zugrunde. Diese betrafen zwar auch die Verhältnismäßigkeit und den Neutralitätsgrundsatz. Jedoch wurde gerügt, dass die Belastung mit Zinsen per se zu einer Belastung und damit zu einem Verstoß gegen den Neutralitätsgrundsatz führe und dass die Höhe von 6 % unverhältnismäßig sei.

Das FG hat die Geltung des Neutralitätsgrundsatzes bei Zinsen unter unmittelbarem Rückgriff auf EuGH-Rechtsprechung bejaht, aber einen Verstoß bei Nachzahlungszinsen verneint, weil dadurch Gleichstellung (= Neutralität) mit Stpfl., die Steuern „rechtzeitig“ anmelden und zahlen, erreicht würde.

Die Verhältnismäßigkeit der Zinshöhe hat es bejaht, mangels substantiierten Vortrags zu europarechtlichen Maßstäben, warum dort 6 % nicht angemessen seien. Die deutschen Verhältnisse könnten nicht einfach auf den ganzen EU-Raum übertragen werden.

Haftung im Steuerrecht – Aktuelle Rechtsprechung aus dem Haftungsrecht

Dr. Katja Roth, Richterin am Bundesfinanzhof

Die Voraussetzungen der Haftung für fremde Steuerschulden nach den §§ 69 ff. AO sind regelmäßig Gegenstand finanzgerichtlicher und höchstrichterlicher Rechtsprechung. In diesem Beitrag wird ein Überblick über aktuelle Rechtsprechung aus dem Haftungsrecht gegeben, die sich insbesondere mit Fragen der Geschäftsführerhaftung und der Haftung aufgrund einer Beihilfe zur Steuerhinterziehung zu beschäftigen hatte.[1]

I. Die Geschäftsführerhaftung gemäß §§ 191, 69, 34 AO, § 35 GmbHG

1. Gesetzliche Grundlagen

Nach § 69 Satz 1 AO haften die in § 34 AO bezeichneten Personen, soweit Ansprüche aus dem Steuerschuldverhältnis infolge vorsätzlicher oder grob fahrlässiger Verletzung der ihnen auferlegten Pflichten nicht oder nicht rechtzeitig festgesetzt oder erfüllt werden. Zu den hiervon angesprochen Personen gehören unter anderem die gesetzlichen Vertreter juristischer Personen und somit auch die Geschäftsführer von GmbHs nach § 35 GmbHG.

Die Pflichten, deren Verletzung zur Begründung der Haftung führen kann, sind vielfältig und reichen von der rechtzeitigen Abgabe von Steuererklärungen[2] über die entsprechende Mittelvorsorge, um die Steuern später entrichten zu können,[3] bis hin zur Zahlung der entstandenen Steuern bei Fälligkeit.[4] Zur objektiven Pflichtverletzung muss ein Verschuldenselement hinzutreten, das anhand der Umstände des konkreten Streitfalls festzustellen ist.

1 Bei der Darstellung der Entscheidungen wird der Schwerpunkt auf die haftungsrechtlichen Fragen gelegt.

2 Vgl. z.B. BFH-Urteil vom 14.6.2016 – VII R 20/14, BFH/NV 2016, 1672, Rz 21.

3 Vgl. z.B. BFH-Urteil vom 20.5.2014 – VII R 12/12, BFH/NV 2014, 1353, Rz 11.

4 Vgl. z.B. BFH-Urteile vom 14.12.2021 – VII R 32/20, BFHE 274, 522, Rz 20, und vom 26.9.2017 – VII R 40/16, BFHE 259, 423, Rz 8.

2. BFH-Beschluss vom 15.11.2022 – VII R 23/19[5]

a) Sachverhalt

Der Kläger war bis April 2012 alleiniger Geschäftsführer einer GmbH und zu 90 % daran beteiligt. Tatsächlich wurde die Geschäftsführung jedoch nicht durch den Kläger, sondern durch dessen Sohn (formal Prokurist) ausgeübt, der somit als faktischer Geschäftsführer anzusehen war. Auch der Enkel des Klägers war in der GmbH tätig. Er hielt 10 % der Gesellschaftsanteile und übernahm Ende April 2012 die Geschäftsführung der GmbH.

Im Rahmen einer Prüfung der Steuerfahndung wurde festgestellt, dass für die GmbH in den Jahren 2004 bis 2011 Umsatzsteuer, Körperschaftsteuer und Gewerbesteuer verkürzt worden waren. Grundlage dafür waren Scheinrechnungen nichtexistierender Firmen und beleglose Buchungen für angebliche Wareneinkäufe und Fremdleistungen, die in die Buchführung der GmbH eingestellt worden waren und die somit zur Grundlage der Jahressteuererklärungen und der Umsatzsteuervoranmeldungen wurden. Diese fehlerhaften Buchungen wurden durch den Sohn des Klägers veranlasst, der diesbezüglich wegen Steuerhinterziehung verurteilt wurde. Die infolge der Steuerprüfung erlassenen Änderungsbescheide wurden bestandskräftig. Über das Vermögen der GmbH wurde im Jahr 2013 das Insolvenzverfahren eröffnet. Da die noch offenen Steuerschulden aus dem Vermögen der GmbH nicht mehr beglichen werden konnten, erließ das FA einen Haftungsbescheid gegen den Kläger und nahm diesen – neben seinem Sohn und seinem Enkel – als Haftungsschuldner in Anspruch.

b) Begründung

Der BFH entschied, der Haftungsbescheid sei rechtmäßig, weil der Kläger gemäß §§ 191 Abs. 1 Satz 1, 69 Satz 1, 34 Abs. 1 Satz 1 AO, § 35 Abs. 1 Satz 1 GmbHG als Geschäftsführer der GmbH für deren Steuerschulden einzustehen habe. Im Streitfall hatte der Kläger seine Pflicht zur Abgabe richtiger und rechtzeitiger Steuererklärungen sowie zur Entrichtung der Steuer verletzt. Nach ständiger Rechtsprechung des BFH indiziert die objektive Pflichtwidrigkeit eines Verhaltens das Verschulden i. S. von § 69 Satz 1 AO.[6]

Der Geschäftsführer einer GmbH muss deren steuerliche Angelegenheiten zwar nicht höchstpersönlich erledigen, sondern darf deren Erledigung auf

---

5 BFHE 278, 392.

6 Vgl. z. B. BFH-Urteil vom 14.12.2021 – VII R 14/19, BFH/NV 2022, 401, Rz 17.

andere Personen übertragen. Jedoch müssen diese Personen sorgfältig ausgewählt und laufend überwacht werden, sodass der Geschäftsführer unter normalen Umständen ein etwaiges Fehlverhalten des Dritten erkennen kann. Lässt der Geschäftsführer die andere Person ohne ausreichende Überwachung gewähren, kann ihm ein Überwachungsverschulden vorgeworfen werden. An die Überwachungsmaßnahmen eines Geschäftsführers müssen dabei umso größere Anforderungen gestellt werden, je weniger dieser sich ein auf Tatsachen gegründetes Urteil darüber bilden konnte, ob die für die Erledigung der steuerlichen Angelegenheiten der Gesellschaft hinzugezogenen Personen die notwendige Gewähr der zuverlässigen Erledigung bieten.[7] Ist der Geschäftsführer nicht in der Lage, diesen Überwachungspflichten nachzukommen, darf er die Geschäftsführung nicht übernehmen oder muss sein Amt als Geschäftsführer niederlegen.

Die Feststellung der Voraussetzungen der groben Fahrlässigkeit obliegt dem FG, das diese im Streitfall bejaht hatte. Insbesondere sah das FG ein Verschulden des Klägers deshalb als gegeben an, weil dieser die faktische Geschäftsführung durch seinen Sohn geduldet und sich nicht um die Geschäftsführung gekümmert habe. Zudem habe er keine geeigneten Aufsichtsmaßnahmen ergriffen.

Der BFH kann die vom FG vorgenommene Würdigung der Umstände in diesem Zusammenhang nur darauf hin überprüfen, ob die Rechtsbegriffe des Vorsatzes und der groben Fahrlässigkeit verkannt wurden oder wesentliche Umstände außer Acht gelassen wurden. Da derartige Mängel im Streitfall nicht vorlagen und auch die übrigen Voraussetzungen einer Haftungsinanspruchnahme erfüllt waren, bestätigte der BFH die Entscheidung des FG Münster vom 30.4.2019 – 12 K 620/15[8] und wies darauf hin, dass sich der Kläger nicht mit dem Argument entlasten könne, dass die Geschäftsführung tatsächlich durch seinen Sohn ausgeführt worden sei. Auch das fortgeschrittene Alter des Klägers und fehlende EDV-Kenntnisse ließ der BFH nicht als Argument für eine Entlastung des Klägers gelten.

---

7 Vgl. BFH-Beschluss vom 15.11.2022 – VII R 23/19, BFHE 278, 392, Rz 34 mit Verweis auf BFH-Beschluss vom 5.3.1998 – VII B 36/97, BFH/NV 1998, 1325, unter II.1.

8 EFG 2019, 1257.

3. BFH-Urteil vom 29.8.2023 – VII R 47/20[9]

a) Sachverhalt

Der Kläger war Geschäftsführer einer Brauerei (GmbH), die über eine Erlaubnis zum Betrieb eines Steuerlagers für Bier verfügte. Die GmbH war in eine Firmengruppe eingegliedert und über einen Beherrschungs- und Gewinnabführungsvertrag mit einer anderen GmbH verbunden, die im Rechtsverkehr nach außen auftrat. Die Brauerei selbst hatte allerdings Personal, sodass monatliche Lohnkosten anfielen. Außerdem hatte sie Verbindlichkeiten gegenüber den Stadtwerken für Strom, Gas und Wasser.

Aufgrund der von der GmbH abgegebenen Steuererklärungen setzte das HZA für die im Streitfall relevanten Monate September bis Dezember 2014 Biersteuer fest. Die Biersteuer war gemäß § 15 Abs. 1 Satz 6 BierStG jeweils am 20. des Folgemonats fällig. Da sich die wirtschaftliche Situation der GmbH im Laufe des Jahres 2014 verschlechterte, wurde die Biersteuer für September und Oktober 2014 bis zum 20.12.2014 bzw. bis zum 22.12.2014 gestundet. Zu diesen Zeitpunkten konnte die Biersteuer jedoch entrichtet werden. Parallel dazu führte die GmbH Verhandlungen mit ihrer Bank über den Kreditrahmen.

Die Biersteuer für November 2014 konnte im Wege einer Teilaufrechnung noch teilweise beglichen werden, die Biersteuer für Dezember 2014 blieb jedoch unbezahlt. Ende Dezember 2014 stellte die GmbH aufgrund von Zahlungsunfähigkeit einen Antrag auf Eröffnung des Insolvenzverfahrens, das in den folgenden Monaten eröffnet wurde.

Hinsichtlich der noch offenen Biersteuer für November 2014 erließ das HZA einen Haftungsbescheid gegen den Kläger, den das FG München mit Urteil vom 23.7.2020 – 14 K 1208/17[10] aufhob. Das FG war der Auffassung, dass zwar die Pflicht zur Entrichtung der Biersteuer bei Fälligkeit verletzt worden sei. Dies könne dem Kläger jedoch nicht vorgeworfen werden, weil zu diesem Zeitpunkt keine ausreichenden Mittel mehr vorhanden gewesen seien.

b) Begründung

Der BFH bestätigte die Vorentscheidung und kam ebenfalls zu dem Ergebnis, dass der Haftungsbescheid rechtswidrig war.

Der Kläger gehörte als alleinvertretungsberechtigter Geschäftsführer zwar zum Kreis der möglichen Haftungsschuldner nach §§ 191 Abs. 1 Satz 1 Alternative 1, 69 Satz 1, 34 Abs. 1 Satz 1 AO, § 35 Abs. 1 Satz 1 GmbHG. Auch ein

---

9 BFHE 281, 288.
10 ZfZ 2020, 309.

Haftungsschaden war eingetreten, weil die Biersteuer für November 2014 nicht (vollständig) entrichtet worden war. Darin lag zugleich eine objektive Pflichtverletzung des Klägers.

Demgegenüber erkannte der BFH keine Verletzung der Mittelvorsorgepflicht darin, dass der Kläger Bier aus dem Steuerlager der GmbH entnommen und dadurch die Biersteuer zur Entstehung gebracht hatte. Nach ständiger BFH-Rechtsprechung kann sich ein gesetzlicher Vertreter bereits vor Fälligkeit einer Steuer der Verletzung seiner Pflicht zur Bereithaltung von Mitteln schuldig machen, denn von ihm ist zu verlangen, dass er vorausschauend plant und insbesondere in der Krise finanzielle Mittel zur Entrichtung der geschuldeten Steuern bereithält. Vom Eintritt der Fälligkeit der Steuern ist diese Pflicht unabhängig.[11] Welche Anforderungen an die einem Geschäftsführer obliegende Mittelvorsorgepflicht zu stellen sind, hängt von den Umständen des Einzelfalls ab.[12]

Solange sich Bier im Steuerlager befindet, entsteht dafür noch keine Biersteuer. Erst mit der Entnahme aus dem Steuerlager ist der Steuerentstehungstatbestand des § 14 Abs. 2 Nr. 1 i. V. m. Abs. 1 BierStG erfüllt, weil das Bier dann in den steuerrechtlich freien Verkehr überführt wird. Somit stellte sich im Streitfall die Frage, ob ein Schuldner, der sich in einer wirtschaftlich angespannten Situation befindet, überhaupt noch Bier aus dem Steuerlager entnehmen darf oder ob er dies unterlassen muss, um die Biersteuer nicht entstehen zu lassen.

Eine Verletzung der Mittelvorsorgepflicht durch die Entnahme von Bier aus dem Steuerlager verneinte der BFH im Streitfall und betonte die unternehmerische Freiheit, die einem Unternehmer auch in der wirtschaftlichen Krise erhalten bleibt. Da es sich bei der GmbH um einen Herstellungsbetrieb handelte, käme es einer Betriebseinstellung gleich, wenn die Brauerei bzw. ihr Geschäftsführer von einer Auslagerung von Bier absehen müsste. Somit könnte die Brauerei mit ihrer Ware nicht mehr wirtschaften, weil sie zwar Kaufverträge eingehen, aber diese nicht mehr erfüllen dürfte. Einer derart weitgehenden Einschränkung der unternehmerischen Freiheit erteilte der BFH eine Absage.

Außerdem wies der BFH darauf hin, dass es sich bei der Biersteuer um eine Verbrauchsteuer handele, die typischerweise auf Überwälzung auf den

---

11 BFH-Urteile vom 29.8.2023 – VII R 47/20, BFHE 281, 288, Rz 29, und vom 26.9.2017 – VII R 40/16, BFHE 259, 423, Rz 11.

12 BFH-Urteil vom 29.8.2023 – VII R 47/20, Rz 30, und BFH-Beschluss vom 29.8.2018 – XI R 57/17, BFH/NV 2019, 7, Rz 46.

Endverbraucher angelegt ist.[13] Es ist somit ein Kennzeichen der Verbrauchsteuern, dass der Steuerschuldner (z. B. der Steuerlagerinhaber gem. § 15 Abs. 4 Satz 1 Nr. 1 BierStG) die Steuerbelastung über den Kaufpreis an den Endverbraucher weitergeben kann. Aufgrund der Fälligkeit erst zum 20. des Folgemonats hat der Steuerschuldner Zeit für die Überwälzung der Steuerlast. Nach Auffassung des BFH müssen dem Steuerschuldner auch die Möglichkeit und die Zeit bleiben, die der Verbrauchsteuer unterliegenden und zu besteuernden Waren zu verkaufen und die Verbrauchsteuern über den Kaufpreis an den Endverbraucher weiterzugeben.[14] Eine Pflichtverletzung in diesem frühen Stadium kommt allenfalls dann in Betracht, wenn bereits bei der Entnahme des Bieres aus dem Steuerlager feststeht, dass die Biersteuer bei Fälligkeit nicht entrichtet werden kann. Diese Gewissheit bestand im Streitfall jedoch nicht, weil sich die GmbH im November 2014 noch in Verhandlungen mit ihrer Bank über den Kreditrahmen befand und auch das HZA davon ausging, dass weitere Steuerzahlungen der GmbH zu erwarten waren, sodass die Biersteuer für die Monate September und Oktober 2014 gestundet werden konnte. Eine Benachteiligung des HZA gegenüber anderen Gläubigern stand nicht im Raum.

Auch eine Verletzung der Mittelverwendungspflicht schloss der BFH aus, weil die GmbH ab Fälligkeit der Biersteuer zum 20.12.2014 überhaupt keine Zahlungen mehr geleistet hatte. In diesem Zusammenhang stellte der BFH klar, dass die Verbrauchsteuern wie andere Forderungen zu behandeln sind und ihnen keine Sonderstellung zukommt.

Im Ergebnis bestand die Pflichtverletzung des Klägers darin, dass er die Biersteuer für November 2014 bei Fälligkeit nicht (vollständig) entrichtet hatte. Diese Pflichtverletzung war ihm jedoch ausgehend von den Feststellungen des FG nicht vorwerfbar, weil er weder vorsätzlich noch grob fahrlässig gehandelt hatte.

---

13 Vgl. BVerfG-Beschluss vom 13.4.2017 – 2 BvL 6/13, BVerfGE 145, 171, Rz 113.

14 BFH-Urteil vom 29.8.2023 – VII R 47/20, BFHE 281, 288, Rz 35.

4. Urteil des FG Düsseldorf vom 18.11.2022 – 3 K 590/21 H[15]

a) Sachverhalt

Der Kläger war alleiniger Geschäftsführer einer GmbH. Am 15.4.2019 wurden verschiedene Übereinkünfte getroffen, die eine Änderung der Geschäftsführung zum Gegenstand hatten. Zunächst wurde ein Letter of Intent unterschrieben, in dem von der kurzfristigen Bestellung neuer Geschäftsführer und von einem Ablauf des Geschäftsführervertrags des Klägers zum 30.6.2019 ausgegangen wurde. Weiterhin wurde ein notarieller Vertrag über die Änderung des Gesellschafterbestands geschlossen. Außerdem kam es zu einem Gesellschafterbeschluss zur Änderung der Geschäftsführung ab Mai bzw. Juli 2019. Danach sollte der Kläger ab Juli 2019 nur noch als Seniorberater in der GmbH tätig sein. Im Handelsregister war jedoch auch nach dem 30.6.2019 allein der Kläger als Geschäftsführer eingetragen.

Da es bei der GmbH zu Rückständen bei der Lohnsteuer für Juni bis Dezember 2019 kam, erließ das FA einen Haftungsbescheid gegen den Kläger, weil es aufgrund der Eintragung im Handelsregister davon ausging, dass dieser im Haftungszeitraum als Geschäftsführer der GmbH bestellt war. Im Einspruchsverfahren wies der Kläger darauf hin, dass die Geschäftsführung durch andere Personen übernommen worden sei, hatte damit jedoch keinen Erfolg. Somit hatte das FG Düsseldorf zu klären, ob der Kläger aufgrund der immer noch bestehenden Eintragung im Handelsregister als Geschäftsführer der GmbH als Haftungsschuldner gemäß §§ 69, 34 AO, § 35 GmbHG in Anspruch genommen werden kann.

b) Begründung

Das FG Düsseldorf entschied, der Haftungsbescheid sei rechtswidrig. Die Geschäftsführertätigkeit des Klägers habe mit seiner Abberufung infolge des Gesellschafterbeschlusses geendet, sodass er ab 1.7.2019 und damit im maßgeblichen Zeitraum nicht mehr Geschäftsführer der GmbH gewesen sei.

Gemäß § 46 Nr. 5 i. V. m. §§ 35, 38 GmbHG endet die Geschäftsführertätigkeit mit der Abberufung als Geschäftsführer. In diesem Zusammenhang kommt es maßgeblich auf den Inhalt des Gesellschafterbeschlusses an, während die Eintragung der Änderung in der Geschäftsführung im Handelsregister nur deklaratorische Wirkung hat.[16] Das FG führte daher aus, dass der Beginn und das Ende der gesellschaftsrechtlichen Organstellung und damit auch die Ent-

---

15 EFG 2023, 169.

16 Vgl. BFH-Urteil vom 26.2.1985 – VII R 110/79, BFH/NV 1985, 20, Rz 8.

stehung und das Erlöschen der steuerrechtlichen Pflichtenstellung bei GmbH-Geschäftsführern allein vom Inhalt und der Wirksamkeit des Gesellschafterbeschlusses abhängen.

Davon ausgehend kam das FG nach Auslegung der oben angesprochenen Übereinkünfte, insbesondere des Gesellschafterbeschlusses, und einer Gesamtwürdigung aller Umstände zu dem Ergebnis, dass die Geschäftsführertätigkeit des Klägers zum Ende Juni 2019 geendet hatte und er nach diesem Zeitpunkt nur noch als Seniorberater für die GmbH tätig werden sollte. Die Eintragung im Handelsregister erachtete es als lediglich deklaratorisch. Auch einer notariellen Beurkundung des Gesellschafterbeschlusses habe es nicht bedurft.

Außerdem hielt das FG die Ermessensausübung des FA für fehlerhaft, weil das FA neben dem Kläger keine anderen Haftungsschuldner in Betracht gezogen hatte, obwohl weitere Personen für eine Haftung infrage gekommen seien. Denn mit dem Gesellschafterbeschluss wurde nicht nur der Kläger als Geschäftsführer der GmbH abberufen, sondern es wurden auch zwei neue Geschäftsführer bestimmt, von denen zumindest einer sein Amt auch tatsächlich ab Juli 2019 angetreten hatte.

Das Urteil des FG Düsseldorf ist rechtskräftig geworden.

5. Urteil des FG Münster vom 19.12.2022 – 4 K 1158/20 L[17]

a) Sachverhalt

Der Kläger war Geschäftsführer einer GmbH, deren Alleingesellschafter eine andere Person war. Im Oktober 2016 erhielt der Kläger einen Strafbefehl wegen vorsätzlicher Insolvenzverschleppung nach § 15a Abs. 4 InsO, nachdem er finanzielle Schwierigkeiten der GmbH bewusst verschwiegen hatte. Der Strafbefehl wurde am 5.11.2016 rechtskräftig. Das Gewerbe der GmbH musste Ende Oktober 2018 abgemeldet werden. Außerdem wurde ein Insolvenzeröffnungsverfahren eingeleitet.

Da die GmbH im Zeitraum von Ende 2017 bis Anfang 2019 ihre Umsatzsteuerschulden nicht vollständig beglichen hatte, erließ das FA gegenüber dem Kläger einen Haftungsbescheid wegen der rückständigen Umsatzsteuer nebst Säumnis- und Verspätungszuschlägen. Dabei warf das FA dem Kläger vor, Umsatzsteueranmeldungen teilweise nicht oder verspätet abgegeben zu haben, sodass die Steuern dadurch erst später festgesetzt und nicht beigetrie-

17 EFG 2023, 377.

ben werden konnten. Da andere Haftungsschuldner nicht ersichtlich seien, sei die Inanspruchnahme des Klägers ermessensgerecht.

Im August 2020 wurde die Eröffnung des Insolvenzverfahrens mangels Masse abgelehnt und die GmbH im November 2020 im Handelsregister gelöscht.

Erstmals im Klageverfahren brachte der Kläger vor, dass die faktische Geschäftsführung durch eine andere Person, nämlich den Stiefsohn des Alleingesellschafters, ausgeübt worden sei.

b) Begründung

Das FG Münster urteilte, der Haftungsbescheid sei rechtswidrig. In seiner Begründung ließ es zunächst offen, ob die Haftungsvoraussetzungen nach § 69 AO im Streitfall erfüllt waren, obwohl das Amt des Klägers als Geschäftsführer der GmbH aufgrund seiner Verurteilung wegen Insolvenzverschleppung gemäß § 6 Abs. 2 Nr. 3 GmbHG kraft Gesetzes geendet habe und der Kläger somit seit dem 5.11.2016 nicht mehr gesetzlicher Vertreter der GmbH gewesen sei, denn jedenfalls sei die Ermessensentscheidung des FA fehlerhaft. Das FA habe nicht erkannt, dass es ein Auswahlermessen hätte ausüben müssen, weil der Kläger nur als Strohmann gehandelt und tatsächlich eine andere Person die Geschäftsführung ausgeübt habe. Der faktische Geschäftsführer habe daher als möglicher Haftungsschuldner in Betracht gezogen werden müssen.

In diesem Zusammenhang führte das FG unter Hinweis auf ältere BFH-Rechtsprechung[18] aus, dass das FG nicht nur darauf beschränkt sei, die Feststellungen der Verwaltung zu überprüfen, sondern durchaus den Sachverhalt, der im Zeitpunkt der letzten Verwaltungsentscheidung vorgelegen hat, habe feststellen dürfen. Für das FG war in diesem Zusammenhang maßgeblich, dass nur nach entsprechender Feststellung des Sachverhalts die Ermessensausübung der Verwaltung überprüft und beurteilt werden kann, ob überhaupt ein Anlass zur Ausübung eines Auswahlermessens bestanden hat.

Gegen das Urteil des FG Münster ist ein Revisionsverfahren beim BFH unter dem Aktenzeichen VII R 4/23 anhängig.

---

18 BFH-Urteil vom 31.3.1976 – I R 51/74, BFHE 118, 537, Rz 11.

II. Die Haftung aufgrund einer Beihilfe zur Steuerhinterziehung gemäß § 71 AO

1. Gesetzliche Grundlagen

Werden dem FA gegenüber vorsätzlich falsche Angaben zu steuerlich erheblichen Tatsachen gemacht, steht eine Steuerhinterziehung nach § 370 AO im Raum, die ebenfalls zu einer Haftungsinanspruchnahme des Täters, aber auch des Teilnehmers führen kann, denn nach § 71 AO haftet, wer eine Steuerhinterziehung begeht oder an einer solchen Tat teilnimmt, für die verkürzten Steuern.

Die Steuerhinterziehung muss tatbestandsmäßig, rechtswidrig und vorsätzlich, schuldhaft verwirklicht worden sein.[19]

2. BFH-Beschluss vom 28.2.2023 – VII R 29/18[20]

a) Sachverhalt

Der Kläger ist Steuerberater und Wirtschaftsprüfer. Ende 2006 wurde er von C mit dem Erwerb einer GmbH beauftragt, die von C als Geschäftsführer und weiteren Personen für den Verkauf von Altmetall und Schrott aus dem Balkangebiet nach Deutschland benutzt wurde. Die Waren wurden in den Zollanmeldungen unterfakturiert, in Deutschland jedoch zum Marktwert verkauft. Um die durch den Verkauf zum Marktwert anfallende Umsatzsteuer nahezu vollständig zu umgehen, machte die GmbH Vorsteuerbeträge aus Scheinrechnungen von Drittfirmen geltend.

Die steuerliche und betriebswirtschaftliche Beratung der GmbH, deren Vertretung und Buchführung der Kläger übernahm, übertrug die Buchführung der GmbH und die Vorbereitung der Umsatzsteuer-Voranmeldungen seinem Mitarbeiter A.

Da das FA Zweifel an der Richtigkeit der Umsatzsteuer-Voranmeldungen hatte, u. a. weil die Eingangsrechnungen im Wesentlichen nur von einer Firma stammten und Unstimmigkeiten bei deren Bankverbindung vorlagen, wurde eine Umsatzsteuer-Sonderprüfung durchgeführt und ein Ermittlungsverfahren gegen den Geschäftsführer der GmbH, den C, eingeleitet. Außerdem wurde eine Anschluss-Umsatzsteuer-Sonderprüfung angeordnet. Nachdem der Klä-

19 BFH-Urteil vom 26.9.2012 – VII R 3/11, BFH/NV 2013, 337, Rz 16.

20 BFH/NV 2023, 1071.

ger Ende November 2007 um eine Verschiebung des Beginns der Anschluss-Prüfung gebeten hatte, legte C dem A neue Eingangsrechnungen für die GmbH vor, mit dem Hinweis, die bisherigen Rechnungen beruhten auf einem Versehen und müssten durch die nun übergebenen Eingangsrechnungen ersetzt werden.

Da Ende Dezember 2007 die Eröffnung des Insolvenzverfahrens über das Vermögen der GmbH beantragt wurde, blieben Umsatzsteuernachforderungen offen. Im Juli 2009 fertigte der Kläger rückdatierte Schreiben an und fügte diese in die Akte zum Mandat der GmbH ein, wodurch die Übergabe verschiedener Unterlagen an die GmbH und C und eine entsprechende Bitte um Rückgabe an die Kanzlei aus Anlass der Umsatzsteuer-Sonderprüfung dokumentiert werden sollten. Am 20.1.2012 erließ das FA einen Haftungsbescheid gem. §§ 191, 71 AO gegen den Kläger wegen Beihilfe zur Hinterziehung von Umsatzsteuervorauszahlungen für die Monate Mai bis November 2007 zugunsten der GmbH.

b) Begründung

Genauso wie das FG Berlin-Brandenburg als Vorinstanz[21] entschied der BFH, die Voraussetzungen der Haftung nach § 71 AO seien erfüllt. Durch die Einreichung unrichtiger Umsatzsteuer-Voranmeldungen für die Monate Mai bis Oktober 2007 hatte C eine Steuerhinterziehung begangen, für die er auch rechtskräftig verurteilt worden war. Das FG hatte den Sachverhalt dahingehend gewürdigt, dass der Kläger zu dieser Steuerhinterziehung objektiv und subjektiv Beihilfe geleistet habe.

Der BFH führte aus, dass auch Beratungs- oder Unterstützungshandlungen von Rechtsanwälten und Steuerberatern eine strafbare Beihilfe sein können. Maßgeblich ist in diesem Zusammenhang die Kenntnis des Hilfeleistenden vom ausschließlichen Ziel des Haupttäters, eine strafbare Handlung zu begehen. In diesem Fall verliert die Unterstützungshandlung ihren neutralen Alltagscharakter, und es findet eine „Solidarisierung" mit dem Täter statt.

Demgegenüber liegt noch keine strafbare Beihilfe vor, wenn der Hilfeleistende es lediglich für möglich hält, dass sein Tun zur Begehung einer Straftat genutzt wird. In diesem Zusammenhang verwies der BFH auf Rechtsprechung des BGH, wonach sichergestellt werden soll, dass sich niemand durch bloße Mutmaßungen über die Möglichkeit einer strafbaren Verwendung eines geleis-

21 Urteil vom 6.3.2018 – 9 K 9306/12, EFG 2018, 1765.

teten Beitrags von alltäglichen, sozial nicht unerwünschten Handlungen abhalten lassen muss.[22]

Im Streitfall hatte das FG, dem als Tatsacheninstanz die Feststellung dieser Voraussetzungen obliegt, eine strafbare Beihilfe des Klägers zur Hinterziehung der Umsatzsteuervorauszahlungen erkannt. Da der BFH im Rahmen der Tatsachenwürdigung durch das FG keine Verstöße gegen Denkgesetze oder allgemeine Erfahrungssätze feststellen konnte, wurde die Vorentscheidung bestätigt.

22 BFH-Beschluss vom 28.2.2023 – VII R 29/18, BFH/NV 2023, 1071, Rz 213 mit Verweis auf BGH-Urteil vom 22.1.2014 – 5 StR 468/12, wistra 2014, 176, Rz 29.

21. Deutscher Finanzgerichtstag 2025

Eröffnung
Stand und Entwicklung des Steuerrechts in unsteten Zeiten

Richter am BFH a. D. Prof. Jürgen Brandt,
Präsident des Deutschen
Finanzgerichtstages

Das Generalmotto des diesjährigen Finanzgerichtstages, „Stand und Entwicklung des Steuerrechts in unsteten Zeiten", knüpft an die unverändert auch die Staatsfinanzen und das Steuerrecht belastenden Krisen wie die Kriege in der Ukraine und Nahost sowie die Belastungen des Weltklimas und die erheblichen Infrastrukturdefizite an, thematisiert aber auch die teils durch populistisch geprägte Bestrebungen verhärteten politischen Diskussionen über die Strategien zur Lösung dieser Krisen. Dabei ist auf allen politischen Ebenen von entscheidender Bedeutung, dass das erforderliche Vertrauen der Bürger in die verfassungskonforme Problemlösungskompetenz der staatlichen Institutionen durch Entscheidung und Umsetzung von Vorhaben zum einen zur Gewährleistung und Förderung der wirtschaftlichen Entwicklung sowie zum anderen zu dringenden Investitionen in Infrastruktur- und Bildungseinrichtungen im Rahmen einer geordneten Haushaltsplanung gestärkt wird. Unverzichtbar dafür ist, dass nach Ausschöpfung möglicher Einsparpotenziale die Notwendigkeit des Steueraufkommens zur Finanzierung der aktuellen Staatsaufgaben nach außen nachvollziehbar begründet und vermittelt wird.

Was die Förderung der wirtschaftlichen Verhältnisse angeht, können steuerpolitische Maßnahmen bei Unternehmen oder den privaten Haushalten ansetzen. Insbesondere wird deshalb häufig angestrebt, die Konsumnachfrage durch temporäre Senkung von Konsumsteuern oder die Ankündigung einer künftigen Erhöhung zu stimulieren sowie alternativ, Einkommensteuern oder Sozialversicherungsbeiträge in der Erwartung zu senken, dass die Haushalte das zusätzlich verfügbare Einkommen für Konsumausgaben einsetzen.

Für den Erfolg dieser Maßnahmen wird von Ökonomen allerdings vorausgesetzt, dass sie möglichst schnell wirken, das Verhältnis aus Nachfragewirkung und Kosten für den Staatshaushalt möglichst günstig ist, die Maßnahmen nicht nur kurzfristig positive Effekte entfalten, sondern die Entwicklung des Steuersystems auch mittel- und langfristig zumindest nicht beeinträchtigen. Des Weiteren dürfen die Maßnahmen nur temporär sein, um die Solidität der Staatsfinanzen nicht zu gefährden. Wird nämlich das Vertrauen in die Solidität der Staatsfinanzen beschädigt, steigen die Zinskosten der Staatsverschuldung mit der Folge, dass der beabsichtigte „expansive Impuls" für die Wirtschaftsentwicklung neutralisiert wird. Zu bedenken ist auch, dass temporäre Senkungen der Umsatzsteuer nach Studien aus Großbritannien und Deutschland nur zum Teil an Konsumenten weitergegeben wurden und im Übrigen weithin nur zu einer zeitlichen Verlagerung von Ausgaben geführt haben. Des Weiteren ist auch eine temporäre Senkung der Einkommensteuer nach amerikanischen Studien nur begrenzt zur Nachfragestimulation geeignet; nach diesen Studien nehmen lediglich etwa 19,9 % der Haushalte die Senkung zum Anlass, ihre Ausgaben zu erhöhen, während andere die Spielräume zum Sparen oder zur Kredittilgung verwenden. Bei der Entscheidung über steuerliche Anreize zur Stimulierung von Investitionen ist schließlich darauf hinzuweisen, dass es knapp zwei Jahre dauert, bevor die Hälfte der Anpassung der Investitionen erfolgt ist, bei Bauten deutlich länger als bei Maschinen, sodass kaum auf kurzfristige Nachfragebelebung durch Investitionsanreize gesetzt werden kann.

Auf dieser Grundlage vorliegender Studien wird die Notwendigkeit einer funktionierenden Besteuerung für die Sicherung der Finanzierungsgrundlagen des Staates und die Bereitstellung öffentlicher Güter als Voraussetzung für die wirtschaftliche Entwicklung von der Wissenschaft betont; zugleich hält sie für eine wachstumsfreundliche Politik Instrumente zur kurzfristigen Stimulierung der Nachfrage in Wirtschaftskrisen sowie steuerpolitische Instrumente für nur bedingt geeignet.

Im Übrigen wird sich der Finanzgerichtstag mit der allgemein geführten Diskussion über die „Demokratie in der Krise“ befassen.

Des Weiteren werden Gegenstand der Vorträge „Das Leistungsfähigkeitsprinzip im nationalen und europäischen Steuerrecht“ (Prof. Lang), „Verfassungsrechtliche Grenzen steuerrechtlicher Mitwirkungspflichten“ (Prof. Hey), „Neuakzentuierungen der Besteuerung von Mitarbeiterbeteiligungen“ (Dr. Bleschick), „Problematik der Abfärbewirkung in § 15 Abs. 3 Nr. 1 Satz 1 EStG“ (Schneider), „Schenkungsteuer bei Einlagen und sonstigen Leistungen an Gesellschaften“ (Dr. Baldauf) sowie „Aktuelle Herausforderungen in Betriebsprüfungen“ (Dr. Kulosa) sein. Abgerundet wird das Programm durch die Podiumsdiskussion zu aktuellen Entwicklungen im finanzgerichtlichen Rechtsschutz (Prof. Seer, Dr. Franziska von Freeden, Dr. Oliver Rode).

Die sich in der aktuellen Krisensituation stellenden Fragen und politischen Lösungen werden wir sicherlich auch in den Pausen intensiv diskutieren; dies gilt auch für die besonderen Fachthemen dieses Finanzgerichtstages, sodass wir uns auf einen spannenden, interessanten 21. Deutschen Finanzgerichtstag freuen können.

Grußwort

von Dr. Hans-Josef Thesling, Präsident des Bundesfinanzhofs

Nach der Jubiläumstagung im letzten Jahr – der 20. Tagung – könnte man meinen, dass wir mit dem heutigen 21. deutschen Finanzgerichtstag wieder zur gewohnten Routine zurückkehren. Dazu passt aber so gar nicht das heutige Generalthema „Stand und Entwicklung des Steuerrechts in unsteten Zeiten“.

Die Diagnose von den politisch höchst unsteten Zeiten ist wohl mittlerweile unumstritten. Begriffe wie Zeitenwende, Beginn einer neuen Weltordnung und Disruption unserer Gesellschaft prasseln nur so auf uns ein. Deshalb ist es interessant, der Frage nachzugehen, ob und in welchem Umfang sich dies auf unser Steuerrecht auswirkt. Gerade in der letzten Woche kam aus den Vereinigten Staaten die Nachricht, dass das Abkommen zur globalen Mindeststeuer, also Pillar II, abgelehnt wird. Das ist eine solche unmittelbare Auswirkung par excellence, denn ohne die Beteiligung der USA ist Pillar II undenkbar. Da verwundert es nicht, dass dieser Vorgang als ein Kollabieren der Weltsteuerrevolution bezeichnet wird. Das kommt der beschriebenen Disruption schon sehr nahe. Welche Folgerungen daraus für unser nationales Mindeststeuergesetz und für die einschlägige EU-Richtlinie zu ziehen sind, werden wir in den nächsten Monaten erfahren. In den Konzernsteuerabteilungen jedenfalls, die gerade mit der Umsetzung der Neuregelungen befasst sind, wird man sich fragen, welchen Sinn das gesamte Engagement noch macht. Aktueller kann ein Kongressmotto kaum gewählt werden. Das Tagungsprogramm jedenfalls verspricht auch in diesem Jahr interessante Debattenbeiträge zu den aktuellen Entwicklungen.

Mit meinem Grußwort möchte ich über aktuelle Entwicklungen in der Finanzgerichtsbarkeit informieren.

Das in den letzten Jahren dominierende Thema war die Digitalisierung. Der Bereich ist deutlich ruhiger geworden; wesentliche Maßnahmen sind inzwischen erfolgreich umgesetzt. Derzeit stellen auch die letzten Finanzgerichte ihre Aktenführung auf elektronische Gerichtsakten um, sodass wir in absehbarer Zeit in der gesamten Gerichtsbarkeit mit der EGA arbeiten. Der elektronische Rechtsverkehr ist ebenfalls vollständig umgesetzt. Leider – und das ist ein langjährig beklagter Missstand – ist auch in nächster Zeit und trotz zahlreicher Bemühungen keine Besserung beim Thema elektronische Akten der Finanzverwaltung in Sicht.

Erfreulich ist auch die Entwicklung der Videokonferenztechnik. Der BFH bietet erst seit Anfang 2023 den Beteiligten die Möglichkeit, mittels Videokonferenz an der mündlichen Verhandlung teilzunehmen. Der Anteil der mündlichen Verhandlungen, in denen zumindest ein Beteiligter per Video zugeschaltet war, lag im letzten Jahr bei 43 %. Das zeigt das hohe Interesse der Beteiligten an dieser Art der Verhandlungsführung. Ich wage die Prognose, dass sich mit zunehmender Verbesserung des technischen Equipments und der Leitungskapazitäten der Anteil an Videoverhandlungen weiter steigern wird. Für die hierzu geeigneten Verfahren ist dies sicherlich ein Gewinn.

Ein weiterer Aspekt der Digitalisierung ist die Anwendung künstlicher Intelligenz in der Justiz. Hier gibt es – theoretisch – zahlreiche Anwendungsbereiche. In der Praxis stehen die meisten Projekte noch am Anfang. Gerade im Steuerrecht ist wegen der Besonderheiten des Steuergeheimnisses eine umstandslose Nutzung kommerzieller Angebote ausgeschlossen, denn die kommerziellen Anbieter basieren auf dem Abfluss der zur Verfügung gestellten Daten für ihre Trainingsprogramme. Hinzu kommt, dass die am deutschsprachigen Markt angebotenen frei verfügbaren Programme gerade im juristischen Bereich unattraktiv sind, weil sie keinen Zugriff auf die juristischen Datenbanken der Verlage haben. Anderes gilt für Softwareprogramme, bei denen die Datenverarbeitung im geschützten Bereich verbleibt. Mir ist auch bekannt, dass einzelne Finanzgerichte die bereits von Verlagen angebotenen KI-Nutzungen für verlagsinterne Produkte testen. Zu diesen Projekten nimmt der BFH derzeit eine abwartende Haltung ein. Insgesamt sind die Nutzungsmöglichkeiten am richterlichen Arbeitsplatz noch sehr begrenzt. Anderes gilt für die Nutzung in anderen Bereichen: beim BFH hat beispielsweise gerade die Erprobung einer KI-gestützten Auswertung und Aufbereitung von Zeitschriftenbeiträgen begonnen.

Obwohl – oder gerade weil – wir erst in den Startlöchern stehen: Das Thema „KI" wird uns im Steuerrecht und in unserer Gerichtsbarkeit in den kommenden Jahren intensiv beschäftigen. Die Entwicklungen sind so wichtig, dass wir uns entschieden haben, KI-Fragen zu einem der Generalthemen unseres BFH-Finanzrichtertags im März in München zu machen.

Ein weiterer Anwendungsbereich der Digitalisierung wird heute vom Kollegen Kulosa im Vortrag zum Thema „aktuelle Herausforderungen in Betriebsprüfungen" beleuchtet, denn auch in der Finanzverwaltung hat die digitale Welt in großem Umfang Einzug gehalten. Die dabei zwangsläufig entstehenden Fragestellungen unter Rechtsschutzgesichtspunkten bieten zahlreiche Ansatzpunkte, deren Betrachtung sehr lohnend ist. Auch hier wird der heutige Kongress seinem Generalthema „Stand und Entwicklung des Steuerrechts" in vollem Umfang gerecht.

Von Interesse dürfte für Sie auch die Entwicklung der Eingänge beim BFH und die damit eng verbundene Frage der Entwicklung der Stellenausstattung des BFH sein.

Die Einzelheiten der statistischen Entwicklung des BFH werden in Kürze auf der Jahrespressekonferenz detailliert vorgestellt und im Jahresbericht veröffentlicht. Im Vorgriff kann ich aber bereits jetzt mitteilen, dass die Eingänge im abgelaufenen Kalenderjahr erneut und auch erheblich zurückgegangen sind – nämlich um 5 %.

Ihnen ist bekannt, dass dem langjährigen Trend des Eingangsrückgangs in der gesamten Finanzgerichtsbarkeit durch Stellenabbau Rechnung getragen wurde. Der Abbau wird auch im BFH durch den Verzicht auf eine Nachbesetzung von durch Pensionierung freiwerdenden Richterstellen vollzogen. Das ist die Ursache dafür, dass im vergangenen Jahr und in diesem Jahr weniger Richterstellen nachbesetzt wurden, als Stellen frei geworden sind. Hinzukommt, dass in diesem Jahr die Richterwahl wegen der vorzeitigen Beendigung der Bundestagswahlperiode auf den Herbst verschoben worden ist und dadurch eine weitere Verzögerung bei der Nachbesetzung entsteht.

Die zurückgehenden Eingänge verschaffen dem BFH aber auch Kapazitäten für die Bearbeitung von Revisionen, die in früheren Zeiten wegen der vergleichsweise hohen Eingangszahlen nicht im gleichen Umfang vorhanden waren. Der BFH hat als oberste Instanz der Finanzgerichtsbarkeit die Aufgabe, die Einheitlichkeit der Auslegung und Anwendung der Steuergesetze sicherzustellen und das Recht fortzubilden. Dieser Aufgabe kann der BFH nur gerecht werden, wenn ihm in ausreichendem Umfang Verfahren vorgelegt werden, anhand derer er die unterschiedlichen Gestaltungen gegeneinander abwägen und abgrenzen kann. Daher kann ich Sie, liebe Kolleginnen und Kollegen in den Finanzgerichten, nur ermuntern, in allen Ihnen geeignet erscheinenden Fällen am Maßstab des § 115 FGO die Revision zuzulassen und dadurch einer höchstrichterlichen Klärung zuzuführen.

Zur Vorlagepraxis der Finanzgerichte gehört auch der Blick auf die Revisionszulassungspraxis des BFH. Die Erfolgsquote von Nichtzulassungsbeschwerden bewegt sich seit vielen Jahren im Bereich zwischen 12 und 18 %. Diese aus Sicht der Rechtsmittelführer sehr ernüchternden Zahlen haben natürlich viele Gründe. Einer dieser Gründe mag auch in der bisweilen strengen Auslegung der Darlegungsvoraussetzungen durch den BFH zu sehen sein. Im Wesentlichen aber ist die Ursache für die geringe Erfolgsquote in den hohen gesetzlichen Anforderungen zu finden. Daran anknüpfend werden in der Wissenschaft schon seit vielen Jahren Bedenken unter Hinweis auf die Rechtsschutzgarantie des Art. 19 Abs. 4 GG geäußert. Ich bin gespannt auf den Verlauf der heutigen Podiumsdiskussion, die den finanzgerichtlichen Rechtschutz zum Gegenstand hat und sicher auch dieses Thema behandeln wird – und zwar aus Sicht der Wissenschaft und der richterlichen Praxis. Auch die Steuerberaterkammer hat sich der Nichtzulassungsbeschwerdepraxis angenommen und gesetzliche Änderungen vorgeschlagen. Angesichts der immer lauter werdenden Kritik am bestehenden Zustand bin ich zuversichtlich, dass die Diskussion in der nächsten Legislaturperiode mehr Beachtung finden wird und hoffentlich auch in einer gesetzlichen Neujustierung der Materie mündet.

Der Deutsche Finanzgerichtstag soll als Forum der Finanzgerichtbarkeit eine Diskussion aller Akteure auf Augenhöhe ermöglichen. Das heutige Programm bietet eine hohe Gewähr dafür, dass diese Zielsetzung gelingt. Für die Federführung in der Programmgestaltung darf ich Ihnen, lieber Herr Brandt, bereits jetzt mein herzliches Dankeschön aussprechen. Ich bin gespannt auf die interessanten Vorträge und Diskussionen und wünsche Ihnen viele neue Erkenntnisse und in den Pausen gute Gespräche im Kreis der Steuerrechtler.

Grußwort

von Prof. Dr. Hartmut Schwab, Präsident der Bundessteuerberaterkammer

Sehr geehrte Damen und Herren, lieber Herr Prof. Brandt,
im Namen des Präsidiums der Bundessteuerberaterkammer bedanke ich mich für die Einladung und für die Möglichkeit, heute ein Grußwort zu sprechen. Es ist mir eine große Freude, Sie heute auf dem 21. Deutschen Finanzgerichtstag begrüßen zu können. Diese Veranstaltung bietet nicht nur eine wertvolle Gelegenheit, die zentralen Themen der rechtlichen und steuerlichen Praxis in Deutschland zu diskutieren, sondern auch zukunftsweisende Lösungen zu entwickeln, die unser Land und insbesondere unser Steuerrecht nachhaltig verbessern können.

In knapp einem Monat sind die Bundestagswahlen. Sie bieten uns die Chance, wichtige Weichen für die Zukunft zu stellen. Mit Blick auf Österreich vielleicht eine letzte Chance. Ich weiß nicht, wie es Ihnen geht, verehrte Damen und Herren, aber weniger denn je möchte ich in diesen Zeiten Politiker sein. Was erwartet die Welt mit der neuen amerikanischen Präsidentschaft? Was hilft gegen unsere hohen Energiepreise, die überbordende Regulierung und Bürokratie, eine zerfallende Infrastruktur, einen Fach- und Arbeitskräftemangel und die immens hohe Abgabenlast in Deutschland? Da weiß man doch gar nicht, wo man anfangen soll.

Hoffnung macht da leider auch der Blick in die Wahlprogramme der Parteien nicht. Hier finden sich Ansätze zur Steuerpolitik, die uns nicht kalt lassen können. Die SPD scheint sogar so inspiriert zu sein, dass sie Friedrich Merz den Bierdeckel stiehlt – eine skurrile Vorstellung, die zeigt, wie hitzig der Wettbewerb um die besten Ideen ist.

Die beste Idee scheint es auch nicht zu sein, die Umsatzsteuer auf Speisen in der Gastronomie wieder auf 7 % zu senken, wie es auch längere Zeit aufgrund der Auswirkungen der Corona-Pandemie auf die Wirtschaft vorgesehen war, denn das hilft uns Steuerberaterinnen und Steuerberatern nicht bei der Abgrenzung zwischen ermäßigtem und Regelsteuersatz auf Getränke, das hilft den Restaurantbesucherinnen und -besuchern wenig, wenn die Ermäßigung nicht oder nicht vollständig weitergegeben wird; und das hilft den Restauranteigentümerinnen und -eigentümern nicht, wenn sie keinen Koch und keine Servicekräfte finden.

Durch eine generelle Absenkung des ermäßigten Mehrwertsteuersatzes für Lebensmittel von 7 % auf 5 % würden künftig auch Sie und ich günstiger Lebensmittel einkaufen gehen können und letztlich Steuersubstrat mit der Gießkanne auf alle verteilt werden.

Eine „Made in Germany"- bzw. Investitionsprämie ist nichts anderes als „alter Wein in neuen Schläuchen": Eine Investitionsprämie war bereits im Koalitionsvertrag der Ampel vorgesehen und nannte sich damals „Super-AfA". Eine solche Investitionsprämie war schon im Wachstumschancengesetz enthalten, schaffte es aber dann nicht ins Bundesgesetzblatt.

Egal aber, ob „Made in Germany"- oder Investitionsprämie: Folge wären weitere bürokratische Anforderungen in Form von Anträgen und deren Prüfung. Hinzu kommt die Frage der Finanzierung einer Investitionsprämie. Zudem investieren Unternehmen nicht, um eine staatliche Prämie zu erhalten, sondern weil sie sich langfristig einen Profit aus ihrer Investition versprechen. Ist dieser aufgrund schlechter Rahmenbedingungen nicht möglich, wird auch die tollste Prämie nicht helfen, sondern eher schaden und Mitnahmeeffekte auslösen.

Zudem wird vorgeschlagen, eine Sozialversicherungspflicht auf Einkünfte aus Kapitalerträgen einzuführen. Dass es sich dabei um bereits versteuertes Einkommen handelt, wird ignoriert, und ob dies notwendige Investitionen anreizt und die private Altersvorsorge beflügelt, darf bezweifelt werden. Dabei liegt die Abgabenlast für Arbeitnehmer bereits heute bei rund 40 %.

Skurril kommt auch Sahra Wagenknecht daher. Sie plant einen „Tag der Entrümpelung" für Behörden. Zweimal im Jahr sollen diese prüfen, welche Regeln und Richtlinien noch gebraucht werden. Wenn Sie mich fragen: Umsetzungsgrad gleich null. Das trifft auch auf die DEXIT-Ideen der AfD zu. Wie Deutschland allein, ohne den Schulterschluss mit der EU, in der gegenwärtigen weltpolitischen Situation gegenüber den großen Blöcken bestehen soll, wissen vielleicht die Sterne. Ich nicht.

Doch im Ernst: Die einen möchten also durch die Steuergesetzgebung Ungleichheiten bekämpfen und Umverteilung fördern, die anderen setzen auf Investitionsanreize und Entlastung für Unternehmen. Leider geht keine der Parteien wirklich an die Wurzel der Probleme. Was unser Standort dringend braucht, ist simpel: Senkung von Steuern und Abgaben und konsequenter Bürokratieabbau. Wir brauchen echte strukturelle Reformen.

Wie diese im Bereich des Steuerrechts aussehen könnten, haben wir in unseren Forderungen an den zukünftigen Gesetzgeber erarbeitet. Ich skizziere Sie Ihnen im Folgenden.

Materielles Steuerrecht anpassen

Das deutsche Steuerrecht ist eines der komplexesten weltweit und stark auf Einzelfallgerechtigkeit ausgerichtet. Diese Komplexität führt in der Praxis zu erheblichen Problemen. Steuerpflichtige und Steuerberater sehen sich mit Regelungen konfrontiert, die oft unnötig kleinteilig sind und kaum mehr praktikabel angewendet werden können. Die Verwaltung ist gleichermaßen überlastet, was die Effizienz und Verlässlichkeit beeinträchtigt.

Was muss also geschehen, um hier Abhilfe zu schaffen?
- **Mehr Pauschalierung und Typisierung:** Wir benötigen standardisierte Verfahren und Typisierungen. Das würde den Verwaltungsaufwand deutlich reduzieren und die Digitalisierungstauglichkeit erhöhen – beides zum Wohle von Steuerpflichtigen und Verwaltung.
- **Bereinigung der Steuergesetze:** Wir benötigen eine Bereinigung und Straffung der Steuergesetze. Das würde die Gesetzeslage übersichtlicher machen und zu mehr Rechtssicherheit führen.
- **Reduktion von Sozialzweck- und Umverteilungszielen im Steuerrecht:** Wir benötigen ein konsequent auf fiskalische Effizienz ausgerichtetes Steuerrecht. Das wäre nicht nur systematischer, sondern auch effizienter.

Erhöhung der Standortattraktivität und Wettbewerbsfähigkeit

Ein starker Wirtschaftsstandort Deutschland ist eine wesentliche Voraussetzung für Wohlstand und Stabilität. Doch die zunehmende Verlagerung von Investitionen ins Ausland zeigt, dass unser Standort dringend an Attraktivität gewinnen muss. Dazu bedarf es:
- **verlässlicher Rahmenbedingungen und Kontinuität in der Gesetzgebung:** Unternehmen benötigen langfristige Planbarkeit, um Investitionen nachhaltig tätigen zu können. Häufige Änderungen der Steuergesetze wirken hingegen abschreckend und erhöhen die Unsicherheit.
- **Ausweitung der Verlustnutzung:** insbesondere in wirtschaftlich schwierigen Zeiten ist es entscheidend, dass Unternehmen ihre Verluste besser steuerlich geltend machen können. Dies würde nicht nur die finanzielle Belastung verringern, sondern auch den wirtschaftlichen Neustart erleichtern.
- **Abschaffung der Gewerbesteuer:** die Gewerbesteuer stellt eine deutsche Besonderheit im internationalen Steuerrecht dar. Sie behindert Investitionen und Wettbewerbsfähigkeit. Es liegen ausreichend Alternativvorschläge auf dem Tisch.

Die Vorschläge der Expertenkommissionen des BMF verdienen in diesem Zusammenhang besondere Beachtung. Sie bieten eine solide Grundlage für notwendige Reformen.

Modernisierung des Steuervollzugs

Die demografische Entwicklung und der Fachkräftemangel stellen uns vor enorme Herausforderungen. Es wird zunehmend deutlich, dass der bestehende Steuervollzug in seiner bisherigen Form nicht aufrechterhalten werden kann. Stattdessen bedarf es einer umfassenden Modernisierung der Verwaltung, weniger Regulierung und eines Endes der Externalisierung von Staatsaufgaben auf die Steuerpflichtigen, um den Anforderungen der Zukunft gerecht zu werden:

- **Reduzierung von Meldungen, Dokumentationen und Mitteilungspflichten:** das sogenannte „Once-Only"-Prinzip sollte flächendeckend umgesetzt werden, sodass Steuerpflichtige nicht immer wieder die gleichen Informationen bereitstellen müssen.
- **Standardisierung von Lösungen:** der föderale Flickenteppich, der sich beispielsweise in unterschiedlichen digitalen Kollaborationsplattformen zeigt, erschwert die Zusammenarbeit und erhöht den Verwaltungsaufwand. Einheitliche digitale Lösungen sind hier der Schlüssel.
- **Kulturwandel:** Steuerpflichtige, insbesondere Unternehmen, sehen sich häufig einem pauschalen Missbrauchsverdacht ausgesetzt. Diese Haltung muss einer Kultur des Vertrauens weichen.

Die Vorschläge der Bundessteuerberaterkammer zum Tax-Compliance-Management-System bieten wertvolle Ansätze, wie ein moderner und effizienter Steuervollzug zugunsten der Steuerpflichtigen und der Verwaltung aussehen könnte.

Digitalisierung forcieren

Die Digitalisierung bietet enorme Chancen für die Steuerberatung und den Steuervollzug. Als Berufsstand haben wir bereits wichtige Schritte unternommen, um diesen Prozess aktiv voranzutreiben:

- das **besondere elektronische Steuerberaterpostfach** sorgt für eine sichere und standardisierte Kommunikation mit Gerichten und damit für eine effizientere Bearbeitung von Verfahren. Auch die Umsetzung einer **VDB-Sozialversicherung** wurde auf unsere Initiative hin endlich auf den Weg gebracht.
- Die **Standardisierung der Kommunikationswege** mit der Finanzverwaltung unter Nutzung der Steuerberaterplattform für eine sichere Identifizierung muss weiter ausgebaut werden.
- Die Potenziale der **E-Rechnung** müssen gesehen und für die Automatisierung und Digitalisierung der Buchhaltungsprozesse auch konsequent genutzt werden.
- Weitere digitale Entwicklungen wie der **digitale Gewerbesteuerbescheid**, **RABE** oder die Nutzung von **künstlicher Intelligenz (KI)** oder **Blockchain-Technologie** müssen forciert werden, um das volle Potenzial der Digitalisierung auszuschöpfen.

Finanzgerichtlichen Rechtsschutz stärken

Ein effektiver finanzgerichtlicher Rechtsschutz ist essenziell, um den Individualrechtsschutz zu gewährleisten und das Vertrauen in das Rechtssystem zu stärken. Leider bestehen in diesem Bereich erhebliche Defizite:

- **Sinkende Verfahrenszahlen:** Die Zahl der finanzgerichtlichen Verfahren ist rückläufig, was auf zu hohe Hürden hinweist.
- **Hohe Anforderungen an die Revisionszulassungsgründe:** Die Hürden für den Zugang zum BFH sind zu hoch, was die Durchsetzung berechtigter Anliegen erschwert. Aufgrund der zu hohen Anforderungen an die Darlegung des Vorliegens eines Zulassungsgrundes ist es auch nicht verwunderlich, dass die Zulassungsquote des BFH in den letzten Jahren durchschnittlich bei nur 14 % gelegen hat. Die Reaktion auf den Rückgang der Eingangszahlen sollte trotz knapper Haushaltsmittel des Fiskus aber keinesfalls darin bestehen, Richterstellen beim BFH einzusparen, sondern den Zugang zum BFH zu erleichtern.
- Eine **Reform des finanzgerichtlichen Revisionsrechts** ist darum aus Sicht der Bundessteuerberaterkammer dringend geboten. Sie ist Voraussetzung für einen verbesserten Zugang zum zweitinstanzlichen Rechtsschutz und damit für einen stärkeren effektiven Individualrechtsschutz im finanzgerichtlichen Verfahren. U.a. die Einführung eines weiteren Revisionszulassungsgrundes, etwa die Wiedereinführung der Streitwertrevision, sowie die Abmilderung der Anforderungen an den Darlegungszwang sollten in eine Reform einfließen.
- Eine Streitwertrevision besticht durch die Einfachheit der Zulassungsbeurteilung. Es ist rechtsstaatlich bedenklich, dass bei einem zweistufigen Gerichtsverfahren mit nur einer Tatsacheninstanz wirtschaftliche Aspekte des Rechtsstreits für die Revisionszulassung keine Rolle spielen. Obgleich die Gefahr einer Überlastung des BFH, die ja 1985 zur Abschaffung der Streitwertrevision geführt hat, derzeit gerade nicht besteht. Zudem bemisst sich die Bedeutung des Rechtsstreits für den Steuerpflichtigen und das FA – anders als vom Gesetzgeber bei der Abschaffung angenommen – sehr wohl auch nach der Höhe der streitigen Steuer.

Die Vorschläge der Bundessteuerberaterkammer zur Modernisierung des Revisionsrechts, die mein Kollege Dirk Rose hier schon 2022 vorgestellt hat, und die Vorschläge des AK Steuerrechts des DWS-Instituts, dessen Vorsitzender Roman Seer ist, liegen auf dem Tisch und sollten als Grundlage notwendiger Reformen herangezogen werden.

Schluss

Meine sehr geehrten Damen und Herren, die Herausforderungen, vor denen wir stehen, sind komplex. Doch mit Weitsicht, Mut und einem klaren Reformwillen können wir die Weichen für eine erfolgreiche Zukunft stellen. Lassen Sie uns gemeinsam daran arbeiten, Deutschland als Wirtschafts- und Steuerstandort zu stärken und die notwendigen Veränderungen entschlossen voranzutreiben.

Der heutige Finanzgerichtstag bietet eine ausgezeichnete Gelegenheit, diese Themen zu diskutieren und nachhaltige, zukunftsorientierte Lösungen zu entwickeln. Ich danke Ihnen für Ihre Aufmerksamkeit und wünsche uns allen einen erfolgreichen und inspirierenden Deutschen Finanzgerichtstag.

Demokratie in der Krise

Jürgen Wiebicke, freier Journalist, Moderator der Reihe „Philosophisches Radio" auf WDR 5

(Der ursprünglich für diesen Beitrag vorgesehene Vortrag von Gerhard Baum konnte krankheitsbedingt nicht gehalten werden. Wir danken Jürgen Wiebicke herzlich dafür, dass er kurzfristig eingesprungen ist und mit seinem Impuls-Vortrag den 21. Deutschen Finanzgerichtstag bereicherte. Gerhard Baum verstarb wenige Wochen später – wir bewahren ihm ein ehrendes Andenken.)

Demokratie in der Krise – Sorgen und Gestaltungsspielräume

Ich kann sehr gut verstehen, wenn Sie enttäuscht sein sollten, dass hier nicht Gerhard Baum steht, der heute leider aus Krankheitsgründen gehindert ist, seine Gedanken und Appelle zur „Demokratie in der Krise" zur Diskussion zu stellen. Ich hätte ihn auch gern gehört, hätte mich still in die letzte Reihe gesetzt und wäre gespannt gewesen, was er zu sagen hat. Er ist so etwas wie eine politische Ikone der alten Bundesrepublik. Für mich ein unglaubliches Vorbild darin, dass man bis ins hohe Alter hinein leidenschaftlicher Citoyen sein kann und versucht, Einfluss zu nehmen auf die öffentlichen Angelegenheiten.

Und ich habe mir jetzt, seitdem gestern Nachmittag klar war, dass ich jetzt hier stehen soll, gewissermaßen als Notnagel überlegt, was hätte denn Gerhard Baum gesagt zu dem Thema Demokratie in der Krise? Und dann fiel mir ein, dass ich kurz vor Weihnachten einen längeren Text im Kölner Stadtanzeiger gelesen habe. Der handelte von einem Besuch. Der Reporter war bei Gerhard Baum zu Hause. Er hat sich in diesem Moment gerade erholt von schwerer Krankheit. Und was Gerhard Baum dann zum Zustand unserer Gesellschaft gesagt hat, das war sehr verdüstert. Er hat gesagt, dass er seit 1945 noch nie mit so schweren Gedanken einem Jahresende entgegengeblickt hat. Und, das hat mich besonders getroffen, er fürchtet, dass sich Geschichte wiederholt. Und was das in Deutschland heißt, das wissen wir alle. Und wenn ein Gerhard Baum das sagt und sich Sorgen macht, dann dürfen das, glaube ich, alle.

Als ich das gelesen habe, habe ich an einen großen anderen alten Mann dieser Republik gedacht, nämlich an Jürgen Habermas, der ja auch ein Wegbereiter dieser Bundesrepublik ist, und alle, die ich kenne, die Jürgen Habermas kennen, berichten auch, dass er in einem Zustand fast der Verzweiflung ist, weil er denkt, dass wir dabei sind, das jeweilige Lebenswerk zu vernichten und zu riskieren.

Und ich verstehe die Tragödie, die dahintersteht, wenn man in einem so hohen Alter ist und merkt, dass die Dinge ins Rutschen kommen. Dann wird man das automatisch auf die verbliebene knappe Zeit beziehen, die einem noch bleibt, und wird dann ein Gespür dafür bekommen, dass man wahrscheinlich nicht mehr erleben wird, dass Demokratie auch wieder Trittsicherheit gewinnt.

Und doch hätte ich Freude daran, Gerhard Baum und Jürgen Habermas und übrigens auch Ihnen, Herr Schwab, ein wenig zu widersprechen, denn Sie haben ja heute auch eine Denkfigur bemüht, an die wir uns fast schon gewöhnt haben, dass nämlich die kommende Wahl in vier Wochen möglicherweise die letzte Gelegenheit sei.

Ich finde diese Denkfigur einerseits plausibel und andererseits hochgefährlich. Warum? Weil die Demokratie der Idee nach darauf angewiesen ist, dass wir Geschichte nicht nur ertragen, sondern gestalten können. Zur Idee von Demokratie gehört, dass Menschen (und möglichst viele Menschen!) das Gefühl haben, dass es einen Unterschied macht, ob sie was machen oder ob sie zu Hause bleiben, ob sie sich einbringen in die öffentlichen Verhältnisse oder auf dem Sofa sitzen.

Wir sind aber in unserer Gesellschaft momentan dabei, sozusagen die Opferperspektive einzunehmen und uns einzurichten in einem Babylon-Berlin-Gefühl. Man schaut diese Serie – und sie ist ja auch wirklich gut gemacht – und man sieht sie natürlich mit der Maßgabe, dass wir wissen, wie die Nummer ausgeht. Die Schlinge zieht sich immer enger zu und am Ende ist es 1933. Das macht diese Serie so faszinierend.

Und trotzdem wird man sagen müssen, das steht quer zur Idee von Demokratie, die darauf angewiesen ist, dass möglichst viele Menschen die Auffassung haben, die Dinge beeinflussen zu können und nicht einfach nur so vor sich hintreiben zu lassen. Also Vorsicht vor solchen Denkweisen, die sich in vielen Kleinigkeiten zeigen.

Jetzt soll ich ja Gedanken äußern zum Thema Demokratie in der Krise. Das Erste, was ich dazu sagen möchte, ist: Achten Sie mal darauf, wie wir inzwischen gewohnt sind, mit dem Begriff Krise umzugehen. Los ging das mal mit einer Krise, der Finanzkrise. Die würden wir heute gern wiederhaben im Tausch gegen alle anderen. Und das war, sagen wir mal, in unserem Sprachbewusstsein die letzte Krise, die noch im Singular existierte. Und Sprache ist Spiegel unseres Denkens.

Danach hat irgendwer angefangen, von multiplen Krisen zu sprechen. Ich habe dann nachgesehen, weil ich ehrlich gesagt gar nicht so sattelfest war. Ich war mir plötzlich nicht mehr sicher, was heißt eigentlich *multiple*? Ja, vielfältige Krisen. Vielfältige. Wir kommen vom Singular und auf einmal haben wir nicht zwei oder drei, sondern vielfältige Krisen. Sie haben auch zu Recht gesagt, man weiß gar nicht, wo man anfangen soll, weil es ein solches Knäuel gibt. Aber, weil wir ja gewohnt sind, mit einer Steigerungslogik zu arbeiten, hat das irgendwann nicht mehr gereicht zu sagen, wir haben ein Zeitalter der multiplen Krisen.

Und dann hat irgendwer gesagt, nein, das sind permanente multiple Krisen. Und ich könnte jetzt auch sagen, das ist eigentlich untertrieben, denn was wir erleben, das sind ja permanente multiple Krisen, die zu unseren Lebzeiten garantiert nie aufhören werden. Wir werden ab jetzt nur noch Krisen erleben. Und bestimmt wird das ganz viele Menschen mobilisieren, sich für die Demokratie einzusetzen, wenn wir uns immer wieder wechselseitig darin bestätigen, dass alles ganz schrecklich ist. Ich will nicht falsch verstanden werden, es ist alles ganz schrecklich. Aber Sprache ist ein Spiegel unseres Denkens. Und wir arbeiten die eigene Ohnmacht unbemerkt ein, indem wir immerzu solche Formulierungen benutzen. Und das ist keine Kleinigkeit, denn es ist ein Bruch mit dem Betriebssystem von Demokratie.

Im Grunde seit der Neuzeit, schon ein paar Jahrhunderte lang, ist unsere Idee eigentlich, dass es morgen ein bisschen besser werden kann als heute. Und dass wir auch ein Bewusstsein dafür behalten, dass es heute eigentlich besser ist als gestern. Ich bin nicht bereit, die alte Idee vom Fortschritt einfach so zu opfern. Wir stehen heute, was Demokratie angeht, auf den Schultern von Riesen. Andere haben sich in soziale Kämpfe reingeworfen, haben dafür teilweise ihr Leben riskiert, haben Entbehrungen auf sich genommen und bestimmt nicht mit der Haltung, man kann ja eh nichts machen.

Und wir heute, die wir auf den Schultern von Riesen stehen, die wir fast alle in diesem Saal bislang dieses unverdiente Geschenk namens Demokratie bekommen haben, wir beschreiben uns immerzu so, als ob wir die Dinge nur beobachten und ertragen können, aber nicht mitgestalten können. Das ist ein mentales Problem, in dem wir gerade stecken. Und darüber hätte ich gern mit Gerhard Baum gestritten, auch mit Habermas. Jetzt mache ich das in Gedanken mit Ihnen.

Demokratie in der Krise.

Ich würde vorschlagen, ich überspringe einfach die Diagnose, weil wir uns so einig sind. Sonst würde ich nämlich wiederum Beiträge dazu leisten, genau das zu stabilisieren, was ich gerne ein bisschen in Bewegung bringen würde.

Und wir schauen mal darauf, was man eigentlich machen kann oder was man am eigenen Denken kritisch überprüfen muss.

Was mir persönlich sehr schwer gefallen ist in den vergangenen Jahren, und vielleicht geht es Ihnen auch so, ist, in gewisser Weise Abschied zu nehmen von einer idealen Jürgen-Habermas-Welt, denn diese Habermas-Welt, eigentlich möchte ich diese Jürgen-Habermas-Welt gar nicht preisgeben, war so gestaltet, dass Menschen, die in freiheitlichen Zusammenhängen leben, wenn sie ein Problem zu lösen haben, zusammenkommen im Geiste des Wohlwollens – übrigens auch sehr, sehr gut informiert, das gehört mit zum Betriebssystem von Demokratie, dass die Bürgerinnen und Bürger gut Bescheid wissen.

Und dann werden sie sprechen, werden kommunizieren. Und am Ende dieses Streits, das ist das Tolle bei Habermas, gilt der zwanglose Zwang des besten Arguments. Das beste Argument hat immer die besten Chancen und wird sich am Ende durchsetzen. Ich weiß nicht, ob wir das wirklich preisgeben wollen, aber wir sind gerade meilenweit entfernt von dieser Jürgen-Habermas-Welt.

Emotionalität und Ängste

Wir müssen zur Kenntnis nehmen, dass diese Form von politischer Rationalität, die er sich gewünscht hat, geschlagen wird durch die Inflation oder die zunehmende Bedeutung von Emotionalität. Und da müssen wir anfangen, einen anderen Umgang zu finden. Emotionalität wird politisch bewirtschaftet, zuallererst von denen, die jetzt beim übernächsten Mal möglicherweise eine Chance haben könnten. Und sie lässt sich nicht leugnen in ihrer Bedeutung. Was sind das für negative Emotionen vor allem? Es ist Hass, es ist Wut, es ist Angst, es ist Trauer darüber, dass die Welt sich schneller ändert als man selbst. Und ich habe dann nochmal nachgedacht, welche der Emotionen ist denn heute besonders bedeutsam?

Und dazu gibt es eine gute Idee von Mahatma Gandhi. Er hat gesagt, am gefährlichsten ist die Angst: „People think it's hate, but it's fear", hat Gandhi gesagt.

Schauen wir mal unsere Gesellschaft an. Von amerikanischen Verhältnissen kann ich nur lesen und hören, aber ich kenne sie nicht gut. Ich habe angefangen, Bücher über Demokratie zu schreiben – das war eigentlich nur ein Trick, das Bücherschreiben, weil ich wollte, dass Menschen mich einladen und mit mir ins Gefecht gehen – und infolge des ersten Buchs über Demokratie bin ich hinterher an über 100 Orten gewesen und habe mit Menschen über Demokratie gesprochen, in sehr verschiedenen sozialen Welten.

Teilweise Heimspiele, wo ich dachte, hier kommen lauter Leute zusammen, die sowieso von der Demokratie zutiefst überzeugt sind, und sie brauchen jetzt nochmal einen Gottesdienst, um sich zu versichern, dass sie auf dem rechten Weg sind, und um dann auch mit etwas mehr Glaubensstärke hinterher wieder auseinanderzugehen.

Teilweise gab es aber auch ein paar Auswärtsspiele, die für mich besonders lehrreich waren, mit Menschen zusammenzukommen, die sehr, sehr misstrauisch auf unsere Verhältnisse blicken.

Einmal war ich in Thüringen auf Einladung des Landessportbundes, dessen Verantwortliche gesagt haben, wir haben noch nie was über Politik gemacht, aber wir haben das Gefühl, in den Vereinen erodiert etwas. Können Sie sich vorstellen, zu kommen?

Dann habe ich ein paar Tage in Thüringen verbracht und zum Beispiel in einem Schützenheim in Schmalkalden im Thüringer Wald mit ungefähr 200 Schützen diskutiert. Da hatte ich eine Zeit lang das Gefühl, ich bin hier der Einzige, der wirklich überzeugt ist von der Demokratieidee. Alle anderen gucken skeptisch oder halten sogar dagegen.

Und hinterher habe ich überlegt, was habe ich denn da eigentlich mitgenommen? Und das war für mich vor allem eins: Ich habe gemerkt, auch diejenigen, die skeptisch sind, wollen in die Auseinandersetzung. Sie haben mir zugehört und sie haben mit mir gestritten. Das finde ich schon mal viel. Das finde ich sehr gut.

Jedenfalls – ich war bei der Angst – nehme ich aus diesen vielen Begegnungen mit, dass in unserer Gesellschaft momentan die Angst von den Wänden tropft. Und oft denke ich, Menschen sitzen so da und klammern sich an etwas, vor dem sie Angst haben, es zu verlieren. Und wir haben ja auch viel zu verlieren. Es gibt keine Gesellschaft vor uns, die ein so hohes Maß an Wohlstand und Sicherheit geboten hat wie unsere.

Unsere Beschreibungsformen im Moment sind aber so, als ob es gefährlich wäre, von hier zum Bahnhof zu gehen. Und gerade im Moment, wo wir gar nicht schnell genug darin sein wollen, lauter Sicherheitspakete zu schnüren, geht völlig das Bewusstsein dafür verloren, dass jede Sicherheit ihren Preis auf der Seite der Freiheit hat.

Und es geht ein Bewusstsein dafür verloren – das wären jetzt mal 30 Sekunden Philosophie, die ich hier versuche einzuschmuggeln –, dass menschliches Leben nie in Sicherheit ist, weil wir verletzliche und endliche Wesen sind. Und wenn Tragödien geschehen und wenn Dinge passieren, wie zuletzt in Aschaffenburg oder Magdeburg oder wo auch immer die Orte sind, die dann auf einmal diesen Stempel tragen, wenn dort Dinge geschehen, die uns so fassungslos machen, dass im Ergebnis die Angst steht, dann geht das Bewusstsein dafür verloren, dass es diese totale Sicherheit in keinem Leben geben kann.

Und dass es zu den Tatsachen des Lebens gehört, dass sich Tragödien ereignen. Es ist schwierig im Moment so etwas zu sagen, weil das Bedürfnis nach Sicherheit so überhandnimmt. Aber was wir doch verteidigen wollen, ist die Freiheit, die wir haben.

Es gibt einen Philosophen, der ein guter Gewährsmann dafür ist, etwas anders über Angst nachzudenken. Das ist Michel de Montaigne aus dem späten 16. Jahrhundert. Montaigne hat in einer Zeit gelebt, die definitiv unsicherer war als unsere. Da war es schon riskant, in eine Kutsche zu steigen, weil es Räuberbanden gab. Es gab blutige Religionskriege und es gab eine totale Erschütterung aller Glaubensüberzeugungen. Und auch Montaigne war davon erfasst und hat gedacht, ja, wo finde ich denn selbst wieder Sicherheit?

Und dann hat Montaigne etwas gemacht, was auch uns guttun könnte. Er hat nämlich gesagt, wenn sowieso schon alles unsicher ist, dann will ich auch mir meiner selbst nicht mehr länger sicher sein.

Die anderen nennen mich hier so selbstverständlich Montaigne, aber ich verstehe mein Handeln oft auch nicht. Und da sind wir bei der Angst. Montaigne hat ein Projekt begonnen, genau Auskunft darüber zu geben, was er tut, was er empfindet. Und das war zu dieser Zeit absolut neu.

Dann hat Montaigne gemerkt, ja, ich selber bin ein superängstlicher Typ. Ich habe ganz oft Angst und ich stelle am Ende des Tages fest, ich habe mich so von Emotionen leiten lassen, dass die Rationalität unter die Räder gekommen ist. Also genau das, was uns gerade kollektiv geschieht. Und dann war es nicht weit bis zu der Einsicht von Montaigne, dass er gemerkt hat, das meiste von dem, wovor man Angst hat, tritt niemals ein. Klingt banal, aber überprüfen Sie das bitte mal, wovor Sie Angst haben und wie viel davon schon eingetreten ist.

Es wird sehr, sehr wenig sein.

Und Montaigne hat auch die Wurzel der Angst aufgedeckt in einem seiner berühmten Essays „Philosophieren heißt Sterben lernen“: Die Wurzel der menschlichen Angst ist natürlich die eigene Endlichkeit und Verletzlichkeit. Und sein Vorschlag war, wenn das so ist, dass die Angst niemals aus unserem Leben verschwinden wird, dann muss ich mich aber doch in ein Verhältnis zu ihr setzen. Sonst verschlingt mich die Angst und ich bleibe ein unvernünftig handelnder Mensch.

Ich finde, das könnte uns guttun, gerade nach der Corona-Zeit, die ein gutes Beispiel dafür war, wie sich Ängste verselbstständigen, bis zu der kollektiven Unvernunft, und ich glaube, es ist zu früh, darauf wirklich ehrlich zu schauen, dass eine Gesellschaft in einem überbordenden Sicherheitsstreben sogar bereit ist, Sterbende allein zu lassen. Ein unglaublicher Vorgang, der jetzt etwas lapidar als Fehler abgehandelt wird. Das war kein Fehler. Das war ein unglaublicher Vorgang.

Wir müssen ja schauen, was sind eigentlich die Grundlagen von Demokratie. In meinem Lieblingssender gab es irgendwann auf dem Höhepunkt der Pandemie ein interessantes Gespräch in einer Informationssendung. Da fragte eine Moderatorenkollegin einen Peking-Korrespondenten, ob er denn froh sei, in einem Land zu leben, wo die Dinge zügig entschieden werden, in China. Ob ihm das mehr Sicherheit verschaffen würde. Und der Kollege sagte, ja.

Und in dem Moment habe ich gedacht, okay, so schnell kann das gehen. Wenn das Sicherheitsbedürfnis so stark wird und die Angst so überwältigend ist, dann wünschen Menschen sich chinesische Verhältnisse, weil es so schnell geht. So dünn ist das Eis, auf dem wir gehen, und ich würde sagen, das ist kein Problem, das man allein nach der Gesäßgeografie rechts und links sortieren kann, das ist Produkt von Angst.

Und es zeigt sich in so vielem, das unsere Verfasstheit angeht. Ich sage mal ein harmloseres Beispiel, damit Sie verstehen, worauf ich hinauswill. Vor zwei Wochen ist hier Schnee gefallen. Und das ist im Rheinland, für alle Zugereisten will ich das sagen, inzwischen fast wie eine Sensation. Da bekam ich eine E-Mail zu lesen vom Schulamt in Aachen, dass die Kleinen in der Grundschule in der großen Pause in der Klasse bleiben müssen, weil es ja sein könne, dass etwas von den schrägen Dächern oder von den Bäumen und den Ästen rutscht. Und Sie haben jetzt die Wahl, ob Sie darüber schmunzeln oder ob Sie das traurig finden.

Ich fand das traurig. Und es ist ein schönes Beispiel dafür, dass eine Gesellschaft bestrebt ist, Vollkasko zu leben und Risikovermeidung zum obersten Ziel erklärt. Das hat Folgen, die wir uns vielleicht heute noch gar nicht denken können. So viel also zur Angst.

Umgang mit Unwissenheit

Zweites Thema, Umgang mit Unwissenheit. Auch das, glaube ich, müssen wir uns genauer anschauen. Wie gehen wir eigentlich mit Unwissenheit um? Sie haben nochmal das Wort von der Zeitenwende aufgegriffen und ich glaube, dass es zu unserem kollektiven Bewusstsein gehört, dass wir Zeugen eines grundsätzlichen Wandels sind.

Also wenn ich jetzt noch mal das Wort Krise benutzen darf, es ist nicht so eine kleine Krise, so ein Tal zwischen zwei Gipfeln, etwas das sich alle paar Jahre mal ereignet, sondern das, was gerade geschieht, ist größer.

Digitalisierung ist angesprochen worden. Digitalisierung ist menschheitsgeschichtlich eine kulturelle Umwälzung, bei der wir heute noch gar nicht verstanden haben, was sie langfristig bedeuten wird. Es gab die Erfindung der Schrift, es gab die Erfindung des Buchdrucks und jetzt haben wir die Vernetzung der Welt und kein Mensch hier in diesem Saal weiß, was das für unseren Alltag in 10 oder 20 Jahren bedeuten wird. Es gibt zwar Menschen, die haben PowerPoint-Präsentationen über KI in 10 oder 20 Jahren, aber alles, was sie vortragen, ist fromme Lüge. Sie wissen es auch nicht.

Und wir wissen noch ein paar andere Dinge nicht. Wir wissen nicht, wie wir global damit umgehen können, dass viele Millionen Menschen von A nach B unterwegs sind, und alle Gesellschaften, die attraktiv sind, suchen einen Weg irgendwo zwischen Grausamkeit und Überforderung.

Wir wissen nicht, wie wir in ein grundsätzlich neues Verhältnis zum Umgang mit Natur geraten können, denn Klimawandel wird sich nicht per Wahlprogramm beseitigen lassen. Und wir wissen auch nicht, um jetzt vielleicht noch ein viertes großes Thema anzufügen, wir wissen auch nicht, wie man die destruktive Kraft von Milliardären einhegen kann. Es fehlt dazu im Moment kollektive Fantasie.

Also im Grunde ist alles bereitet, um zu sagen, man kann ja gar nichts machen. Und da würde ich dann sagen, ganz simpel, man kann sich nicht aussuchen, in welche Zeit man hineingeworfen wird und in welche Problemlage. Und unsere Zeit gehört halt zu denen, wo wenig Orientierung ist, wo man mitten im Fluss steht und nicht weiß, wie das andere Ufer aussieht.

Visionen, Hoffnungen und Engagement

Und wenn ich mit Menschen über so etwas spreche, dann kommt irgendwann garantiert, wir brauchen wieder Visionen. Und dann frage ich, haben Sie denn eine? Und dann wird es mau, weil die Visionen halt nicht in so einem Zyklus wie bei Apfelernten auftreten, ein mageres Jahr, ein fettes Jahr und so weiter.

Bei Visionen ist das anders. Im Moment gibt es halt einfach wenig Visionen. Und wir können es auch nicht abwälzen auf die Politik in der Erwartung, dass sie das alles lösen soll, nur weil wir selber auch nicht wissen, wo man anfangen soll, um noch mal Ihren Satz zu zitieren.

Ich finde es gut, sich in diesem Punkt ehrlich zu machen und zu sagen: Wenn es die große Vision nicht gibt und der Ruf nach Visionen nur aus der Verzweiflung kommt, aber nicht aus dem Gedanken heraus, ich habe eine, nur wollen die Leute nichts davon wissen, dann sollte man ein bisschen demütiger und bescheidener werden.

Und deswegen setze ich auf Visionen im Pocket-Format. Und wo finde ich die? In lokalen Netzwerken von Engagement, dort, wo Menschen Staatsbürger im vollen Sinne sind, indem sie in eine Rolle wechseln, die vorher in ihrem Leben nicht enthalten war. Nämlich sich nicht nur um ihr Privatleben und nicht nur um ihr Erwerbsleben und die Karriere zu kümmern, sondern eine dritte Erfahrung zu machen, dass man auch Dinge bewegen kann, ohne eigenem Nutzen zu folgen.

Und jetzt komme ich zum Schluss, weil ich dafür gerne ein wenig werben würde, nämlich für den Gedanken: Wenn wir schon sagen, Demokratie ist in der Krise, und ich hatte ja die Diagnose übersprungen, weil das eh alle wissen.

Wenn das so ist, dann sollten wir in der Hoffnung sein, dass die Dinge doch besser ausgehen als gedacht. Hoffnung ist nicht optimistisch sein, es gibt zum Optimismus überhaupt keinen Anlass, aber Hoffen ist etwas anderes. Die Hoffnung rechnet nicht. Die Hoffnung rechnet nicht mit dem guten Ausgang, anders als der Optimismus.

Wenn das so ist, dann müssen wir schauen, über welche Ansprache oder durch welche Tür wir hindurchgehen müssen, um nochmal einen anderen Move in diese Demokratieidee hineinzubekommen.

Und da stelle ich fest, es gibt im Moment ein Übermaß an moralischen oder moralistischen Appellen, wer warum jetzt was machen muss. Und moralische Appelle oder ausgestreckte Zeigefinger bewirken überhaupt nichts. Die sagen nur etwas über denjenigen aus, der den Zeigefinger ausstreckt. Ich glaube, dass es heute darum geht, sich nochmal auf andere Weise darüber zu verständigen, was es eigentlich heißt, in einer Demokratie zu leben. Und zwar in dem Sinne, dass wir nur in dieser Lebensform die Möglichkeit haben, eine Seite der Existenz zu entfalten, die sonst verkümmern würde, wenn wir in autoritären Verhältnissen landen. Es wäre eine Blamage. Wir würden unter unseren Möglichkeiten leben, wenn wir Demokratie preisgeben.

Warum? Genau, weil es diese dritte Tätigkeit für den Menschen geben kann. Wir müssen nicht nur für das Abendbrot sorgen, wir müssen uns nicht nur um die eigene Karriere kümmern, sondern wir können in dieser Welt Fußstapfen hinterlassen, wir können mitmachen, wir können die Erfahrung machen, dass es einen Unterschied macht, ob ich komme oder wegbleibe.

Und ich habe jetzt vor einiger Zeit nochmal in der ZDF-Mediathek ein historisches Gespräch entdeckt – wenn ich schon angefangen habe mit historischen Persönlichkeiten, die nicht mehr ganz jung sind, dann darf jetzt auch mal eine Tote auftauchen –, nämlich Hannah Arendt im Gespräch mit Günter Gaus in den frühen 1960er-Jahren. Ein großartiges Gespräch, schauen Sie sich das an in der ZDF-Mediathek. Die beiden qualmen in Schwarz-Weiß das Studio voll, dass man sie irgendwann kaum noch sieht.

Und dann sagt Hannah Arendt zwei Sachen, die mich umgehauen haben: Das eine: „Ich habe schon 1931 gewusst, was passiert.“ Und damit meint sie logischerweise nicht Judenvernichtung. Das konnte sie nicht wissen. Aber sie wusste, der Zug ist nicht mehr aufzuhalten. Wir werden hier diese Demokratie von Weimar vor die Wand fahren.

Das heißt aber nicht, dass man nichts tun kann. Man kann etwas wissen oder ahnen und man kann trotzdem dabei bleiben in der Zuversicht – das ist übrigens auch das, was mich im Moment aufrecht hält, wenn trübe Gedanken zu stark werden – in der Zuversicht, dass ich denke: Gut, wenn es sich nicht aufhalten lässt, dann ist alles gedacht für die Zeit danach, denn die Idee ist unsterblich.

Und gute Ideen bleiben in der Welt. Man muss mit jungen Leuten reden, man muss denen klar machen, es macht einen Unterschied, ob du in einer Gesellschaft lebst, wo dein Vater dich schlagen darf oder wo es geächtet ist. Das ist Demokratie, das ist keine Art, wie in Berlin regiert wird, sondern das ist eine Lebensform.

Und das zweite von Hannah Arendt Gesagte, das mich so beeindruckt hat: „Ja, Menschen können privat leben und haben ein Erwerbsleben. Das ist wichtig.

Aber wenn man sich darauf fixiert und diese dritte Form der Existenz, nämlich sich um das Gemeinwohl zu kümmern, Teil eines gelingenden Ganzen, einer fairen Gesellschaft werden zu wollen, wenn du das nicht machst, wie lebst du dann?“, sie nennt das „weltarm“.

Wer so lebt, lebt „weltarm“. Mit anderen Worten, wer nichts macht, verpasst etwas in seiner eigenen Existenz. In der Demokratie heißt Engagement nicht, ich erfülle eine Pflicht, die andere Leute mir aufgedrückt haben, sondern ich verwirkliche eine Facette meiner Persönlichkeit, die in anderen Gesellschaften verderben würde. Und diese existenzielle Sicht auf diese großartige Lebensform, ich glaube, das könnte eine Chance sein, um wieder neu zu begeistern.

Und von Hannah Arendt, damit möchte ich dann Schluss machen, kommt auch der Gedanke gegen dieses Babylon-Berlin-Gefühl und gegen die Vorstellung, es läuft alles auch gegen meinen Willen. Von ihr kommt der Gedanke, dass man immer, also auch jetzt, neue Anfänge setzen kann. Immer, also auch jetzt. Vielen Dank für Ihre Aufmerksamkeit.

Das Leistungsfähigkeitsprinzip im nationalen und europäischen Steuerrecht

Prof. Dr. Michael Lang, Wirtschaftsuniversität Wien

Inhalt

I. Die Diskussion um das Leistungsfähigkeitsprinzip
II. Die Bedeutung des Leistungsfähigkeitsprinzips auf verfassungsrechtlicher Ebene
 1. Die Offenheit des Leistungsfähigkeitsprinzips
 2. Das Leistungsfähigkeitsprinzip in der gleichheitsrechtlichen Judikatur des Bundesverfassungsgerichts
 3. Gleichheitsgrundsatz ohne Leistungsfähigkeitsprinzip?
III. Die Bedeutung des Leistungsfähigkeitsprinzips auf unionsrechtlicher Ebene
 1. Das Leistungsfähigkeitsprinzip in der Rechtsprechung zu den Grundfreiheiten
 2. Verfeinerung des gleichheitsrechtlichen Prüfungsmaßstabs durch das Leistungsfähigkeitsprinzip?
 3. Das Potential des Gleichheitsgrundsatzes
IV. Zusammenfassende Würdigung

I. Die Diskussion um das Leistungsfähigkeitsprinzip

Zahlreiche deutsche Steuerrechtswissenschaftler wendeten große Mühe auf, den Inhalt des Leistungsfähigkeitsprinzips zu entfalten und seine Bedeutung für die Einkommensteuer, aber auch zahlreiche andere Steuern herauszuarbeiten. Ihre Arbeit war erfolgreich: Das Leistungsfähigkeitsprinzip ist zwar – anders noch als nach Art. 134 der Weimarer Reichsverfassung – in Deutschland verfassungsrechtlich nicht explizit verankert. Dennoch beruft sich das BVerfG häufig auf die Leistungsfähigkeit, vor allem wenn es darum geht, den Gleichheitsgrundsatz zu konkretisieren.

Der Österreichische Juristen-Tag (ÖJT) beschäftigte sich im Jahre 2000, also vor mittlerweile 25 Jahren, mit der Bedeutung des Leistungsfähigkeitsprinzips für die österreichische Steuerrechtsordnung. Die Rechtslage in Österreich und in Deutschland ist insoweit vergleichbar, als das Leistungsfähigkeitsprinzip in keinem der beiden Staaten explizit auf verfassungsrechtlicher Ebene verankert ist. In Österreich finden sich auch Wissenschaftler wie beispielsweise der im Jahre 2000 als einer der Referenten des ÖJT agierende *Reinhold Beiser*, die sich auf dieses Prinzip bei der gleichheitsrechtlichen Prüfung einfachgesetzlicher Vorschriften, bei deren Interpretation und in rechtspolitischen Diskussionen stützen.[1] *Wolfgang Gassner* und mir kam damals die Aufgabe zu, das Gutachten für den ÖJT zu erstatten, und wir kamen zu deutlich zurückhaltenderen Ergebnissen:[2] Der diskursiven Nachprüfbarkeit der rechtswissenschaftlichen Argumentation ist besser gedient, wenn die Wertungen offengelegt werden, die die jeweiligen sich auf Leistungsfähigkeitsüberlegungen berufenden Rechtsanwender mit diesem Prinzip verbinden, und die weiteren Schlussfolgerungen unmittelbar auf die verfassungsrechtlichen und einfachgesetzlichen Vorschriften gestützt werden, aus denen diese Wertungen abgeleitet werden.

In den letzten Monaten und Jahren hat die Diskussion wieder neue Impulse erhalten: Zum einen haben sich zuletzt jüngere Steuerwissenschaftler aus Deutschland und der Schweiz ebenfalls skeptisch gegenüber der Leistungsfähigkeit als Fundamentalprinzip gezeigt.[3] Zum anderen ist überlegt worden, inwieweit Leistungsfähigkeitsüberlegungen auch auf Ebene des Unionsrechts von Bedeutung sein können.[4] Diese Diskussionen möchte ich zum Anlass nehmen, zu Fragen der verfassungsrechtlichen Fundierung des Leistungsfähigkeitsprinzips Stellung zu nehmen, um dann auch den Diskussionsfaden auf unionsrechtlicher Ebene aufzunehmen.

---

1 *Beiser*, Das Leistungsfähigkeitsprinzip im Einkommen- und Körperschaftsteuerrecht: Referate und Diskussionsbeiträge, 14. ÖJT, Band III/2 (2001) 9 (9 ff.); *Beiser*, Das Leistungsfähigkeitsprinzip -Irrweg oder Richtschnur?, ÖStZ 2000, 413 (413 ff.).

2 *Gassner/Lang*, Das Leistungsfähigkeitsprinzip im Einkommen- und Körperschaftsteuerrecht, Gutachten 14. ÖJT, Band III/1 (2000) 58 ff.; weiters *Gassner/Lang*, Die mangelnde Leistungsfähigkeit des Leistungsfähigkeitsprinzips, ÖStZ 2000, 643 (643 ff.); kritisch auch *Werndl*, Wie leistungsfähig ist das Leistungsfähigkeitsprinzip im Steuerrecht?, in *Akyürek/Baumgartner/Jahnel/Lienbacher/Stolzlechner* (Hrsg.) Staat und Recht in europäischer Perspektive, FS Heinz Schäffer (2006) 945 (945 ff.).

3 *Hongler* in *Ehrenzeller et al.* (Hrsg.), Die schweizerische Bundesverfassung, St. Galler Kommentar[4] (2023) Art. 127 Rz 39; *Valta*, Perspektiven eines Europäischen Leistungsfähigkeitsprinzips am Beispiel der Zinsschranke, StuW 2019, 118 (118 ff.); *Kempny*, Gedanken zum „Leistungsfähigkeitsprinzip" StuW 2021, 85 (85 ff.); *Hongler/Kempny/Valta*: Thesen zur gleichheitsgrundrechtlichen Bedeutung des Leistungsfähigkeitsprinzips, IStR 2024, 350 (350 f.); vgl. auch *Siegel*, Ein ökonomisches Verständnis des Leistungsfähigkeitsprinzips ist keine Provokation von Juristen, DStR 2023, 1617 (1617 ff.).

4 *Kokott*, Das Steuerrecht der Europäischen Union (2018) 109; auch *Hey*, Gleichheitssätze im europäischen Steuerrecht, in *Hey/Schön* (Hrsg.), Europäisches Steuerverfassungsrecht (2023) 144 (153 ff.).

II. Die Bedeutung des Leistungsfähigkeitsprinzips auf verfassungsrechtlicher Ebene

1. Die Offenheit des Leistungsfähigkeitsprinzips

Im Fachschrifttum besteht Einigkeit darüber, dass das Leistungsfähigkeitsprinzip offen ist. Allerdings gehen die Meinungen über das Ausmaß der Offenheit auseinander: Es bedarf jedenfalls der Konkretisierung.[5] Sein konkreter Gehalt folgt aus dem jeweiligen steuerartspezifischen Kontext.[6] Es lässt unterschiedliche Schlussfolgerungen, unterschiedliche Einkommensbegriffe und unterschiedliche Einkommensermittlungsmethoden zu.[7] Auch das objektive Nettoprinzip als zentrales Subprinzip des Leistungsfähigkeitsprinzips erlaubt – nach *Johanna Hey* – unterschiedliche Deutungen, etwa im Hinblick auf das Veranlassungsprinzip, das Vorsichtsprinzip oder das Abschnittsprinzip.[8]

Kritiker gehen aber weiter: Die auch von den Verfechtern des Leistungsfähigkeitsprinzips zugestandene Offenheit führt dazu, dass das vermeintliche Prinzip völlig konturenlos wird und sich zur Gänze in höchst subjektiven Gerechtigkeitsidealen verflüchtigt:[9] *Kruse* zufolge *„leiden alle aus dem Grundsatz der Besteuerung nach der Leistungsfähigkeit abgeleiteten Argumente darunter, dass sie die Vorfragen, worin sich die Leistungsfähigkeit äußert, wie diese zu messen ist und warum gerade die gezogenen Schlussfolgerungen die richtige ist, kaschieren oder als hinreichend beantwortet unterstellen."* Der Rechtsanwender kann *„keine konkreten Belastungsentscheidungen vom Himmel der Gerechtigkeitsideen herunterholen. Man mag sich über die Gerechtigkeit eines progressiven Einkommensteuertarifs einig sein, weil er nach heute landläufiger Vorstellung die Leistungsfähigkeit des Steuerpflichtigen berücksichtigt, über Verlauf, Maß und Ende der Progression sind die Ansichten noch immer auseinandergegangen."*[10]

---

5 *Hey* in *Hey/Schön* 164.

6 *Hey* in *Hey/Schön* 164.

7 *Hey*, Das Leistungsfähigkeitsprinzip als Maßstab europäischer Steuerrechtssetzung – am Beispiel der Begrenzung des Fremdkapitalzinsabzugs (Art. 6 DEBRA-RLE), in *Hörtnagl-Seidner/Kühbacher/Mayr/Pülzl/Zorn* (Hrsg.) FS Reinhold Beiser (2024) 133.

8 *Hey* in FS Reinhold Beiser 121 (133).

9 Vgl. auch *Werndl*, in FS Heinz Schäffer 945 (958): *„Ähnlich wie die Berufung auf die ‚wirtschaftliche Betrachtungsweise' erweist sich auch der Hinweis auf das Leistungsfähigkeitsprinzip mitunter als (dankbares) Vehikel, um ein bestehendes Begründungsdefizit zu kaschieren."*

10 *Kruse*, Lehrbuch des Steuerrechts (1991) 52 f.

2. Das Leistungsfähigkeitsprinzip in der gleichheitsrechtlichen Judikatur des Bundesverfassungsgerichts

Sichtet man die in den letzten Jahren zum Steuerrecht ergangene gleichheitsrechtliche Judikatur des Bundesverfassungsgerichts, gibt es – holzschnittartig zusammengefasst – drei verschiedene Begründungsmuster: Zur ersten Gruppe gehören jene Entscheidungen, in denen das Leistungsfähigkeitsprinzip eine große Rolle spielt.[11] Ein Beispiel dafür ist der Beschluss des Zweiten Senats v. 8.12.2021, 2 BvL 1/13, in dem es um die im Zusammenhang mit der Anhebung des Spitzensteuersatzes von 42 % auf 45 % eingeführte, auf Gewinneinkünfte beschränkte Tarifbegrenzung ging:

> „Der Gleichheitssatz bindet [den Gesetzgeber] an den Grundsatz der Steuergerechtigkeit ([...]), der gebietet, die Belastung mit Finanzzwecksteuern an der wirtschaftlichen Leistungsfähigkeit auszurichten ([...]). Das gilt insbesondere im Einkommensteuerrecht, das auf die Leistungsfähigkeit des jeweiligen Steuerpflichtigen hin angelegt ist ([...]).
>
> [...] Im Interesse verfassungsrechtlich gebotener steuerlicher Lastengleichheit muss darauf abgezielt werden, Steuerpflichtige bei gleicher Leistungsfähigkeit auch gleich hoch zu besteuern (horizontale Steuergerechtigkeit), während (in vertikaler Richtung) die Besteuerung höherer Einkommen im Vergleich mit der Steuerbelastung niedriger Einkommen dem Gerechtigkeitsgebot genügen muss ([...]). Unter dem Gebot möglichst gleichmäßiger Belastung der betroffenen Steuerpflichtigen muss die Ausgestaltung des steuerrechtlichen Ausgangstatbestands folgerichtig im Sinne von belastungsgleich erfolgen ([...]). Ausnahmen von einer belastungsgleichen Ausgestaltung der mit der Wahl des Steuergegenstands getroffenen gesetzgeberischen Entscheidung (folgerichtigen Umsetzung des steuerrechtlichen Ausgangstatbestands) bedürfen eines besonderen sachlichen Grundes, der die Ungleichbehandlung nach Art und Ausmaß zu rechtfertigen vermag ([...]).“[12]

Entscheidend ist an dieser Stelle, dass es *„eines besonderen sachlichen Grundes“* bedarf, um vom Leistungsfähigkeitsprinzip abzuweichen. Das BVerfG zeigt sich zwar zunächst im Hinblick auf solche Gründe offen:

> „Der Gesetzgeber ist grundsätzlich nicht gehindert, mit Hilfe des Steuerrechts aus Gründen des Gemeinwohls außerfiskalische Förder- und Lenkungsziele

11 Vgl. z. B. BVerfG 29.9.2015, 2 BvR 2683/11; 29.3.2017, 2 BvL 6/11; 18.7.2019, 1 BvR 807/12, 1 BvR 2917/13.

12 BVerfG 8.12.2021, 2 BvL 1/13, Rn 55 f.

zu verfolgen ([…]). Er darf nicht nur durch Ge- und Verbote, sondern ebenso durch mittelbare Verhaltenssteuerung auf Wirtschaft und Gesellschaft gestaltend Einfluss nehmen. Der Bürger wird dann nicht rechtsverbindlich zu einem bestimmten Verhalten verpflichtet, erhält aber durch Sonderbelastung eines unerwünschten Verhaltens oder durch steuerliche Verschonung eines erwünschten Verhaltens ein finanzwirtschaftliches Motiv, sich für ein bestimmtes Tun oder Unterlassen zu entscheiden ([…]). In der Entscheidung darüber, welche Sachverhalte, Personen oder Unternehmen gefördert werden sollen, ist der Gesetzgeber weitgehend frei ([…]). Insbesondere verfügt er über einen großen Spielraum bei der Einschätzung, welche Ziele er für förderungswürdig hält. Er darf Verschonungen von der Steuer vorsehen, sofern er ansonsten unerwünschte, dem Gemeinwohl unzuträgliche Effekte einer uneingeschränkten Steuererhebung befürchtet."[13]

In weiterer Folge stellt das BVerfG aber doch sehr enge Voraussetzungen für eine zulässige Ausnahme auf:

> „Förderungs- und Lenkungsziele sind allerdings nur dann geeignet, rechtfertigende Gründe für steuerliche Be- oder Entlastungen zu liefern, wenn entweder Ziel und Grenze der Lenkung mit hinreichender Bestimmtheit tatbestandlich vorgezeichnet sind ([…]) oder das angestrebte Förderungs- oder Lenkungsziel jedenfalls von einer erkennbaren gesetzgeberischen Entscheidung getragen wird ([…]).
>
> Eine Intervention, die das Steuerrecht in den Dienst außerfiskalischer Verwaltungsziele stellt, setzt eine erkennbare Entscheidung des Gesetzgebers voraus, mit dem Instrument der Steuer auch andere als bloße Ertragswirkungen erzielen zu wollen. Andernfalls drohte die Gefahr, dass eine speziell für die Besteuerung vorgesehene Ermächtigung (Art. 105 GG) für nichtsteuerliche Ziele in Anspruch genommen und damit Vergünstigungen zulasten der Ertragshoheit der Länder angeboten sowie unter Umständen Länderkompetenzen überspielt werden könnten. Zudem können die Lenkungswirkungen häufig auch Grundrechte berühren. Für die Steuerintervention muss der Gesetzgeber deshalb gesondert prüfen, ob er das Handlungsmittel der Besteuerung oder der Verschonung davon für außerfiskalische Zwecke einsetzen darf und will ([…]).
>
> Die gesetzgeberische Entscheidung für Förderungs- oder Lenkungszwecke muss hinreichend bestimmt sein. Soweit die Konkretisierung nicht durch die tatbestandliche Ausgestaltung der Norm geschieht, mit der das Ziel umgesetzt wird ([…]), genügen in den Materialien genannte lediglich vage Zielsetzungen

13 BVerfG 8.12.2021, 2 BvL 1/13, Rn 61 f.

> wie ‚Förderung der Investitionsbereitschaft' oder ‚Schaffung von Arbeitsplätzen' für sich genommen nicht, um Abweichungen von einer leistungs- und damit gleichheitsgerechten Besteuerung zu rechtfertigen ([...]). Erforderlich ist vielmehr ein gesetzgeberischer Akt, der den Förderungstatbestand deutlich umgrenzt sowie gemeinwohlbezogen und zweckgebunden bemisst ([...]).
>
> [...] Die Ausgestaltung des Förderungs- und Lenkungszwecks muss zudem gleichheitsgerecht erfolgen ([...]). Der Gesetzgeber darf seine Leistungen insbesondere nicht nach unsachlichen Gesichtspunkten, also nicht willkürlich verteilen. Sachbezogene Gesichtspunkte stehen ihm in weitem Umfang zu Gebote, die Regelung darf sich aber nicht auf eine der Lebenserfahrung geradezu widersprechende Würdigung der jeweiligen Umstände stützen und muss insbesondere den Kreis der von der Maßnahme Begünstigten sachgerecht abgrenzen ([...])."[14]

Aufgrund der mit diesem strengen Maßstab verbundenen besonderen Begründungsbedürftigkeit bleibt wenig Raum für steuerliche Vorschriften, die Förderungs- und Lenkungszielen dienen. Das Schicksal einzelner vor dem BVerfG bekämpfter Bestimmungen war damit vorgezeichnet. So erklärte das BVerfG unter anderem den degressiven Steuertarif bei einer Zweitwohnungssteuer,[15] das Verlustverwertungsverbot bei Erwerb einer mehr als 25%igen Beteiligung an einer Körperschaft[16] und die auf Gewinneinkünfte beschränkte Tarifbegrenzung nach § 32c EStG mit dieser Argumentation für verfassungswidrig.[17]

Mitunter leitet das BVerfG noch weitergehende Schlussfolgerungen aus dem Leistungsfähigkeitsprinzip ab. Im Beschluss der 1. Kammer des Zweiten Senats v. 14.6.2016, 2 BvR 323/10 beruft sich das Höchstgericht zunächst auf den einfachen Gesetzgeber, macht aber rasch klar, dass es auch Abweichungen von den Subprinzipien des Leistungsfähigkeitsprinzips nur bei „gewichtigen Gründen" zulässt:

> „Die für die Lastengleichheit im Einkommensteuerrecht maßgebliche finanzielle Leistungsfähigkeit bemisst der einfache Gesetzgeber nach dem objektiven und dem subjektiven Nettoprinzip. Danach unterliegt der Einkommensteuer grundsätzlich nur das Nettoeinkommen, nämlich der Saldo aus den Erwerbseinnahmen einerseits und den (betrieblichen/beruflichen) Erwerbsaufwendungen sowie den (privaten) existenzsichernden Aufwendungen andererseits. Deshalb sind Aufwendungen für die Erwerbstätigkeit gemäß §§ 4, 9 EStG und

14 BVerfG 8.12.2021, 2 BvL 1/13, Rn 63 ff.

15 BVerfG 15.1.2014, 1 BvR 1656/09.

16 BVerfG 29.3.2017, 2 BvL 6/11.

17 BVerfG 8.12.2021, 2 BvL 1/13.

existenzsichernde Aufwendungen im Rahmen von Sonderausgaben, Famili-enleistungsausgleich und außergewöhnlichen Belastungen gemäß §§ 10ff., 31f., 33ff. EStG grundsätzlich steuerlich abziehbar. Im Rahmen des objektiven Nettoprinzips hat der Gesetzgeber des Einkommensteuergesetzes die Zuordnung von Aufwendungen zum betrieblichen beziehungsweise beruflichen Bereich, derentwegen diese Aufwendungen von den Einnahmen grundsätzlich abzuziehen sind, danach vorgenommen, ob eine betriebliche beziehungsweise berufliche Veranlassung besteht (vgl. § 4 Abs. 4, § 9 Abs. 1 Satz 1 EStG). Dagegen mindern Aufwendungen für die Lebensführung außerhalb des Rahmens von Sonderausgaben und außergewöhnlichen Belastungen gemäß § 12 Nr. 1 EStG die einkommensteuerliche Bemessungsgrundlage nicht ([…]).

[…] Das Bundesverfassungsgericht hat bisher offengelassen, ob das objektive Nettoprinzip, wie es in § 2 Abs. 2 EStG zum Ausdruck kommt, Verfassungsrang hat; jedenfalls kann der Gesetzgeber dieses Prinzip beim Vorliegen gewichtiger Gründe durchbrechen und sich dabei generalisierender, typisierender und pauschalierender Regelungen bedienen ([…]). Hiernach entfaltet schon das einfachrechtliche objektive Nettoprinzip Bedeutung vor allem im Zusammenhang mit den Anforderungen an hinreichende Folgerichtigkeit bei der näheren Ausgestaltung der gesetzgeberischen Grundentscheidungen. Die Beschränkung des steuerlichen Zugriffs nach Maßgabe des objektiven Nettoprinzips als Ausgangstatbestand der Einkommensteuer gehört zu diesen Grundentscheidungen, sodass Ausnahmen von der folgerichtigen Umsetzung der mit dem objektiven Nettoprinzip getroffenen Belastungsentscheidung eines besonderen, sachlich rechtfertigenden Grundes bedürfen ([…]).

[…] Für den Bereich des subjektiven Nettoprinzips ist das verfassungsrechtliche Gebot der steuerlichen Verschonung des Existenzminimums des Steuerpflichtigen und seiner unterhaltsberechtigten Familie zu beachten. Das aus dem Sozialstaatsprinzip nach Art. 1 Abs. 1 in Verbindung mit Art. 20 Abs. 1 GG abzuleitende subjektive Nettoprinzip fordert, dass der Staat das Einkommen des Bürgers insoweit steuerfrei zu stellen hat, als dieser es zur Bestreitung des Existenzminimums benötigt. Denn was der Staat dem Einzelnen voraussetzungslos aus allgemeinen Haushaltsmitteln zur Verfügung zu stellen hat, darf er ihm nicht durch die Besteuerung seines Einkommens wieder entziehen ([…]).“[18]

Zur zweiten Gruppe gehören jene Entscheidungen, in denen das BVerfG zwar Formulierungen, die den oben zitierten ähnlich sind, zur Einleitung seiner Begründung mantraartig verwendet, dann aber die Spur wechselt und in den

18 BVerfG 14.6.2016, 2 BvR 323/10, Rn 48ff.

entscheidenden Passagen klassisch gleichheitsrechtlich argumentiert.[19] Ein Beispiel dafür ist das Urteil v. 28.11.2023, 2 BvL 8/13 zur Frage, ob eine Übertragung von Wirtschaftsgütern zwischen beteiligungsidentischen Personengesellschaften zum Buchwert möglich sein muss. Entscheidungserheblich ist der Vergleich sowohl mit Wirtschaftsguttransfers zwischen verschiedenen Betriebsvermögen desselben Steuerpflichtigen als auch mit anderen Wirtschaftsguttransfers im Kreis der Mitunternehmerschaft. Das BVerfG analysiert äußerst sorgfältig, warum diese Konstellationen, die alle Ausnahmen von der sonst vorgesehenen Gewinnrealisation bei der interpersonellen Verlagerung stiller Reserven darstellen, vergleichbar sind, und geht auf die in Betracht kommenden Rechtfertigungsgründe für eine Differenzierung ein, die es letztlich mit überzeugender Begründung verwirft.

Ein weiteres Beispiel für diese Gruppe von Entscheidungen ist auch das Urteil des BVerfG v. 28.6.2022, 2 BvL 9/14 u.a., zur Anspruchsberechtigung von Ausländern für Kindergeld, Erziehungsgeld und Unterhaltsvorschuss nach § 62 Abs 2 EStG: Das BVerfG stellt die bekannten Textbausteine zur Bedeutung des Leistungsfähigkeitsprinzips und zur Zulässigkeit von Ausnahmen im Falle eines besonderen sachlichen Grundes an den Beginn seiner Entscheidungsbegründung. Die eigentlich relevante Argumentation des BVerfG folgt aber erst danach, und zwar ohne dass sie tatsächlich auf den zum Leistungsfähigkeitsprinzip angestellten Überlegungen aufbaut:

> „Die Regelung bewirkt eine Ungleichbehandlung zwischen zwei Teilgruppen nicht freizügigkeitsberechtigter Ausländer, die einen humanitären Aufenthaltstitel nach den § 23 Abs. 1, § 23a, § 24 oder § 25 Abs. 3 bis 5 AufenthG besitzen und sich seit mindestens drei Jahren rechtmäßig, gestattet oder geduldet im Bundesgebiet aufhalten: Einen Anspruch auf Kindergeld haben gemäß § 62 Abs. 2 Nr. 3 Buchstabe b EStG 2006 nur diejenigen, die zusätzlich zu den vorbenannten Merkmalen entweder im Bundesgebiet berechtigt erwerbstätig sind (§ 62 Abs. 2 Nr. 3 Buchstabe b Alternative 1 EStG 2006) oder es nur vorübergehend nicht sind (§ 62 Abs. 2 Nr. 3 Buchstabe b Alternative 2 EStG 2006), weil sie laufende Geldleistungen nach dem Dritten Buch Sozialgesetzbuch beziehen oder Elternzeit in Anspruch nehmen (erste Teilgruppe). Wer sich hingegen – wie die Klägerinnen und der Kläger der Ausgangsverfahren – seit mindestens drei Jahren rechtmäßig, gestattet oder geduldet im Bundesgebiet aufhält (§ 62 Abs. 2 Nr. 3 Buchstabe a EStG 2006), aber weder berechtigt erwerbstätig ist noch laufende Leistungen der Arbeitsförderung

19 Vgl. z.B. BVerfG 19.11.2019, 2 BvL 22/14.

bezieht oder Elternzeit in Anspruch nimmt (zweite Teilgruppe), erhält kein Kindergeld."[20]

In weiterer Folge analysiert das BVerfG dann, ob diese Unterschiede durch andere Maßnahmen kompensiert werden, was das Gericht im Ergebnis verneint. Die Ungleichbehandlung wird sogar *„durch nichtwirtschaftliche Umstände vertieft"*. Nach Auffassung des BVerfG unterliegt die verfassungsrechtliche Prüfung der vorgelegten Norm auf der Ebene der Rechtfertigung der Ungleichbehandlung einer über die reine Willkürprüfung hinausgehenden Verhältnismäßigkeitskontrolle. Nach Prüfung verschiedener Differenzierungskriterien kommt das Höchstgericht zum Ergebnis, dass sich die unterschiedliche Behandlung nicht rechtfertigen lässt.

Die dritte Gruppe von Entscheidungen unterscheidet sich von der zweiten Gruppe dadurch, dass die Leistungsfähigkeitsüberlegungen gänzlich fehlen.[21] Das BVerfG bemüht sich hier ausschließlich darum, vergleichbare Situationen zu identifizieren, um nach der Rechtfertigung für eine unterschiedliche Behandlung zu fragen oder um die fehlende Vergleichbarkeit zu konstatieren, und dann zu untersuchen, ob sich die Gleichbehandlung rechtfertigen lässt. Oft handelt es sich dabei um Steuern, bei denen die Orientierung an Leistungsfähigkeitsüberlegungen auch nicht unbedingt naheliegt. So entschied das BVerfG am 15.10.2024, 2 BvL 6/19 zum Sächsischen Kirchensteuergesetz:

> „Der Umstand, dass nach § 4 Abs. 1 Nr. 5 SächsKiStG a. F. Ehegatten zum besonderen Kirchgeld herangezogen werden konnten, während dies bei Lebenspartnern, darunter auch in den verfahrensgegenständlichen Veranlagungszeiträumen 2014 und 2015, nicht der Fall war, begründet eine rechtfertigungsbedürftige Ungleichbehandlung.
>
> Die unterschiedliche Behandlung von Ehen und Lebenspartnerschaften durch § 4 Abs. 1 Nr. 5 SächsKiStG a. F. stellt eine mittelbare Ungleichbehandlung wegen der sexuellen Orientierung dar. Zwar richtet sich die Auferlegung des besonderen Kirchgelds in den verfahrensgegenständlichen Veranlagungszeiträumen nicht ausdrücklich nach der sexuellen Orientierung, sondern nach dem Familienstand der Betroffenen. Mittelbar wird jedoch an die sexuelle Orientierung angeknüpft, denn die Entscheidung des Einzelnen für eine Ehe oder eine eingetragene Lebenspartnerschaft ist kaum von seiner sexuellen Orientierung zu trennen. Gesetzliche Bestimmungen, die die Rechte von Ehegatten regeln, erfassen typischerweise heterosexuelle Menschen, während

---

20 BVerfG 28.6.2022, 2 BvL 9/14, Rn 82.

21 Vgl. z. B. BVerfG 10.4.2018, 1 BvL 11/14.

> solche, die die Rechte eingetragener Lebenspartner betreffen, typischerweise homosexuelle Menschen erfassen ([...]).“[22]

Die Institute der Ehe und der eingetragenen Lebenspartnerschaft sind in vergleichbarer Weise rechtlich verbindlich verfasste Lebensformen. Die Ungleichbehandlung von Ehepaaren und eingetragenen Lebenspartnerschaften bei der Festsetzung der Kirchensteuer in Form des besonderen Kirchgelds erachtet das BVerfG – auch im Hinblick auf eine Typisierungsbefugnis des Gesetzgebers – als verfassungsrechtlich nicht gerechtfertigt.

Ein weiteres Beispiel für jene Entscheidungen, in denen das BVerfG ausschließlich „klassisch“ gleichheitsrechtlich argumentiert, ist das Urteil des Ersten Senats v. 10.4.2018, 1 BvL 11/14 u. a. zur Einheitsbewertung:

> „Die Aussetzung einer erneuten Hauptfeststellung der Einheitsbewertung über einen langen Zeitraum führt systembedingt in erheblichem Umfang zu Ungleichbehandlungen durch ungleiche Bewertungsergebnisse (a). Infolge der Anknüpfung an die Wertverhältnisse zum 1. Januar 1964 spiegeln sich die wertverzerrenden Auswirkungen des überlangen Hauptfeststellungszeitraums in den einzelnen Bewertungselementen sowohl des Ertragswert- wie auch des Sachwertverfahrens wider (b).“[23]

Das BVerfG bildet in der Folge eine Reihe von Vergleichspaaren, in denen die ungleiche Behandlung durch diese Wertverzerrungen zum Ausdruck kommt. Das Gericht kommt zum Ergebnis, dass weder der vermiedene Aufwand neuer Hauptfeststellungen noch die geringe Höhe der individuellen Steuerlast noch Praktikabilitätsüberlegungen als Rechtfertigungsgründe in Betracht kommen.

3. Gleichheitsgrundsatz ohne Leistungsfähigkeitsprinzip?

Die zuletzt genannten Urteile zeigen, dass das BVerfG ohne Weiteres in der Lage ist, den Gleichheitsgrundsatz im Steuerrecht auch ohne Berufung auf das Leistungsfähigkeitsprinzip zu entfalten. Der Prüfungsmaßstab ist in diesen Fällen keineswegs weniger streng. Das deutsche Höchstgericht ist mitunter restriktiv, wenn es darum geht, Rechtfertigungsgründe für eine Ungleichbehandlung zu akzeptieren.

Ob das BVerfG auf das Leistungsfähigkeitsprinzip zurückgreift oder den Gleichheitsgrundsatz in seiner „klassischen“ Form zur Entfaltung bringt: Die

22 BVerfG 15.10.2024, 2 BvL 6/19, Rn 32 f.
23 BVerfG 10.4.2018, 1 BvL 11/14, Rn 103.

Gleichheitsprüfung verlangt vom Interpreten immer Abwägungsentscheidungen. Unweigerlich fließen daher Wertungen ein. Dies ist bei der „klassischen" Gleichheitsprüfung bereits bei der Auswahl der Vergleichspaare der Fall. Deren Festlegung kann für den Ausgang des Verfahrens durchaus entscheidend sein.[24] Genauso sind die weiteren Schritte der Anwendung des Gleichheitsgrundsatzes von Wertungen geprägt: Ist eine differenzierende Regelung als solche erkannt, muss diese Differenzierung auf ihre sachliche Rechtfertigung geprüft werden.[25] Sie kann nur dann als sachlich akzeptiert werden, wenn sie auf einem vernünftigen Grund beruht und die konkrete Ausgestaltung der Regelung nicht zu einer unverhältnismäßigen Ungleichbehandlung führt.[26] Kann ein „vernünftiger" Grund gefunden werden, der geeignet ist, eine Rechtfertigung für diese Ungleichbehandlung abzugeben, ist somit noch nicht gesagt, dass diese Vorschrift mit dem Gleichheitsgrundsatz übereinstimmt. Vielmehr ist zu prüfen, ob die Differenzierung „verhältnismäßig" ist. Dahinter steht die Forderung nach Gegenstands- und Zieladäquanz einer Regelung. Die Verfassungsmäßigkeit einer Vorschrift hängt insbesondere vom Ergebnis der „Verhältnismäßigkeitsprüfung" ab. Der Gleichheitsgrundsatz verlangt eine Abwägung, die das Ausmaß der nachteiligen Wirkungen, die einer bestimmten Gruppe aufgrund einer Ungleichbehandlung erwachsen, dem – sachlichen – Interesse, das hinter der Differenzierung steht, gegenüberstellt.

Wer am Gleichheitsgrundsatz als Relationenbegriff festhält, kommt nicht umhin, die Wertungen, die in die gleichheitsrechtliche Prüfung einfließen, aufzudecken. In jedem Schritt dieser Prüfung muss der Anwender des Gleichheitsgrundsatzes offenlegen, warum er von der Vergleichbarkeit der Konstellation ausgeht, aus welchen Gründen er welche Rechtfertigung akzeptiert und wie er die bei der Verhältnismäßigkeitsprüfung maßgebende Abwägungsentscheidung trifft. Dies ermöglicht die diskursive Nachprüfbarkeit: Wenn ein Gericht bei der Prüfung anderer Vorschriften abweichende Maßstäbe angelegt hat, drängt sich dann die Frage nach den Gründen dafür auf. Spätestens bei

---

24 Vgl. bereits *Neisser/Schantl/Welan*, Betrachtungen zur Judikatur des Verfassungsgerichtshofes, ÖJZ 1969, 645 (648); *Gassner*, Gleichheitssatz und Steuerrecht, Gelber Brief des Instituts für Finanzwisschaft und Steuerrecht, Heft 64 (1970) 4 f.

25 *Gassner/Lang*, Gutachten 14. ÖJT 62.

26 *Gassner*, Gleichheitssatz und Steuerrecht 5; *Korinek*, Gedanken zur Bindung des Gesetzgebers an den Gleichheitsgrundsatz nach der Judikatur des Verfassungsgerichtshofes, in *Schäfer* (Hrsg.), Im Dienst an Staat und Recht, FS Melichar (1983) 39 (53); *Korinek/Holoubek*, Gleichheitsgrundsatz und Abgabenrecht, in *Gassner/Lechner* (Hrsg.), Steuerbilanzreform und Verfassungsrecht (1991) 73 (84 ff.); *Holoubek*, Die Sachlichkeitsprüfung des allgemeinen Gleichheitsgrundsatzes, ÖZW 1991, 72 (77).

der wissenschaftlichen Analyse seines Urteils wird sich ein Gericht diese Frage gefallen lassen müssen. In den Entscheidungen des BVerfG, in denen es sich der „klassischen" gleichheitsrechtlichen Prüfung bedient, begründet das Gericht daher oft schon selbst, inwieweit sich der nunmehrige Fall von früher entschiedenen Konstellationen unterscheidet.

Wenn das BVerfG hingegen nur danach fragt, ob Gründe für eine Durchbrechung des Leistungsfähigkeitsprinzips vorliegen, fällt zumindest die Offenlegung der Wertungen weg, die in den ersten Schritt der gleichheitsrechtlichen Prüfung Eingang finden: Der Umstand, dass eine Steuer vom Leistungsfähigkeitsgrundsatz geprägt ist, wird einfach angenommen und sogleich nach der Rechtfertigung der jeweiligen tatsächlichen oder vermeintlichen Ausnahme davon gefragt. Die gleichheitsrechtliche Prüfung wird auf diese Weise verkürzt. Dabei wird implizit von der Existenz eines fest umrissenen – wenngleich nicht im Detail erläuterten – Begriffs der Leistungsfähigkeit ausgegangen, aus dem sich ganz konkrete Anforderungen – wie bei der Einkommensteuer beispielsweise das Gebot der Abzugsfähigkeit jeglicher Erwerbsaufwendungen – ableiten lassen. Diese Annahmen stehen aber im Widerspruch zu der einleitend – auch von den Verfechtern dieses Prinzips anerkannten – Offenheit, Vagheit und Konkretisierungsbedürftigkeit der Leistungsfähigkeit: Wer die Rechtfertigung von Ausnahmen von der Leistungsfähigkeit verlangt, muss das ihr zugrunde liegende System bereits insoweit konkretisiert haben. Die Wertungen, die dabei maßgebend sind, werden aber – wenn man sich bloß auf das wenig konkrete Leistungsfähigkeitsprinzip beruft – nicht offengelegt und sind daher der diskursiven Nachprüfbarkeit entzogen.

Wer mit dem Leistungsfähigkeitsprinzip operiert, bezieht somit im Vorfeld mitunter unterschiedliche Wertentscheidungen ein, weshalb aus diesem Prinzip mitunter auch diametral entgegengesetzte Forderungen abgeleitet werden: So berufen sich Autoren, die die Zulässigkeit von Rückstellungen im Steuerrecht für geboten erachten, genauso auf den Leistungsfähigkeitsgrundsatz[27] wie jene, die die Bildung von Rückstellungen als unzulässig ansehen.[28] All diese Argumentationen haben aber gemeinsam, dass sie zur Konkretisierung dieses Grundsatzes auf steuerliche Vorschriften zurückgreifen. Dahinter steht letztlich die Wunschvorstellung eines steuerrechtlichen „Reinheitsgebots": Gerade Autoren, die schwerpunktmäßig auf dem Gebiet des Steuerrechts forschen, erachten es oft als erstrebenswert, dass das Steuerrecht frei von Zwecken gehalten wird, die außerhalb des Steuerrechts liegen. Sie erachten es

---

27 *Beiser*, ÖStZ 2000, 413 (422).

28 *W. Doralt*, Sind Rückstellungen steuerpolitisch gerechtfertigt?, RdW 1998, 514 (515).

zwar keineswegs als schlechthin unzulässig, dass sich der Gesetzgeber auch des Steuerrechts bedient, um andere Zielsetzungen zu verwirklichen. Diese Fälle sollten aber doch die seltene Ausnahme bleiben. Solche in der Lehre anzutreffenden Tendenzen sind nicht ohne Auswirkungen auf die Rechtsprechung des BVerfG geblieben: Sie schlagen sich in der mitunter verwendeten Begründungsformel nieder, wonach Durchbrechungen des Leistungsfähigkeitsprinzips „besonderer Gründe" bedürfen.[29] Solche Forderungen nach der Bewahrung oder – vielleicht besser – Wiederherstellung der Steuerrechtsordnung als eines von gemeinsamen systematischen Überlegungen getragenen Rechtsgebietes sind durchaus nachvollziehbar. Wer so argumentiert, sollte sich aber auch eingestehen, dass er den Boden der Rechtsdogmatik verlassen hat und Rechtspolitik betreibt. Rechtspolitische Überlegungen müssen einem Rechtswissenschaftler keineswegs fremd sein, ganz im Gegenteil. Wichtig ist aber, die beiden Ebenen auseinander zu halten und deutlich zu machen, auf welcher Ebene man gerade argumentiert.

Aus dem Leistungsfähigkeitsprinzip wird oft – auch vom BVerfG – abgeleitet, dass es geboten ist, zumindest das Einkommensteuerrecht am objektiven Nettoprinzip zu orientieren. Die Argumentation des Gerichts erweist sich dabei aber zirkulär: Für das BVerfG ist entscheidend, dass das Einkommensteuerrecht – also die einfachgesetzlichen Vorschriften – *„auf die Leistungsfähigkeit des jeweiligen Steuerpflichtigen hin angelegt ist ([...])"*.[30] Dies ist eine wesentliche Voraussetzung für die Forderung nach dem objektiven Nettoprinzip. Wenn man die einfachgesetzlichen Regelungen aber im Detail betrachtet, muss man ein Nebeneinander von Abzugsgeboten und -verboten konstatieren. Wer von einem Regel-Ausnahme-Verhältnis zugunsten des Abzugs von Aufwendungen ausgeht, kann sich dabei nur auf die Gesetzestechnik stützen. Dann käme es aber letztlich aus verfassungsrechtlicher Sicht auf Zufälligkeiten der Gesetzesformulierung an, die ausschließlich in der Ingerenz des einfachen Gesetzgebers liegen. Die empirische Häufigkeit der Normanwendung kann bei generell-abstrakten Normen ebenso wenig von Bedeutung sein, denn solche Vorschriften sind im Hinblick auf die Zahl der von ihnen erfassten Sachverhalte definitionsgemäß offen. Will man daher ein einkommensteuerliches Abzugsverbot am Gleichheitsgrundsatz messen, bietet es sich an, andere Konstellationen zu identifizieren, in denen entweder Abzugsgebote oder aber -verbote bestehen, und diese auf ihre Vergleichbarkeit zu prüfen.

---

29 Vgl. BVerfG 13.2.2008, 2 BvL 1/06, Rn 45.

30 BVerfG 28.11.2023, 2 BvL 8/13, Rn 143.

Wer hingegen davon ausgeht, dass steuerliche Vorschriften mit Lenkungszwecken begründungsbedürftige Ausnahmen sind, unterstellt implizit, dass sich Vorschriften mit Fiskal- und Lenkungszwecken fein säuberlich voneinander trennen lassen. Diese Annahme beruht auf einer Fiktion. Steuerliche Vorschriften sind niemals im Hinblick auf Lenkungswirkungen völlig neutral, vielmehr kommt es immer darauf an, welche von mehreren möglichen Neutralitätskonzepten sie verfolgen.[31]

Zugegebenermaßen variiert aber die Intensität, mit der steuerliche Vorschriften Lenkungszwecke verfolgen. Zweifellos gibt es auch Vorschriften, denen im stärkeren Ausmaß Lenkungswirkungen zugrunde liegen. Steuerliche Regelungen bieten sich oft gerade aus Gründen der Verhältnismäßigkeit an, wenn es darum geht, unerwünschtes Verhalten zwar nicht zu verbieten, aber Anreize zu setzen, um es zu vermeiden. Dem Grunde nach erkennt das BVerfG dies auch an:[32] Der Gesetzgeber *„darf nicht nur durch Ge- und Verbote, sondern ebenso durch mittelbare Verhaltenssteuerung auf Wirtschaft und Gesellschaft gestaltend Einfluss nehmen. Der Bürger wird dann nicht rechtsverbindlich zu einem bestimmten Verhalten verpflichtet, erhält aber durch Sonderbelastung eines unerwünschten Verhaltens oder durch steuerliche Verschonung eines erwünschten Verhaltens ein finanzwirtschaftliches Motiv, sich für ein bestimmtes Tun oder Unterlassen zu entscheiden ([…]).“* Verbrauchssteuern, die den Tabak- oder den Alkoholkonsum oder aber den Verbrauch fossiler Brennstoffe erfassen, sind allseits bekannte Beispiele dafür. Wenn es dem Gesetzgeber darum geht, Maßnahmen gegen die Gewährung exorbitant hoher Managergehälter zu setzen, ist ein ab einer bestimmten Gehaltshöhe vorgesehenes Abzugsverbot von Betriebsausgaben zweifellos ein gelinderes Mittel als das Verbot von Gehältern ab einer bestimmten Höhe.[33] Die gleichheitsrechtliche Prüfung solcher Regelungen sollte daher nicht nur den Vergleich zu anderen Vorschriften über die steuerliche Abzugsfähigkeit – wie beispielsweise Regelungen über Aufsichtsratsvergütungen – in den Blick nehmen, sondern über das Steuerrecht hinaus auch andere Vorschriften einbeziehen, die exzessive Gehaltsspreizungen zu verhindern trachten. Jedenfalls greift es

---

31 *Lang*, Wirtschaftsverfassung und Finanzverfassung, in *Holoubek/Kahl/Schwarzer* (Hrsg.) Wirtschaftsverfassungsrecht (2022) 505 (505 ff.); *Staringer*, Verhaltenslenkung im Steuerrecht, in *Kofler/Lang/Rust/Schuch/Spies/Staringer* (Hrsg.), Steuerpolitik und Verfassungsrecht (2023) 30 (30 ff.).

32 BVerfG 3.9.2009, 1 BvR 2384/08, Rn 33.

33 VfSlg 19.993/2014.

zu kurz, bloß nach „besonderen sachlichen Gründen“ zu fragen, warum in diesen Fällen keine steuerliche Abzugsmöglichkeit besteht.[34]

Die Rechtsprechung des BVerfG macht auch deutlich, dass sich unter dem Schlagwort der Leistungsfähigkeit nicht bloß die Operationalisierung des Gleichheitsgrundsatzes verbirgt: Das Höchstgericht erachtet auch das subjektive Nettoprinzip als Ausfluss des Leistungsfähigkeitsprinzips.[35] Als Rechtsgrundlage wird zwar auch der Gleichheitsgrundsatz, aber – wohl primär – auch die in Art. 1 Abs. 1 GG verankerte Menschenwürde und das in Art. 20 Abs. 1 GG angesprochene Sozialstaatsprinzip angeführt. Das Leistungsfähigkeitsprinzip ist daher nicht bloß die Konkretisierung des Gleichheitsgrundsatzes, sondern stützt sich auf verschiedene Verfassungsrechtsvorschriften. Dabei hat es sich aber weitgehend von seinen Rechtsgrundlagen gelöst und verselbständigt.

III. Die Bedeutung des Leistungsfähigkeitsprinzips auf unionsrechtlicher Ebene

1. Das Leistungsfähigkeitsprinzip in der Rechtsprechung zu den Grundfreiheiten

In der Rechtsprechung des EuGH zum Steuerrecht spielen seit langem die Grundfreiheiten eine große Rolle. Vor mittlerweile 30 Jahren hat der EuGH die *Schumacker*-Rechtsprechung begründet, die großes Aufsehen erregte:[36] Der EuGH entfaltete die gleichheitsrechtlichen Anforderungen der Grundfreiheiten dahingehend, dass *„nach ständiger Rechtsprechung eine Diskriminierung nur darin bestehen kann, dass unterschiedliche Vorschriften auf vergleichbare Situationen angewandt werden oder dass dieselbe Vorschrift auf unterschiedliche Situationen angewandt wird.“*[37] Zwar ging er zunächst davon aus, dass sich im Hinblick auf die direkten Steuern *„Gebietsansässige und Gebiets-*

34 Vgl auch *Lang*, in *Holoubek/Kahl/Schwarzer* (Hrsg.) Wirtschaftsverfassungsrecht 505 (531 ff.).

35 Kritisch dazu *Siegel*, DStR 2023, 1617 (1617 ff.); *Moes*, Das „subjektive Nettoprinzip“ und die Steuerfreiheit des Existenzminimums – Anmerkungen zu einer systemwidrigen Verfassungsrechtsdogmatik, DStR 2023, 2369 (2369 ff.).

36 EuGH 14.2.1995, C-279/93, *Schumacker*, ECLI:EU:C:1995:31; eine umfassende Analyse der EuGH-Judikatur findet sich bei *Valta*, Grenzüberschreitende Leistungsfähigkeit multinationaler Unternehmen im EU-Recht, ISR 2020, 189 (189 ff.).

37 EuGH 14.2.1995, C-279/93, *Schumacker*, ECLI:EU:C:1995:31, Rn 30; auch EuGH 18.7.2007, C-182/06, *Lakebrink*, EU:C:2007:452, Rn 27.

fremde in der Regel nicht in einer vergleichbaren Situation" befinden.[38] *„Etwas anderes gilt jedoch, wenn der Gebietsfremde wie im Ausgangsverfahren in seinem Wohnsitzstaat keine nennenswerten Einkünfte hat und sein zu versteuerndes Einkommen im Wesentlichen aus einer Tätigkeit bezieht, die er im Beschäftigungsstaat ausübt, sodass der Wohnsitzstaat nicht in der Lage ist, ihm die Vergünstigungen zu gewähren, die sich aus der Berücksichtigung seiner persönlichen Lage und seines Familienstands ergeben. [...] Zwischen der Situation eines solchen Gebietsfremden und der eines Gebietsansässigen, der eine vergleichbare nichtselbständige Beschäftigung ausübt, besteht jedoch kein objektiver Unterschied, der eine Ungleichbehandlung hinsichtlich der Berücksichtigung der persönlichen Lage und des Familienstands des Steuerpflichtigen bei der Besteuerung rechtfertigen könnte."*[39] Das Urteil erweckte den Eindruck, als würde der EuGH fordern, dass im Falle von Steuerpflichtigen, die in mehreren Mitgliedsstaaten wirtschaftliche Aktivitäten entfalten, einer dieser Staaten verpflichtet wäre, dessen persönliche Lage und seinen Familienstand steuerlich zu berücksichtigen. Zumindest bei oberflächlicher Betrachtung leitete der EuGH das subjektive Nettoprinzip – und damit ein Subprinzip des Leistungsfähigkeitsprinzips – aus den Grundfreiheiten ab.[40]

Schon bald zeigte sich aber, dass der EuGH auf dem Holzweg war: Der EuGH hatte zwar in *Schumacker* für den ihm vorgelegten Fall, in dem der Steuerpflichtige mehr als 90 % seiner Bezüge im Beschäftigungsstaat erzielte, eine passende Lösung gefunden. Der von ihm gewählte Ansatz war aber nicht ausbaufähig. Die vom EuGH entwickelten Kriterien warfen mehr Fragen auf, als sie Lösungen bieten konnten:[41] Was sind „keine nennenswerten Einkünfte"? Wann bezieht jemand *„sein zu versteuerndes Einkommen im Wesentlichen aus einer Tätigkeit [...], die er im Beschäftigungsstaat ausübt"*? Kommt es auf die Situation in beiden Staaten an? Wonach bemisst sich das vom EuGH als maßgebend angesehene Einkommen? Und wie ist vorzugehen, wenn der Steuerpflichtige nicht bloß in zwei, sondern drei oder mehr Mitgliedsstaaten tätig ist? Die Folgerechtsprechung trug nicht zur Klärung, sondern zur völligen Verwirrung bei. Auch Verfechter des Leistungsfähigkeitsprinzips – wie *Joachim Lang* und *Joachim Englisch* – räumten ein, dass sich diese Rechtsprechung nicht dazu eignet, ein – in der damaligen Terminologie – gemeinschaftsrechtliches

---

38 EuGH 14.2.1995, C-279/93, *Schumacker*, ECLI:EU:C:1995:31, Rn 31.

39 EuGH 14.2.1995, C-279/93, *Schumacker*, ECLI:EU:C:1995:31, Rn 36 f.

40 Vgl näher *Hey* in *Hey/Schön* 161.

41 Dazu *Lang*, Ist die Schumacker-Rechtsprechung am Ende, RIW 2005, 336 (340 f.).

Leistungsfähigkeitsprinzip zu entwickeln.[42] Der diskriminierungsrechtliche Ansatz der Grundfreiheiten lässt sich nämlich nicht wegdiskutieren:[43] Sie können lediglich die Gleichbehandlung nationaler und grenzüberschreitender Sachverhalte bewirken, aber nicht erzwingen, dass ein Staat überhaupt die persönliche Lage und den Familienstand des Steuerpflichtigen berücksichtigt.[44] Sieht ein Mitgliedsstaat davon auch in internen Situationen ab, laufen auch die Grundfreiheiten leer.[45]

Ein jüngeres Urteil, in dem ebenfalls Leistungsfähigkeitsüberlegungen eine Rolle spielten, ist jenes in der Rs *Bevola*.[46] Es ging um eine dänische Gesellschaft, die in Dänemark nicht die Verluste einer ausländischen Betriebsstätte abziehen konnte. Der EuGH hob hervor, dass *„die fraglichen nationalen Bestimmungen, die die Doppelbesteuerung der Gewinne und den doppelten Abzug der Verluste einer gebietsfremden Betriebsstätte vermeiden sollen, ganz allgemein darauf abzielen, sicherzustellen, dass die Besteuerung einer Gesellschaft mit einer solchen Betriebsstätte der Leistungsfähigkeit dieser Gesellschaft entspricht. Die Leistungsfähigkeit einer Gesellschaft mit einer gebietsfremden Betriebsstätte, die endgültige Verluste erlitten hat, ist aber in gleicher Weise beeinträchtigt wie die einer Gesellschaft, deren gebietsansässige Betriebsstätte Verluste erlitten hat.“*[47] Beide Gesellschaften waren auch in dieser Hinsicht vergleichbar. Auf Rechtfertigungsebene argumentierte der EuGH mit dem unmittelbaren Zusammenhang zwischen Gewinnen und Verlusten einer ausländischen Betriebsstätte: Die nationalen Bestimmungen zielen darauf ab, *„sicherzustellen, dass die Besteuerung einer Gesellschaft mit einer gebietsfremden Betriebsstätte der Leistungsfähigkeit dieser Gesellschaft entspricht. […] Könnte eine Gesellschaft mit einer Betriebsstätte in einem anderen Mitgliedstaat deren Verluste mit ihrem Ergebnis verrechnen, ohne die Gewinne der Betriebsstätte versteuern zu müssen, würde ihre Leistungsfähigkeit systematisch unterbewertet.“*[48] Auch auf Ebene der Verhältnismäßigkeitsprüfung bemühte der EuGH die Leistungsfähigkeit: *„Ist ein Abzug der Verluste der gebietsfremden Betriebsstätte in dem Mitgliedstaat, in dem diese belegen*

---

42 *J. Lang/Englisch*, A European Legal Tax Order Based on Ability to Pay, in *Amatucci* (Hrsg.) International Tax Law (2012) 261 (264 ff.).

43 So schon *Lang*, Die Vorgaben des Unionsrechts für das Steuerrecht, ASA Archiv für Schweizerisches Abgaberecht (2015) 119 (140 ff.).

44 So auch *Kokott*, Steuerrecht 110.

45 Anders *Valta*, ISR 2020, 189 (192).

46 EuGH 12.6.2018, C-650/16, *Bevola*, ECLI:EU:C:2018:424.

47 EuGH 12.6.2018, C-650/16, *Bevola*, ECLI:EU:C:2018:424, Rn 39.

48 EuGH 12.6.2018, C-650/16, *Bevola*, ECLI:EU:C:2018:424, Rn 49 f.

ist, nicht mehr möglich, besteht […] auch keine Gefahr einer doppelten Verlustberücksichtigung. […] In einem solchen Fall geht eine Regelung wie die im Ausgangsverfahren fragliche über das hinaus, was erforderlich ist, um die in den Rn. 41 bis 53 des vorliegenden Urteils angeführten Ziele zu erreichen. Die Entsprechung von Besteuerung und Leistungsfähigkeit der Gesellschaft ist nämlich besser gewährleistet, wenn die Gesellschaft, die eine Betriebsstätte in einem anderen Mitgliedstaat hat, in diesem konkreten Fall von ihrem steuerpflichtigen Ergebnis die endgültigen Verluste dieser Betriebsstätte abziehen darf."[49]

Die grundfreiheitsrechtliche Rechtsprechung des EuGH zu den Auslandsverlusten ist aus anderen Gründen als *Schumacker* kein Ruhmesblatt der Judikatur des Gerichtshofs:[50] Sie nahm mit dem Urteil *Marks & Spencer* zu einem Zeitpunkt ihren Anfang, zu dem die Periode, in der der EuGH das Ziel des Binnenmarktes hoch bewertete und Fiskalinteressen der Mitgliedsstaaten kaum berücksichtigte, bereits ausgeklungen war.[51] Diese Fiskalinteressen gewannen nach 2005 weiter an Bedeutung. Der EuGH erfand laufend neue Rechtfertigungsgründe, die darauf angelegt waren, die nachteilige Behandlung von Auslandssachverhalten zu akzeptieren. Daher ruderte der Gerichtshof auch im Falle der Auslandsverluste zurück. Der Umstand, dass der EuGH Änderungen seiner Rechtsprechung nie explizit einräumt, sondern immer so tut, als würde er sie nur weiterentwickeln, hat aber auch in diesem Fall Rechtsunsicherheit geschaffen. Der Gerichtshof schließt die Berücksichtigung von Auslandsverlusten nicht generell aus, sondern beschränkt sie auf „finale" Verluste. Wann aber ein Verlust diese Voraussetzung erfüllt, ist nach wie vor völlig unklar.[52] Vielleicht ist es kein Zufall, dass der mit dieser Rechtsprechung in die Defensive geratene EuGH gerade hier allgemeine Prinzipien wie jenes der Leistungsfähigkeit bemüht, um implizit zu unterstreichen, in welch guter Gesellschaft er sich befindet, wenn er letztlich dem oft auch aus dem Leistungsfähigkeitsprinzip abgeleiteten Grundsatz der Einmalverwertung zum Durchbruch verhelfen will. Auch in diesem Fall geht es aber nicht um ein

---

49 EuGH 12.6.2018, C-650/16, *Bevola*, ECLI:EU:C:2018:424, Rn 58 f.

50 Dazu *Lang*, Ist die Rechtsprechung des EuGH zu den finalen Verlusten am Ende?, in *Schön* (Hrsg.) Grundfragen des Europäischen Steuerrechts (2015), 63 (63 ff.).

51 EuGH 13.12.2005, C-446/03, *Marks & Spencer*, ECLI:EU:C:2005:763.

52 *Cordewener*, Die EuGH-Rechtsprechung zur steuerlichen Berücksichtigung von („finalen") Auslandsverlusten – noch immer kein Finale in Sicht!, EuZW 2015, 295 (296 ff.); auch *Thiemann*, Verfassungs- und unionsrechtliche Zukunftsfragen des steuerlichen Leistungsfähigkeitsprinzips, *Schön/Stark* (Hrsg.), Zukunftsfragen des Steuerrechts IV (2022) 87 (102 f.).

unionsrechtliches Leistungsfähigkeitsprinzip.[53] Gemeint ist hier die Leistungsfähigkeit, die den Hintergrund der dänischen Rechtsvorschriften bildet, denen zufolge Betriebsstättenverluste – jedenfalls dann, wenn es sich um inländische handelt – an sich abzugsfähig sind. Gegenstand der Rs *Bevola* war die Frage, ob der dänische Gesetzgeber diese Leistungsfähigkeitsüberlegungen auf den nationalen Bereich beschränken darf.[54]

Johanna Hey ist zum Ergebnis gekommen, dass das Leistungsfähigkeitsprinzip „am ehesten" in der *Schumacker*-Doktrin eine eigenständige Rolle spielt.[55] Sonst teile ich ihre Schlussfolgerung uneingeschränkt:[56] „Im Übrigen erzwingt der Gerichtshof lediglich die diskriminierungsfreie Verwirklichung des Leistungsfähigkeitsprinzips nach Maßgabe der jeweiligen *nationalen* [Hervorhebung im Originaltext] Steuerrechtsordnungen, wobei die Erwähnung im Rahmen der Rechtsprechung zur grenzüberschreitenden Verlustverrechnung singulär geblieben ist. Nie geht es dabei um ein *europäisches Leistungsfähigkeitsprinzip* [Hervorhebung im Originaltext], sondern es wird auf das jeweilige mitgliedstaatliche Steuersystem rekurriert."

2. Verfeinerung des gleichheitsrechtlichen Prüfungsmaßstabs durch das Leistungsfähigkeitsprinzip?

Auf unionsrechtlicher Ebene stellt sich daher bloß die Frage, ob der EuGH gut beraten wäre, andere gleichheitsrechtliche Ansätze im Primärrecht zu nutzen, um ähnlich wie das BVerfG Leistungsfähigkeitsüberlegungen auf unionsverfassungsrechtlicher Ebene zu entwickeln und weitere Postulate daraus abzuleiten. Derzeit gibt es – wie *Engler* zutreffend zusammenfasst – keine Ansätze in diese Richtung. Der allgemeine unionsrechtliche Gleichheitsgrundsatz ist bisher nicht als Konkretisierung des Leistungsfähigkeitsprinzips entfaltet worden: *„Auf unionaler Ebene findet demnach eine primärrechtliche Absicherung des Leistungsfähigkeitsprinzips durch den allgemeinen Grundsatz der Gleichbehandlung nicht statt."*[57]

Zweifellos hätte es der EuGH in der Hand, seine Rechtsprechung in diese Richtung weiterzuentwickeln. Der EuGH ist in der Vergangenheit sicherlich

53 So auch *Hey* in FS Reinhold Beiser 121 (142).
54 So auch *Valta*, ISR 2020, 189 (195).
55 *Hey* in *Hey/Schön* 161.
56 *Hey* in *Hey/Schön* 161.
57 *Engler*, Steuerverfassungsrecht im Mehrebenensystem (2014) 275.

schon in größerem Umfang rechtsschöpferisch tätig gewesen, als er beispielsweise die Grundfreiheiten zu wirkungsvollen Diskriminierungsverboten entwickelte. Für ihn wäre es ein Leichtes, die Vorschrift des Art. 20 GRC als Anhaltspunkt zu nutzen, um Leistungsfähigkeitsüberlegungen auf primärrechtlicher Ebene verankert zu sehen. Zusätzlich könnte er die in Art. 52 Abs. 4 GRC angesprochenen gemeinsamen Verfassungsüberlieferungen ins Treffen führen und darauf verweisen, dass das Leistungsfähigkeitsprinzip in den Verfassungen einzelner Mitgliedstaaten explizit verankert ist.[58] Die Grundrechte, wie sie sich u. a. auch aus den gemeinsamen Verfassungsüberlieferungen der Mitgliedstaaten ergeben, sind als allgemeine Grundsätze Teil des Unionsrechts.[59]

Es ist daher weniger die Frage, wie sich die Heranziehung von Leistungsfähigkeitsüberlegungen rechtlich rechtfertigen lässt, als was dadurch gewonnen wäre. *Johanna Hey* erwartet sich davon, dass sich auf diese Weise der Gleichheitsgrundsatz von einem bloßen Willkürverbot zu einem Gebot der Rationalität gesetzgeberischer Entscheidungen weiterentwickeln würde.[60] An anderer Stelle macht sie deutlich, dass sie dabei nicht so sehr an ein am Leistungsfähigkeitsprinzip orientiertes vollharmonisiertes europäisches Steuerrecht denkt, sondern eher nach Schranken sucht, um zu vermeiden, dass sich punktuelle Harmonisierungsmaßnahmen über Grundsätze gleichmäßiger wirtschaftlicher Leistungsfähigkeit hinwegsetzen:[61] Das Leistungsfähigkeitsprinzip müsse als *„rote Linie der EU-Steuergesetzgebung fungieren."*[62] Die Orientierung am Leistungsfähigkeitsprinzip reduziere die Gefahr von weitreichenden Übergriffen in die mitgliedstaatlichen Steuersysteme. Brüche mit dem nationalen Recht sollen vermieden und die Mitgliedstaaten nicht gezwungen werden, Regeln einzuführen, die ihrer Rechtskultur widersprechen.[63]

Johanna Hey plädiert auch deshalb für ein aus den gemeinsamen Verfassungstraditionen der Mitgliedsstaaten abgeleitetes Leistungsfähigkeitsprinzip, weil sie befürchtet, dass ein aus dem Sekundärrecht gewonnenes Ordnungssystem, das diesem Prinzip entspricht, nicht begründbar wäre: *„Ein solches wird sich nämlich gar nicht einstellen, wenn zuvor in der Phase punktueller*

---

58 So *Hey* in FS Reinhold Beiser 142; *Lang*, ASA 2015, 119 (141); *Englisch*, Ability to pay in European Tax Law, *Brokelind* (Hrsg.), Principles of Law: Function, Status and Impact in EU Tax Law (2014) 439 (452).

59 Dazu *Hey* in FS Reinhold Beiser 142.

60 *Hey* in *Hey/Schön* 153.

61 *Hey* in FS Reinhold Beiser 133.

62 *Hey* in FS Reinhold Beiser 133.

63 *Hey* in FS Reinhold Beiser 133.

Harmonisierungseingriffe hinreichend viele Ausnahmen in Richtlinienform gegossen wurden.“[64]

Juliane Kokott zeichnet die Konturen eines unionsrechtlichen Leistungsfähigkeitsprinzips, wenn sich denn der EuGH dazu durchringen würde, dieses aus dem Primärrecht abzuleiten:[65] Von Bedeutung ist für sie die Sicherstellung der Einmalbesteuerung.[66] Notwendige Privatausgaben, beruflich veranlasste Kosten und möglicherweise auch betrieblich bedingte Verluste sollen in zumindest einem Mitgliedsstaat berücksichtigt werden können. Dem Leistungsfähigkeitsprinzip entspricht neben dem objektiven Nettoprinzip auch das subjektive Nettoprinzip.[67] Die mit der Lebensführung notwendig verbundenen Ausgaben, z. B. ein Grundfreibetrag für Essen und Wohnen des Steuerpflichtigen und seiner Familie, sollten berücksichtigt werden.[68] Für die Berücksichtigung dieser persönlichen Verhältnisse ist normalerweise der Ansässigkeitsstaat des Steuerpflichtigen, ausnahmsweise der Staat, in dem er sein gesamtes oder nahezu gesamtes zu versteuerndes Einkommen erzielt, verantwortlich.[69] Die zuletzt genannte Forderung zeigt, dass der Inhalt dieses solcherart verstandenen Leistungsfähigkeitsprinzips zumindest teilweise auf die Rechtsprechung des EuGH zu den Grundfreiheiten zurückzuführen ist und somit diskriminierungsrechtliche Wurzeln hat.[70] *Juliane Kokott* greift aber auch Postulate auf, die – vor allem – die deutsche Lehre entwickelt hat.

Die von *Juliane Kokott* angestellten Überlegungen zum möglichen Inhalt eines unionsrechtlichen Leistungsfähigkeitsprinzips sind äußerst konkret. Von der Offenheit eines solchen Prinzips, wie sie *Johanna Hey* betont, ist wenig zu merken. Dies zeigt aber auch die Gefahren der Entwicklung eines Leistungsfähigkeitsprinzips auf unionsrechtlicher Ebene: Es neigt zur Verselbständigung. Wer immer die Interpretationshoheit hat, läuft Gefahr, sich sachgerechter Prinzipen zu bedienen, die in erster Linie Ausfluss eigener steuerpolitischer Wunschvorstellungen und nicht so sehr die Ergebnisse diskursiv nachprüfbarer Interpretation sind. Zumindest verschwimmen Rechtspolitik und Rechtsdogmatik.

---

64 *Hey* in FS Reinhold Beiser 143.

65 *Kokott*, Steuerrecht 104 f.

66 *Kokott*, Steuerrecht 109.

67 *Kokott*, Steuerrecht 109 ff.

68 *Kokott*, Steuerrecht 109 f.

69 *Kokott*, Steuerrecht 284 f.

70 EuGH 14.2.1995, C-279/93, *Schumacker*, ECLI:EU:C:1995:31.

3. Das Potential des Gleichheitsgrundsatzes

Die „klassische" Gleichheitsprüfung ist auch keineswegs von Wertungen frei. Die Struktur des Gleichheitssatzes zwingt aber den Rechtsanwender offenzulegen, an welcher Stelle diese Wertungen eine Rolle spielen: Er muss sich der Vergleichbarkeits-, der Rechtfertigungs- und der Verhältnismäßigkeitsprüfung stellen. Auf dem Gebiet der Grundfreiheiten verfügt der EuGH mit diesem Prüfungsschema über jahrzehntelange Erfahrung. Wie im Falle jedes anderen Höchstgerichts werden auch die Entscheidungen des EuGH in der Fachliteratur einer detaillierten Analyse unterzogen und viele davon heftig kritisiert, oft auch zu Recht. Dies steht aber nicht mit dem Befund im Widerspruch, dass sich der EuGH in den meisten seiner Urteile keineswegs mit einer Grobprüfung begnügt. Wer daher glaubt, dass die „klassische" Gleichheitsprüfung *„nur vor (roher) Willkür schützt"*,[71] unterschätzt das Potenzial, das in ihr steckt. Der Umstand, dass der EuGH Art. 20 GRC bisher noch nicht völlig zur Entfaltung gebracht hat, sagt nichts darüber aus, was noch in dieser Norm steckt.

Johanna Hey kritisiert an der Vergleichbarkeitsprüfung, dass *„häufig ein präziser Normbezug"* fehlt: *„Ohne Bezug zum Zweck der zu überprüfenden Maßnahme kann jeder beliebige objektive Unterschied der Vergleichsgruppen dazu verwendet werden, bereits die Vergleichbarkeit zu verneinen."*[72] Mit dem offenbar im Hinblick auf die bisherige Rechtsprechung des EuGH zu Art. 20 GRC empirisch gemeinten Hinweis darauf, dass der Vergleichbarkeitsprüfung „häufig" ein präziser Normbezug fehlt, gesteht sie aber indirekt zu, dass dieses von ihr konstatierte Manko nicht im Wesen der Vergleichbarkeitsprüfung liegt. Die Feststellung der Vergleichbarkeit erfordert sogar zwingend, auch auf die davon betroffenen Rechtsvorschriften abzustellen.[73] Wiederum zeigt ein Blick auf die reichhaltige Rechtsprechung zu den Grundfreiheiten, dass sich der EuGH der Notwendigkeit der Suche nach *rechtlichen* Vergleichspaaren bewusst ist und auch in der Lage ist, die „klassische" Gleichheitsprüfung zu entfalten.[74]

Johanna Hey will die Vergleichbarkeitsprüfung auch auf unionsrechtlicher Ebene durch die Berufung auf das Leistungsfähigkeitsprinzip ersetzen. So wie bei der „klassischen" Gleichheitsprüfung danach gefragt wird, worin die

---

71 *Hey* in *Hey/Schön* 153.

72 *Hey* in *Hey/Schön* 154.

73 Dazu *Lang*, Die Rechtsprechung des EuGH zu den direkten Steuern – Welcher Spielraum bleibt den Mitgliedstaaten? (2007) 39 ff.

74 Nähere Nachweise bei *Lang*, Rechtsprechung 39 ff.

Rechtfertigung besteht, Gleiches ungleich oder Ungleiches gleich zu behandeln, ist bei der alternativen Vorgangsweise die Abweichung vom Leistungsfähigkeitsprinzip zu rechtfertigen. *Johanna Hey* räumt aber selbst ein, dass es in der Europäischen Union nicht *das* Leistungsfähigkeitsprinzip schlechthin gibt, sondern zumindest 27 verschiedene solcher Prinzipien.[75] Wer daher mit dem Leistungsfähigkeitsprinzip argumentiert, geht von einem bestimmten Vorverständnis aus. Soll sich dieses Prinzip aus den Verfassungsüberlieferungen der Mitgliedsstaaten ergeben, muss sich der Interpret für eine der 27 Ausprägungen dieses Prinzips oder eine Kombination daraus entscheiden. Der von *Johanna Hey* zu Recht eingemahnte „Normbezug" besteht in diesem Fall nur mittelbar zum Unionsrecht, nämlich über den Verweis auf die Verfassungsüberlieferungen.[76] Wer sich hingegen zur Konkretisierung des Leistungsfähigkeitsprinzips auf allgemeine unionsrechtliche Grundsätze beruft, wird nicht vermeiden können, dabei auf – notwendigerweise subjektive – Gerechtigkeitsvorstellungen abzustellen. Die Suche nach Vergleichspaaren bei der klassischen Gleichheitsprüfung ist – wie schon erwähnt – auch keineswegs frei von Wertungen. Der Rechtsanwender muss aber begründen, warum er in einer bestimmten Konstellation zwei Rechtsvorschriften im Hinblick auf deren Normzweck als vergleichbar oder als nicht vergleichbar ansieht, und damit seine Wertungen offenlegen. Rechtfertigungs- und Verhältnismäßigkeitsprüfung zielen auf das ausgewählte Vergleichspaar ab, sodass auch die diskursive Nachprüfbarkeit des zweiten und dritten gedanklichen Schritts der Gleichheitsprüfung darunter leidet, wenn man die Vergleichbarkeitsprüfung durch die bloße Berufung auf ein – wie auch immer und aus welchen Gründen immer so – definiertes Leistungsfähigkeitsprinzip ersetzt.

Die von *Johanna Hey* aufgestellte These, dass sich der allgemeine Gleichheitssatz erst mit zunehmender Integration vom reinen Willkürverbot zum Diskriminierungsverbot entwickelt,[77] halte ich nicht für belegt. Der Umstand, dass das deutsche BVerfG bei der von ihm vorgenommenen gleichheitsrechtlichen Prüfung genauer nachmisst, als dies derzeit vor dem Hintergrund eines bloß punktuell existenten europäischen Steuerrechts durch den EuGH erfolgt, ist kein Beweis. Vielmehr zwingt die offenbar fehlende Bereitschaft des EuGH, die Existenz eines unionsrechtlichen Leistungsfähigkeitsprinzips anzunehmen, Fachautoren dazu, ihre Bedenken gegen einzelne Vorschriften auf dem Boden der „klassischen" Gleichheitsprüfung darzulegen. Die unlängst von

75 *Hey* in *Hey/Schön* 161.

76 Zum „Normbezug", vgl. *Hey* in *Hey/Schön* 153.

77 *Hey* in *Hey/Schön* 146.

Caroline Heber vorgelegte Studie, die begründet hat, warum die in der ATAD vorgesehene Zinsenabzugsregelung gegen Art. 20 GRC verstößt, ist ein Beispiel dafür, dass es dafür nicht unbedingt der Berufung auf ein Leistungsfähigkeitsprinzip bedarf.[78] Je häufiger sich die Wissenschaft auch im europäischen Steuerrecht der „klassischen" Gleichheitsprüfung bedient, desto eher wird auch der EuGH bereit sein, in diesem Rahmen zu argumentieren und letztlich auch feiner nachzuprüfen.

Der EuGH kann dabei nicht nur auf seine reichen Erfahrungen im Bereich der Grundfreiheiten, sondern auch im Beihilfenrecht zurückgreifen, denn die dort erforderliche Selektivitätsprüfung ist ebenfalls eine Ausprägung der Gleichheitsprüfung.[79] Der EuGH sucht auch für diese Zwecke nach rechtlich vergleichbaren Situationen. Dabei ging er schon so weit, eine Regelung mit einer Nichtregelung zu vergleichen, denn das Urteil *Gibraltar*, in dem der EuGH so vorgegangen ist, ist kein Sonderfall der Beihilfejudikatur, sondern fügt sich in das auch sonst maßgebende gleichheitsrechtliche Prüfungsschema ein.[80] Der Vergleich mit der Nichtregelung ist auch der verfassungsrechtlichen Vergleichbarkeitsprüfung nicht fremd.[81] Dies ist ein weiterer Grund, warum der Umstand, dass die derzeit bestehenden sekundärrechtlichen Vorschriften auf dem Gebiet der direkten Steuern nur punktuell Anordnungen treffen, einer vertieften Gleichheitsprüfung nicht entgegensteht: Das – auf dem Gebiet des Beihilferechts ergangene – Urteil *Gibraltar* unterstreicht eindrucksvoll, dass beim Vergleich zur Nichtregelung die gleichheitsrechtliche Prüfung keineswegs weniger streng ausfallen muss.[82]

78 *Heber*, The Interest Limitation Rule in the Light of European Constitutional Law, EC Tax Review 2022, 72 (72 ff.).

79 *Lang*, Steuerrecht Die Auswirkungen des gemeinschaftsrechtlichen Beihilferechts auf das Steuerrecht, 17. ÖJT, Band IV/1 (2010) 7 (23 ff.);

80 *Lang*, Das Gibraltar-Urteil des EuGH: Neue beihilferechtliche Vorgaben für das Steuerrecht?, ÖStZ 2011, 593 (596 ff.).

81 *Holoubek* in *Korinek/Holoubek et al.* (Hrsg.), Österreichisches Bundesverfassungsrecht: Kommentar Art. 7 Abs. 1 Satz 1, 2 (2018) Rz 113; *Holoubek*, Die Sachlichkeitsprüfung des allgemeinen Gleichheitsgrundsatzes, ÖZW 1991, 72 (72 ff.); auch *Lang*, Doppelbesteuerungsabkommen und Gleichheitsgrundsatz, SWI 2014, 58 (66 ff.).

82 Zum Vergleich mit der Nichtregelung auf dem Gebiet der Grundfreiheiten näher *Lang*, Rechtsprechung 39 ff.

IV. Zusammenfassende Würdigung

Auf der Ebene des nationalen Rechts gilt wie auf unionsrechtlicher Ebene: Die „klassische" Gleichheitsprüfung, die nach der Vergleichbarkeit von Situationen, nach der Rechtfertigung für eine unterschiedliche Behandlung von Gleichem und einer gleichen Behandlung von Verschiedenem, und nach der Verhältnismäßigkeit dieser Differenzierung fragt, ist der Argumentation mit dem Leistungsfähigkeitsprinzip überlegen. Der diskursiven Nachprüfbarkeit von Entscheidungen ist besser gedient. An welcher Stelle die unvermeidbaren Wertungen vorgenommen werden, wird bei der „klassischen" Gleichheitsprüfung transparenter.

Die Gründe, warum Teile der Lehre weiterhin bevorzugt mit dem Leistungsfähigkeitsprinzip argumentieren, dürften auf die Sehnsucht zurückzuführen sein, das Steuerrecht „rein" zu halten: Zwar bestreitet niemand ernsthaft, dass es auch verfassungsrechtlich zulässig und rechtspolitisch legitim ist, wenn der Gesetzgeber mit Hilfe des Steuerrechts Lenkungszwecke verfolgt. Allerdings werden dafür unter Berufung auf das Leistungsfähigkeitsprinzip hohe Hürden aufgebaut: Durchbrechungen dieses Prinzips sind nur im Falle „besonderer Gründe" zulässig. Oft erweist sich aber gerade Verhaltenslenkung über das Steuerrecht als viel sinnvoller, als es manche Steuerrechtler wahrhaben wollen. In dieser rechtspolitischen Diskussion kann man klarerweise unterschiedliche Positionen beziehen. Wer hier aber mit dem Leistungsfähigkeitsprinzip argumentiert, läuft Gefahr, die rechtspolitische und rechtsdogmatische Ebene nicht säuberlich auseinanderzuhalten.

Der Umstand, dass es im Unionsrecht auf dem Gebiet der direkten Steuern nach wie vor nur punktuelle Regelungen gibt, ist eine große Chance: Die wenigen bestehenden Vorschriften eignen sich nicht dazu, Fundamentalprinzipien herauszudestillieren, deren Bedeutung dann auf Ebene des Primärrechts verfassungsrechtlich überhöht werden könnte. Vielmehr gibt es keine Alternative dazu, Gleichheitsverstöße mittels der „klassischen" Gleichheitsprüfung festzumachen. Es wird am EuGH liegen, in welchen Bereichen des Steuerrechts er dabei welchen Maßstab anlegt. Die „klassische" Gleichheitsprüfung eignet sich jedenfalls nicht bloß zur Willkürprüfung.

Getrennt davon sollten wir die rechtspolitische Diskussion führen. Wissenschaftlerinnen wie *Johanna Hey* und *Juliane Kokott* kommt das Verdienst zu, den Finger auf die Wunde gelegt zu haben: Steuerrechtliche Regelungen des Unionsgesetzgebers scheinen mitunter nicht genügend durchdacht. Ein hinter den verschiedenen Initiativen der Kommission stehender Rechtsentwicklungsplan ist nicht zu erkennen.[83] Der Steuerrechtswissenschaft kommt bei der Weiterentwicklung solcher Regelungen eine wichtige Aufgabe zu. Bei diesen Debatten sollte das Schwert des unionalen Verfassungsrechts aber eingepackt bleiben und nur im Ausnahmefall hervorgeholt werden.

83 Vgl. die treffende Kritik von *Hey*, Time for Rethinking: The ATAD Experiment and the Conceptional Flaws of Its Hybrid Mismatch Rules, Intertax 2024, 668 (668 ff.).

Aktuelle Entwicklungen im finanzgerichtlichen Rechtsschutz

Materialien (Folien) zur Podiumsdiskussion zwischen Richterin am Bundesfinanzhof Dr. Franziska von Freeden, Richter am Finanzgericht Düsseldorf Dr. Oliver Rode und Prof. Dr. Roman Seer, Universität Bochum

Zu diesem Programmpunkt liegt kein Redemanuskript vor. Die im Folgenden abgedruckten Folien dienten als Grundlage für die Podiumsdiskussion zwischen Dr. Franziska von Freeden, Dr. Oliver Rode und Prof. Dr. Roman Seer. Ein Transkript der Diskussion wurde aufgrund ihres spontanen und interaktiven Verlaufs nicht erstellt.

I. Aktuelles zum elektronischen Rechtsverkehr

Die Justiz des Landes
Nordrhein-Westfalen

§§ 52a, 52d FGO

Gem. **§ 52d S. 1 FGO** sind Schriftsätze, Anträge und Erklärungen von Rechtsanwälten, Behörden und juristischen Personen des öffentlichen Rechts einschließlich der von ihnen zur Erfüllung ihrer öffentlichen Aufgaben gebildeten Zusammenschlüsse als elektronische Dokumente einzureichen.

§ 52d S. 2 FGO erweitert die Nutzungspflicht auf die nach § 62 FGO vertretungsbefugten Personen, für die ein **sicherer Übermittlungsweg** nach § 52a Abs. 4 S. 1 Nr. 2 FGO zur Verfügung steht.

Dies betrifft **ab 1.1.2023 auch Steuerberater**, da ab diesem Zeitpunkt die Bundessteuerberaterkammer das besondere elektronische Steuerberaterpostfach (**beSt**) als sicheren Übermittlungsweg i. S. d. § 52a Abs. 4 S. 1 Nr. 2 FGO empfangsbereit einzurichten hat.

4 Finanzgerichtstag 27. Januar 2025 Aktuelle Entwicklungen im finanzgerichtlichen Rechtsschutz Justiz-ONLINE

Die Justiz des Landes
Nordrhein-Westfalen

§§ 52a, 52d FGO

Wird die Klage als elektronisches Dokument eingereicht, muss dieses für die Bearbeitung durch das Gericht geeignet sein, § 52a Abs. 2 Satz 1 FGO. Das elektronische Dokument ist dazu nach § 2 Abs. 1 Satz 1 Elektronischer-Rechtsverkehr-Verordnung (ERVV) im **Dateiformat PDF** zu übermitteln.

Das elektronische Dokument muss des Weiteren entweder mit einer **qualifizierten elektronischen Signatur** der verantwortenden Person versehen sein oder von der verantwortenden Person **signiert und auf einem sicheren Übermittlungsweg eingereicht** werden, § 52a Abs. 3 Satz 1 FGO.

5 Finanzgerichtstag 27. Januar 2025 Aktuelle Entwicklungen im finanzgerichtlichen Rechtsschutz Justiz-ONLINE

Die Justiz des Landes
Nordrhein-Westfalen

§§ 52a, 52d FGO: Probleme vom Schreibtisch

FG Düsseldorf, Gerichtsbescheid vom 01.10.2024 6 K 1774/24 K, G (n.v.):

Am 09.09.2024 übermittelte RA X per beA eine Klageschrift, die der StB Y unterzeichnet hat.

Im Begleitschreiben von RA X heißt es: „[…] überreichen wir für die Steuerkanzlei Y die anliegende Klage. Wir möchten das Gericht bitten, den Schriftverkehr über die Steuerkanzlei Y zu tätigen, da wir nicht mandatiert sind, sondern lediglich die Klage übermitteln."

RA X hat den Begleitschriftsatz qualifiziert elektronisch signiert.

6 Finanzgerichtstag 27. Januar 2025 Aktuelle Entwicklungen im finanzgerichtlichen Rechtsschutz Justiz-ONLINE

Die Justiz des Landes Nordrhein-Westfalen

§§ 52a, 52d FGO: Probleme vom Schreibtisch

FG Düsseldorf, Beschluss vom 16.01.2025 6 V 2402/24:

Am 27.12.2024 übermittelte RA X per beA eine Klageschrift. Im Briefkopf ist RA X aufgeführt. Maschinell unterschrieben ist die Klage mit „**I.A. Y**“

7 Finanzgerichtstag 27. Januar 2025 Aktuelle Entwicklungen im finanzgerichtlichen Rechtsschutz Justiz-ONLINE

Die Justiz des Landes Nordrhein-Westfalen

Wie weit geht die gerichtliche Fürsorgepflicht?

FG Köln, Zwischengerichtsbescheid vom 11.06.2024 12 K 1868/23, EFG 2024, 1699

Die Klagefrist lief am Montag, den 23.10.2023 ab.

Die Klage (Word-Datei .docx) wurde bereits am Freitag, den 20.10.2023 um 11:53 Uhr über das beSt übermittelt; das Dokument war weder mit einer qualifizierten elektronischen Signatur versehen noch enthielt es zwischen Text und der Aufzählung der mitübersandten Anlagen eine Unterschrift oder eine maschinenschriftliche Namensnennung.

8 Finanzgerichtstag 27. Januar 2025 Aktuelle Entwicklungen im finanzgerichtlichen Rechtsschutz Justiz-ONLINE

Die Justiz des Landes Nordrhein-Westfalen

Wie weit geht die gerichtliche Fürsorgepflicht?

FG Köln, Zwischengerichtsbescheid vom 11.06.2024 12 K 1868/23, EFG 2024, 1699

Das Dokument wurde am Montag, den 23.10.2023 an die Vorsitzende Richterin delegiert, welche die Eingangsverfügung um 13:58 Uhr bearbeitete und unter Hinweis auf den Formmangel weiter an den BE delegierte.

Der BE bearbeitete die Eingangsverfügung am Dienstag, den 24.10.2023. Der Pb wurde am gleichen Tag darauf hingewiesen, dass die Klage nicht wirksam eingereicht worden sein dürfte. Am Dienstag, den 24.10.2023 übermittelte der Pb die Klage um 19:53 Uhr erneut, diesmal formwirksam.

Das Gericht gewährte **Wiedereinsetzung** in die Klagefrist, da es seine **prozessuale Fürsorgepflicht und damit das allgemeine Prozessgrundrecht auf ein faires Verfahren verletzt** habe. Der Formmangel sei leicht erkennbar gewesen und tatsächlich auch erkannt worden.

9 Finanzgerichtstag 27. Januar 2025 Aktuelle Entwicklungen im finanzgerichtlichen Rechtsschutz Justiz-ONLINE

Rechtsgrundlagen des beSt

- BFH-Rspr. ist bislang vom Bestehen eines „sicheren Übermittlungswegs" für Steuerberater/Steuerberatungsgesellschaften seit dem 1.1.2023 ausgegangen (vgl. bspw. II R 3/23, IV B 77/22, VI B 74/22, VIII B 141/22, IX B 26/23, XI B 101/22)
- **BVerfG v. 20.8.2024 - 1 BvR 1409/24:** „Soweit sich die Beschwerdeführer dagegen wenden, dass der Bundesfinanzhof einen sicheren Übermittlungsweg im Sinne des § 52d Satz 2 FGO ungeachtet der fehlenden individuellen Nutzungsmöglichkeit des besonderen elektronischen Steuerberaterpostfachs (beSt) bereits ab dem 1. Januar 2023 bejaht hat, ist eine Verletzung des Rechts auf effektiven Rechtsschutz aus Art. 19 Abs. 4 GG nicht ausgeschlossen. Auch ist verfassungsrechtlich nicht unbedenklich, Wiedereinsetzungsgründe unter Verweis auf das Fast-Lane-Verfahren zu verneinen." (zitiert nach Brandis in: Tipke/Kruse, AO/FGO, 183. Lieferung, 10/2024, § 52d FGO, Rn. 3)

Dr. Franziska von Freeden, Köln, 27. Januar 2025

Rechtsgrundlagen des beSt

BFH, X. Senat vom 17.04.2024 - X B 68, 69/23 (BFH/NV 2024, 845):

- Besitzt die Registrierungspflicht für Steuerberater für das beSt eine hinreichende Rechtsgrundlage?
- Zweifelhaft, ob die Steuerberaterplattform- und –postfachverordnung (StBPPV), die Grundlage für die Erstregistrierung zum beSt, für dessen Ausgestaltung und damit für die Nutzungspflicht nach § 52d Satz 2 FGO ist, wirksam geworden ist
- StBPPV wurde am 25.11.2022 erlassen (BGBl I 2022, 2105 vom 30.11.2022); ihre Ermächtigungsgrundlage § 86f StBerG war aber erstmals nach Ablauf des 31.12.2022 anzuwenden (§ 157e StBerG)
- Bei § 86f StBerG fallen das Inkrafttreten (01.08.2022) und der erstmalige Anwendungszeitpunkt (31.12.2022) auseinander

Dr. Franziska von Freeden, Köln, 27. Januar 2025

Rechtsgrundlagen des beSt

BFH, X. Senat vom 17.04.2024 - X B 68, 69/23 (BFH/NV 2024, 845):

- (Möglicher) Fehler im Rechtsetzungsverfahren dürfte nicht durch die spätere Anwendbarkeit der Ermächtigungsgrundlage geheilt worden sein
- Sollte StBPPV nichtig sein, könnte es an einer Rechtsgrundlage für die Pflicht zur Erstregistrierung bei der Steuerberaterplattform fehlen
- **Außerdem:** Anforderungen an den Rechtsschutzsuchenden dürfen nicht überspannt werden und Unklarheiten und Schwierigkeiten bei der Nutzung der elektronischen Kommunikation mit den Gerichten dürfen nicht zu Lasten der Rechtsschutzsuchenden gehen
- **Bedeutung im konkreten Fall (NZB):** Nicht entscheidungserheblich, da NZB aus anderen Gründen erfolgreich

Dr. Franziska von Freeden, Köln, 27. Januar 2025

Rechtsgrundlagen des beSt

BFH, VIII. Senat vom 22.10.2024 – VIII R 19/22 –, juris:

- Nutzungspflicht ab dem 01.01.2023 wird, wenn ein Registrierungsbrief vorliegt, nicht davon berührt, ob das beSt zu diesem Datum tatsächlich freigeschaltet ist, ob dem Inhaber des beSt die für dessen Nutzung vorzuhaltenden erforderlichen technischen Einrichtungen zur Verfügung stehen oder ob er das beSt in die Kanzleisoftware implementiert hat
- Zweifel an einem auf gesetzlicher Grundlage wirksam errichteten sicheren Übermittlungsweg werden nicht geteilt
- Aktive Nutzungspflicht von Steuerberatern für das beSt ergibt sich nur aus § 52d Satz 2 FGO, sofern diesen ab dem 01.01.2023 ein sicherer Übermittlungsweg nach § 52a Abs. 4 Satz 1 Nr. 2 FGO zur Verfügung steht

Dr. Franziska von Freeden, Köln, 27. Januar 2025

Rechtsgrundlagen des beSt

BFH, VIII. Senat vom 22.10.2024 – VIII R 19/22 –, juris:

- Die wirksame gesetzliche Errichtung des sicheren Übermittlungswegs im Sinne des § 52a Abs. 4 Satz 1 Nr. 2 FGO zum 01.01.2023 setzt nicht voraus, dass auch die StBPPVwirksam erlassen worden ist
- Die StBPPV enthält nur technische und datenschutzrechtliche Vorgaben unter anderem für die Einrichtung und Inbetriebnahme des beSt und richtet sich erkennbar ausschließlich an die Bundessteuerberaterkammer und die örtlichen Steuerberaterkammern
- beSt hätte auch in berufsständischer Eigenverantwortlichkeit nach den Vorgaben in §§ 86c bis 86e StBerG entwickelt und eingerichtet werden können
- Da die Verordnung hinweggedacht werden kann, ist sie kein notwendiger Bestandteil der gesetzlichen Regelungen zur gesetzlichen Errichtung des beSt im Sinne des § 52a Abs. 4 Satz 1 Nr. 2 FGO

Dr. Franziska von Freeden, Köln, 27. Januar 2025

Rechtsgrundlagen des beSt

BFH, VIII. Senat vom 22.10.2024 – VIII R 19/22 –, juris:

- Aus der StBPPV ergeben sich weder rechtliche Pflichten des Steuerberaters zur elektronischen Einreichung von Dokumenten noch zur Benutzung des beSt
- Keine Zweifel am verfassungsgemäßen Erlass der StBPPV
- **Aber:** Wiedereinsetzung in die versäumte Revisionsbegründungsfrist
  - Örtliche Steuerberaterkammer hatte ihre Mitglieder rechtsfehlerhaft dahin informiert, dass die aktive Nutzungspflicht erst mit dem Erhalt des Registrierungsbriefs beginne und über die Möglichkeit des Fast-Lane-Verfahrens nicht belehrt wurde
  - Art. 19 Abs. 4 GG gebietet es, die Übergangsschwierigkeiten bei der Einrichtung des beSt zu berücksichtigen, die sich nicht zuletzt darin manifestiert haben, dass die Registrierungsbriefe planmäßig nicht vor dem 01.01.2023, sondern erst beginnend mit diesem Datum in Tranchen über mehrere Monate hinweg versandt worden sind

Dr. Franziska von Freeden, Köln, 27. Januar 2025

Rechtsgrundlagen des beSt

- Unterschiedliche Tendenzen der BFH-Senate
- Anrufung Großer Senat?
- (Noch) nicht, obiter dictum reicht nicht aus
- Weitere anhängige Revisionsverfahren X R 12/23 oder X R 13/23 oder X R 31/23
- Anhängige Verfassungsbeschwerde **BVerfG 1 BvR 1718/24** könnte auch die Frage der Rechtswirksamkeit der StBPVV betreffen
- **Ab 1.1.2026** (zeitgleich mit der flächendeckenden gesetzlichen Verpflichtung zur elektronischen Gerichtsakte) wird der personelle Anwendungsbereich des § 52d nochmals erweitert

Dr. Franziska von Freeden, Köln, 27. Januar 2025

II. Rechtsschutzhürden und deren Überwindung

RUHR-UNIVERSITÄT BOCHUM

RUB

„Rechtsfortbildende" Verhürdung des Rechtsschutzes durch die Rspr. – Bsp. I

Umkehrung des rechtsschutzdienenden § 165 I 2 Nr. 3 AO zu einem Rechtsschutzhindernis: Versagung des Rechtsschutzbedürfnisses wegen eines Vorläufigkeitsvermerks (zuletzt BFH v. 26.9.2023 – IX R 9/22, BStBl. II 2024, 282 Rz. 17 ff. – dagegen Verf.-Beschwerde 2 BvR 1712/23), krit. *Seer*, FS 75 Jahre FG Münster, 2024, 129 (131 ff.)

Prof. Dr. Roman Seer - Ruhr-Universität Bochum 19

RUHR-UNIVERSITÄT BOCHUM

RUB

„Rechtsfortbildende" Verhürdung des Rechtsschutzes durch die Rspr. – Bsp. II

Anwendung der Präklusionsvorschrift des § 295 I ZPO über § 155 S. 1 FGO auf mögliche Verfahrensmangel (z.B.: Sachaufklärungspflichtverletzung) bei unterlassener Rüge in der mündlichen Verhandlung (ständ. BFH-Rspr. krit. *Wiss. Arbeitskreis Steuerrecht DWS-Institut*, DStR-Beihefter 40/2024, 41 [44])

Erfreulich aus jüngerer Rspr. z.B. BFH v. 29.8.2024 – V B 35/23, HFR 2024, 1006 Rz. 9: Ein Verlust des Rügerechts tritt aber nicht ein, wenn das FG --wie hier-- eine konkrete Möglichkeit, den von seinem Rechtsstandpunkt aus entscheidungserheblichen Sachverhalt aufzuklären, nicht genutzt hat, obwohl sich **ihm die Notwendigkeit der weiteren Aufklärung auch ohne Antrag nach Lage der Akten und dem Ergebnis der Verhandlung hätte aufdrängen müssen.**

Prof. Dr. Roman Seer - Ruhr-Universität Bochum 20

Neuakzenturierung Meistbegünstigungsgrundsatz

BFH, Urteil vom 18.06.2024 – VIII R 16/21, BFH/NV 2024, 1415:

- **Ausgangslage:** Aus der Sicht des Stpfl. als Empfänger einer Entscheidung des Finanzamts war wegen widersprüchlicher Äußerungen des Finanzamts nicht mehr klar, ob dieses eine Einspruchsentscheidung oder einen Änderungsbescheid erlassen hatte
- Lässt das Finanzamt den Steuerpflichtigen im Unklaren über die Rechtsform, in der es handeln will, ist nach dem Grundsatz der Meistbegünstigung jeder Rechtsbehelf statthaft, der gegen eine der möglichen Entscheidungsformen zulässig wäre
- Das Prüfungsprogramm des Rechtsbehelfs, für den sich der Steuerpflichtige entscheidet, darf in einem solchen Fall nicht hinter dem des anderen - ebenfalls statthaften, aber vom Steuerpflichtigen nicht eingelegten - Rechtsbehelfs zurückbleiben
- **Konkret:** Prüfungsprogramm des Einspruchsverfahrens darf nicht hinter dem einer - ebenfalls statthaften, aber vom Stpfl. nicht erhobenen - Anfechtungsklage zurückbleiben

Dr. Franziska von Freeden, Köln, 27. Januar 2025

RUHR-UNIVERSITÄT BOCHUM

RUB

Verfahrensverzögerung aufgrund des Zustimmungsvorbehalts für eine Sprungklage nach § 45 I FGO

- **Seit dem 1.1.2025: Möglichkeit zum Erlass eines Teilabschlussbescheides (§ 180 Ia AO) auf der Grundlage eines Teilprüfungsberichts (§ 202 III AO) während einer laufenden Ap.**
- **Dabei können auch streitige Rechtsfragen i.S. eines „kooperativen Streits" (Peters, AO-StB 2022, 355 [358]) abgeschichtet werden.**

↓

- **Idealtypischer Anwendungsfall einer Sprungklage!**
- **Zustimmungsbedürfnis nach § 45 I FGO führt zu sinnloser Verfahrensverzögerung.**
- **M.E. handelt die FinBeh. i.d.R. treuwidrig, wenn sie die Zustimmung verweigert (Verstoß gegen den Grundsatz von Treu und Glauben).**

Prof. Dr. Roman Seer - Ruhr-Universität Bochum 22

RUHR-UNIVERSITÄT BOCHUM

RUB

Rechtsschutzdefizit bei verbindlichen Auskünften

- Verweigerung der Inhaltskontrolle einer Negativauskunft durch die Rspr. (s. BFH v. 29.2.2012 – IX R 11/11, BStBl. II 2012, 651 Rz. 15 ff., u. später),
- dies auch für die LSt-Anrufungsauskunft nach § 42e EStG (BFH v. 27.2.2014 – VI R 23/13, BStBl. II 2014, 894 Rz. 12 f.).
- Bearbeitungsfrist von max. 6 Monaten (§ 89 II 4 AO) ist eine bloße Sollvorschrift ohne Rechtsfolgen („Papiertiger").
- Wertmaßstab der Gebührenpflicht führt bei Negativauskunft zum Übermaß (a.A. BFH v. 4.5.2022 – I R 46/18, BStBl. II 2023, 467 Rz. 27).
- Gebührenpflicht für Auskünfte zur Indienstnahme Dritter für steuerliche Zwecke (z.B. zum Quellensteuereinbehalt, Datenübermittler) ist unverhältnismäßig, da der Zweck der Auskunft nur der Kompensation einer Zusatzlast dient (= Verringerung eines additiven Grundrechtseingriffs).

Prof. Dr. Roman Seer - Ruhr-Universität Bochum

23

RUHR-UNIVERSITÄT BOCHUM

RUB

Problemfall: Einzelrichter

Fakultativer Einzelrichter ist nach § 6 I Nr. 1, 2 FGO zwar nur für „einfache Fälle" vorgesehen, aber: Übertragungsakt ist gem. § 6 IV FGO nicht überprüfbar und nicht revisibel

Konsentierter Einzelrichter (§ 79a III, IV FGO): zwar gilt „volenti non fit iniuria", aber forensisch unerfahrene Stpfl./StB stimmen ggf. vorschnell zu. Zudem ist die Zustimmungserklärung nach Auffassung des BFH nicht widerrufbar (BFH v. 10.2.2011 – II S 39/10, BStBl. II 2011, 657 Rz. 9; v. 12.1.2016 – X B 79/15, Rz. 17; v. 6.12.2016 – III B 25/16, Rz. 10)

Prof. Dr. Roman Seer - Ruhr-Universität Bochum

24

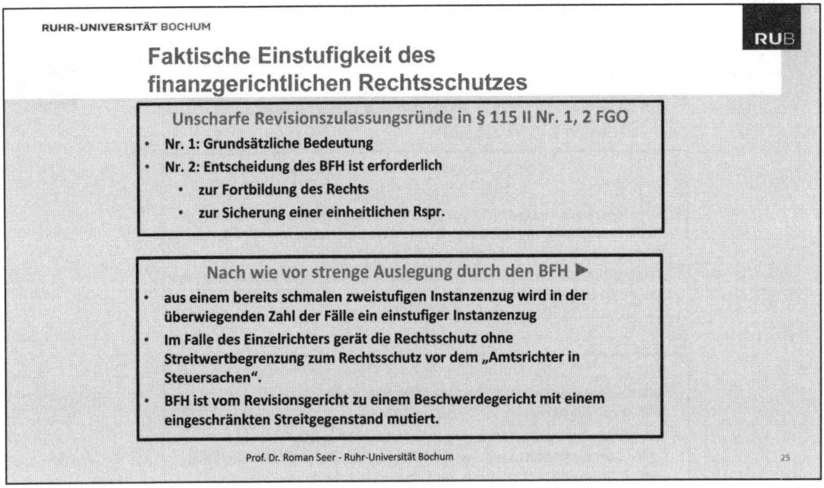
RUHR-UNIVERSITÄT BOCHUM
RUB
Faktische Einstufigkeit des finanzgerichtlichen Rechtsschutzes
Unscharfe Revisionszulassungsründe in § 115 II Nr. 1, 2 FGO
• Nr. 1: Grundsätzliche Bedeutung
• Nr. 2: Entscheidung des BFH ist erforderlich
• zur Fortbildung des Rechts
• zur Sicherung einer einheitlichen Rspr.
Nach wie vor strenge Auslegung durch den BFH ▶
• aus einem bereits schmalen zweistufigen Instanzenzug wird in der überwiegenden Zahl der Fälle ein einstufiger Instanzenzug
• Im Falle des Einzelrichters gerät die Rechtsschutz ohne Streitwertbegrenzung zum Rechtsschutz vor dem „Amtsrichter in Steuersachen".
• BFH ist vom Revisionsgericht zu einem Beschwerdegericht mit einem eingeschränkten Streitgegenstand mutiert.
Prof. Dr. Roman Seer - Ruhr-Universität Bochum
25

III. Reformüberlegungen zu Revisionszulassungsgründen

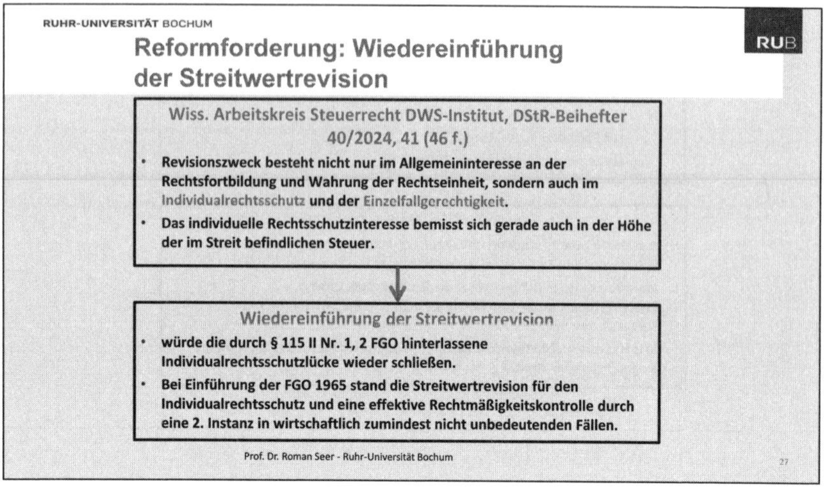

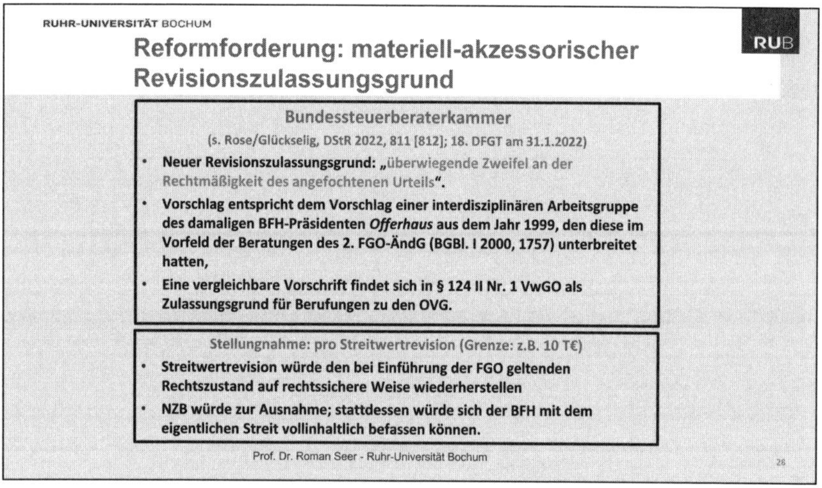

Verfassungsrechtliche Grenzen steuerrechtlicher Mitwirkungspflichten – Steuervollzug in den Diensten der Gleichheit und Freiheit

Prof. Dr. Johanna Hey, Universität zu Köln

Inhalt

I. Einführung
II. Ursachen der stetigen Zunahme steuerlicher Mitwirkungspflichten
  1. Sicherung der Gleichmäßigkeit des Steuervollzugs
  2. Das neue Credo der Verhaltenssteuerung durch Transparenz
  3. Mitwirkungspflichten als Folge des materiellen Steuerrechts
III. Freiheitsrechte als Grenze steuerlicher Mitwirkungspflichten
  1. Der steuerrechtliche Mitwirkungseingriff
    a) Mitwirkung in eigener Angelegenheit
    b) Mitwirkung in fremder Angelegenheit (Indienstnahme)
    c) Rechtsfolgen von Mitwirkungspflichtverletzungen
  2. Unterschied zwischen Zahllast und Verwaltungslast
  3. Datenschutz und informationelle Selbstbestimmung
  4. Berufsfreiheit
  5. Eigentumsfreiheit
  6. Allgemeine Handlungsfreiheit
IV. Das Verhältnismäßigkeitsprinzip als Grenze der Inanspruchnahme durch die Finanzverwaltung
  1. Verfassungsrechtliche Ermessensgrenzen
  2. Erforderlichkeit der Mitwirkung
  3. Unmögliche und damit unzumutbare Mitwirkung
V. Verfassungswidrigkeit gesetzlicher Mitwirkungspflichten?
  1. Rückwirkung unzumutbarer Mitwirkungshandlungen auf den materiellrechtlichen Steuertatbestand
  2. Verfassungswidrigkeit einzelner gesetzlicher Mitwirkungspflichten
    a) Pflichtenkorrespondenz im kooperativen Steuervollzug
    b) Staatliche Rechenschaftspflicht bei zweifelhaftem Mitwirkungszweck
    c) Anforderungen an die Verhältnismäßigkeit der Indienstnahme
  4. Mitwirkungsübermaß durch das Zusammentreffen von Mitwirkungspflichten
    a) Additive Grundrechtseingriffe und Belastungskumulation
    b) Voraussetzungen der Zusammenfassung
    c) Möglichkeit der Zusammenfassung von Zahllast und Verwaltungslast?
    d) Gesamtverhältnismäßigkeitsprüfung
    e) Prozessuale Geltendmachung
  5. Verfassungswidrigkeit von Steuern mit unverhältnismäßigem Erhebungsaufwand?
VI. Fazit: Verantwortung des Steuergesetzgebers für mit verhältnismäßigem Aufwand vollziehbare Steuergesetze

I. Einführung

Deutschland versinkt in unproduktiver Bürokratie. Verwaltungslasten nehmen Unternehmern die zur Verfolgung ihrer eigentlichen unternehmerischen Ziele notwendigen Freiräume. Gleichzeitig lähmt die Bürokratie die öffentliche Verwaltung,[1] sie erstickt an sich selbst, weil die eingeforderten Informationen nicht mehr verarbeitet werden können und Verwaltungsverfahren immer schwerfälliger werden.

Das alles ist kein neues Problem. Vereinfachung, Deregulierung und Bürokratieabbau werden seit Jahren, seit Jahrzehnten gefordert[2] und politisch versprochen.[3] Nennenswerte Fortschritte sind nicht erkennbar. Im Gegenteil! Zwar gibt es seit 2014 die sog. Bürokratiebremse mit dem „One-in-One-out-Prinzip",[4] das allerdings nicht für Erfüllungsaufwand gilt, der sich aus EU-Regulierung ergibt. Dabei ist es allzu simpel, die Verantwortung auf die EU zu schieben.[5] Im Steuerrecht ist Deutschland vor dem Hintergrund des Einstimmigkeitsprinzips nicht Opfer, sondern Mittäter, zumal der deutsche Gesetzgeber bei der Richtlinienumsetzung zu Übererfüllung neigt.[6]

Auch liegt die Steuergesetzgebung nach wie vor weitgehend in der alleinigen Kompetenz des nationalen Gesetzgebers, der sich durchaus auch immer wieder um Vereinfachung und Bürokratieabbau bemüht. Doch haben auch vier Bürokratieentlastungsgesetze[7] keinen echten Durchbruch gebracht. Zwar rühmt sich das Vierte Bürokratieentlastungsgesetz einer Entlastung um rund

1 Schön, Deutschland steht vor dem Regulierungsbankrott, FAZ v. 26.6.2023, 18.

2 Z. B. Fischer (Hrsg.), Steuervereinfachung, DStJG 21 (1998); aktuell ifo-Schnelldienst 11/2024: Kosten der Bürokratie.

3 BMI, Sachverständigenanhörung zu Ursachen einer Bürokratisierung in der öffentlichen Verwaltung sowie zu ausgewählten Vorhaben zur Verbesserung des Verhältnisses von Bürger und Verwaltung, 1980; Schönfelder, Kommission gegen Bürokratismus, DVBl. 1981, 117; Koalitionsvereinbarung zwischen den Bundestagsfraktionen der CDU/CSU und FDP für die 9. Wahlperiode des Deutschen Bundestages, 1981, 7; Koalitionsvereinbarung zwischen SPD und Bündnis 90/DIE GRÜNEN v. 20.10.1998, 2, 5, 38; Koalitionsvertrag zwischen CDU/CSU und FDP, 17. Legislaturperiode v. 26.10.2009, 9 ff. (speziell zum Steuerrecht); aktuell: ifo Schnelldienst 11/2024: Kosten der Bürokratie.

4 https://www.bundesregierung.de/breg-de/aktuelles/die-buerokratiebremse-one-in-one-out-regel-1964512 (abgerufen 28.1.2025).

5 BMJ, Pressemitteilung Nr. 60/2023, 11.10.2023. Die Hälfte der Bürokratielast stamme aus der EU.

6 Sog. Goldplating, vgl. Meßmerschmidt, ZG 2023, 267 (271).

7 Erstes Bürokratieentlastungsgesetz v. 28.7.2015, BGBl. I 2015, 1400; Zweites Bürokratieentlastungsgesetz v. 30.6.2017, BGBl. I 2017, 2143; Drittes Bürokratieentlastungsgesetz v. 22.11.2018, BGBl. I 2019, 1746; Viertes Bürokratieentlastungsgesetz v. 23.10.2024, BGBl. I 2024, Nr. 323.

1,1 Mrd. Euro pro Jahr,[8] von denen immerhin 625 Mio. Euro[9] auf die Verkürzung der steuer- und handelsrechtlichen Aufbewahrungspflichten von 10 auf 8 Jahre entfallen sollen, doch es handelt sich um punktuelle Maßnahmen, die zudem nur kurzfristig wirken. Der nationale Normenkontrollrat stellt – nach einem massiven Anstieg seit 2022 – in seinem Jahresbericht 2024 lediglich eine Verlangsamung des Zuwachses beim laufenden Erfüllungsaufwand fest.[10]

Dabei führt die Reduktion von Befolgungskosten, wenn sie richtig angegangen wird, spiegelbildlich zu einer Entlastung von Vollzugskosten und damit einem Nettozuwachs staatlicher Einnahmen. Staatliches und privates Bürokratieabbauinteresse müssten grundsätzlich gleichlaufen, zumal auch die staatliche Verwaltung längst an ihren Kapazitätsgrenzen angelangt ist.[11] Es mag sein, dass die Überforderung der Verwaltung nicht richtig wahrgenommen wird, weil schlichtweg nicht mehr genau geprüft wird, was im Gesetz steht.[12] Doch ist dies nicht nur rechtsstaatlich inakzeptabel, sondern für den Steuerpflichtigen wertlos, denn er kann sich nicht darauf verlassen, es komme nicht darauf an, das Gesetz genau zu beachten. Nach wie vor gilt der Grundsatz „keine Gleichheit im Unrecht“,[13] solange es sich nicht um ein strukturelles Vollzugsdefizit[14] handelt. Der Steuerpflichtige kann sich seiner Mitwirkungspflichten nicht entledigen.

---

8 BT-Drucks. 20/11306, 132 ff.

9 BT-Drucks. 20/11306, 134.

10 NKR, Jahresbericht 2024: Gute Gesetze. Digitale Verwaltung. Weniger Bürokratie. Momentum nutzen, Wirkung steigern, BT-Drucks. 20/13600, 1: nach erheblichem Anstieg um 16 Mrd. Euro in den ersten beiden Jahren der Legislaturperiode. Gut dokumentiert ist die stets nur sehr kurzfristige Wirkung der Bürokratieabbaugesetze.

11 Alarmierend bereits Bundesrechnungshof, Probleme beim Vollzug der Steuergesetze, 2006, 34 ff.; Seither zahlreiche Einzelbereiche beanstandet, z. B. Bundesrechnungshof, Vollzug der Steuergesetze insbesondere im Arbeitnehmerbereich, 2012, 9 ff.; Bundesrechnungshof, Maßnahmen zur Verbesserung der Umsatzsteuerbetrugsbekämpfung – Chancen der Digitalisierung nutzen, 2020, 18 f.; Bundesrechnungshof, Steuerermäßigungen nach § 35a EStG für von Vermietern und Hausverwaltungen bescheinigte haushaltsnahe Dienst- und Handwerkerleistungen, 2024; Bundesrechnungshof, Umsetzung Kontrolle und Wirksamkeit der Belegausgabepflicht nach § 146a Abs. 2 AO, 2024, 22; zur Kontrolle des Steuervollzugs durch die Rechnungshöfe Schleicher, DStJG 31 (2008), 59 ff.

12 Zum „Sicherstellungs“-Auftrag: Seer in Tipke/Kruse, § 85 AO Rz 24 ff. (8/2024).

13 Seer in Tipke/Kruse, § 88 AO Rz 88 (8/2024); Nußberger/Hey in Sachs, GG-Kommentar, 10. Aufl., 2024, Art. 3 Rz 46 mwN. in Fn. 102.

14 BVerfG v. 27.6.1991, 2 BvR 1493/89, BVerfGE 84, 239 (272).

II. Ursachen der stetigen Zunahme steuerlicher Mitwirkungspflichten

Um zu verstehen, woran es liegt, dass steuerliche Mitwirkungspflichten dennoch stetig zu- statt abzunehmen, bedarf es einer Analyse ihrer Ursachen.

1. Sicherung der Gleichmäßigkeit des Steuervollzugs

Die Mitwirkung der Steuerpflichtigen ist das Fundament des Steuerstaates. Zwar ordnet § 88 Abs. 1 Satz 1 AO den Grundsatz der Amtsermittlung an, doch ohne die Erklärung der steuererheblichen Tatsachen wäre Steuervollzug nicht möglich. Die ordnungsgemäße Steuererklärung[15] ist Grundlage rechtmäßiger Steuerbescheide.

Könnte der Staat dem Steuerpflichtigen uneingeschränkt vertrauen, hätte es damit sein Bewenden. Doch hat das Bundesverfassungsgericht in der Zinsentscheidung im Jahr 1991,[16] später im sog. Tipke-Urteil[17] aus dem Gebot der Rechtsanwendungsgleichheit gefolgert, das Deklarationsprinzip bedürfe der Ergänzung durch das Verifikationsprinzip. Es reicht nicht, gesetzliche Pflichten nur in das Gesetz hineinzuschreiben.

Besonders erfolgreich gelingt die Sicherstellung der Besteuerung durch Einbeziehung Dritter,[18] sei es, indem sie zu Quellenabzügen verpflichtet werden, zum Beispiel im Rahmen der Abgeltungsteuer (§§ 43 ff. EStG), sei es durch Meldepflichten wie im Fall der Rentenbezugsmitteilungen nach § 22a EStG oder der Anzeigepflichten nach § 8 ErbStDV. Auch dann geht es immer noch um steuererhebliche Tatsachen, aber verbunden mit der Indienstnahme Dritter. Durch die Abgeltungsteuer entfallen Mitwirkungspflichten beim Gläubiger der Kapitalerträge, oftmals kommt es aber zu einer Verdoppelung der Pflichten.[19]

---

15 Zur Bedeutung der Steuererklärung Ortwald, Steuererklärungspflicht und Verfahrensleistungsfähigkeit, Diss., 2021, 65 ff.

16 BVerfG v. 27.6.1991, 2 BvR 1493/89, BVerfGE 84, 239 (268 f.).

17 BVerfG v. 9.3.2004, 2 BvL 17/02, BVerfGE 110, 94 (113).

18 Musil, DÖV 2006, 505 (506); Drüen, DStJG 31 (2008), 167 (180); Marquardsen in Kube/Reimer (Hrsg.), Brennpunkte des Steuerinformationsrechts, HFSt 19 (2022), 5 (10).

19 Zum Verhältnis von Drittpflichten und eigenen Pflichten Drüen, DStJG 31 (2008), 167 (177 ff.).

2. Das neue Credo der Verhaltenssteuerung durch Transparenz

Hinzu kommen Mitwirkungspflichten, die der Transparenz dienen. Transparenz[20] ist das neue Credo, insbesondere im internationalen[21] und europäischen[22] Steuerrecht, von dem man sich Anreize für steuerliches Wohlverhalten erhofft.[23] Hier sind das sog. Country-by-Country Reporting oder die Mitteilungspflicht grenzüberschreitender Steuergestaltungen einzuordnen. Sie verfolgen spezial- und generalpräventive Zwecke. Es geht um Verhaltensbeeinflussung, insbesondere wenn derartige Informationen öffentlich gemacht werden wie durch das Public Country-by-Country Reporting.[24]

3. Mitwirkungspflichten als Folge des materiellen Steuerrechts

Der Hauptgrund für die Zunahme der Mitwirkungslasten liegt freilich im materiellen Steuerrecht. Anders als von *Roman Seer* gefordert, denkt der Gesetzgeber des materiellen Steuerrechts dessen Vollzug nicht von Anfang an mit.[25] Materielles Steuerrecht und Vollzug müssten viel stärker als kommunizierende Röhren verstanden werden („Reziprozität zwischen materieller Steuernorm und Steuervollzug“[26]).

Die Einführung neuer, noch dazu hochkomplexer Steuern wie der Mindeststeuer oder des EU-Energiekrisenbeitrags,[27] aber auch von Fördertatbeständen wie der Forschungszulage, geht mit zusätzlichen Mitwirkungspflichten einher. Hinzu kommen immer neue Missbrauchsvermeidungsvorschriften, die

20 Rechtsvergleichend Basaran Yavaslar/Hey (Hrsg.), Tax Transparency, EATLP International Tax Series Vol. 17 (2019).

21 Mellinghoff, StuW 2023, 5 ff.; Ehrke-Rabel, StuW 2015, 101 (106).

22 Englisch in Tipke/Lang, Steuerrecht, Köln, 25. Aufl., 2024, Rz 4.74.

23 Bis hin zur ESG-Berichterstattung über Steuerpraktiken Schnitger/Kockrow, BB 2024, 1111; Wolz, ESGZ 2025, 31 ff.

24 In Umsetzung von Richtlinie (EU) 2021/2101 des Europäischen Parlaments und des Rates vom 24. November 2021 zur Änderung der Richtlinie 2013/34/EU im Hinblick auf die Offenlegung von Ertragsteuerinformationen durch bestimmte Unternehmen und Zweigniederlassungen (ABlEU. L 429 vom 1.12.2021, 1).

25 Seer, DStJG 31 (2008), 7 (9); Tipke, StuW 2004, 3 (22).

26 Seer, BB 2021, 1433 (1436).

27 Hier werfen gerade die geringe Anzahl der Steuerpflichtigen (FG Köln v. 20.12.2024, 2 V 1597/24, juris Rz 75), der kurze Anwendungszeitraum und das überschaubare Aufkommen die Frage nach der Verhältnismäßigkeit der Einführung einer neuen Steuer mit komplexer Bemessungsgrundlage auf.

tatbestandlich auch deshalb komplex sind, weil sie darauf abzielen, den Missbrauch indirekt anhand äußerer Tatsachen zu erfassen.

Sodann ist der Zunahme grenzüberschreitender Sachverhalte größerer Vollzugsaufwand inhärent. Allerdings ist es weit über § 90 Abs. 2 AO hinaus zu einem Zuwachs der Mitwirkungspflichten für grenzüberschreitende Sachverhalte gekommen,[28] die einerseits infolge des Tätigwerdens des europäischen Steuergesetzgebers[29] dem Schutz der Grundfreiheiten[30] weitgehend entzogen sind,[31] andererseits mit erheblichen Grundrechtseingriffen einhergehen und vom Europäischen Gerichtshof auf ihre EU-Grundrechtskonformität geprüft werden.[32]

Ein besonderes Problem, das der nationale Gesetzgeber ganz allein zu verantworten hat, ist die Kleinteiligkeit vieler Tatbestände. Sie führt zu erheblicher Befolgungskomplexität. Oft werden Tatbestände dann nur ungefähr befolgt. So dürfte sich das Zusammenspiel von Entfernungspauschale und Homeofficepauschale weder für den Steuerpflichtigen, der eben nicht zum Führen eines Fahrtenbuchs verpflichtet ist, noch für die Finanzverwaltung lückenlos nachvollziehen lassen. Im Zweifel schätzt der Steuerpflichtige bei Abgabe der Steuererklärung in der Rückschau, wie viele Tage er im Büro, wie viele im Homeoffice war, obwohl das Gesetz eine exakte tageweise Angabe fordert (§ 9 Abs. 1 Satz 3 Nr. 4 Satz 2 EStG „für jeden Arbeitstag“; § 4 Abs. 5 Satz 1 Nr. 6c Satz 1 EStG „für jeden Kalendertag“). Die richtige Schlussfolgerung ist gewiss nicht, den Steuerpflichtigen zu einem Arbeitstagebuch zu verpflichten, sondern z. B., wie von der Kommission „Bürgernahe Einkommensteuer“ gefordert, eine einheitliche Arbeitstagepauschale.[33]

---

28 Krumm, FR 2024, 241 (243).

29 Zur Verankerung zusätzlicher Mitwirkungspflichten in der Amtshilferichtlinie durch die sog. „DAC-Gesetzgebung“ s. Englisch in Tipke/Lang, Steuerrecht, Köln, 25. Aufl., 2024, Rz 4.74.

30 Allgemein hierzu Schilcher, Grenzen der Mitwirkungspflichten im Lichte des Gemeinschaftsrechts, Diss., Wien 2009.

31 Zur eingeschränkten Überprüfung des Sekundärrechts an den Grundfreiheiten durch den EuGH s. Levedag, StuW 2024, 197 (202).

32 Siehe Fn. 63.

33 Abschlussbericht der Expertenkommission, Bürgernahe Einkommensteuer, 2024, 53 ff.

III. Freiheitsrechte als Grenze steuerlicher Mitwirkungspflichten

Das Gefühl der Ohnmacht gegenüber überbordenden staatlichen Bürokratielasten führt im Rechtsstaat zu der Frage nach verfassungsrechtlichem Schutz. Wenn dem Staat die Haltung des benevolenten Diktators abhandenkommt, wenn noch nicht einmal Selbstschutzmechanismen erlauben, das Eigeninteresse des Bürokratieabbaus zu erkennen, wendet der Bürger den Blick Richtung Bundesverfassungsgericht in der Hoffnung, dort möge dem Spuk Einhalt geboten werden.

1. Der steuerrechtliche Mitwirkungseingriff

Dabei unterscheiden sich steuerliche Mitwirkungspflichten sowohl in der für die Rechtfertigung relevanten Zwecksetzung als auch in den Rechtsfolgen von Pflichtverletzungen.

a) Mitwirkung in eigener Angelegenheit

Die Pflicht zur Steuererklärung ist notwendige Folge der materiellen Steuerpflicht. Trotzdem handelt es sich um einen eigenständigen Grundrechtseingriff.

Zudem gehen Mitwirkungspflichten auch in eigenen Angelegenheiten zum Teil über das hinaus, was zur Erklärung der steuererheblichen Tatsachen unmittelbar erforderlich ist. Das betrifft Aufbewahrungs- und Dokumentationspflichten, wie sie etwa in § 90 Abs. 3 AO für die Verrechnungspreisdokumentation verlangt werden, mit der seit 2025 geltenden Pflicht zu jederzeitiger Vorlage einer Transaktionsmatrix[34] (§ 90 Abs. 4 AO) oder die erweiterte Mitwirkungspflicht nach § 12 StAbwG.

34 Immerhin wurde die Vorlagepflicht durch das Vierte Bürokratieentlastungsgesetz v. 29.10.2024, BGBl. I Nr. 323 auf die Vorlage einer Transaktionsmatrix herabgestuft, damit aber zugleich eine neue Dokumentationspflicht geschaffen, deren Inhalte sich nur zum Teil unmittelbar aus dem Local File ableiten lassen, sodass unklar ist, ob es im Ergebnis zu einer Entlastung kommen wird, s. Nientimp/Heitfeld, IStR 2025, 60 (61 f.); krit. Wolff/Gruber, DB 2025, 218 (219, 222).

b) Mitwirkung in fremder Angelegenheit (Indienstnahme)

Eine aus dem Steuervollzug kaum hinwegzudenkende[35] Mitwirkungspflicht ist das Quellenabzugsverfahren,[36] namentlich die Pflichten im Rahmen der Lohn- und Kapitalertragsteuer. Für den einzelnen Steuerpflichtigen führt dies zur Entlastung von Mitwirkungspflichten, die in der Hand des Arbeitgebers oder Kreditinstituts gebündelt werden. Diese übernehmen, wie übrigens auch die Unternehmen für die Umsatzsteuer,[37] Aufgaben als Steuereintreiber.[38] Es kommt zur Auslagerung von Verwaltungslasten auf Private, weshalb es hier auch keinen unmittelbaren Gleichlauf zwischen staatlichem und privatem Bürokratieabbauinteresse gibt.[39] *Klaus-Dieter Drüen* spricht plastisch von „Zwangsprivatisierung".[40] Im Rahmen der Abgeltungsteuer entlastet die Finanzwirtschaft nicht nur die Kapitalgläubiger von Erklärungspflichten, sondern auch die Finanzverwaltung vom komplexen Veranlagungsgeschäft. Wenn gefordert wird, zur progressiven Besteuerung von Kapitaleinkünften zurückzukehren,[41] dürfte das spätestens im Bundesrat am Widerstand der zum Vollzug verpflichteten Länder scheitern.

c) Rechtsfolgen von Mitwirkungspflichtverletzungen

Von der Mitwirkungspflicht zu unterscheiden sind die mit ihrer Verletzung einhergehenden Rechtsfolgen.

Durch Verwaltungsakt festgesetzte Mitwirkungshandlungen können gem. §§ 328 ff. AO mit Zwangsmitteln durchgesetzt werden. Der Verspätungszuschlag gem. § 152 AO soll ebenso wie das neue Mitwirkungsverzögerungsgeld nach § 200a Abs. 2 und 3 AO den Steuerpflichtigen zur zeitnahen Kooperation

---

35 Allerdings nicht „staatsnotwendig" Drüen, Die Indienstnahme Privater für den Vollzug von Steuergesetzen, Habil., Tübingen 2012, 282.

36 Drüen, Die Indienstnahme Privater für den Vollzug von Steuergesetzen, Habil., Tübingen 2012, 280 ff.; Goez, Die Quellenbesteuerung als Erhebungsform der Einkommensteuer, Diss., Münster 1993.

37 6,1 Mrd. Euro p.a. Kosten allein für das Ausstellen von Rechnungen gem. § 14 UStG, vgl. Kuhlmann / Gerls, ifo-Schnelldienst 11/2024, 20 (21). Hieraus folgert Reiners, UR 2021, 655 ff., zutreffend die Pflicht des Gesetzgebers zur Einführung einer Umsatzsteueranrufungsauskunft; ausf. Reiners, Verfassungsrechtliche Legislativpflichten im Umsatzsteuerrecht, Diss., Baden-Baden 2021.

38 Tipke, StuW 1992, 103 (107).

39 Allerdings mit Letztverantwortung der Finanzverwaltung Spilker, Behördliche Amtsermittlung, Habil., Tübingen 2015, 70.

40 Drüen, Die Indienstnahme Privater für den Vollzug von Steuergesetzen, Habil., Tübingen 2012, 170.

41 Die Linke, Alle wollen regieren. Wir wollen verändern Wahlprogramm für die Bundestagswahl 2025, 11; BSW, Unser Land verdient mehr! Wahlprogramm für die Bundestagswahl 2025, 16 f.

anhalten. Versäumnisse der Verrechnungspreisdokumentation haben sehr spürbare Strafzuschläge im Rahmen der Schätzung zur Folge (§ 162 Abs. 3 AO).[42] Die Verletzung von Mitwirkungspflichten, die nicht unmittelbar auf die Erklärung steuererheblicher Tatsachen gerichtet sind, wird durch Bußgelder sanktioniert.[43]

Zu den Handlungspflichten des Entrichtungspflichtigen tritt das finanzielle Risiko der Inanspruchnahme als Haftungsschuldner hinzu, §§ 42d, 44 Abs. 5, 48a Abs. 3, 50a Abs. 6 Satz 5 EStG.

Bezogen auf den Steueranspruch berechtigt die fehlende Mitwirkung zur Schätzung,[44] und es kommt darauf an, zu wessen Lasten sich ein *non liquet* auswirkt.[45] Die Verletzung von Mitwirkungspflichten, die sich auf steuerbegründende Tatsachen beziehen, führt im Rahmen der Schätzung zu einem reduzierten Beweismaß.[46] Gegebenenfalls droht eine Bestrafung wegen Steuerhinterziehung, § 370 AO.[47]

Schon dieses Instrumentarium zeigt, dass der Steuerpflichtige seinen Mitwirkungspflichten akribisch nachkommen muss und sich nicht einfach auf Überforderung berufen kann.

---

42 Kritik s. Seer in Tipke/Kruse, § 162 AO Rz 72 (5/2022).

43 Z.B. Verletzung von Aufzeichnungspflichten gem. § 379 Abs. 1 Nr. 3 AO oder § 379 Abs. 2 Nr. 1e, 1g AO für die fehlende Anzeige oder unrichtige Angaben im Rahmen der Anzeigepflicht nach § 138d AO.

44 Zu den Auswirkungen auf das Beweismaß Seer in Tipke/Kruse, § 162 AO Rz 3 ff. (5/2022); Trzaskalik in Hübschmann/Hepp/Spitaler, § 162 AO Rz 24 ff. (11/1997); Günther, Aufklärung internationaler Sachverhalte, Diss., Baden-Baden 2023, 100.

45 Dazu ausf. für grenzüberschreitende Sachverhalte Günther, Aufklärung internationaler Sachverhalte, Diss., Baden-Baden 2023, 88 ff.; Schädle, Die Erweiterung steuerlicher Mitwirkungspflichten durch das Steuerhinterziehungsbekämpfungsgesetz und die Steuerhinterziehungsbekämpfungsverordnung, Diss., Hamburg 2020, 39 ff.; Lindenthal, Mitwirkungspflichten des Steuerpflichtigen und Folgen ihrer Verletzung. Unter besonderer Berücksichtigung der Dokumentationspflichten bei Verrechnungspreisen, Diss., Frankfurt am Main 2006, 209 ff.

46 Seer in Tipke/Kruse, § 88 AO Rz 43 (8/2024) zu den Auswirkungen auf das Beweismaß seit BFH v. 15.2.1989, X R 16/86, BStBl. II 1989, 462 Rz 17. Dabei ist allerdings unter Verhältnismäßigkeitsgesichtspunkten nach der Art der Mitwirkungspflichtverletzung zu differenzieren (Seer in Tipke/Kruse, § 162 AO Rz 37 ff. [5/2022]), rein formelle Fehler dürfen nicht ohne Weiteres zur Vollschätzung führen (BFH v. 12.7.2017, X B 16/17, BFH/NV 2017, 1204 Rz 101).

47 Zu bedingt vorsätzlichem Fehlverhalten *Krumm*, FR 2024, 241 (245 ff.).

2. Unterschied zwischen Zahllast und Verwaltungslast

Zu messen ist die Belastung durch Mitwirkungspflichten primär an den Freiheitsrechten. Während der Zahllast außer in Extremfällen[48] keine freiheitsrechtlichen Grenzen gesetzt werden können, weil sich ein Verhältnis zwischen dem gesamtstaatlichen Finanzbedarf und dem einzelnen Steuereingriff nicht herstellen lässt, ist der Freiheitseingriff der Mitwirkungspflicht auf das konkrete Ziel der gesetzes- und gleichheitssatzkonformen Steuererhebung[49] gerichtet und damit einer Verhältnismäßigkeitsprüfung ohne Weiteres zugänglich.[50] Steuerliche Mitwirkungspflichten können dann aber grundsätzlich auch nur dann gerechtfertigt werden, wenn sie der Beschaffung der für die Besteuerung notwendigen Informationen und der Steuerentrichtung dienen. Die Mitwirkung, insbesondere das Liefern von Informationen, ist kein Selbstzweck.[51]

Bemerkenswert ist angesichts der erheblichen Steuerverwaltungslasten, dass die Frage der Verfassungsmäßigkeit von Mitwirkungspflichten erst seit kurzem vertieft diskutiert wird.[52] Lediglich gegen die entschädigungslose Indienstnahme Dritter werden schon länger Einwände erhoben.[53] Dabei spielen zunehmend auch EU-Grundrechte gegenüber Verfahrenslasten eine Rolle,[54] was vor allem am rasanten Aufwuchs der Amtshilferichtlinie durch die sog. DAC-Gesetzgebung[55] liegt, ein Aspekt, der im Folgenden aber weitgehend ausgeklammert wird.

---

48 BVerfG v. 22.6.1995, 2 BvL 37/91, BVerfGE 93, 121 (138); BVerfG v. 18.1.2006, 2 BvR 2194/99, BVerfGE 115, 97 (110 ff.).

49 Pracht, StuW 2024, 325 (326).

50 Schmidt, DStR 2024, 137 (138).

51 Allg. zu den Grenzen der Inanspruchnahme zu staatlicher Informationsgewinnung Spiecker gen. Döhmann, Staatliche Entscheidungen unter Unsicherheit, Habil., 500 f. (im Druck).

52 Hey, StuW 2024, 16; Pracht, StuW 2024, 325.

53 Geißler, Der Unternehmer im Dienste des Steuerstaats, Diss., Stuttgart 2001; Schirra, Die Indienstnahme Privater im Lichte des Steuerstaatsprinzips, Diss., Frankfurt am Main 2002; G. Kirchhof, Die Erfüllungspflichten des Arbeitgebers im Lohnsteuerverfahren, Diss., Berlin 2005; Drüen, Die Indienstnahme Privater für den Vollzug von Steuergesetzen, Habil., Tübingen 2012; Hey, FR 1998, 497; Schmidt, DStR 2024, 137.

54 Sendke, Grundrechtsschutz beim grenzüberschreitenden Steuervollzug innerhalb der Europäischen Union, Diss., 2025.

55 Richtlinie (EU) 2015/2376 des Rates vom 8.12.2015 zur Änderung der Richtlinie 2011/16/EU bezüglich der Verpflichtung zum automatischen Austausch von Informationen im Bereich der Besteuerung (DAC 3, Informationsaustausch über verbindliche Steuerauskünfte), ABlEU vom 18.12.2015, L 332, 1; Richtlinie EU 2016/881 des Rates vom 25.5.2016 zur Änderung der Richtlinie 2011/16/EU bezüglich der Verpflichtung zum automatischen Austausch von Informationen im Bereich der Besteuerung (DAC 4, Country by Country Reporting), ABlEU vom 3.6.2016, L 146, 8; Richtlinie (EU) 2018/822 des Rates vom 25.5.2018

3. Datenschutz und informationelle Selbstbestimmung

Steuerliche Mitwirkung ist vornehmlich auf Informationen gerichtet. Das aus der allgemeinen Handlungsfreiheit, verbunden mit der Menschenwürdegarantie (Art. 2 Abs. 1 i. V. m. Art. 1 Abs. 1 GG), abgeleitete Recht auf informationelle Selbstbestimmung als Ausprägung des allgemeinen Persönlichkeitsrechts beinhaltet das Recht zu entscheiden, wann und innerhalb welcher Grenzen persönliche Lebenssachverhalte, zu denen auch wirtschaftliche Daten gehören, offenbart werden.[56] Es schützt vor unbegrenzter, nicht zielgerichteter Datenerhebung, nicht jedoch vor dem Eingriff zur Preisgabe steuererheblicher Daten,[57] soweit dieser auf der Grundlage eines formellen Gesetzes erfolgt.[58] Wohl aber kann das Grundrecht auf informationelle Selbstbestimmung einer unbegrenzten Speicherung, Weiterbearbeitung und Weitergabe entgegengehalten werden[59] und einen Anspruch auf Benachrichtigung bei der Datenerhebung von Dritten begründen.

---

zur Änderung der Richtlinie 2011/16/EU bezüglich des verpflichtenden automatischen Informationsaustauschs im Bereich der Besteuerung über meldepflichtige grenzüberschreitende Gestaltungen (DAC 6), ABlEU vom 5.6.2018, L 139, 1; Richtlinie (EU) 2021/514 des Rates vom 22.3.2021 zur Änderung der Richtlinie 2011/16/EU bezüglich der Verpflichtung zum automatischen Austausch von Informationen im Bereich der Besteuerung (DAC 7, Austausch von Informationen über Anbieter auf digitalen Plattformen) ABlEU vom 25.3.2021, L 104, 1; Richtlinie (EU) 2023/2226 des Rates vom 17.10.2023 zur Änderung der Richtlinie 2011/16/EU des Rates über die Zusammenarbeit der Verwaltungsbehörden im Bereich der Besteuerung (DAC 8) ABlEU vom 24.10.2023, L 38.

56 BVerfG v. 15.12.1983, 1 BvR 209/83, BVerfGE 65, 1 (41 ff.); BVerfG v. 12.4.2005, 2 BvR 1027/02, BVerfGE 113, 29 (45 f.); BVerfG v. 4.4.2006, 1 BvR 518/02, BVerfGE 115, 320 (341 f.); BVerfG v. 13.6.2007, 1 BvR 1550/03, BVerfGE 118, 168 (183 f.); BVerfG v. 11.3.2008, 1 BvR 2074/05, BVerfGE 120, 378 (397); zum Begriff des Privatlebens gem. Art. 8 EMRK im Zusammenhang mit DAC 6 EuGH v. 29.2.2024, Rs. C-623/22, Belgian Association of Tax Lawyers u. a., ECLI:EU:C:2024:639 Rz 126 f. („weiter Begriff").

57 Seer in Tipke / Lang, Steuerrecht, Köln, 25. Aufl. 2024, Rz 21.18: „Kein Recht auf steuerliche Selbstbestimmung".

58 BVerfG v. 27.6.1991, 2 BvR 1493/89, BVerfGE 84, 239 (280).

59 Seer in Tipke / Lang, Steuerrecht, Köln, 25. Aufl. 2024, Rz 21.18.

4. Berufsfreiheit

Die Berufsfreiheit des Art. 12 Abs. 1 GG schützt insbesondere vor der als Berufsausübungsregel einzuordnenden Mitwirkung in Angelegenheiten Dritter durch Indienstnahme.[60] Quellenabzugstatbestände und Meldepflichten treffen in aller Regel nur Unternehmer und nicht Privatpersonen.[61] Steuerrechtliche Erklärungspflichten in eigenen Angelegenheiten können von Art. 12 Abs. 1 GG geschützte Geschäfts- und Betriebsgeheimnisse berühren.[62]

Der Europäische Gerichtshof hat zudem die Meldepflicht anwaltlicher Intermediäre nach DAC 6 (§§ 138d ff. AO) anhand der EU-Grundrechtecharta beanstandet, weil sie standesrechtliche Verschwiegenheitspflichten und das Recht auf Achtung der Kommunikation zwischen Rechtsanwalt und Mandant verletzt (gestützt auf Art. 7 und Art. 47 Abs. 2 Satz 2 GRCh).[63] Auf andere Berufsträger, namentlich Steuerberater, soll sich der Schutz nicht erstrecken,[64] was zweifelhaft ist, soweit diese wie in Deutschland funktional Rechtsanwälten als Organen der Steuerrechtspflege gleichgestellt sind.[65]

---

60 Remmert in Dürig/Herzog/Scholz, Grundgesetz-Kommentar, Art. 12 Abs. 1 GG Rz 231 f. (8/2023); Herrler, Mitwirkung der Banken bei der Besteuerung von Bankkunden, Diss., Köln 1984, 219; Pelka/Balmes, DStR 1997, 1309 (1312); Kloubert, Rechtliche Stellung des Arbeitgebers beim Lohnsteuerabzug, Diss., Köln 1988, 67 f.; Reiners, Verfassungsrechtliche Legislativpflichten im Umsatzsteuerrecht, Diss., Baden-Baden 2021, 199 ff.

61 Die Pflicht zur Abführung der Bauabzugssteuer durch private Vermieter als Unternehmer im Sinne von § 2 Abs. 1 UStG entfällt häufig infolge der Freistellungsbescheinigung nach § 48b EStG.

62 Wolf, Steuerverfahrensrechtliches Internum des Steuerpflichtigen?, Diss., Berlin 2023, 145 f.

63 EuGH v. 8.12.2022, C-694/20, Orde van Vlaamse Balies u. a., ECLI:EU:C:2022:963 Rz 26 f.; EuGH v. 26.9.2024, C-432/23, Ordre des avocats du Barreau de Luxembourg, ECLI:EU:C:2024:791 Rz 52. Hierzu grundlegend Roser, Der verfassungsrechtliche Schutz des Vertrauensverhältnisses zwischen Rechtsanwalt und Mandant am Beispiel des Steuerrechts, Diss., München 2021, speziell zu § 138d AO, 221 ff.

64 GA Emiliou, Schlussanträge v. 29.2.2024, C-623/22, ECLI:EU:C:2024:189, Rz 214 (Belgian Association of Tax Lawyers u. a.); auch Desmyttere/Vanneste, ET 2024, 298, 310 ff.

65 BVerfG v. 12.4.2005, 2 BvR 1027/02, BVerfGE 113, 29 (54 f. Rz 96).

5. Eigentumsfreiheit

Einen eigenständigen Eingriff in die Eigentumsfreiheit begründet das mit Entrichtungspflichten verbundene Haftungsrisiko.[66] Dies gilt umso mehr, soweit die Haftung verschuldensunabhängig[67] ist und das Risiko der Inanspruchnahme wie im Fall von Kapitalertragsteuer und Umsatzsteuer nicht durch eine kostenfreie Anrufungsauskunft[68] reduziert werden kann.

6. Allgemeine Handlungsfreiheit

Schließlich greift stets die allgemeine Handlungsfreiheit ein, die jede Mitwirkungspflicht, auch soweit sie Privatpersonen trifft, rechtfertigungsbedürftig macht. Auch die Pflicht zur Mitwirkung in eigenen Angelegenheiten geht nicht im Steueranspruch auf, sondern bedarf als ein eigener Grundrechtseingriff der Rechtfertigung.

IV. Das Verhältnismäßigkeitsprinzip als Grenze der Inanspruchnahme durch die Finanzverwaltung

1. Verfassungsrechtliche Ermessensgrenzen

Ganz erhebliche Bedeutung kommt den Grundrechten im Rahmen der verwaltungsbehördlichen Verfahrenskonkretisierung und Ermessensausübung zu. Dabei geht es zunächst um die Entscheidung über die Heranziehung zur Mitwirkung, das „Ob“ ebenso wie das „Wie“, sodann um die Anordnung von Sanktionen bei unzureichender Mitwirkung und schließlich die Ausübung

66 Zu weiteren Eigentumseingriffen durch Indienstnahme Hey, FR 1998, 497 (504); a. A. Kanzler, FR 1996, 473 (478), der den Schutzbereich von Art. 14 GG nicht für eröffnet hält.

67 Drüen, Die Indienstnahme Privater für den Vollzug von Steuergesetzen, Habil., Tübingen 2012, 379; Drüen, FR 2021, 605 (608 ff.).

68 Reiners, Verfassungsrechtliche Legislativpflichten im Umsatzsteuerrecht, Diss., Baden-Baden 2021, 256 ff., nimmt eine verfassungsrechtliche Legislativpflicht zur Einführung eines entsprechenden Auskunftstatbestandes an.

der Schätzungsbefugnis.[69] Hier schützen neben den Freiheitsrechten[70] vor allem das rechtsstaatliche Übermaßverbot und der Verhältnismäßigkeitsgrundsatz.[71] Absolute Grenze der Mitwirkung ist deren Unzumutbarkeit.[72] Unzumutbare Mitwirkungshandlungen sind auch im Interesse des bedeutsamen Gemeinwohlbelangs der Gleichmäßigkeit des Steuervollzugs nicht zu rechtfertigen.

Auf der Ausführungsebene kann auch mancher „Förmelei" der gesetzlichen Vorgaben die Schärfe genommen werden. Das betrifft z. B. die Folgerungen für die Schätzung gem. § 162 AO bei lediglich unbedeutenden formellen Dokumentationsfehlerzn.[73] Die Nichtbeachtung formeller Anforderungen an die Aufzeichnung macht die Informationen, zu deren Dokumentation sie dienen, und die spätere Steuerfestsetzung nicht notwendigerweise falsch. Auch dürfen die Anforderungen an die Sorgfalt nicht überspitzt werden. Bei der Festsetzung von Sanktionen ist auf ein angemessenes Verhältnis zwischen dem Fehlverhalten und der Bedeutung der konkreten Mitwirkungspflicht für die Gesetzmäßigkeit und Gleichmäßigkeit des Steuervollzugs zu achten.

2. Erforderlichkeit der Mitwirkung

§ 90 Abs. 1 Satz 2 AO bezieht die Mitwirkungspflicht auf die besteuerungserheblichen Tatsachen. Nicht erforderlich und daher nicht gerechtfertigt sind Mitwirkungsverlangen, die sich auf steuerlich irrelevante Tatsachen[74] beziehen oder nicht mehr steuererhebliche Tatsachen betreffen, sich etwa auf verjährte Zeiträume beziehen.

---

69 Auch wenn § 162 AO kein Ermessen eröffnet, enthält die Vorschrift erhebliche – wiederum grundrechtskonform auszuübende – Konkretisierungsspielräume, s. Seer in Tipke/Kruse, § 162 AO Rz 9 (5/2022).

70 Z. B. Schutz auch der informationellen Selbstbestimmung des Steuerpflichtigen durch die Subsidiarität der Drittauskunft Seer in Tipke/Kruse, § 93 AO Rz 17.

71 Drüen in Tipke/Kruse, § 5 AO Rz 60–64 (3/2024); detailliert Günther, Aufklärung internationaler Sachverhalte, Diss., Baden-Baden 2023, 297 ff.

72 Söhn in Hübschmann/Hepp/Spitaler, § 90 AO Rz 72 (4/2020); Drüen in Tipke/Kruse, § 5 AO Rz 59 (3/2024), als äußerste Grenze im Hinblick auf die Belastungsintensität des Eingriffs.

73 Z. B. BFH v. 10.3.1983, IV R 236/81, juris, Rz 15; BFH v. 28.11.2023, X R 3/22, BStBl. II 2024, 329 Rz 77, 88.

74 Söhn in Hübschmann/Hepp/Spitaler, § 90 AO Rz 76 (4/2020).

Zur Mitwirkung darf der Steuerpflichtige grundsätzlich auch dann nicht herangezogen werden, wenn die erforderlichen Informationen der Finanzverwaltung bereits vorliegen;[75] dann ist die Mitwirkung nicht (mehr) notwendig.[76]

Unter Datenschutzgesichtspunkten stellt sich insbesondere die Frage der Zulässigkeit einer Doppelerhebung von Daten.

Die Doppelerhebung derselben Daten von unterschiedlichen Auskunftspersonen dient dem Abgleich und der Kontrolle der Richtigkeit der Angaben. Verhältnismäßig ist die Inanspruchnahme des Dritten gemäß § 93 Abs. 1 Satz 3 AO nur dann, wenn der Steuerpflichtige die Auskunft verweigert oder Zweifel an der Richtigkeit der Auskunft bestehen.[77]

Zu einer Doppelerhebung von derselben Auskunftsperson kommt es, wenn unterschiedliche staatliche Stellen oder mehrere Staaten dieselbe Information benötigen. Derartigen Mehrfachabfragen wird das auch in § 5 EGovG enthaltene Once-Only-Prinzip[78] entgegenhalten, das allerdings auch impliziert, dass die einmal erhobenen Daten anschließend staatsintern oder zwischenstaatlich im Wege internationaler Amtshilfe weitergegeben werden,[79] was wiederum in Konflikt mit dem Grundrecht auf informationelle Selbstbestimmung treten kann.[80] Deshalb muss eine übergreifende Datennutzung unter Zustimmungsvorbehalt gestellt werden,[81] jedenfalls muss der Betroffene informiert werden.

---

75 Nicht aufklärungsbedürftige Tatsachen Seer in Tipke / Kruse, § 88 AO Rz 21; bereits aufgrund automatischer Informationshilfe vorhandene Informationen s. Günther, Aufklärung internationaler Sachverhalte, Diss., Baden-Baden 2023, 305.

76 Seer in Tipke / Kruse, § 90 AO Rz 12 (5/2022).

77 Schuster in Hübschmann / Hepp / Spitaler, § 93 AO Rz 87 (11/2017).

78 BMF-Monatsbericht Juni 2023, 42–50 (https://www.bundesfinanzministerium.de/Monatsberichte/2023/06/Inhalte/Kapitel-3-Analysen/3-3-once-only-prinzip.html). Zum Vorläufer im Onlingezugangsgesetz Möhlenbrock / Hoeck, StuW 2020, 180 (183).

79 Krit. zur „Bürgerfreundlichkeit" der Vernetzung unterschiedlicher Datenbestände und dem Once-only-Prinzip Bull, DÖV 2022, 261 (265, 268).

80 Zur Ermessensentscheidung beim Nebeneinander der Inanspruchnahme des Beteiligten und dem internationalen Informationsaustausch instruktiv Günther, Aufklärung internationaler Sachverhalte, Diss., Baden-Baden 2023, 312 ff.; ferner Marquardsen in Kube / Reimer (Hrsg.), Brennpunkte des Steuerinformationsrechts, HFSt 19 (2022), 5 (18 f.).

81 § 5 EGovG sieht daher ein Wahlrecht vor sowie die Möglichkeit der Einsichtnahme; s. speziell zu Once-Only und Datenschutz Martini / Wenzel, DVBl. 2017, 749 ff.; Peuker, ZRP 2024, 83 ff.; grundlegend und kritisch zum Verhältnis Datenschutz und Digitalisierung der Verwaltung Bull, DÖV 2022, 261.

3. Unmögliche und damit unzumutbare Mitwirkung

Ferner muss die Mitwirkung objektiv und subjektiv möglich sein. Der Vorbehalt der Möglichkeit bildet die Zumutbarkeitsgrenze der Mitwirkung. Dabei ist problematisch vor allem, inwieweit sich der Steuerpflichtige Informationen verschaffen muss, über die er selbst nicht verfügt. Dies ist zu bejahen, soweit sie seine eigene Verantwortungssphäre betreffen.[82]

Ist – wie z.B. bei § 6 Abs. 5 Satz 3 EStG – für den Steuerpflichtigen vorab erkennbar, dass der Tatbestand von Drittinformationen abhängt, kann und muss er den Dritten vertraglich verpflichten,[83] ihn innerhalb der Sperrfrist von einem die Nachversteuerung auslösenden Ereignis zu informieren. Das ist aber keinesfalls immer möglich. So kann eine abhängige Gesellschaft nicht sicherstellen, von einem im Sinne von § 8c Abs. 1 Satz 1 KStG schädlichen mittelbaren Anteilseignerwechsel in Kenntnis gesetzt zu werden. Der Bundesfinanzhof hat zutreffend infrage gestellt, ob abhängige Gesellschaften verpflichtet werden können, Informationen zu liefern, die nur auf Ebene der Mutter- oder Schwestergesellschaften vorliegen.[84] Verlangt werden kann nur eine Anfrage bei anderen Konzerngesellschaften, auf deren Beantwortung aber kein Rechtsanspruch besteht.

V. Verfassungswidrigkeit gesetzlicher Mitwirkungspflichten?

1. Rückwirkung unzumutbarer Mitwirkungshandlungen auf den materiellrechtlichen Steuertatbestand

Trotzdem basieren immer mehr gesetzliche Tatbestände auf von Dritten verwirklichten Tatbestandsmerkmalen. Der Steuerpflichtige selbst hat weder Sachherrschaft über die Tatbestandsverwirklichung noch Sachkenntnis.

§ 8a Abs. 3 Satz 1 KStG macht die Anwendung des Konzern-Escapes (§ 4h Abs. 2 Satz 1 Buchst. c EStG) für Zwecke der Zinsschranke davon abhängig, dass nirgendwo im Konzern eine schädliche Gesellschafterfremdfinanzierung

---

82 BFH v. 17.12.1963, VII 182/60 U, BStBl. III 1964, 88 (89).

83 Sehr weitgehend *Krüger*, DStZ 2017, 914 (920) zur Beweisvorsorgepflicht nach § 90 Abs. 2 Satz 3 AO.

84 BFH v. 10.5.2001, I S 3/01, BFH/NV 2001, 957 (959); ähnlich EuGH v. 29.2.2024, Rs. C-623/22, Belgian Association of Tax Lawyers u.a., ECLI:EU:C:2024:639 Rz 146: Keine Pflicht der Intermediäre zur Beschaffung von Informationen; Auskunftspflicht darf sich nur auf Informationen beziehen, von denen sie Kenntnis haben, die sie besitzen oder die sie kontrollieren.

existiert.[85] Im internationalen Steuerrecht wird, gestützt auf das (zweifelhafte)[86] Prinzip der Einmalbesteuerung,[87] zunehmend Korrespondenz gefordert, etwa wenn § 4k EStG den Betriebsausgabenabzug von der Behandlung beim Zahlungsempfänger abhängig macht.

Wenn die Unmöglichkeit der Mitwirkungshandlung nicht nur im Einzelfall besteht, sondern darauf zurückzuführen ist, dass der Steuertatbestand an Tatbestandsmerkmale anknüpft, auf die der Steuerpflichtige keinen Einfluss hat und die sich seiner Kenntnis entziehen, dann ist nicht nur die Mitwirkungshandlung unzumutbar, sondern der materielle Tatbestand selbst leidet an einem verfassungswidrigen Vollzugsdefizit.[88]

Verhältnismäßigkeit lässt sich auch nicht über die Beweislastverteilung herstellen. Zwar muss der Steuerpflichtige in den Fällen des § 4h EStG oder § 4k EStG nur die Voraussetzungen des Betriebsausgabenabzugs nachweisen. Die Finanzverwaltung trifft die Beweislast für das Abzugsverbot, und es mag sein, dass die Finanzverwaltung derartige Sachverhalte nur in seltenen Einzelfällen kraft eigener Kenntnis aufgreifen wird. Doch dann muss der Steuerpflichtige entsprechende Anhaltspunkte entkräften, was zu umfassender Beweisvorsorge zwingt.[89] Auch muss er schon im Rahmen der Steuererklärung berücksichtigen, ob ein Abzugsverbot eingreift.

Mitwirkungslast und materieller Tatbestand sind untrennbar. Man kann insofern von einem *strukturellen Mitwirkungsübermaß* sprechen, das dem Gesetzgeber, der materielle Tatbestände schafft, die nicht mit zumutbarem Aufwand befolgt werden können, auch zuzurechnen ist. Einen ähnlichen Weg ist das Bundesverwaltungsgericht im Fall der zwischen Einzelmahlzeiten und Sammelbestellungen differenzierenden Tübinger Verpackungsteuer gegangen: Weil es weder der steuerberechtigten Kommune noch den zur Abführung der Steuer verpflichteten Gastronomen möglich war festzustellen, ob es sich um

---

85 Zu den Schwierigkeiten des Nachweises und der hierzu erforderlichen Dokumentation Grotherr, IWB 2004, Fach 3, Gruppe 4, 437 (533 f.); Kruschke in Herrmann/Heuer/Raupach, EStG/KStG, § 8a KStG Anm. 30 (3/2024).

86 Krit. Schoueri/Galdino in Wheeler (Hrsg.), Single Taxation?, 2018, 83 ff.; Brokelind in Pupis-Alpansa (Hrsg.), Essays in honor of Ben Terra, 2023, 261 (271 ff.); Hey, Intertax 2024, 668 ff.; im Hinblick auf die Mindeststeuer Galendi Júnior, World Tax Journal 2023, 575 (593).

87 Avi-Yonah, International Taxation of Electronic Commerce, 52 (3) Tax L. Rev. 507, 517 (1997); Avi-Yonah/Xu in Rocha/Christians (Hrsg.), Evaluating BEPS, in Tax Sovereignty in the BEPS Era, 2017, 97 (102); Avi-Yonah, Who Invented the Single Tax Principle?: An Essay on the History of U.S. Treaty Policy, N.Y.L. Sch. L. Rev. Bd. 59 (2), 2015, 309.

88 Ausf. Hey, StuW 2024, 16 (22 f.); Seer, BB 2021, 1433 (1436); Tipke, StuW 2004, 3 (4).

89 Gosch in Kirchhof/Seer, 23. Auflage, 2024, § 4k EStG Rz 3a.

Einzel- oder Sammelbestellungen handelt, war das Tatbestandsmerkmal der Einzelmahlzeit unwirksam.[90]

2. Verfassungswidrigkeit einzelner gesetzlicher Mitwirkungspflichten

a) Pflichtenkorrespondenz im kooperativen Steuervollzug

Vom Mitwirkungsübermaß, das aus dem materiellen Tatbestand folgt, ist die isolierte Verfassungswidrigkeit einzelner gesetzlicher Mitwirkungspflichten zu unterscheiden. Es dürfte sich schon deshalb um eine Ausnahme handeln, weil der gleichheitssatzkonforme Steuervollzug ein Gemeinwohlbelang von so überragender Bedeutung ist, dass weitreichende Mitwirkungspflichten ebenso wie die Sanktion ihrer Verletzung gerechtfertigt werden können.

Um trotzdem im Rahmen der Rechtfertigungsprüfung einen Interessenausgleich möglich zu machen, bedarf es eines neuen dogmatischen Ansatzes:

Wird der Steuervollzug als arbeitsteilige, kooperative Aufgabe[91] von Staat und Bürger verstanden, sind Mitwirkung und Amtsermittlung miteinander verschränkt. Deshalb ist im Rahmen der Rechtfertigung der Mitwirkungspflichten den korrespondierenden Rechtspflichten, aber auch dem tatsächlichen Verhalten der Finanzverwaltung Rechnung zu tragen.[92] Da steuerliche Mitwirkungspflichten nicht um ihrer selbst willen existieren, muss bei ihrer Rechtfertigung der Verarbeitung der Mitwirkungshandlungen[93] auf staatlicher Seite entscheidende Bedeutung zukommen. So lassen sich z. B. scharfe, noch dazu hart sanktionierte Fristen für den Steuerpflichtigen dann nicht rechtfertigen, wenn der Staat selbst sich Zeit lassen kann, weil er keine Fristen zu beachten hat bzw. deren Verletzung sanktionslos bleibt.

Dies betrifft etwa die Pflicht zur Abführung von Quellensteuern nach § 50a Abs. 5 Satz 3 EStG und die Bearbeitungszeiten von Freistellungsanträgen durch das Bundeszentralamt für Steuern. Hier stellt sich nicht nur die Frage von Amtshaftungsansprüchen,[94] sondern es ist richtigerweise zu hinterfragen,

---

90 BVerwG v. 24.5.2023, 9 CN 1/22, BVerwGE 179, 1 Rz 49, wobei das Gericht von einem strukturellen Vollzugsdefizit ausging, weil die fehlende Überprüfungsmöglichkeit es dem Besteller freistellte, Sammelbestellungen als Einzelmahlzeit zu deklarieren.

91 Insbesondere Seer in Tipke/Lang, Steuerrecht, Köln, 25. Aufl. 2024, Rz 21.4.; Seer in FS 100 Jahre RFH/BFH, Köln 2018, 1717 (1733 ff.); Seer in Tipke/Kruse, § 88 AO Rz 3 (8/2024).

92 Zu diesem Ungleichgewicht auch Dürrschmidt in FS Lehner, Köln 2019, 193.

93 Zweifelnd für die Anzeigepflicht nach § 138d AO Kruse, Anzeigepflicht für Steuergestaltungen und verbindliche Auskunft nach § 89 Abs. 2 AO, Diss., Baden-Baden 2021, 241.

94 Beinert, ISR 2024, 225 (231 f.).

ob der in Dienst genommene Vergütungsschuldner weiterhin zur Abführung der Quellensteuer verpflichtet ist, auch wenn der Gesetzgeber die in § 50c Abs. 2 Satz 6 EStG für die Erteilung der Freistellungsbescheinigung vorgesehene Dreimonatsfrist nicht mit einer Freistellungsfiktion[95] nach Fristablauf verbunden hat. Diese Frage drängt sich auch deshalb auf, weil die Pflicht zum Quellenabzug entgegen DBA-rechtlicher Freistellung einen massiven wirtschaftlichen Nachteil begründet, insbesondere wenn sich ein anschließendes Erstattungsverfahren jahrelang hinzieht.[96]

In gleicher Weise bestehen Zweifel, ob an die Verletzung der dreißigtägigen[97] Meldefrist nach § 138f Abs. 2 AO Sanktionen geknüpft werden dürfen, wenn die Meldungen ohne Konsequenzen bleiben, was freilich eine Evaluation seitens der EU-Kommission erfordern würde, deren Ausbleiben umso problematischer ist.[98]

Auch bezüglich des neuen Mitwirkungsverzögerungsgeldes nach § 200a Abs. 2 und 3 AO zur Durchsetzung qualifizierter Mitwirkungsverlangen stellt sich die Frage der Ausgewogenheit, zumal deren Voraussetzungen im Verhältnis zum einfachen Mitwirkungsverlangen unklar sind.[99] Zwar verspricht die Verkürzung der Ablaufhemmung eine Beschleunigung auch auf Seiten der Finanzverwaltung, trotzdem wird hier einseitig der Finanzverwaltung ein Sanktionsinstrument in die Hand gegeben; dem Steuerpflichtigen stehen dagegen keine vergleichbaren Instrumente zur Beschleunigung zur Verfügung, weil § 4a BPO die Durchführung einer zeitnahen Betriebsprüfung in das Ermessen der Behörde stellt und nicht zur Untätigkeitsklage berechtigt.[100] Möglich sind Untätigkeitsrechtsbehelfe allerdings nach erfolglosem Antrag auf Mitteilung der Prüfungsschwerpunkte gem. § 197 Abs. 4 AO.[101]

---

95 Ursache hierfür ist die offene Bedingung der Vorlage aller für die Entscheidung erforderlichen Nachweise für den Beginn der Dreimonatsfrist, s. Adam / Klein in Herrmann / Heuer / Raupach, EStG / KStG, § 50c EStG Anm. 29 (7/2023).

96 Welling / Richter, FR 2024, 976 (978).

97 A. A. EuGH v. 29.2.2024, Rs. C-623/22, Belgian Association of Tax Lawyers u. a., ECLI:EU:C:2024:639 Rz 84.

98 S. Europäischer Rechnungshof, Sonderbericht Bekämpfung schädlicher Steuerregelungen und der Steuervermeidung durch Unternehmen, DE 2024/27, 25; BT-Drucks. 20/6743, 6. Interessant wird, welche Folgerungen aus der für Anfang 2025 angekündigten Evaluation gezogen werden.

99 Zieglmeier, FR 2024, 898 (899 f.); zum Mitwirkungsverzögerungsgeld bei im Einzelfall unmöglicher Mitwirkung Peters, NWB 2024, 2555 (2565).

100 Blaufuß / Keß, StuW 2022, 241 (245); Girlich in Hruschka / Peters / von Freeden, Steuerliche Betriebsprüfung, 2021, Rz 3.36.

101 Seer in Tipke / Kruse, § 197 AO Rz 35 (9/2023).

b) Staatliche Rechenschaftspflicht bei zweifelhaftem Mitwirkungszweck

Besonders fragwürdig im Hinblick auf Eignung und Erforderlichkeit sind die neuen der Transparenz dienenden Mitwirkungspflichten. Zweifel bestehen gegenüber dem Country-by-Country-Reporting gem. § 138a ff. AO,[102] mehr noch gegenüber der Pflicht zur Veröffentlichung im Ertragsteuerbericht nach §§ 342–342p HGB. Schon angesichts der Paragraphennummerierung stellt sich die Frage, ob das Volumen des von den Steuerpflichtigen für Zwecke des Public Country-by-Country-Reporting zu befolgenden Gesetzestextes im richtigen Verhältnis zum Zweck der Vorschriften steht.[103]

Die Anzeigepflicht nach §§ 138d–k AO verfolgt mit Abschreckung durch Transparenz, Gesetzesvorbereitung und Veranlagungsunterstützung heterogene Zwecke.[104] Allein Letzterer steht in einem gewissen Konnex zur Steuererhebung im konkreten Einzelfall, wobei unklar ist, warum eine Abfrage im Rahmen der Steuererklärung nicht ausreicht, was die Erforderlichkeit der Maßnahme infrage stellt. In gleicher Weise ergeben sich – auch wegen des Fehlens einer De-minimis-Regel – Zweifel hinsichtlich der Erforderlichkeit der Meldepflicht zur Abschreckung und Gesetzesvorbereitung. Dabei sei an dieser Stelle außer Acht gelassen, dass es sich um Richtlinienvorgaben ohne Umsetzungsspielräume handelt, sodass Maßstab allein EU-Grundrechte[105] und zuständiges Gericht im Ergebnis der EuGH[106] ist, der die Anzeigepflicht als solche für verhältnismäßig erachtet hat.[107] Eine nationale Anzeigepflicht, wie sie nach wie vor im Raum steht,[108] wäre indes allein am Grundgesetz zu messen.

Der Gesetzgeber mag im Rahmen seiner Einschätzungsprärogative neuartige Transparenzinstrumente erproben, doch ist er bezüglich Mitwirkungspflichten, die nicht auf Steuerfestsetzung gerichtet sind, Rechenschaft bezüg-

---

102 Kritisch Brandis in Tipke / Kruse, § 138a AO Rz 4 (8/2024).

103 Krit. Arbeitskreis Bilanzrecht Hochschullehrer Rechtswissenschaft, NGZ 2023, 699 ff.; Zweifel an der Kontrollwirkung Bachmann / Gebhardt / Seifert, DB 2023, 1440 ff.

104 Erwägungen Begr. DAC 6, ABlEU vom 5.6.2018, L 139 und Begründung Umsetzungsgesetz BT-Drucks. 19/14685; Dazu im Einzelnen Brandis in Tipke / Kruse, § 138d AO Rz 9 (4/2020).

105 Krumm in Tipke / Kruse, Einf. Rz 40 (11/2020); Hey, FR 2018, 633 (634); Münch / Sendke, IStR 2021, 454 (455 f.).

106 Die Vergessen-Rechtsprechung des BVerfG v. 6.11.2019, BvR 16/13, BVerfGE 152, 152; BVerfG 6.11.2019, 1 BvR 276/17, BVerfGE 152, 216 ändert hieran deshalb nichts, weil es bis dato an Rechtsprechung des EuGH zu den EU-Grundrechten, die ihre unzweifelhafte Anwendung ermöglichen würde, fehlt, ebenso Sendke, StuW 2020, 219 (222 f.); Gegenfurtner, DStR 2021, 2665 (2666 f.).

107 EuGH v. 29.2.2024, Rs. C-623/22, Belgian Association of Tax Lawyers u. a., ECLI:EU:C:2024:639 Rz 139 ff.

108 Entwurf eines Steuerfortentwicklungsgesetzes v. 16.8.2024, BR-Drucks. 373/24; auch bereits BT-Drucks. 19/6785.

lich Eignung und Erforderlichkeit schuldig.[109] Kommt der Gesetzgeber dieser Pflicht durch Evaluationsklauseln und Berichtspflichten nach – wie etwa in § 33 Abs. 4 EGAO zur Anzeigepflicht nach § 138d AO – können diese nur dann in die Rechtfertigung einbezogen werden, wenn sie konkrete Konsequenzen haben, sich also nicht nur in wirkungslosen Rügen von Rechnungshöfen[110] erschöpfen. Dies folgt schon aus der Beobachtungspflicht des in Grundrechte eingreifenden Gesetzgebers. Wenn als Kehrseite der gesetzgeberischen Einschätzungsprärogative bereits eine verfassungsunmittelbare Beobachtungspflicht[111] besteht, dann muss es erst recht Konsequenzen haben, wenn der Gesetzgeber Grundrechtseingriffe mit Berichtspflichten und Evaluierungsklauseln versieht. Diese haben eben nicht den Charakter unverbindlicher Ankündigungen, sondern sind integrale Bestandteile der Rechtfertigung des Freiheitseingriffs. Der Gesetzgeber konkretisiert einfachgesetzlich seine verfassungsrechtliche Beobachtungspflicht. Richtigerweise müsste der Gesetzgeber dann auch rechtliche Instrumente schaffen, die die Wirksamkeitskontrolle einklagbar machen. Fehlt es hieran und kommt der Gesetzgeber seiner Selbstverpflichtung nicht nach, dann entfällt die Rechtfertigung der zu evaluierenden Mitwirkungspflicht.

Schließlich können einzelne Mitwirkungshandlungen in ihrer konkreten Ausgestaltung unverhältnismäßig sein, namentlich gilt dies für übermäßige Sanktionstatbestände im Fall der Nicht- oder Schlechterfüllung. Die in § 162 Abs. 4 AO[112] normierten Folgen der Verletzung der Verrechnungspreis-Dokumentationspflicht lassen sich allenfalls im Hinblick darauf rechtfertigen,[113] dass der Strafzuschlag von bis zu 1 Mio. Euro verschuldensabhängig ist.

c) Anforderungen an die Verhältnismäßigkeit der Indienstnahme

Bezüglich der Einbeziehung Dritter durch Indienstnahme ist zwischen der Verfassungsmäßigkeit der gesetzlichen Ausgestaltung und der Verhältnismäßigkeit der konkreten Inanspruchnahme zu unterscheiden.

---

109 Für eine standardisierte Evaluation z. B. Kuhlmann / Gerls, ifo-Schnelldienst 11/2024, 20 (25). Zu den aus einer Vermeidung von Belastungskumulationen resultierenden Pflichten des Gesetzgebers G. Kirchhof, NJW 2006, 732 (733).

110 Siehe oben Fn. 98.

111 BVerfG v. 8.7.2021, 1 BvR 2237/14, BVerfGE 158, 282 Rz 245.

112 Noch dazu ist diese inkonsistent im Vergleich zur Sanktion der verspäteten Abgabe einer Steuererklärung Seer in Tipke / Kruse, § 162 AO Rz 73 (5/2022), sowie unionsrechtswidrig Lüdicke, IStR 2003, 433 (437).

113 So Seer, EWS 2013, 257 (263); a. A. Frotscher in FS Wassermeyer, München 2005, 391 (407 ff.); Lühn, PIStB 2009, 287.

Kehrseite der Inanspruchnahme Privater für Zwecke der Steuererhebung ist die Pflicht zu bestmöglicher Unterstützung[114] der Indienstgenommenen. Das betrifft namentlich die zeitnahe und kostenfreie Erteilung von Auskünften, an der es mit Ausnahme von § 42e EStG fehlt. Hier gilt umso mehr, dass sich die Inanspruchnahme des Privaten als Hilfsbeamter des Fiskus in fremden Angelegenheiten nur als Teil einer gemeinsamen Aufgabe rechtfertigen lässt (s. oben V. 2. a.). Der Indienstgenommene ist nicht Gegner, sondern hoheitlich in diese Rolle gezwungener Partner der Finanzverwaltung. Die entscheidende Frage ist, ob das Fehlen einer Vergütung[115] und die Haftung ohne Möglichkeit der Haftungsminderung[116] durch unentgeltliche Anrufungsauskünfte[117] die Quellenabzugstatbestände verfassungswidrig machen. Das Bundesverfassungsgericht hat Indienstnahmetatbestände bisher weder als solche noch in ihrer konkreten Ausgestaltung beanstandet.[118] In jedem Fall muss aber im Rahmen der konkreten Rechtsanwendung dem Verhältnismäßigkeitsprinzip Rechnung getragen werden, etwa bei der Ausübung des Ermessens bezüglich der Inanspruchnahme per Haftungsbescheid.

4. Mitwirkungsübermaß durch das Zusammentreffen von Mitwirkungspflichten

a) Additive Grundrechtseingriffe und Belastungskumulation

Das eigentliche Problem liegt indes nicht in der einzelnen als unzumutbar empfundenen Mitwirkungspflicht, sondern es ist die Vielzahl einzelner Mitwirkungspflichten, ihre Kumulation, das permanente Dokumentieren, Aufzeichnen, Aufbewahren, Anzeigen, Anmelden, Erklären und Abführen, noch dazu wenn man all diese Mitwirkungshandlungen zu der Zahllast hinzuad-

---

114 Drüen, Die Indienstnahme Privater für den Vollzug von Steuergesetzen, Habil., Tübingen 2012, 359, nicht als „exogenes Postulat“, sondern als Korrelat der Indienstnahme.

115 Gegen einen verfassungsunmittelbaren Kostenausgleichsanspruch überzeugend Drüen, Die Indienstnahme Privater für den Vollzug von Steuergesetzen, Habil., Tübingen 2012, 380 ff.

116 Kruse in Gedächtnisschrift Trzaskalik, Köln 2005, 169 (176 f.).

117 So Reiners, Verfassungsrechtliche Legislativpflichten im Umsatzsteuerrecht, Diss., Baden-Baden 2021, 256, der hieraus auf die Verfassungswidrigkeit der Umsatzsteuer und eine verfassungsrechtliche Gesetzgebungspflicht schließt.

118 Jüngst BVerfG v. 28.11.2024, 1 BvR 460/23, WM 2024, 2334 Rz 67 ff., 105, allerdings unter der Voraussetzung eines „spezifischen Näheverhältnisses“ des Indienstgenommenen. Auswertung der Rechtsprechung Drüen, Die Indienstnahme Privater für den Vollzug von Steuergesetzen, Habil., Tübingen 2012, 16–27.

diert.[119] Genau dieser Kumulation der Bürokratielasten war auch das DWS-Symposium 2024[120] gewidmet.

Grundrechtsdogmatisch ist das Thema in den letzten Jahren durch eine ganze Reihe von Doktorarbeiten zu additiven Grundrechtseingriffen und Belastungskumulation aufgearbeitet worden.[121] In der Rechtsprechung des Bundesverfassungsgerichts ist davon aber – sieht man einmal vom berühmten Halbteilungsbeschluss[122] und der GPS-Entscheidung[123] ab – wenig angekommen.

Zwar sieht das Bundesverfassungsgericht die Verwaltungslast der in Dienst genommenen Unternehmer, deutlich angesprochen in der Entscheidung zu Übernachtungssteuern und ganz aktuell zur Tübinger Verpackungsteuer,[124] aber es erfolgt keine Gesamtbetrachtung.[125] Dabei drängt sich eine solche eigentlich auf. Man denke nur an das Nebeneinander von Übernachtungssteuern, zukünftig vielleicht auch Verpackungssteuern, die Hotelbetriebe und deren Gastronomie treffen kann, die zudem auch noch für Umsatzsteuerzwecke zwischen Übernachtungs- und Bewirtungsleistungen (§ 12 Nr. 11 UStG), zwischen Restaurant- und Außer-Haus-Bewirtung[126] unterscheiden müssen.

Dass sich das Bundesverfassungsgericht nur mit den Mitwirkungspflichten der Tübinger Verpackungsteuer befasst hat, ohne weitere an den Sachverhalt der Abgabe von Speisen anknüpfende (steuerliche) Mitwirkungspflichten in den Blick zu nehmen, mag daran liegen, dass es sich um eine horizontale Belastungskumulation handelt, andererseits ist – allerdings wohl nur auf die

---

119 Zur Kumulation von Zahllast und Mitwirkungspflichten Dürrschmidt in FS Lehner, Köln 2019, 393; Messung der Zusatzlast mit ökonomisch-empirischen Methoden Fochmann / Heinemann-Heile / Maiterth / Sureth-Sloane, StuW 2023, 171 (176 ff.).

120 „Gefährdung des Steuervollzugs durch kumulierte Bürokratielasten", vgl. https://www.dws-institut.de/event/dws-symposium-2024/.

121 Kromrey, Belastungskumulation, Diss., Tübingen 2018; Ruschemeier, Der additive Grundrechtseingriff, Diss., Berlin 2019; Brade, Additive Grundrechtseingriffe. Ein Beitrag zur Grundrechtsdogmatik, Diss., Baden-Baden 2020; grundlegend ferner Lücke, DVBl. 2001, 1469 ff.; G. Kirchhof, NJW 2006, 732 ff.; Ortwald, Steuererklärungspflicht und Verfahrensleistungsfähigkeit, Diss., 2021, 295 ff.; Klement, AöR 2009, 35 ff. (zum Umweltrecht); als Problem der Wesensgehaltsgarantie des Art. 19 Abs. 2 GG Schaks, DÖV 2015, 817; zurückzuführen ist die Figur der „Belastungskumulation" auf Kloepfer, VerwArch 74 (1983), 201 ff.

122 BVerfG v. 22.6.1995, 2 BvL 37/91, BVerfGE 93, 121.

123 BVerfG v. 12.4.2005, 2 BvR 581/01, BVerfGE 112, 304 (319 f.).

124 BVerfG v. 27.11.2024, 1 BvR 1726/23, juris Rz 30, 77.

125 Zudem sind die Anforderungen an die Verhältnismäßigkeit hoch, wenn eine Verletzung von Art. 12 Abs. 1 GG im Hinblick darauf verneint wird, dass die Verpackungssteuer „durchschnittlich ertragsstarke" Betriebe nicht zur Geschäftsaufgabe zwinge, BVerfG v. 27.11.2024, 1 BvR 1726/23, juris Rz 75.

126 Abschn. 3.6 Abs. 2 UStAE; Nieskens in Rau / Dürrwächter, § 3 UStG Rz 4114 (8/2024).

Zahllast bezogen – mit dem Gleichartigkeitsverbot in Art. 105 Abs. 2a GG eine Gesamtbetrachtung von Bundes-, Landes- und Kommunalebene explizit angeordnet. Allerdings hat das Bundesverfassungsgericht diese Grenze in der Übernachtungsteuer-Entscheidung auch für die finanzielle Belastungswirkung weitgehend eingerissen.[127] Die Verantwortung für das Gesamtsystem wird damit der Politik zugewiesen. Beide Entscheidungen sind keine Sternstunden der Schutzwirkung der Finanzverfassung, wobei man der Tübinger Verpackungsteuer immerhin zugutehalten kann, dass sie auf die Vermeidung von Müll gerichtet einen sinnvollen Lenkungszweck verfolgt.

Wie aber lassen sich Mitwirkungspflichten einer Gesamtbetrachtung zuführen? Grundrechtsschutz nimmt seinen Ausgangspunkt in Einzelakten, einzelnen gesetzlichen Tatbeständen und einzelnen Verwaltungsakten. Die Dogmatik des Grundrechtseingriffs isoliert diesen aus dem Gesamtkontext, grundsätzlich wird weder saldiert noch addiert.[128] Damit erweist sich insbesondere die Berufsfreiheit als wenig effektiv gegenüber der Vielzahl der bürokratischen Pflichten, die Unternehmer treffen.[129]

Grundrechtsdogmatisch gibt es Parallelen zur Identifizierung von Verstößen gegen das rechtsstaatliche Bestimmtheitsgebot durch Hyperlexie.[130] Auch hier bedarf es, wenn die Vorhersehbarkeit des Grundrechtseingriffs nicht durch die fehlende Bestimmtheit eines einzelnen Tatbestandsmerkmals, sondern durch das Zusammentreffen einer Vielzahl von schlecht aufeinander abgestimmten Einzeltatbeständen beeinträchtigt wird, einer Gesamtbetrachtung. Auch hier fehlt es bisher an Rechtsprechung.[131]

b) Voraussetzungen der Zusammenfassung

Eine Gesamtbetrachtung führt vor allem zu folgenden drei Fragen:

- Zunächst geht es um die Voraussetzungen der Zusammenfassung von Einzeleingriffen,

---

127 BVerfG v. 22.3.2022, 1 BvR 2868/15, BVerfGE 161, 1 Rz 102.

128 G. Kirchhof, NJW 2006, 732; sehr treffend Winkler, JA 2014, 881: Auf Punktualität ausgerichtete Grundrechtsdogmatik; zu den sich hieraus ergebenden Schwierigkeiten der Zusammenfassung Hey, StuW 2002, 91 f.

129 Siehe bereits Hufen, NJW 1994, 2913.

130 Seer in Tipke/Lang, Steuerrecht, Köln, 25. Aufl. 2024, Rz 15.118; Seer/Michalowski, GmbHR 2017, 609 (614 ff.). Als Gesamtbetrachtung von Einzelelementen zuvor Towfigh, Der Staat, Bd. 48 (2009), 29 (31 f.).

131 Mit der Zurückweisung der BFH-Vorlage v. 6.9.2006, XI R 26/04, BStBl. II 2007, 167, als unzulässig musste sich BVerfG v. 12.10.2010, 2 BvL 59/06, BVerfGE 127, 335, dieser von § 2 Abs. 3 Sätze 2 ff. EStG i. d. F. des Steuerentlastungsgesetz 1999/2000/2002 v. 24.3.1999, BGBl. I 1999, 402, aufgeworfenen Frage nicht stellen.

- sodann um den Bezugspunkt, an dem die Verhältnismäßigkeit des kumulierten Eingriffs zu messen ist,
- schließlich stellt sich die Frage nach der Zulässigkeit von Rechtsbehelfen und möglichen Rechtsfolgenaussprüchen.

Voraussetzung der Zusammenfassung ist, dass die Eingriffe sich gegen ein- und dieselbe[132] Person richten, gegenwärtig sind und „im Wesentlichen denselben Zwecken“[133] dienen.[134] Der gemeinsame Zweck dient dazu, eine Interdependenz der Maßnahmen herzustellen,[135] um ein Maßnahmenbündel bilden zu können.

Zu weit wäre es, den verbindenden Zweckzusammenhang im Steuervollzug in seiner Gesamtheit anzunehmen und sämtliche steuerlichen Mitwirkungspflichten zusammenzufassen. Richtigerweise muss die Zusammenfassung sachverhaltsbezogen[136] erfolgen, kann sich dann auf mehrere Steuerarten beziehen.

Nicht nur eine Frage der Begrifflichkeit, sondern der Dogmatik ist die Unterscheidung zwischen der Figur des additiven Grundrechtseingriffs und der Belastungskumulation.[137] In dieser gehen die Einzeleingriffe auf. Meiner Ansicht nach setzt dies Gleichartigkeit der Eingriffe voraus. Das erklärt möglicherweise auch, warum der Gedanke der Belastungskumulation in der Rechtsprechung bisher vor allem beim Aufeinandertreffen von Geldleistungsansprüchen des Steuerrechts, des Sozialrechts[138] oder des Straf- und Ordnungswidrigkeitenrechts[139] eine Rolle gespielt hat.

Dass die kumulierte Belastung schwerer wiegen kann als die Summe der Einzeleingriffe[140] ist z. B. bei Informationseingriffen unmittelbar nachvoll-

---

132 Lücke, DVBl. 2001, 1469 (1470).

133 Dürrschmidt in FS Lehner, Köln 2019, 393 (400).

134 Waldhoff, GewArch 2018, 133 (137).

135 In Abgrenzung zur zufälligen Koinzidenz Lücke, DVBl., 2001, 1469 (1470); krit. zum Kriterium des gleichen Zwecks Klement, AöR 134 (2009), 36 (64); G. Kirchhof, NJW 2006, 732 (734).

136 Wohl ähnlich G. Kirchhof, NJW 2006, 732 (735), der darauf abstellen möchte, ob die „gleiche Normwirklichkeit“ betroffen ist.

137 So G. Kirchhof, NJW 2006, 732 Fn. 9; Kreuter-Kirchhof, NVwZ 2019, 1791 (1792).

138 BVerfG 10.11.1998, 1 BvR 2296/96, BVerfGE 99, 202.

139 Verfassungsrechtlich gebotene Vermeidung einer Belastungskumulation durch das Zusammentreffen von steuerlichem Abzugsverbot (§ 4 Abs. 5 Satz 1 Nr. 8 EStG) und Geldbuße: BFH v. 7.12.2022, I R 15/19, BFH/NV 2023, 803 Rz 20.

140 I. Augsberg/S. Augsberg, AöR 132 (2007), 539 (569); Würsig, Die Steuerung der Summenbelastungen im öffentlichen Immissionsschutzrecht, Diss., Baden-Baden 2009, 20 f., 44.

ziehbar. Je mehr Daten der Bürger preisgeben muss, desto größer ist das Potential der Verknüpfung.[141] Viele nebeneinander bestehende Abgaben können als Gesamtbelastung jeden Anreiz zum Tätigwerden nehmen und damit „erdrosseln".

So einleuchtend es ist, auf die sich aus der Zusammenfassung ergebende Wirkung statt auf den einzelnen Eingriff zu schauen, wird die Schwierigkeit der Zusammenfassung einzelner Grundrechtseingriffe erst anhand konkreter Beispiele deutlich.

Nehmen wir einmal die mit Betriebsveranstaltungen im Sinne von § 19 Abs. 1 Satz 1 Nr. 1a EStG einhergehenden Mitwirkungspflichten. Eine derartige Betriebsveranstaltung, möglicherweise sind neben Arbeitnehmern auch einzelne Geschäftspartner anwesend, begründet diverse Pflichten der Aufzeichnung und Dokumentation, Anmeldung und Abführung. Zunächst kommt es in Bezug auf die eigene Einkommens- / Körperschaftsteuer und Gewerbesteuerpflicht des Arbeitgebers zu einer von der handelsrechtlichen Gewinnermittlung abweichenden Ermittlung des steuerlichen Gewinns des Arbeitgebers, wenn § 4 Abs. 5 Nr. 1 oder Nr. 2 EStG zu berücksichtigen sind.[142] § 4 Abs. 7 EStG erfordert gesonderte Aufzeichnungen. Sodann treffen den Arbeitgeber Mitwirkungspflichten im Rahmen der Lohnsteuer[143] und der Abführung von Sozialversicherungsbeiträgen, die nach Auffassung des Bundessozialgerichts nicht in notwendigem Gleichlauf mit der Lohnsteuer nach § 19 Abs. 1 Satz 1 Nr. 1a EStG und der Möglichkeit der Pauschalbesteuerung nach § 40 Abs. 2 Satz 1 Nr. 2 EStG stehen,[144] und schließlich muss im Rahmen der Umsatzsteuervoranmeldung eventuell § 3 Abs. 1b UStG Rechnung getragen werden. Dabei sind Betriebsveranstaltungen nur ein Beispiel für die besonderen Herausforderungen, die den in Dienst genommenen Arbeitgeber bei der steuer- und sozialversicherungsrechtlich korrekten Abbildung von Sachbezügen treffen.[145]

---

141 Brade, Additive Grundrechtseingriffe. Ein Beitrag zur Grundrechtsdogmatik, Diss., Baden-Baden 2020.

142 Aufzeichnungspflicht nach § 4 Abs. 7 EStG.

143 Aufzeichnungspflicht nach § 4 Abs. 2 Nr. 3 u. Nr. 8 LStDV als gegebenenfalls pauschal besteuerter Sachbezug.

144 BSG v. 23.4.2024, B 12 BA 3/22 R, DStR 2024, 1621, wonach § 1 Abs. 1 Satz 2 SvEV nur dann eingreift, wenn die Aufwendungen mit der Entgeltabrechnung zur Pauschalbesteuerung gem. § 40 Abs. 2 Nr. 2 EStG angemeldet wurden.

145 Zur Kumulation der Pflichten des Arbeitgebers auch G. Kirchhof, Die Erfüllungspflichten des Arbeitgebers im Lohnsteuerverfahren, Diss., Berlin 2005, 140 ff.; 195 ff.; G. Kirchhof, NJW 2006, 732.

Aber handelt es sich hierbei um eine verfassungswidrige Kumulation von Mitwirkungspflichten?

c) Möglichkeit der Zusammenfassung von Zahllast und Verwaltungslast?

Dazu wird man möglicherweise nicht nur auf die Handlungspflichten, sondern auch auf die Steuerzahllast abstellen wollen, was sogleich die Frage aufwirft, ob und unter welchen Voraussetzungen Verwaltungs- und Zahllast zusammengefasst werden können. So wurde etwa diskutiert, ob das Zusammentreffen von gewerberechtlicher Genehmigungspflicht, den Anforderungen für den Betrieb durch Spielhallengesetze und Spielverordnungen und der Steuerbelastung durch Umsatzsteuer und kommunale Vergnügungssteuern zu einer verfassungswidrigen Belastungskumulation führt.[146] Das Bundesverwaltungsgericht betrachtete indes nur die Steuerbelastung und fragte, ob die Vergnügungssteuer erdrosselnd wirke und „für sich genommen" die Ausübung des Spielautomatenbetreibers unmöglich mache.[147]

Im Beispiel der Betriebsveranstaltung dürfte die finanzielle Last der Lohnsteuer wohl schon deshalb nicht zu der Belastung des Arbeitgebers durch die diversen Mitwirkungspflichten hinzugerechnet werden, weil es sich um eine Steuer des Arbeitnehmers handelt (§ 38 Abs. 2 Satz 1 EStG). Im Fall der Pauschalbesteuerung nach § 40 Abs. 2 Satz 1 Nr. 2 EStG könnte man das anders sehen, indes geht die Rechtsprechung auch hier davon aus, dass es sich um eine Steuer des Arbeitnehmers handelt.[148] Aber auch die eigene Steuerlast des Arbeitgebers lässt sich nicht ohne Weiteres eingriffsvertiefend zu den Mitwirkungspflichten hinzurechnen, wenn man für die Addition Gleichartigkeit der Eingriffe verlangt. Zwar ließen sich Handlungspflichten in die damit einhergehenden Compliancekosten[149] umrechnen. Eine solche Umrechnung würde den nicht primär zu monetarisierenden multiplen Freiheitseingriff allerdings gar nicht zutreffend abbilden. Eine finanzielle Kompensation, wie sie insbesondere für die Indienstnahme in fremden Angelegenheiten diskutiert wird,[150] würde den Freiheitseingriff der Mitwirkungspflicht auch nicht entfallen lassen, sondern allenfalls abmildern.

---

146 Guckelberger, GewArch 2011, 177 ff., 231 ff.; Waldhoff, GewArch. 2018, 89 ff., 133 (137).

147 BVerwG v. 14.10.2015, 9 C 22/14, BVerwGE 153, 116 Rz 16; dazu Uwer/Radtke, ZfWG 2016, 139 ff.

148 BFH v. 30.11.1989, I R 14/87, BStBl. II 1990, 993 (995 f.).

149 Zu den Schwierigkeiten der Bestimmung und der extrem großen Bandbreite Drüen, Die Indienstnahme Privater für den Vollzug von Steuergesetzen, Habil., Tübingen 2012, 380.

150 S. Fn. 115.

d) Gesamtverhältnismäßigkeitsprüfung

Schließlich stellt sich die Frage nach dem Bezugspunkt der Verhältnismäßigkeitsprüfung. Während die einzelne Mitwirkungspflicht anhand ihrer Eignung, Erforderlichkeit und Angemessenheit bezogen auf die Gesetz- und Gleichmäßigkeit des Steuervollzugs zu messen ist, bietet sich für die Zusammenschau der gebündelten Mitwirkungspflichten als Bezugspunkt die Verfahrensleistungsfähigkeit[151] an, in der sich Privatpersonen, kleine und mittlere Unternehmen deutlich von großen Konzernen unterscheiden.[152] Neben der Unternehmensgröße beeinflusst auch der Unternehmenserfolg die Verfahrensleistungsfähigkeit.[153] Selbst wenn Steuerbefolgungs- und Beratungskosten als Betriebsausgaben geltend gemacht werden können, fällt dies Verlustunternehmen nachvollziehbarerweise schwerer.

Bleiben wir im Beispiel der von Betriebsveranstaltungen ausgelösten Mitwirkungspflichten, sind diese im Verhältnis zum Generalziel der Gleichmäßigkeit des Steuervollzugs auch in ihrer Kumulation nicht unverhältnismäßig, zumal sie alle zur Abbildung der materiell-rechtlichen Tatbestände erforderlich sind. Zweifel können allenfalls dann aufkommen, wenn man die Bedeutung der korrekten Abbildung der eher unbedeutend erscheinenden einzelnen Betriebsveranstaltung im Verhältnis zum Gesamtvollzug betrachtet. Auch handelt es sich um einen Sachverhalt, der größenunabhängig jeden Arbeitgeber trifft, was gerade für kleine Betriebe die Frage der Überforderung aufwirft. Beides dürfte vom Gestaltungsspielraum des Gesetzgebers gedeckt sein, insbesondere wenn es nur in Einzelfällen zu einer Überforderung kommt. Außerdem wirft ein Steuerrecht, das die Bemessungsgrundlage und ihre Ermittlung ebenso wie ganze Steuern (vgl. § 1 Abs. 1 MinStG) von der Unternehmensgröße abhängig macht, ebenfalls gleichheitsrechtlichen Rechtfertigungsbedarf auf.[154] Richtigerweise sollte der Gesetzgeber aber auch bei Großunternehmen nicht an die Grenze der Verfahrensbelastbarkeit gehen. Die aus größerer Sachverhaltskomplexität folgenden Mitwirkungspflichten werden sich im Fall großer multinationaler Unternehmen nicht vermeiden lassen, dies rechtfertigt aber nicht komplexere gesetzliche Anforderungen. Freilich handelt es sich hierbei um steuerpolitische Wohlverhaltensregeln, die sich schwerlich vor dem Bundesverfassungsgericht durchsetzen lassen.

---

151 S. Ortwald, Steuererklärungspflicht und Verfahrensleistungsfähigkeit, Diss., 2021, 213 ff.

152 Geißler, Der Unternehmer im Dienste des Steuerstaats, Diss., Stuttgart 2001, 222.

153 Fochmann / Heinemann-Heile / Maiterth / Sureth-Sloane, StuW 2023, 171 (183).

154 S. Kube / Ismer (Hrsg.), Größenneutralität im Recht der Unternehmensbesteuerung, HFSt Bd. 7 (2018), mit Beiträgen von Straßburger, 43 ff., zum materiellen Steuerrecht und Drüen, 123 ff., zum Steuervollzug.

e) Prozessuale Geltendmachung

Schließlich stellt sich die Frage, wie additive Grundrechtseingriffe prozessual geltend gemacht werden können, wenn jeder einzelne Eingriff für sich betrachtet verfassungskonform ist. Ausreichen muss dann der Angriff der einzelnen Maßnahme; zur Begründung ist das Maßnahmenbündel zu benennen, das die Zumutbarkeitsschwelle überschreitet.[155] Das Gericht wird sodann nicht die einzelne aufgegriffene Maßnahme für nichtig erklären, sondern die Gesamtbelastung als mit dem Verhältnismäßigkeitsprinzip unvereinbar.[156] Es bleibt Aufgabe des Gesetzgebers[157] zu entscheiden, an welcher Stelle die Verfahrenslast reduziert wird. Richtigerweise wird er die für die Gleichmäßigkeit des Steuervollzugs am wenigsten erforderliche Maßnahme eliminieren, wobei sich dann möglicherweise die Frage stellt, ob nicht doch auch einzelne Maßnahmen für sich betrachtet bereits unverhältnismäßig sind.[158]

5. Verfassungswidrigkeit von Steuern mit unverhältnismäßigem Erhebungsaufwand?

Bei aller Schwierigkeit einer Gesamtbetrachtung kann die Verfassungswidrigkeit im Extremfall aus einem Missverhältnis zwischen Befolgungs- und Erhebungsaufwand und Steuereinnahmen folgen. In der Vergangenheit ließ sich hierfür die Vermögensteuer anführen[159]. Viel ausgeprägter ist das Missverhältnis zwischen Vollzugsaufwand und Steueraufkommen aber bei einigen der neuen BEPS-Gesetze, etwa der Mindeststeuer[160] oder dem Steueroasenabwehrgesetz. Soweit das Ziel dann nicht mehr in den (geringen) Steuereinnahmen

155 In diese Richtung auch Hillgruber, in Isensee / Kirchhof (Hrsg.), Handbuch des Staatsrechts, Band IX, 3. Auflage, 2011, § 200 Rz 100; Winkler, JA 2014, 881 (886 f.).

156 Ebenso Hillgruber, in Isensee / Kirchhof (Hrsg.), Handbuch des Staatsrechts, Band IX, 3. Auflage, 2011, § 200 Rz 101; Kromrey, Belastungskumulation, Diss., Tübingen 2018, 187 ff.; Dürrschmidt, FS Lehner, Köln 2019, 292 (412); a. A. Ruschemeier, Der additive Grundrechtseingriff, Diss., Berlin 2019, 249 ff.

157 Winkler, JA 2014, 881 (887).

158 Ebenso Klement, AöR 134 (2009), 36 (64).

159 Zu deren Vollzugskosten Maiterth / Sureth-Sloane, StuW 2021, 201 (211 f.) mit Hinweis auf verschiedene, weit divergierende Schätzungen der Erhebungskosten.

160 Dazu Hey, StuW 2024, 16 (24); Ob ein strukturelles Vollzugsdefizit im Sinne von BVerfG v. 27.6.1991, 2 BvR 1493/89, BVerfGE 84, 239 (268 f.) vorliegt, wie es gelegentlich angedeutet wird (vgl. etwa Behrendt, GmbHR 2023, R132 ff.), scheint angesichts des ausgeweiteten internationalen Informationsaustausches zweifelhaft, wenn man dieses nicht auf schwer zu befolgende Gesetze erstreckt.

zugunsten des deutschen Haushalts, sondern in der Wirkung auf andere Staaten gesucht wird, stellt sich die Frage, wie es gerechtfertigt werden kann, Steuerpflichtige zur Mitwirkung heranzuziehen, um andere Staaten zum Verzicht auf unerwünschte Wettbewerbspraktiken zu veranlassen.

VI. Fazit: Verantwortung des Steuergesetzgebers für mit verhältnismäßigem Aufwand vollziehbare Steuergesetze

Gesetzliche Mitwirkungspflichten vor dem Bundesverfassungsgericht zu Fall zu bringen, scheint in Extremfällen nicht ausgeschlossen, bedürfte aber einiger dogmatischer Innovationsfreude. Das Kernproblem, die Gesamtbelastung durch das Zusammentreffen vieler kleiner, für sich betrachtet nicht zu beanstandender Mitwirkungspflichten, aber in der Kumulation lähmenden Bürokratielast, wird bisher von der Rechtsprechung nicht wahrgenommen. Der Grundrechtseingriff durch die Indienstnahme Privater wird zwar gesehen, dem staatlichen Vollzugsinteresse jedoch stets untergeordnet. Möglicherweise wird sich dies ändern, wenn es um Meldepflichten geht, die nicht unmittelbar der Steuerfestsetzung dienen.

Doch ist die Diskussion um die Verfassungsmäßigkeit von Verwaltungslasten, um additive Grundrechtseingriffe und Belastungskumulation bisher in erster Linie eine rechtspolitische. Das nimmt der Forderung nach Bürokratieabbau nicht ihre Dringlichkeit. Auch gibt es jenseits der Einklagbarkeit ein Gebot der Rationalität des in Grundrechte eingreifenden Staates. Zwar trifft den Gesetzgeber nach Auffassung des Bundesverfassungsgerichts kein Optimierungsgebot. Der Staat ist aber zu Sparsamkeit verpflichtet.[161] Das gilt für den eigenen Verwaltungsapparat ebenso wie für die Privaten auferlegten Mitwirkungskosten.

Ein Signal ist auf EU-Ebene gesetzt mit der Ankündigung eines radikalen Bürokratieabbaus insbesondere im Bereich der Berichterstattungspflichten durch die EU-Kommission.[162] Doch darf der deutsche Gesetzgeber nicht in Attentismus auf die Entwicklungen auf EU-Ebene verharren. Es gehört zu den politischen Lebenslügen, die Ursachen der überbordenden Bürokratie allein der Europäischen Union anzulasten. Dies gilt namentlich im Steuerrecht.

---

161 Siehe auch das Wirtschaftlichkeitsgebot in § 88 Abs. 2 Satz 2 AO.

162 Siehe Europäische Kommission, Erklärung von Präsidentin von der Leyen zum EU-Kompass für Wettbewerbsfähigkeit v. 29.1.2025.

Die Entlastung von steuerlichen Mitwirkungspflichten wird nur gelingen, wenn das materielle Steuerrecht systematisch auf seine Vollzugstauglichkeit und sein Vereinfachungspotential hin durchforstet wird. Bürokratieentlastungsgesetze schaffen allzu oft nur neue Bürokratie. Der Verzicht auf gesetzliche Dokumentationspflichten ist nutzlos, wenn die materiell-rechtlichen Tatbestände nicht von unnötigem Ballast befreit werden. Zum Dokumentieren sind Steuerpflichtige nicht (nur) aufgrund gesetzlicher Mitwirkungspflichten gezwungen, sondern aus Selbstschutz,[163] um Erklärtes oder auch Nichterklärtes später mit den erforderlichen Nachweisen unterlegen zu können, was freilich umso schwieriger wird, je länger der Sachverhalt zurückliegt. Auf der Verwaltungsebene wäre der größte Entlastungsfaktor die Beschleunigung der Verfahren.

Bürokratieabbau ist nach Jahrzehnten weitgehend ungehemmten Bürokratieaufbaus eine Mammutaufgabe. Sie muss mit einem Gesetzgebungsmoratorium beginnen, um Raum für die Vereinfachungsaufgabe zu schaffen. Auch bedarf die Entlastung von Mitwirkungspflichten statt eher zufälliger Listen eines Systems und klarer Prioritäten. Streichung und Zusammenfassung von Tatbeständen muss dann Vorrang vor (vermeintlich) einfacherer Neuregelung haben, denn jede Neuregelung geht mit Umsetzungsaufwand einher. Es ist zu hoffen, dass sich eine neue Bundesregierung diesen Aufgaben stellt.

---

163 Zu Widersprüchen zwischen der Verkürzung der Aufbewahrungsfristen und den Anforderungen an die Erstattung wirksamer Selbstanzeigen Wenzel, NWB 2024, 638 f.

Neuakzentuierungen der Besteuerung von Mitarbeiterbeteiligungen: Nunmehr relevante Fallgruppen der Besteuerung

Dr. Sascha Bleschick, Vorsitzender Richter am Finanzgericht Münster

Der folgende Beitrag greift die Überlegungen *Krügers* in dessen Beitrag „Neuakzentuierung der Besteuerung von Mitarbeiterbeteiligungen“ (DB 2024 S. 889) auf, um die nunmehr maßgeblichen Fallgruppen der Besteuerung von Mitunternehmerbeteiligungen aufzuzeigen. Dass eine solche Fallgruppenbildung rechtssicher möglich ist, ist eine wesentliche Folge der Neuakzentuierungen der BFH-Rechtsprechung.

I. Praktisch häufige Mitarbeiterbeteiligungen im komplexen Ertragsteuerrecht

Mitarbeiterbeteiligungen stellen ein häufiges Instrument zur Fachkräftebindung dar.[1] Entsprechende Beteiligungen werden vorrangig leitenden Mitarbeitern mit hohem individuellem ESt-Satz eingeräumt.[2] Die daraus folgenden Besteuerungsprobleme beschäftigten die Rspr. immer wieder,[3] wobei bestimmte Ausgestaltungen der Mitarbeiterbeteiligungen typisch sind.

Kern der steuerrechtlichen Überlegungen ist die Abgrenzung zwischen den verschiedenen Einkunftsarten. Bei dieser Abgrenzung ist die Rechtssicherheit

---

1 Weitnauer, GWR 2023 S. 111.

2 Redeker / Beutel, DStR 2024 S. 1278.

3 Aus der jüngeren Rspr. sind neben den höchstrichterlichen Entscheidungen des BFH (BFH vom 20.11.2024 – VI R 21/22, DB 2025 S. 232; BFH vom 14.12.2023 – VI R 1/21, BStBl. II 2024 S. 387 = DB 2024 S. 566; BFH vom 14.12.2023 – VI R 2/21, BFH/NV 2024 S. 386; BFH vom 1.12.2020 – VIII R 40/18, BStBl. II 2024 S. 384 = DB 2021 S. 1172) auch mehrere Entscheidungen der FG zu nennen (FG Baden-Württemberg vom 6.10.2022 – 12 K 1692/20, EFG 2023 S. 533, mit Anm. Falk, Rev. zugelassen durch nicht veröffentlichten Beschluss des BFH vom 30.5.2023 – VIII B 134/22; FG Baden-Württemberg vom 1.4.2022 – 5 K 1635/20, EFG 2023 S. 101, mit Anm. Hennigfeld, Rev. eingelegt durch Urteil des BFH vom 19.11.2024 – VIII R 10/22; FG Hessen vom 3.3.2022 – 11 K 1111/21, EFG 2024 S. 650, mit Anm. Hennigfeld, Rev. eingelegt unter BFH-Az. VIII R 14/23; FG Sachsen vom 25.11.2021 – 8 K 849/21, EFG 2024 S. 1923, mit Anm. Tiedchen, Rev. eingelegt unter BFH-Az. VIII R 11/23; FG Sachsen vom 25.11.2021 – 8 K 438/21, Rev. eingelegt unter BFH-Az. VIII R 12/23; FG Düsseldorf vom 22.10.2020 – 14 K 2209/17 E, EFG 2021 S. 206, mit Anm. Thelen, rkr.; FG Münster vom 7.12.2018 – 4 K 1366/17 E, EFG 2019 S. 620, mit Anm. Neu, rkr.).

durch Urteile des VI. Senats des BFH vom 14.12.2023[4] gestärkt worden.[5] Sie sind daher für die Praxis höchst relevant.[6] Dabei hat der VI. Senat des BFH-Rechtsprechungsgrundsätze auch anderer Senate aufgegriffen und neu akzentuiert.[7] Dies geschah in einem steuerrechtlichen Umfeld, für das der Steuergesetzgeber die Besteuerung der Mitarbeiterbeteiligungen beim Erwerb grundlegend umgestaltet hat. Die Reform der Besteuerung bestimmter Mitarbeiterbeteiligungen begann für Jahre ab 2021 und zog sich bis in die jüngste Steuergesetzgebung durch das JStG 2024[8] hinein.[9]

Vor dem Hintergrund dieser Neuerungen werden im Folgenden die Grundlagen der ständigen BFH-Rspr. dargestellt, die Neuakzentuierungen durch den VI. Senat des BFH aufgezeigt und noch verbleibende Rechtsfragen nach der Neuakzentuierung beantwortet. Schließlich werden die nunmehr maßgeblichen Fallgruppen der Besteuerung von Mitarbeiterbeteiligungen benannt.

II. Mitarbeiterbeteiligungen und deren allgemeiner Bezug zu den verschiedenen Einkunftsarten

1. Das Beteiligungsverhältnis

Die Gewährung von Mitarbeiterbeteiligungen hat naturgemäß zur Folge, dass die Mitarbeiter nicht nur in einem dienstrechtlichen Rechtsverhältnis zu ihrem Arbeitgeber stehen, sondern daneben ein weiteres, nämlich gesellschaftsrechtliches Rechtsverhältnis zu einer Gesellschaft des Arbeitgebers oder eines Dritten begründet wird. Denkbar ist auch, dass ein Mitarbeiter (echter) Mitunternehmer einer PersGes. wird, was zu einer Umqualifizierung der Tätigkeitsvergütung in gewerbliche Einkünfte führen kann (vgl. § 15 Abs. 1

4 BFH vom 14.12.2023 – VI R 1/21 sowie VI R 2/21, beide a. a. O. (Fn. 3).

5 Krüger, DB 2024 S. 889; Geserich, NWB 2024 S. 906: Klarstellung, dass es keinen lohnsteuerlichen Fortsetzungszusammenhang bei (echten) Mitarbeiterbeteiligungen gibt; Redeker / Beutel, DStR 2024 S. 1278 (1282): Bestätigung, dass bei marktüblichen „Management Equity Programs" Einkünfte aus unselbstständiger Arbeit nur im Ausnahmefall vorliegen können.

6 Joisten / Kortendick, FR 2024 S. 484 (485).

7 Krüger, DB 2024 S. 889 (891).

8 Vgl. Art. 2 Nr. 2 JStG 2024, BGBl. I 2024 Nr. 387 S. 3: Erweiterung des Anwendungsbereichs der Steuervergünstigung des § 19a EStG auch auf die Übertragung von Anteilen an Konzernunternehmen (BT-Drucks. 20/12780 S. 119).

9 Zur Rechtsentwicklung vgl. Baldauf, in: Brandis / Heuermann (Hrsg.), Ertragsteuerrecht, Stand Nov. 2024, § 19a EStG Rz 4 ff.; Einsfelder, in: Lademann (Hrsg.), Stand Sep. 2024, § 19a EStG Rz 4 ff.; Bleschick, in: BeckOK EStG, Stand Nov. 2024, § 19a Rz 10 ff.

Satz 1 Nr. 2 EStG[10]). Auf die Mitunternehmerstellung bei einer PersGes. soll im Folgenden jedoch nicht weiter eingegangen werden. Vielmehr soll die bei Mitarbeiterbeteiligungen typischere Konstellation der Beteiligung an einer KapGes. in den Blick genommen werden. Zwar kann eine solche Beteiligung an einer KapGes. gesellschaftsrechtlich über eine vermögensverwaltende PersGes. erfolgen,[11] was vor allem gesellschaftsrechtliche Hintergründe hat.[12] Steuerrechtlich ist eine solche vermögensverwaltende PersGes. aufgrund der – im Steuerrecht bei PersGes. weiterhin geltenden[13] – Bruchteilsbetrachtung auszublenden (§ 39 Abs. 2 Nr. 2 AO).[14] Damit ist der Arbeitnehmer auch bei der gesellschaftsrechtlich mittelbaren Beteiligung über eine vermögensverwaltende PersGes. steuerrechtlich unmittelbar an der KapGes. beteiligt.

2. Mögliche Einkunftsarten

Hinsichtlich der Steuerbarkeit von Vorteilen aus der Beteiligung an einer KapGes. können nicht nur Gewinneinkünfte einschlägig sein (Veräußerungsgewinne und -verluste i. S. d. § 17 EStG), möglich ist auch eine Besteuerung nach Überschusseinkünften (Einkünfte aus nichtselbstständiger Arbeit gem. § 19 Abs. 1 Satz 1 Nr. 1, Satz 2 EStG; Einkünfte aus Kapitalvermögen, § 20 Abs. 2 Satz 1 Nr. 1 EStG, oder sonstige Einkünfte nach § 22 Nr. 2, § 23 EStG, sofern Mitarbeiterbeteiligungen vor Einführung der Abgeltungsteuer für Vz. ab 2009 gewährt worden sind[15]).

Die Vielzahl möglicher Besteuerungstatbestände zwingt zur Abgrenzung, denn je nach einschlägigem Besteuerungszugriff finden unterschiedliche Besteuerungsgrundsätze mit diversen steuerlichen Privilegierungen Anwendung. Ist etwa der verbilligte Erwerb einer Mitarbeiterbeteiligung nach § 19 Abs. 1 Satz 1 Nr. 1, Satz 2 EStG zu versteuern, darf unter weiteren Vorausset-

---

10 Zu derartigen Konstellationen vgl. etwa BFH vom 30.8.2007 – IV R 14/06, BStBl. II 2007 S. 942 = DB 2007 S. 2401; BFH vom 22.10.1987 – IV R 17/84, BStBl. II 1988 S. 62 = DB 1988 S. 157.

11 Weitnauer, GWR 2023 S. 111 (113).

12 Vgl. zu den dafür gesellschaftsrechtlich und organisatorisch motivierten Anlässen Joisten/Kortendick, FR 2024 S. 484 (485); Weitmeier, GWR 2022 S. 39 (41); ders. GWR 2023 S. 111 (116 f.), zur konkreten Ausgestaltung.

13 Zur Rechtslage im Nachgang zur Geltung des KRzwMGEG vom 22.12.2023, BGBl. I 2023 Nr. 411 vgl. Drüen, in: Tipke/Kruse (Hrsg.), AO/FGO, Stand Okt. 2024, § 39 AO Rz 82d; Krömker, in: Lippross/Seibel (Hrsg.), Basiskomm. StR, Stand Dez. 2024, § 39 AO Rz 27.

14 Vgl. dazu nur Geserich, NWB 2024 S. 906 (908 f.).

15 Vgl. § 52 Abs. 28 Satz 11 EStG; vgl. dazu auch Geserich, NWB 2024 S. 906 (911 f.).

zungen nach § 3 Nr. 39 EStG bei bestimmten Mitarbeiterbeteiligungen ein Freibetrag von insgesamt bis zu 2.000 € abgezogen werden. Daneben kann bei bestimmten Arbeitgeberunternehmen (jüngere Unternehmen, die bestimmte Schwellenwerte bei der Zahl der Arbeitnehmer, des Umsatzes sowie des Gewinns nicht überschreiten[16]) und unter weiteren Voraussetzungen[17] der sog. Besteuerungsaufschub nach § 19a Abs. 1 Satz 1 EStG beansprucht werden. Hierbei geht es im Kern darum, dass die Besteuerung eines verbilligten Beteiligungserwerbs nicht im Erwerbsjahr erfolgt, sondern die im Erwerbsjahr eigentlich festzusetzende ESt erst für spätere Jahre, längstens nach 15 Jahren,[18] festgesetzt wird. Idealerweise wird die Besteuerung auf das Jahr verschoben, in dem der Arbeitnehmer die Beteiligung veräußert[19] und dem Arbeitnehmer deshalb liquide Mittel zur Begleichung seiner Steuerlast zur Verfügung stehen. Dies verdeutlicht das wesentliche Anliegen des Besteuerungsaufschubs, nämlich die Vermeidung eines sog. *dry incomes* (Einkünfte ohne Liquidität).[20] Für Jahre ab 2024 ist nach Beanspruchung des Besteuerungsaufschubs überdies sogar eine endgültige freiwillige Übernahme der Steuerlast durch den Arbeitgeber möglich.[21] Aber auch bei der Erzielung von Veräußerungsgewinnen aus dem Beteiligungsverhältnis gibt es steuerliche Begünstigungen. So kann das Teileinkünfteverfahren bei bestimmten, im Privatvermögen gehaltenen Anteilen an KapGes. in Betracht kommen (§ 17 Abs. 1, 3, § 3 Nr. 40 Satz 1 Buchst. c EStG) oder der Abgeltungsteuersatz bei Vorliegen von Einkünften aus Kapitalvermögen greifen (§ 20 Abs. 2 Satz 1 Nr. 1, § 32d EStG).

---

16 § 19 Abs. 3 EStG, s. dazu Krüger, in: Schmidt (Hrsg.), 43. Aufl. 2024, § 19a EStG Rz 11; Baldauf, a.a.O. (Fn. 9), § 19a EStG Rz 90ff.; Einsfelder, a.a.O. (Fn. 9), § 19a EStG Rz 52ff.; Bleschick, a.a.O. (Fn. 9), § 19a EStG Rz 208ff.

17 Vgl. insbesondere Krüger, a.a.O. (Fn. 16), § 19a EStG Rz 3-7; Baldauf, a.a.O. (Fn. 9), § 19a EStG Rz 45, 48; Einsfelder, a.a.O. (Fn. 9), § 19a EStG Rz 31f.; Zantopp, in: HHR (Hrsg.), EStG/KStG, Stand Nov. 2024, § 19a EStG Rz 30; Bleschick, a.a.O. (Fn. 9), § 19a EStG Rz 93.

18 § 19a Abs. 4 Satz 1 Nr. 2 EStG.

19 Vgl. § 19a Abs. 4 Satz 1 Nr. 1 EStG.

20 BT-Drucks. 19/27631 S. 54, 109; BT-Drucks. 19/28868 S. 112; BT-Drucks. 20/8292 S. 130; zur Kritik an der Besteuerung „trockenen" Einkommens vgl. BT-Drucks. 19/21403 S. 2.

21 Freiwillige und unwiderrufliche Haftung des Arbeitgebers in bestimmten Fällen gem. § 19a Abs. 4a EStG i.d.F. des ZuFinG; vgl. dazu Baldauf, a.a.O. (Fn. 9), § 19a EStG Rz 156f.; Zantopp, a.a.O. (Fn. 17), § 19a EStG Rz 50; Bleschick, a.a.O. (Fn. 9), § 19a EStG Rz 278a ff.

III. Die gesellschaftsrechtliche Sonderrechtsbeziehung

Es entspricht st. Rspr. des BFH, dass gesellschaftsrechtliche Sonderrechtsbeziehungen unabhängig neben dem Dienstverhältnis des Arbeitnehmers bestehen *können*.[22] Dabei ist die Abgrenzung, ob ein Vorteil aus dem Dienst- oder dem Gesellschaftsverhältnis fließt, aufgrund einer Würdigung aller wesentlichen Umstände des Einzelfalls zu entscheiden.[23] Hierfür kann auf den Zeitpunkt des Erwerbs bzw. der Veräußerung abgestellt werden.

1. Erwerb der Mitarbeiterbeteiligung

Die Neuakzentuierungen der Rspr. des VI. Senats des BFH betreffen nicht die Besteuerungsgrundsätze zum Erwerb von Mitarbeiterbeteiligungen. Gleichwohl lohnt sich eine nähere Betrachtung, führt doch nicht jeder vorteilhafte Erwerb beim Mitarbeiter zu steuerbarem bzw. steuerpflichtigem Arbeitslohn. Es steht fest, dass beim Erwerb Arbeitslohn in Form von Sachlohn vorliegen kann (§ 19 Abs. 1 Satz 1 Nr. 1, Satz 2 EStG). Wichtig ist, dass nicht der (gesamte) Wert der übertragenen Beteiligung als Arbeitslohn einzustufen ist, sondern einzig der in der Verbilligung liegende Vorteil lohnsteuerrechtlich relevant ist.[24] Dies ist st. Rspr. des VI. Senats des BFH seit Anfang der 1970er Jahre.[25] Ob für den Arbeitnehmer ein verbilligter Erwerb vorliegt, ist grds. anhand der Wertverhältnisse bei Abschluss des für beide Seiten verbindlichen obligatorischen Veräußerungsgeschäfts zu bestimmen. Der Zeitpunkt des Zuflusses des lohnsteuerrechtlichen Vorteils ist hierfür unbeachtlich, weil Wertveränderungen zwischen schuldrechtlichem Veräußerungs- und dinglichem Erfüllungsgeschäft nicht mehr durch den Arbeitgeber vermittelt werden

---

22 Vgl. BFH vom 1.12.2020, a. a. O. (Fn. 3), Rz 22; BFH vom 4.10.2016 – IX R 43/15, BStBl. II 2017 S. 790 = DB 2017 S. 522, Rz 21; BFH vom 21.5.2014 – I R 42/12, BStBl. II 2015 S. 4 = DB 2014 S. 2084, Rz 48; BFH vom 17.6.2009 – VI R 69/06, BStBl. II 2010 S. 69 = DB 2009 S. 2186, Rz 14.

23 Vgl. nur BFH vom 14.12.2023 – VI R 1/21, a. a. O. (Fn. 3), Rz 35, m. w. N.

24 BFH vom 7.5.2014 – VI R 73/12, BStBl. II 2014 S. 904 = DB 2014 S. 1718, Rz 22; BFH vom 23.6.2005 – VI R 10/03, BStBl. II 2005 S. 770 = DB 2005 S. 1882, Rz 19; BFH vom 7.4.1989 – VI R 47/88, BStBl. II 1989 S. 608 = DB 1989 S. 608, Rz 15; Krüger, DB 2024 S. 889; Weitnauer, GWR 2022 S. 39.

25 BFH vom 10.3.1972 – VI R 278/68, BStBl. II 1972 S. 596 = DB 1972 S. 1610, Rz 6, zu Aktienoptionen.

und mithin der privaten und insoweit nicht steuerbaren Vermögenssphäre zuzuordnen sind.[26]

Auch beim verbilligten Erwerb muss jedoch mittels Einzelfallabwägung geprüft werden, ob der Vorteil „für" die Beschäftigung gewährt wird, denn nur dann liegt steuerbarer Arbeitslohn i. S. d. § 19 Abs. 1 Satz 1 Nr. 1, Satz 2 EStG vor. Ob eine Zuwendung durch das Dienstverhältnis veranlasst ist, ist einer (finanzgerichtlichen) Würdigung der objektiven Umstände und nicht der persönlichen Auffassungen und Einschätzungen der an der Zuwendung Beteiligten vorbehalten.[27] Insoweit kann bei einem großen Wertunterschied zwischen Kaufpreis und Verkehrswert vor allem wertvoller Wirtschaftsgüter in vielen Fällen die Vermutung zunächst für das Vorliegen von Arbeitslohn sprechen und Arbeitslohn – bei Veranlassung durch das Dienstverhältnis – selbst dann angenommen werden, wenn der Arbeitgeber dem Arbeitnehmer ein Wirtschaftsgut nicht bewusst unter dem Verkehrswert überlassen hat.[28] Für Arbeitslohn kann es darüber hinaus indiziell sprechen, dass der Arbeitnehmer ohne das Dienstverhältnis einen höheren Preis hätte bezahlen müssen; der geldwerte Vorteil kann dann also gerade „aus dem Dienstverhältnis" zugeflossen sein.[29]

Andererseits kann im Einzelfall etwa kein Arbeitslohn vorliegen, wenn der Vorteil der verbilligten oder gar schenkweisen Gewährung von Mitarbeiterbeteiligungen auch Dritten gewährt wird, die Beteiligung nicht mit dem Dienstverhältnis verknüpft ist oder der Arbeitgeber kein Entlohnungsziel verfolgt.[30] Auf dieser Linie liegt die in diesem Zusammenhang erst jüngst ergangene Entscheidung des BFH, wonach die schenkweise Übertragung von Geschäftsanteilen auf leitende Mitarbeiter zur Sicherung der Unternehmensnachfolge nicht ohne Weiteres die Annahme von Arbeitslohn rechtfertigt.[31]

Liegt Arbeitslohn vor, so greift die Besteuerung erst bei Zufluss, in der Regel als sonstiger Bezug nach § 11 Abs. 1 Satz 4, § 38a Abs. 1 Satz 2 EStG, wobei der Zufluss erst bei Erlangung der wirtschaftlichen Verfügungsmacht,[32] konkret mit tatsächlicher Einräumung oder Verwertung der Beteiligung,

26 BFH vom 7.5.2014, a. a. O. (Fn. 24), Rz 22.

27 Vgl. BFH vom 1.9.2016 – VI R 67/14, BStBl. II 2017 S. 69 = DB 2016 S. 2818, Rz 22.

28 Vgl. BFH vom 1.9.2016, a. a. O. (Fn. 27), Rz 36; BFH vom 18.10.1974 – VI R 249/71, BStBl. II 1975 S. 182 = DB 1975 S. 333, Rz 11.

29 BFH vom 18.10.1974, a. a. O. (Fn. 28), Rz 8.

30 Vgl. nur Krüger, DB 2024 S. 889 (893), m. w. N.

31 BFH vom 20.11.2024, a. a. O. (Fn. 3), Rz 14, 16, 21.

32 BFH vom 5.7.2007 – VI R 47/02, BFH/NV 2007 S. 1876, Rz 13; BFH vom 4.5.2006 – VI R 19/03, BStBl. II 2006 S. 832 = DB 2006 S. 1471, Rz 10.

erfolgt.[33] Die Erlangung der wirtschaftlichen Verfügungsmacht wird nicht durch Verfügungsbeschränkungen sowie Halte- oder Sperrfristen[34] infrage gestellt, solange Stimm- und Dividendenbezugsrechte bestehen und dem Mitarbeiter die Verfügung wirtschaftlich möglich bleibt.[35] Bei einer Vinkulierung, also der eingeschränkten Handelbarkeit einer Mitarbeiterbeteiligung aufgrund von Zustimmungserfordernissen der Gesellschaft, ist die Erlangung der wirtschaftlichen Verfügungsmacht nur dann zu verneinen, wenn die Zustimmung vollständig fehlt und die Verfügung damit tatsächlich unmöglich ist.[36] Eine bloß obligatorische (ggf. sanktionsbewährte) Untersagung steht einem echten Beteiligungsverhältnis hingegen nicht entgegen.[37] Wird ein Optionsrecht eingeräumt, ist der Zufluss mit dessen Ausübung oder dessen sonstiger Verwertung (z. B. Übertragung auf einen Dritten) gegeben.[38] Da sich der Vorteil aus der Ausübung von Optionsrechten nach dem Wert des Rechts im Zeitpunkt der Verfügung darüber bemisst,[39] sind zwischenzeitliche Wertsteigerungen bis zum Ausübungszeitpunkt zu besteuern. Die Besteuerung dieser Wertentwicklung macht Optionen steuerlich unattraktiv, weshalb sie in der Praxis jedenfalls für Managementbeteiligungsmodelle eher nicht gewählt werden.[40]

Liegt Arbeitslohn in Form des vergünstigten Erwerbs einer Mitarbeiterbeteiligung vor und ist der Zufluss gegeben, dann kann der (ggf. um übliche Preisnachlässe geminderte) übliche Endpreis am Abgabeort i. S. d. § 8 Abs. 2 Satz 1 EStG nach Maßgabe bewertungsrechtlicher Grundsätze ermittelt werden (§ 11 BewG).[41] So ist der Wert der Beteiligung an einer GmbH in Anlehnung an den gemeinen Wert zu ermitteln (§ 9 Abs. 2 Satz 1, § 11 Abs. 2 Satz 1 BewG). Lässt sich der gemeine Wert nicht aus Verkäufen ableiten, die weniger als ein Jahr

33 BFH vom 23.6.2005, a. a. O. (Fn. 24), Rz 25 f.

34 Sperrfristen mindern für sich gesehen nicht den Beteiligungswert, vgl. BFH vom 7.4.1989, a. a. O. (Fn. 24), Rz 25, 27 ff.

35 BFH vom 30.9.2008 – VI R 67/05, BStBl. II 2009 S. 282 = DB 2009 S. 98, Rz 14; Krüger, DB 2024 S. 891 (892); Geserich, NWB 2024 S. 906 (911); jew. m. w. N.

36 BFH vom 30.6.2011 – VI R 37/09, BStBl. II 2011 S. 923 = DB 2011 S. 2172, Rz 15.

37 Krüger, DB 2024 S. 889 (892 f.); Geserich, DStR 2014 Beihefter zu Heft 23 S. 53 (55); ders., NWB 2024 S. 906 (908); Redeker/Beutel, DStR 2024 S. 1278 (1280); Ismer/Piotrowski/Reinwald, DStR 2024 S. 265 (269).

38 BFH vom 18.9.2012 – VI R 90/10, BStBl. II 2013 S. 289 = DB 2013 S. 212, Rz 13, 16.

39 BFH vom 18.9.2012, a. a. O. (Fn. 38), Rz 14, 16.

40 Weitnauer, GWR 2023 S. 111 (114).

41 BFH vom 1.9.2016, a. a. O. (Fn. 27), Rz 45; vgl. BFH vom 20.11.2008 – VI R 25/05, BStBl. II 2009 S. 382 = DB 2009 S. 433, Rz 30, m. w. N.: Arbeitslohn in Höhe der Differenz zwischen dem Endpreis der Aktien am Verschaffungstag und den diesbezüglichen Erwerbsaufwendungen.

zurückliegen, so ist er gem. § 11 Abs. 2 Satz 2 BewG unter Berücksichtigung des Vermögens und der Ertragsaussichten der KapGes. zu schätzen.[42]

Nach alledem ist steuerbarer Sachlohn beim Erwerb von Mitarbeiterbeteiligungen nur insoweit gegeben, als eine Verbilligung „für" die Beschäftigung gewährt wird. Gestaltungsmöglichkeiten zur Senkung der Steuerlast bestehen hierbei z. B. über sog. Hurdle-Shares[43] oder Arbeitgeberdarlehen[44].

2. Veräußerung (echter) Mitarbeiterbeteiligungen einschließlich der Neuakzentuierungen

Bezüglich der Besteuerung bei Veräußerung haben sich durch die Rspr. des BFH neue Akzente ergeben. Dies betrifft die Betonung der echten Mitarbeiterbeteiligung als eigenständige Erwerbsgrundlage sowie die Frage der steuerrechtlichen Behandlung marktunüblicher Veräußerungspreise.

a) Echte Mitarbeiterbeteiligungen als eigenständige Erwerbsgrundlage

Erzielt ein Arbeitnehmer marktübliche Veräußerungsgewinne, kann dieser Vorteil entweder im Dienstverhältnis wurzeln und nach § 19 EStG zu besteuern sein oder aber aus dem nach § 20 EStG zu besteuerndem Beteiligungsverhältnis stammen. Die notwendige Abgrenzung ist aufgrund der neueren BFH-Rspr. nun praktikabel möglich. Schon vor der Neuakzentuierung war geklärt, dass bei Einräumung einer Beteiligungsmöglichkeit lediglich gegenüber bestimmten Arbeitnehmern (z. B. nur gegenüber leitenden Angestellten) der Vorteil aus der Veräußerung nicht notwendigerweise als Arbeitslohn zu qualifizieren ist.[45] Denn jede Form der Mitarbeiterbeteiligung ist nach Auffassung des BFH naturgemäß auf den Arbeitnehmer bezogen, und zwar auch dann, wenn der Arbeitgeber nur einen Teil seiner Arbeitnehmer an seinem Unternehmen beteiligen möchte.[46]

---

42 BFH vom 1.9.2016, a. a. O. (Fn. 27), Rz 45; vgl. dazu BFH vom 29.7.2010 – VI R 30/07, BStBl. II 2011 S. 68 = DB 2010 S. 2478, m. w. N.

43 Vgl. dazu Weißenbacher, BB 2024 S. 1435 (1437); Joisten / Kortendick, FR 2024 S. 484 (485 f.); Redeker / Beutel, DStR 2024 S. 1278 (1282); Weitnauer, GWR 2022 S. 39 (40).

44 BFH vom 30.6.2011, a. a. O. (Fn. 36), Rz 15.

45 BFH vom 1.12.2020, a. a. O. (Fn. 3), Rz 26; BFH vom 21.10.2014 – VIII R 44/11, BStBl. II 2015 S. 593, Rz 11.

46 BFH vom 21.10.2014, a. a. O. (Fn. 45), Rz 11.

Allerdings bestanden vor den Dezember-Entscheidungen des VI. Senats des BFH[47] Zweifel hinsichtlich der Einordnung solcher marktüblicher Veräußerungsgewinne, wenn die Mitarbeiterbeteiligung von Arbeitnehmern zu nur ihnen eingeräumten Vorzugskonditionen erworben worden waren. Hier war fraglich, ob der Veräußerungsgewinn wegen des verbilligten Erwerbs maßgeblich durch das Dienstverhältnis geprägt und mithin als Arbeitslohn zu beurteilen war.[48] In diese Richtung konnten Aussagen des BFH interpretiert werden, wonach eine Mitarbeiterbeteiligung insbesondere dann als eigenständige, vom Arbeitsverhältnis unabhängige Erwerbsgrundlage einzustufen sein sollte, wenn sie vom Arbeitnehmer zum Marktpreis („und nicht etwa verbilligt") erworben worden war.[49] Andererseits hatte der BFH bereits zuvor einen Grundsatz abgelehnt, wonach bei verbilligtem Erwerb sämtliche Kursgewinne (und Kursverluste) im Zusammenhang mit einer Mitarbeiterbeteiligung über die Verbilligung hinaus als Vorteile aus dem Dienstverhältnis i. S. d. § 19 Abs. 1 Satz 1 Nr. 1 EStG zu qualifizieren sind.[50]

Durch die Neuakzentuierungen des VI. Senats des BFH ist diese Frage nun eindeutig dahingehend geklärt, dass marktübliche Veräußerungsgewinne kein lohnsteuerbarer Vorteil sind, auch wenn der Arbeitnehmer die Mitarbeiterbeteiligung zuvor verbilligt erworben hat.[51] Ausgangspunkt[52] dieser Neuakzentuierung ist die Betonung einer *echten* Mitarbeiterbeteiligung als eigenständige Erwerbsgrundlage, die den Veranlassungszusammenhang zum Dienstverhältnis löst:[53] Ein durch das Arbeitsverhältnis veranlasster verbilligter Erwerbsvorgang ist nach dem Zufluss als Arbeitslohn steuerlich abgeschlossen: Erwerb und Veräußerung einer (Kapital-)Beteiligung (am Arbeitgeber) sind zwei unterschiedliche – steuerlich voneinander getrennt und unabhängig zu betrachtende – Sachverhalte; ein ggf. bei Erwerb der Beteiligung bestehender arbeitslohnbegründender Veranlassungszusammenhang wirkt nicht im Rahmen eines späteren Veräußerungsvorgangs fort.[54] Nach dem Erwerb eintretende Wertänderungen, aber auch (Veräußerungs-)Gewinne wie Verluste sind regelmäßig

---

47 BFH vom 14.12.2023 – VI R 1/21 sowie VI R 2/21, beide a. a. O. (Fn. 3).

48 Vgl. zu diesem Aspekt FG Köln vom 27.4.2023 – 11 K 1493/16, EFG 2024 S. 1570; Redeker/Beutel, DStR 2024 S. 1278 (1281); Hennigfeld, EFG 2024 S. 1574 (1575); Weitnauer, GWR 2023 S. 111 (113).

49 Vgl. BFH vom 1.12.2020, a. a. O. (Fn. 3), Rz 23, 26.

50 BFH vom 17.6.2009, a. a. O. (Fn. 22), Rz 19.

51 BFH vom 14.12.2023 – VI R 1/21, Rz 22, 30 sowie VI R 2/21, Rz 22, 30, beide a. a. O. (Fn. 3).

52 Krüger, DB 2024 S. 889 (891).

53 BFH vom 14.12.2023 – VI R 1/21, Rz 22, 30 sowie VI R 2/21, Rz 22, 30, beide a. a. O. (Fn 3).

54 BFH vom 14.12.2023 – VI R 1/21, Rz 33 sowie VI R 2/21, Rz 33, beide a. a. O. (Fn. 3).

nicht (mehr) durch das Arbeitsverhältnis veranlasst, sondern durch das Sonderrechtsverhältnis „Beteiligung“.[55] Kurzum: Durch die Begründung einer echten Mitarbeiterbeteiligung tritt eine „Zäsur“ zwischen Dienst- und Beteiligungsverhältnis ein.[56] Fortan fließen fremdübliche laufende und sonstige marktangemessene Erträge aus der echten Mitarbeiterbeteiligung aus dem Kapitaleinsatz und nicht mehr aus der Arbeitskraft.[57]

Damit der neue Akzent der „Zäsur“ greift, bedarf es – wie schon ausgeführt – einer echten Mitarbeiterbeteiligung. Dies ist angesichts der Vielzahl möglicher Ausgestaltungen in der Praxis[58] anhand der Einzelfallumstände zu klären. Voraussetzung für eine echte Mitarbeiterbeteiligung ist, dass der Arbeitnehmer oder die Arbeitnehmerin wirtschaftliches Eigentum erlangt (§ 39 Abs. 2 Nr. 1 AO).[59] Das bedeutet, dass der Erwerber durch ein bürgerlich-rechtliches Geschäft eine rechtlich geschützte, auf den Rechtserwerb gerichtete Position erwirbt, die ihm nicht mehr entzogen werden kann, wobei das Risiko einer Wertminderung, die Chance einer Wertsteigerung und alle wesentlichen (Verwaltungs- und Vermögens-)Rechte auf ihn übergehen.[60] Die wesentlichen Rechte sind vor allem wesentliche Kontroll-, Stimm-, Mitwirkungs- und Gewinnbezugsrechte, die üblicherweise beim jeweiligen Gesellschaftsverhältnis bestehen.[61] Die Mitarbeiterbeteiligung ist auch dann „echt“, wenn die Beteiligung bloß mittelbar über eine vermögensverwaltende PersGes. gehalten wird[62] – wird diese Gesellschaft doch – wie bereits ausgeführt – aufgrund der Bruchteilsbetrachtung (§ 39 Abs. 2 Nr. 2 AO) ausgeblendet. In sämtlichen der vorgenannten Fälle muss die Mitarbeiterbeteiligung ernsthaft vereinbart und auch tatsächlich durchgeführt worden sein.[63] Dies beruht auf dem in § 41 Abs. 2 AO manifestierten allgemeinen Grundgedanken der wirt-

---

55 BFH vom 14.12.2023 – VI R 1/21, Rz 34 sowie VI R 2/21, Rz 34, beide a. a. O. (Fn 3); in diese Richtung bereits BFH vom 17.6.2009, a. a. O. (Fn. 22), Rz 14; BFH vom 5.4.2006 – IX R 111/00, BStBl. II 2006 S. 654 = DB 2006 S. 1534, Rz 18.

56 Geserich, NWB 2024 S. 906 (911).

57 BFH vom 14.12.2023 – VI R 1/21, Rz 28 sowie VI R 2/21, Rz 28, beide a. a. O. (Fn 3); Krüger, DB 2024 S. 889 (891, 892); Geserich, NWB 2024 S. 906 (909).

58 Weitnauer, GWR 2023 S. 111 (112); vgl. auch Joisten / Kortendick, FR 2024 S. 484 (486).

59 Vgl. BFH vom 14.12.2023 – VI R 1/21, Rz 26 sowie VI R 2/21, Rz 26, beide a. a. O. (Fn 3); Geserich, NWB 2024 S. 906 (909); Redeker / Beutel, DStR 2024 S. 1278 (1280).

60 BFH vom 1.12.2020, a. a. O. (Fn. 3), Rz 33; Redeker / Beutel, DStR 2024 S. 1278 (1280).

61 Vgl. BFH vom 14.12.2023 – VI R 1/21, Rz 28 sowie VI R 2/21, Rz 28, beide a. a. O. (Fn 3); Weitnauer, GWR 2023 S. 111 (112).

62 Weitnauer, GWR 2022 S. 39.

63 BFH vom 14.12.2023 – VI R 1/21, Rz 28 sowie VI R 2/21, Rz 28, beide a. a. O. (Fn 3).

schaftlichen Betrachtungsweise, die Besteuerung an die tatsächlichen und nicht an die vorgetäuschten Gegebenheiten anknüpfen zu lassen.[64]

Die wirtschaftliche Verfügungsmacht an einer Mitarbeiterbeteiligung fehlt insbesondere bei nur schuldrechtlicher Einräumung einer solchen Beteiligung. So kann ein Mitarbeiter allein auf schuldrechtlicher Basis so gestellt werden, als sei er Beteiligungsinhaber mit wirtschaftlicher Beteiligung am Verkaufserlös (sog. virtuelle Beteiligung, z. B. in der Ausprägung sog. Phantom Stocks).[65] Fehlt eine echte Mitarbeiterbeteiligung, kommt es also nicht zur Zäsur.[66] In diesen Fällen wird mithin erst der künftige Erlös mit dessen Zufluss als Arbeitslohn versteuert.[67]

Zusammenfassend gilt also, dass bei echten Beteiligungen selbst ein zuvor verbilligter Erwerb nicht dazu führt, einen marktüblichen Veräußerungsgewinn als Arbeitslohn zu qualifizieren, und damit mehr Rechtssicherheit zu schaffen. Die Erträge aus der Veräußerung werden stattdessen nach §§ 17 oder 20 EStG und damit im Vergleich zur Arbeitslohnbesteuerung regelmäßig steuerlich günstiger behandelt.

Soweit der Mitarbeiter bei der Veräußerung einen atypisch hohen Veräußerungspreis erhält (Überpreis), gilt ergänzend das Folgende: Der darin liegende Vorteil kann als Arbeitslohn (von dritter Seite) einzustufen sein, sofern bei einer Gesamtabwägung der Überpreis als Entlohnung für die Arbeitskraft anzusehen ist.[68] Ist dies der Fall, wäre der zu besteuernde Überpreis die Differenz zwischen dem Veräußerungspreis und dem Marktwert am Veräußerungstag.[69]

b) Echte Mitarbeiterbeteiligungen auch bei Leaver-Klauseln und Sweet-Equity-Komponenten

Darüber hinaus haben die Neuakzentuierungen zwei typische Vertragsbedingungen[70] besonders hervorgehoben: die Leaver-Klausel und die Sweet-Equity-Komponente.

---

64 BFH vom 8.12.1972 – III R 36/72, BStBl. II 1973 S. 357 = DB 1973 S. 1217, Rz 11; Drüen, a. a. O. (Fn. 13), § 41 AO Rz 64.

65 Vgl. dazu im Detail Weitnauer, GWR 2023 S. 111 (117); ders., GWR 2022 S. 39 (42).

66 BFH vom 14.12.2023 – VI R 1/21, Rz 28 sowie VI R 2/21, Rz 28, beide a. a. O. (Fn 3).

67 BFH vom 3.7.2019 – VI R 12/16, BFH/NV 2020 S. 12, Rz 27, 37; Redeker/Beutel, DStR 2024 S. 1278; Weitnauer, GWR 2022 S. 39 (42).

68 BFH vom 14.12.2023 – VI R 1/21, Rz 22 sowie VI R 2/21, Rz 22, beide a. a. O. (Fn 3); Krüger, DB 2024 S. 889 (893); Geserich, NWB 2024 S. 906 (911).

69 Krüger, DB 2024 S. 889 (893); Geserich, NWB 2024 S. 906 (911).

70 Joisten/Kortendick, FR 2024 S. 484 (485).

Die Leaver-Klausel (Verfallklausel) knüpft die Dauer der Mitarbeiterbeteiligung an das Fortbestehen des Dienstverhältnisses an.[71] Dadurch soll der Mitarbeiter auch in Zukunft für seine Arbeit motiviert und es soll ein Anreiz zum Verbleib im Unternehmen geschaffen werden.[72] Vor den Dezember-Entscheidungen des VI. Senats des BFH war nicht vollständig geklärt, ob derartige Klauseln die Mitarbeiterbeteiligung derart prägen können, dass auch ein Veräußerungsgewinn als Arbeitslohn zu versteuern ist, denn der BFH hatte bereits entschieden, dass eine Verfallklausel neben anderen Gesichtspunkten nur als weiteres Indiz für die enge wirtschaftliche Verknüpfung zwischen dem Dienstverhältnis und dem verbilligten Erwerb heranzuziehen ist.[73] Auch insoweit hat es eine Neuakzentuierung gegeben. Nun ist geklärt, dass durch eine Leaver-Klausel das Beteiligungsverhältnis regelmäßig nicht seinen wirtschaftlichen Gehalt verliert: Der Zweck der Mitarbeiterbeteiligung bleibt erhalten, den Mitarbeiter (zusätzlich) als (echten) Gesellschafter an das Unternehmen zu binden und ihm durch die Beteiligung die Teilhabe an der Gewinn- bzw. Wertentwicklung des Unternehmens zu ermöglichen.[74] Außerdem trägt der Mitarbeiter als Beteiligter nach wie vor das gesellschaftsrechtliche Beteiligungsrisiko und zieht (Veräußerungs-)Vorteile aus der Beteiligung.

Bei der weiteren, für Mitarbeiterbeteiligungen üblichen Sweet-Equity-Komponente können Mitarbeiter mit geringem (Eigen-)Kapitaleinsatz eine im Vergleich zu sonstigen Investoren höhere Rendite erzielen:[75] In derartigen Konstellationen stammt der Großteil der Mittel nicht von den Mitarbeitern, sondern von sonstigen Investoren, die strukturell vorrangige (mezzanine) Finanzierungsmittel und / oder Eigenkapital mit einer Liquidationspräferenz bereitstellen. Durch diesen Vorrang beim späteren Verkauf sichern sich die Investoren ab. Demgegenüber profitieren die Mitarbeiter im Erfolgsfall beim Verkauf über ihren im Verhältnis zu den eingesetzten Mitteln höheren Anteil am Erlös.[76] Wirtschaftlich liegt das daran, dass die geplante Eigenkapitalrendite in der Regel deutlich höher ist als die Verzinsung des eingesetzten mezzaninen Finanzierungskapitals. Die darin liegende erhöhte Gewinnchance begründet keinen Arbeitslohn, da eine solche Chance grds. jeder Kapitalbeteiligung inne-

---

71 Weitnauer, GWR 2023 S. 111.

72 BFH vom 20.11.2008, a. a. O. (Fn. 41), Rz 22.

73 Vgl. BFH vom 21.10.2014, a. a. O. (Fn. 45), Rz 11; BFH vom 5.11.2013 – VIII R 20/11, BStBl. II 2014 S. 275 = DB 2014 S. 396, Rz 19; vom 20.11.2008, a. a. O. (Fn. 41), Rz 22.

74 BFH vom 14.12.2023 – VI R 1/21, Rz 29 sowie VI R 2/21, Rz 29, beide a. a. O. (Fn 3).

75 Vgl. dazu detailliert insbesondere Weitnauer, GWR 2023 S. 111 (113), m. w. N.

76 Joisten / Kortendick, FR 2024 S. 484 (485 f.), mit Beispielen.

wohnt.[77] Diese Rspr. hat der VI. Senat des BFH nun noch dahingehend ergänzt, dass die den Mitarbeitern eingeräumte Gelegenheit, verhältnismäßig mehr Eigenkapital erwerben zu können, als solche jedenfalls keinen (als Arbeitslohn steuerbaren) Überpreis begründet und die Selbstständigkeit des neben das Arbeitsverhältnis tretenden Sonderrechtsverhältnisses nicht aufhebt. Wegen der Trennung von Erwerb und Veräußerung kommt es allein darauf an, ob die Veräußerung marktunüblich war oder nicht.[78]

Aus den vorgenannten Gründen hebeln typische Vertragsbedingungen wie Leaver-Klauseln und Sweet-Equity-Komponenten den wirtschaftlichen Gehalt echter Beteiligungsverhältnisse nicht aus. Das Sonderrechtsverhältnis „Beteiligung" besteht auch in diesen Fällen neben dem Dienstverhältnis fort.

Im Nachgang zu den Dezember-Entscheidungen des VI. Senats des BFH stellt sich die Frage, ob die Sweet-Equity-Komponente jedenfalls beim *Erwerb* zu Arbeitslohn führt, da eine höhere Renditechance eine Vorzugskondition bzw. einen geldwerten Vorteil darstellen könnte. Dies ist abzulehnen. Eine Gesamtbetrachtung spricht dagegen, weil der höheren Renditechance ein höheres (Voll-)Verlustrisiko gegenübersteht, werden die Sweet-Equity-Empfänger doch – wie bereits ausgeführt – typischerweise nachrangig bedient. Der Sweet-Equity-Anteil hat deshalb einen niedrigeren marktüblichen Erwerbspreis, sodass dessen Einräumung als solche keinen als Arbeitslohn steuerbaren Vorteil begründet.[79] Daher wird die Bezeichnung als „Sweet Equity" zutreffend als unglücklich eingestuft, weil sie die Einräumung von Vorzugskonditionen suggerieren kann, diese jedoch aufgrund des höheren Verlustrisikos regelmäßig weder angestrebt noch gegeben sein werden.[80]

---

77 BFH vom 1.12.2020, a.a.O. (Fn. 3), Rz 26; BFH vom 1.12.2020 – VIII R 21/17, BStBl. II 2021 S. 609 = DB 2021 S. 1305, Rz 31; vom 4.10.2016, a.a.O. (Fn. 22), Rz 26.

78 Vgl. BFH vom 14.12.2023 – VI R 1/21, Rz 31 f. sowie VI R 2/21, Rz 31 f., beide a.a.O. (Fn 3); Redeker/Beutel, DStR 2024 S. 1278 (1283).

79 Zutreffend FG Baden-Württemberg vom 9.5.2017 – 5 K 3825/14, EFG 2017 S. 1880, Rz 123, mit Anm. Lutter, rkr., Nichtzulassungsbeschwerde als unzulässig verworfen durch nicht dokumentierten Beschluss des BFH vom 7.3.2018 – VI B 99/17; Redeker/Beutel, DStR 2024 S. 1278 (1281 f.); Joisten/Kortendick, FR 2024 S. 484 (486 f.); Koch-Schulte/de Toma, BB 2021 S. 215 (217 f.).

80 Vgl. Redeker/Beutel, DStR 2024 S. 1278 (1279), Fn. 7.

IV. Fallgruppen der Besteuerung von Mitarbeiterbeteiligungen

Im Nachgang zu den Dezember-Entscheidungen des VI. Senats des BFH mit deren Neuakzentuierungen lassen sich im Wesentlichen folgende Fallgruppen der Besteuerung von Mitarbeiterbeteiligungen unterscheiden:[81]

1. Fallgruppe 1

Die erste Fallgruppe betrifft die marktübliche Einräumung einer echten Beteiligung. In diesem Fall liegt bei Erwerb kein Arbeitslohn vor, da kein lohnsteuerrechtlich erheblicher Vorteil gewährt wird. Bei der Veräußerung erfolgt die Besteuerung, je nach Beteiligungshöhe, entweder nach § 17 Abs. 1 und 3, § 3 Nr. 40 Satz 1 Buchst. c EStG (Teileinkünfteverfahren, ab 1 % Beteiligung) oder nach § 20 Abs. 2 Satz 1 Nr. 1, § 32d EStG (grds. Abgeltungsteuersatz, bei Beteiligungen unter 1 %). Ein erzielter Überpreis kann allerdings Arbeitslohn sein (§ 19 Abs. 1 Satz 1 Nr. 1, Satz 2, § 11 Abs. 1 Satz 4, § 38a Abs. 1 Satz 2 EStG).

2. Fallgruppe 2

In der zweiten Fallgruppe wird eine echte Mitarbeiterbeteiligung verbilligt eingeräumt. Hier entsteht bei Erwerb Arbeitslohn (§ 19 Abs. 1 Satz 1 Nr. 1, Satz 2 EStG) in Höhe des Vorteils. Ggf. kommt der Freibetrag nach § 3 Nr. 39 EStG zum Tragen, oder eine Begünstigung nach § 19a EStG, die einen Besteuerungsaufschub von bis zu 15 Jahren oder eine Übernahme der Steuerschuld durch den Arbeitgeber ermöglicht. Bei der Veräußerung wird der Gewinn trotz des verbilligten Erwerbs wegen der Begründung einer echten gesellschaftsrechtlichen Mitarbeiterbeteiligung mit der Folge der Zäsur zum Dienstverhältnis wie in Fallgruppe 1 behandelt und je nach Beteiligungshöhe nach §§ 17 oder 20 EStG besteuert. Ein etwaig erzielter Überpreis, kann Arbeitslohn sein (§ 19 EStG). Bei vorherigem Steueraufschub nach § 19a EStG sind im Verlustfall lediglich die geleisteten Zuzahlungen und der tatsächlich besteuerte Arbeitslohn als Anschaffungskosten i. S. v. § 17 bzw. § 20 EStG abziehbar.[82]

---

81 In Anlehnung an Weißenbacher, BB 2024 S. 1435 (1436 f.).

82 Vgl. § 19a Abs. 4 Satz 5 EStG; dazu Krüger, a. a. O. (Fn. 16), § 19a EStG Rz 17; Baldauf, a. a. O. (Fn. 9), Stand Sep. 2024, § 19a EStG Rz 180; Einsfelder, a. a. O. (Fn. 9), § 19a EStG Rz 78; Bleschick, a. a. O. (Fn. 9), § 19a EStG Rz 268 ff.

3. Fallgruppe 3

Die dritte Fallgruppe bezieht sich auf Konstellationen, in denen keine echte Beteiligung eingeräumt wird. Wenn also lediglich ein schuldrechtliches Versprechen („Erwerb") vorliegt, ist kein Arbeitslohn zu versteuern, da es am Zufluss i. S. v. § 19 Abs. 1 Satz 1 Nr. 1, Satz 2, § 11 Abs. 1 Satz 4, § 38a Abs. 1 Satz 2 EStG mangelt. Bei einer späteren Veräußerung der Beteiligung eines Dritten kann der ausgekehrte Anteil allerdings als Arbeitslohn zu versteuern sein (§ 19 Abs. 1 Satz 1 Nr. 1, Satz 2, § 8 Abs. 2 Satz 1, § 11 Abs. 1 Satz 4, § 38a Abs. 1 Satz 3 EStG).

V. Fazit

Die jüngsten Neuakzentuierungen durch den VI. Senat des BFH sorgen für eine größere Rechtssicherheit. Die Abgrenzung verschiedener Einkunftsarten ist mithilfe der dargestellten Fallgruppenbildung nun rechtssicher möglich. Dies eröffnet den Beteiligten Besteuerungsmodelle mit einer Steuerbelastung von regelmäßig 25 %, was nicht nur für leitende Arbeitnehmerinnen und Arbeitnehmer attraktiv sein kann.[83]

83 Geserich, NWB 2024 S. 906 (912).

Problematik der Abfärbewirkung in § 15 Abs. 3 Nr. 1 Satz 1 EStG

Ina Schneider LL.M., Richterin am Finanzgericht Köln

I. Einführung

Die Abfärberegelung des § 15 Abs. 3 Nr. 1 EStG war in den vergangenen Jahren wiederholt Gegenstand eines „Ping-Pong-Spiels" zwischen Finanzverwaltung, Gesetzgeber und Rechtsprechung. Während der Bundesfinanzhof in seinen Entscheidungen stets um eine restriktive Norminterpretation bemüht war, vertrat insbesondere die Finanzverwaltung – letztlich auch gestützt vom Gesetzgeber – ein weites Verständnis der Abfärbewirkung. In der Folge kam es dazu, dass Entscheidungen des Bundesfinanzhofs mehrfach mit Nichtanwendungserlassen sowie -gesetzen begegnet wurde, auf welche letztlich wieder eine restriktive Entscheidung des Bundesfinanzhofs folgte.

Nach § 15 Abs. 3 Nr. 1 Satz 1 EStG gilt als Gewerbebetrieb in vollem Umfang die mit Einkünfteerzielungsabsicht unternommene Tätigkeit einer offenen Handelsgesellschaft, einer Kommanditgesellschaft oder einer anderen Personengesellschaft, wenn die Gesellschaft auch eine Tätigkeit im Sinne des Absatzes 1 Satz 1 Nummer 1 ausübt oder gewerbliche Einkünfte im Sinne des Absatzes 1 Satz 1 Nummer 2 bezieht. Gemäß § 15 Abs. 3 Nr. 1 Satz 2 EStG gilt dies unabhängig davon, ob aus der Tätigkeit im Sinne des Absatzes 1 Satz 1 Nummer 1 ein Gewinn oder Verlust erzielt wird oder ob die gewerblichen Einkünfte im Sinne des Absatzes 1 Satz 1 Nummer 2 positiv oder negativ sind.

§ 15 Abs. 3 Nr. 1 EStG 1985 wurde mit dem Jahressteuergesetz 2007 durch die Anfügung eines weiteren Halbsatzes („oder gewerbliche Einkünfte im Sinne des Absatzes 1 Satz 1 Nummer 2 bezieht") ergänzt und gemäß § 52 Abs. 32a EStG für frühere Zeiträume für anwendbar erklärt. Dies erfolgte, nachdem der Bundesfinanzhof mit Urteil vom 6.10.2004 (IX R 53/01, BFHE 207, 466, BStBl. II 2005, 383), entgegen der bis dahin geltenden höchstrichterlichen Rechtsprechung (vgl. BFH-Urteile vom 8.12.1994 – IV R 7/92, BFHE 176, 555, vom 13.11.1997 – IV R 67/96, BFHE 184, 512, BStBl. II 1998, 254; und vom 18.4.2000 – VIII R 68/98, BFHE 192, 100, BStBl. II 2001, 359) entschieden hatte, dass eine Umqualifizierung der gesamten Einkünfte einer vermögensverwaltenden Personengesellschaft in gewerbliche Einkünfte allein aufgrund gewerblicher Beteiligungseinkünfte mangels originärer gewerblicher Tätigkeit ausscheide. Im Sinne einer „Nichtanwendungsgesetzgebung" heißt es in der entsprechenden Regierungsvorlage, dass mit der Gesetzesänderung „die bisherige Rechtsprechung und Verwaltungsauffassung wiederhergestellt und gesetzlich abgesichert werden" (BT-Drucks. 16/2712, S. 44) sollte.

Mit der am 18.12.2019 in Kraft getretenen Neuregelung des § 15 Abs. 3 Nr. 1 EStG (vgl. Art. 39 Abs. 1 WElektroMobFördG) hat der Gesetzgeber zum einen in dem neuen Satz 1 Alt. 1 den bislang in § 15 Abs. 3 Nr. 1 Alt. 1 EStG a.F. enthaltenen Zitierfehler korrigiert (a.F.: „im Sinne des Absatzes 1 Nummer 1"; n.F.: „im Sinne des Absatzes 1 Satz 1 Nummer 1") und zum anderen die Vorschrift um einen neuen Satz 2 ergänzt. Der neue Satz 1 Alt. 1 entspricht inhaltlich § 15 Abs. 3 Nr. 1 EStG a.F. bzw. § 15 Abs. 3 Nr. 1 Alt. 1 EStG a.F. nach Einfügung der Alternative 2 durch das JStG 2007 vom 13.12.2006 (BGBl. I 2006, 2878). Mit der Einfügung von § 15 Abs. 3 Nr. 1 Satz 2 EStG wird die vom Bundesfinanzhof im Urteil vom 12.4.2018 (IV R 5/15, BFHE 261, 157, BStBl. II 2020, 118) vertretene Rechtsauffassung, nach der negative Einkünfte aus einer originär gewerblichen Tätigkeit nicht zur Umqualifizierung der vermögensverwaltenden Einkünfte einer GbR führen, außer Kraft gesetzt und durch die Einfügung des § 52 Abs. 23 Satz 1 EStG eine rückwirkende Geltung des § 15 Abs. 3 Nr. 1 Satz 2 EStG im Einkommensteuergesetz implementiert. Auch hier heißt es in der Regierungsvorlage, dass mit der Gesetzesänderung „die bisherige Rechtsprechung und Verwaltungsauffassung wiederhergestellt und gesetzlich absichert werden" (BT-Drucks. 19/13436, S. 96) sollte.

Mit Urteil vom 6.6.2019 (IV R 30/16, BFHE 265, 157, BStBl. II 2020, 649; mit BFH-Urteilen vom 5.9.2023 – IV R 24/20, BFHE 281, 374, vom 30.11.2023 – IV R 10/21, BFHE 282, 300 und vom 11.7.2024 – IV R 18/22, BFH/NV 2024, 1247 bestätigt) entschied der Bundesfinanzhof, dass § 2 Abs. 1 Satz 2 GewStG verfassungskonform dahin auszulegen ist, dass ein gewerbliches Unternehmen im Sinne des § 15 Abs. 3 Nr. 1 Satz 1 Alt. 2 EStG nicht als nach § 2 Abs. 1 Satz 1 GewStG der Gewerbesteuer unterliegender Gewerbebetrieb gelte. Die Finanzverwaltung wendet die vorgenannte Entscheidung aufgrund eines Nichtanwendungserlasses nicht an (gleich lautende Erlasse der obersten Finanzbehörden der Länder vom 1.10.2020, BStBl. I 2020, 1032). Demnach soll die restriktive Auslegung des § 2 Abs. 1 Satz 2 GewStG durch den Bundesfinanzhof im Rahmen der Abfärbung nicht über den entschiedenen Fall hinaus angewendet werden. Eine gesetzgeberische Reaktion erfolgte bislang nicht. Der Bundesfinanzhof bestätigte seine Auffassung in seinen Urteilen vom 5.9.2023 (IV R 24/20, BFHE 281, 374), vom 30.11.2023 (IV R 10/21, BFHE 282, 300) und vom 11.7.2024 (IV R 18/22, BFH/NV 2024, 1247).

II. Grundlagen der Abfärbewirkung

Die Abfärberegelung des § 15 Abs. 3 Nr. 1 EStG setzt trennbare Tätigkeiten voraus[1]. Ist die Tätigkeit einer Personengesellschaft hingegen aufgrund einer untrennbaren Verflechtung der Tätigkeiten einheitlich als originär gewerblich i. S. d. § 15 Abs. 1 Satz 1 Nr. 1 EStG zu qualifizieren, entfällt ein Rückgriff auf § 15 Abs. 3 Nr. 1 EStG.

§ 15 Abs. 3 Nr. 1 Satz 1 EStG differenziert für Zwecke der gewerblichen Abfärbewirkung zwischen der Seitwärtsabfärbung bei einer nur teilweise gewerblich tätigen Personengesellschaft (§ 15 Abs. 3 Nr. 1 Satz 1 Alt. 1 EStG) und der Aufwärtsabfärbung einer Oberpersonengesellschaft durch den Bezug gewerblicher Beteiligungseinkünfte von der gewerblich tätigen Unterpersonengesellschaft (§ 15 Abs. 3 Nr. 1 Satz 1 Alt. 2 EStG). Zu den „abfärbenden" Einkünften im Rahmen der Aufwärtsabfärbung zählen auch Sondervergütungen i. S. d. § 15 Abs. 1 Satz 1 Nr. 2 Satz 1 Halbsatz 2 EStG, da § 15 Abs. 3 Nr. 1 Satz 1 Alt. 2 EStG auf Abs. 1 Satz 1 Nr. 2 EstG insgesamt verweist, sodass der Eintritt der Folgen des § 15 Abs. 3 Nr. 1 Satz 1 Alt. 2 EStG nicht zwingend eine Gewinnbeteiligung erfordert.[2] Hingegen ist der Bezug gewerblicher Beteiligungseinkünfte ebenso wie eine anderweitige gewerbliche Tätigkeit im Sonderbereich eines Gesellschafters als „unschädlich" im Sinne der Abfärberegelung anzusehen.[3]

III. Verfassungsrechtlicher Rahmen

Die in § 15 Abs. 3 Nr. 1 EStG normierte Abfärberegelung erzeugt eine Ungleichbehandlung von Personengesellschaften und Einzelunternehmen, denn eine natürliche Person kann nebeneinander gewerblich sowie freiberuflich tätig werden, sofern eine Trennung der Tätigkeiten nach der Verkehrsauffassung möglich ist (BFH-Urteil vom 2.10.2003 – IV R 48/01, BFHE 204, 80, BStBl. II 2004, 363). Diese getrennte Behandlung der Tätigkeiten ist bei den Personen-

1 Vgl. BFH-Urteile vom 30.6.2022 – IV R 42/19, BFHE 278, 42, BStBl. II 2023, 118, Rz 35; vom 16.9.2014 – X R 32/12, BFH/NV 2015, 324, Rz 17; *Stapperfend* in Herrmann/Heuer/Raupach, EStG/KStG, 328. Lf., 10/2024, § 15 EStG, Rz 1425.

2 Vgl. *Häsner/Preil*, DB 2024, 141 (141); *Stapperfend* in Herrmann/Heuer/Raupach, EStG/KStG, 328. Lieferung, 10/2024, § 15 EStG, Rz 1428.

3 Vgl. BFH-Urteil vom 28.6.2006 – XI R 31/05, BFHE 214, 302, BStBl. II 2007, 378; R 4.2 Abs. 12 EStR; *Häsner*, FR 2024, 312 (312); *Häsner/Preil*, DB 2024, 141 (141); *Strecker*, kösdi 2020, 21560 (21570).

gesellschaften bei Anwendung der Abfärbewirkung (mit Ausnahme der Geringfügigkeit) ausgeschlossen. Aus diesem Grund ist § 15 Abs. 3 Nr. 1 EStG an den aus Art. 3 Abs. 1 GG begrenzenden Leitlinien, wonach die Steuerlast an den Prinzipien der finanziellen Leistungsfähigkeit und der Folgerichtigkeit zu messen ist, auszurichten, da er zu unterschiedlichen Steuerbelastungen bei gleicher Leistungs- und Ertragsfähigkeit führt. In Abwesenheit eines sachlichen Differenzierungsgrundes führt eine derartige Ungleichbehandlung zu einer Verletzung des Gleichbehandlungsgrundsatzes nach Art. 3 Abs. 1 GG.

Hierzu hat das Bundesverfassungsgericht mit Beschluss vom 15.1.2008 (1 BvL 2/04, BGBl. I 2008, 1006, BVerfGE 120, 1) entschieden, dass es nicht gegen den Gleichheitssatz verstößt, dass nach § 15 Abs. 3 Nr. 1 EStG 1985 die gesamten Einkünfte einer Personengesellschaft als Einkünfte aus Gewerbebetrieb gelten und damit der Gewerbesteuer unterliegen, wenn die Gesellschaft auch nur teilweise eine gewerbliche Tätigkeit ausübt. Als legitime Zwecke beurteilte das Bundesverfassungsgericht

(1) die Ermittlung der Einkünfte gemischt tätiger Personengesellschaften zu vereinfachen, indem sie alle Einkünfte typisierend auf die Einkunftsart gewerblicher Einkünfte konzentriert und
(2) die Substanz der Gewerbesteuer zu erhalten.

Mit der Typisierung werde die gewerbesteuerrechtliche Behandlung im Ergebnis derjenigen der Kapitalgesellschaft angenähert.

Im Rahmen der Verhältnismäßigkeit betont das Bundesverfassungsgericht, dass die mit der Typisierung des § 15 Abs. 3 Nr. 1 EStG für die Personengesellschaften verbundenen Nachteile in einem vertretbaren Verhältnis zu den mit der Regelung verfolgten Zielen stehen. Das erhebliche Gewicht der Ungleichbehandlung werde abgemildert durch

(1) eine restriktive Interpretation der Vorschrift durch den Bundesfinanzhof und
(2) die Möglichkeit, der Abfärberegelung durch gesellschaftsrechtliche Gestaltung auszuweichen.

IV. Vermeidung der Abfärbewirkung

Als die vom Bundesverfassungsgericht in seinem Urteil vom 15.1.2008 (1 BvL 2/04, BGBl. I 2008, 1006, BVerfGE 120, 1) benannten Abmilderungen des Gewichts der Ungleichbehandlung sind die vom Bundesfinanzhof implementierte Geringfügigkeitsgrenze bei der Seitwärtsabfärbung (§ 15 Abs. 3 Nr. 1 Satz 1 Alt. 1 EStG) und das Ausgliederungsmodell hervorzuheben. Für den

Fall des gewerblichen Betriebs einer Photovoltaikanlage sind ab dem Veranlagungszeitraum 2022 (§ 52 Abs. 4 Satz 28 EStG) durch Einfügung des § 3 Nr. 72 Satz 3 EStG durch das Jahressteuergesetz 2022 Besonderheiten zu beachten, die unter gewissen Voraussetzungen eine Sperrwirkung des § 15 Abs. 3 Nr. 1 EStG hervorrufen können.

1. Geringfügigkeitsgrenze

Zu beachten ist, dass die, der restriktiven Auslegung des Bundesfinanzhofs geschuldete, Anwendung einer Geringfügigkeitsgrenze nach der Auffassung des Bundesfinanzhofs[4] auf die Fälle der Seitwärtsabfärbung (§ 15 Abs. 3 Nr. 1 Satz 1 Alt. 1 EStG) beschränkt ist. Die höchstrichterliche Rechtsprechung hat betreffend die Anerkennung und Ausgestaltung einer unschädlichen Geringfügigkeitsgrenze verschiedene Phasen durchlaufen[5]:

(1) Zunächst wurde eine Einschränkung des § 15 Abs. 3 Nr. 1 EStG a. F. bei Geringfügigkeit der gewerblichen Tätigkeit abgelehnt (z. B. BFH-Urteile vom 10.8.1994 – I R 133/93, BFHE 175, 357, BStBl. II 1995, 171; vom 19.2.1998 – IV R 11/97 in BFHE 186, 37, BStBl. II 1998, 603).

(2) Im Anschluss wurde die Geringfügigkeitsgrenze zwar grundsätzlich anerkannt. Es existierten jedoch keine festen Umsatzgrenzen zur Bestimmung des äußerst geringen Anteils (BFH-Urteile vom 11.8.1999 – XI R 12/98, BFHE 189, 419, BStBl. II 2000, 229; vom 29.11.2001 – IV R 91/99, BFHE 197, 400, BStBl. II 2002, 221; BFH-Beschluss vom 8.3.2004 – IV B 212/03, BFH/NV 2004, 954).

(3) In der dritten Phase quantifizierte der VIII. Senat des Bundesfinanzhofs mit seinen Urteilen vom 27.8.2014 für gemischt tätige freiberufliche Personengesellschaften klare Umsatzgrenzen für die Geringfügigkeitsgrenze. Danach ist eine die umqualifizierende Wirkung nicht auslösende gewerbliche Tätigkeit von äußerst geringem Ausmaß gegeben, wenn die originär gewerblichen Nettoumsatzerlöse 3 % der Gesamtnettoumsätze (relative Grenze) der Personengesellschaft und zugleich den Höchstbetrag von 24.500 € im Feststellungszeitraum (absolute Grenze) nicht übersteigen (BFH-Urteile vom 27.8.2014 – VIII R 16/11, BFHE 247, 499, BStBl. II

---

4 Siehe jüngst BFH-Urteile vom 5.9.2023 – IV R 24/20, BFHE 281, 374; vom 11.7.2024 – IV R 18/22, BFH/NV 2024, 1247.

5 Vgl. hierzu BFH-Urteil vom 30.6.2022 – IV R 42/19, BFHE 278, 42, BStBl. II 2023, 118, Rz 37 f.

2015, 996, und VIII R 41/11, BFHE 247, 506, BStBl. II 2015, 999; u.a. bestätigt in BFH-Urteil vom 27.8.2014 – VIII R 6/12, BFHE 247, 513, BStBl. II 2015, 1002).

Die vom VIII. Senat des Bundesfinanzhofs entwickelte Geringfügigkeitsgrenze mit ihrer relativen (3 % der Gesamt-Nettoumsätze) und absoluten Grenze (24.500 €) ist offenbar nach der Auffassung des Gesetzgebers auch bei der Auslegung des § 15 Abs. 3 Nr. 1 Satz 1 Alternative 1 EStG i.d.F. WElektroMobFördG anzuwenden.[6] So heißt es in der Begründung des Gesetzentwurfs, die Änderung stelle sicher, „dass – mit Ausnahme der von der Rechtsprechung entwickelten und von der Finanzverwaltung angewandten Bagatellgrenzen – nicht in jedem Jahr erneut zu prüfen ist, ob eine gewerbliche Abfärbung der Einkünfte anzunehmen ist" (BR-Drucks. 356/19, S. 104).

Bislang ungeklärt ist die Frage, welche Folge das Unterschreiten der Geringfügigkeitsgrenze für die gewerblichen Einkünfte hat. Teile der Literatur[7], teilweise unter Berufung auf eine nicht näher begründete Entscheidung des Bundesfinanzhofs vom 27.8.2014 (VIII R 6/12, BFHE 247, 513, BStBl. II 2015, 1002), nehmen in diesen Fällen eine „Entfärbung" bzw. „umgekehrte Abfärbewirkung" an. Dagegen spricht jedoch bereits der eindeutige Wortlaut des § 15 Abs. 3 EStG „als Gewerbebetrieb gilt […]". Anlass für eine analoge Anwendung besteht nicht. Es sind weder eine planwidrige Regelungslücke noch eine vergleichbare Interessenlage erkennbar. Vielmehr würde eine „Entfärbung" eine Besserstellung von Personengesellschaften gegenüber Einzelunternehmern begründen, die nach hiesiger Auffassung vor dem Hintergrund der Verhältnismäßigkeit, auch unter Inbezugnahme eines etwaigen Vereinfachungszwecks, nicht zu rechtfertigen ist.[8]

2. Ausgliederungsmodell

Die Ausgliederung einer gewerblichen Tätigkeit auf eine personenidentische Schwesterpersonengesellschaft ist ein bewährtes Gestaltungsmittel zur Vermeidung der Seitwärtsabfärbung. Bereits das Bundesverfassungsgericht weist

6 Kritisch hingegen *Stapperfend* in Herrmann/Heuer/Raupach, EStG/KStG, 328. Lf. 10/2024, § 15 EStG, Rz 1426; *Keß*, FR 2022, 480 (481); *Wendt*, FR 2022, 473 (475).

7 Vgl. *Stapperfend* in Herrmann/Heuer/Raupach, EStG/KStG, 328. Lieferung, 10/2024, § 15 EStG, Rz 1426; *Kanzler*, FR 2015, 512 (514).

8 Ebenso *Graw*, DStR 2024, 1218 (1219); *Wendt*, FR 2022, 474 (475).

hierauf in seinem Beschluss vom 15.1.2008 (1 BvL 2/04, BGBl. I 2008, 1006, BVerfGE 120, 1, Rn. 135) ausdrücklich hin. Die Ausgliederung erfordert, dass diese nach außen hin erkennbar wird und die zweite personenidentische Personengesellschaft eine von der Ursprungsgesellschaft abgrenzbare Tätigkeit entfaltet.[9] Bei der Gestaltung des Ausgliederungsmodells sollte bei der Überlassung von wesentlichen Betriebsgrundlagen der vermögensverwaltenden Personengesellschaft an die gewerblich tätige Schwestergesellschaft die Gefahr der Begründung einer mitunternehmerischen Betriebsaufspaltung beachtet werden, die aufgrund der Herbeiführung einer Gewerblichkeit das Ziel des Ausgliederungsmodells konterkarieren würde. Die Begründung einer mitunternehmerischen Betriebsaufspaltung kann jedoch durch Überlassung der wesentlichen Betriebsgrundlagen in unentgeltlicher Weise oder zu einem nicht kostendeckenden Entgelt vermieden werden, da es in diesem Fall an der erforderlichen Gewinnerzielungsabsicht fehlt.[10] Dass die zur Nutzung überlassenen Wirtschaftsgüter Sonderbetriebsvermögen I bei der gewerblich tätigen Gesellschaft begründen können (§ 15 Abs. 1 Satz 1 Nr. 2 Halbsatz 2 EStG), ist unschädlich und führt nicht zu einer Abfärbewirkung i.S.d. § 15 Abs. 3 Nr. 1 Satz 1 EStG.[11]

3. Abfärbesperre nach § 3 Nr. 72 Satz 3 EStG

Durch die im Wege des Jahressteuergesetzes 2022 vorgenommene Einfügung des § 3 Nr. 72 Satz 3 EStG wird bei gewerblichen und nach § 3 Nr. 72 Satz 1 EStG steuerfreien Einnahmen die Anwendung der Abfärberegelung des § 15 Abs. 3 Nr. 1 EStG gesperrt. Diese gesetzliche Klarstellung bringt Rechtssicherheit und ist daher begrüßenswert. Allerdings dürfte sie vor dem Hintergrund der gesetzgeberischen Intention, dass die von der Einkommensteuer befreiten Einkünfte eine gewerbliche Abfärbewirkung i.S.d. § 15 Abs. 3 Nr. 1 EStG nicht auslösen sollen, rein deklaratorischer Natur sein.[12]

Dennoch stellt sich in diesem Zusammenhang die Folgefrage, ob es durch die Einfügung des § 3 Nr. 72 Satz 3 EStG im Veranlagungszeitraum 2022 zu

---

9 Zu den Voraussetzungen die lt. Finanzverwaltung an die Ausgliederung zu stellen sind vgl. BMF-Schreiben vom 14.5.1997 – IV B 4 – S 2246-23/97, BStBl. I 1997, 566, DStR 1997, 1123.

10 Vgl. *Krumm* in Kirchhof/Seer, EStG, 23. Aufl. 2024, § 15, Rz 150; *Graw*, DStR 2024, 1218 (1220); *Wacker*, FR 2023, 725 (731).

11 Vgl. auch *Graw*, DStR 2024, 1218 (1220); *Wacker*, FR 2023, 725 (731).

12 Vgl. BR-Drucks. 457/22, S. 99; *Krumm* in Kirchhof/Seer, EStG, 23. Aufl. 2024, § 15, Rz 148; *Häsner*, FR 2024, 312 (314).

einer Zwangsbetriebsaufgabe bzw. Zwangsentnahme des Grundstücks kommt. Die Finanzverwaltung bejaht die Entnahme des Gebäudes, nicht aber der Photovoltaikanlage. Aus Vertrauensschutzgründen werde von einer Entnahme abgesehen, wenn bis zum 31.12.2023 die Verstrickung nicht wiederhergestellt worden ist.[13] Die Verstrickung konnte beispielhaft durch eine Erweiterung der Anlage, mithin einem Nichteingreifen von § 3 Nr. 72 Satz 1 EStG aufgrund eines Überschreitens der Grenzwerte, durch eine gewerbliche Prägung i. S. v. § 15 Abs. 3 Nr. 2 EStG oder unter Überschreitung der Geringfügigkeitsgrenzen durch die Ausübung einer weiteren gewerblichen Tätigkeit wiederhergestellt werden.[14] Nach einer weiteren, in der Literatur vertretenen Auffassung kommt es aufgrund des Inkrafttretens von § 3 Nr. 72 Satz 3 EStG entgegen der Auffassung der Finanzverwaltung nicht zu einer Zwangsbetriebsaufgabe bzw. -entnahme.[15] Schließlich wird die – nach diesseitiger Auffassung vorzugswürdige – Annahme vertreten, den Vorgang entsprechend einem Übergang in einen Liebhaberreibetrieb zu behandeln und demzufolge die stillen Reserven „einzufrieren".[16] Die weitere Entwicklung bleibt abzuwarten.

V. Fortentwicklung der Rechtsprechung

Die jüngste Rechtsprechung des Bundesfinanzhofs in seinen Urteilen vom 30.6.2022 (IV R 42/19, BFHE 278, 42, BStBl. II 2023, 118), vom 5.9.2023 (IV R 24/20, BFHE 281, 374) und vom 11.7.2024 (IV R 18/22, BFH/NV 2024, 1247) bietet die Gelegenheit einer kurzen Darstellung nebst kritischer Würdigung.

1. Vorab: Rückwirkungsproblematik

Sowohl der in § 52 Abs. 32a EStG 2007 angeordnete Anwendungsbereich des § 15 Abs. 3 Nr. 1 Alt. 2 EStG 2007, der in § 15 Abs. 3 Nr. 1 Satz 1 Alt. 2 EStG fortwirkt (vgl. BFH-Urteil vom 5.9.2023 – IV R 24/20, BFHE 281, 374), als auch die in § 52 Abs. 23 Satz 1 EStG n. F. angeordnete rückwirkende Geltung des

---

13 Vgl. BMF-Schreiben vom 17.7.2023 – V C 6 – S 2121/23/10001:001, BStBl. I 2023, 1494, DStR 2023, 1659, Rz 23.

14 Vgl. *Graw*, DStR 2024, 1218 (1220); *Rothe*, FR 2023, 878 (887).

15 Vgl. *Bodden*, BeSt 2023, 4 (5); *Müller*, DB 2023, 414 (415).

16 So auch *Graw*, DStR 2024, 1218 (1220); *Kaminski*, Stbg 2025, 8 (13); *Wacker*, FR 2023, 725 (731); *Levedag*, Arbeitsgemeinschaft FAfStR, 74. Jahresarbeitstagung, 2023, Arbeitsbuch, S. 353; wegen fehlender Rechtsgrundlage zweifelnd *Korn/Scheel*, DStR 2019, 1665 (1671).

§ 15 Abs. 3 Nr. 1 Satz 2 Alt. 1 EStG n. F. (vgl. BFH-Urteile vom 30.6.2022 – IV R 42/19, BFHE 278, 42, BStBl. II 2023, 118; vom 11.7.2024 – IV R 18/22, BFH/NV 2024, 1247) waren Gegenstand der oben genannten Verfahren. In beiden Konstellationen kommt der Bundesfinanzhof zutreffend zu dem Ergebnis, dass es sich um „echte" Rückwirkungen handelt, die verfassungsrechtlich jedoch ausnahmsweise nicht zu beanstanden sind. Dies begründet der IV. Senat des Bundesfinanzhofs damit, dass der Gesetzgeber in zulässigerweise eine Rechtslage festgeschrieben hat, die einer vor dem BFH-Urteil vom 6.10.2004 (IX R 53/01, BFHE 207, 466, BStBl. II 2005, 383) bzw. BFH-Urteil vom 12.4.2018 (IV R 5/15, BFHE 261, 157, BStBl. II 2020, 118) höchstrichterlichen Rechtsprechung und einheitlichen Rechtspraxis entsprach. Die jeweiligen Urteile seien nicht geeignet, Vertrauen dahingehend zu erzeugen, dass eine Abfärbewirkung gewerblicher Beteiligungseinkünfte bei einer vermögensverwaltenden Personengesellschaft ausgeschlossen sei bzw. bei gemischt tätigen vermögensverwaltenden Personengesellschaften Verluste im gewerblichen Bereich nicht abfärbten. Dieser Beurteilung ist in Teilen der Literatur nicht gefolgt worden.[17] Ohne auf diese Thematik weiter vertieft eingehen zu wollen, hat der Bundesfinanzhof nach der hier vertretenen Auffassung jedoch die von der Rechtsprechung des Bundesverfassungsgerichts aufgestellten Maßstäbe an die Verfassungsmäßigkeit einer echten Rückwirkung[18] zutreffend dargelegt und hierunter in zutreffender Weise subsumiert.[19] Eine endgültige Entscheidung des Bundesverfassungsgerichts steht noch aus.[20]

2. Neues zur Seitwärtsabfärbung

Durch das Urteil des Bundesfinanzhofs vom 30.6.2022 (IV R 42/19, BFHE 278, 42, BStBl. II 2023, 118) folgt in Sachen der Seitwärtsabfärbung eine Fortentwicklung der Rechtsprechung.

---

17 Vgl. z. B. *Krumm* in Kirchhof/Seer, EStG, 23. Aufl. 2024, § 15, Rz 144; *Stenert/Gravenhorst*, DStR 2020, 2505 (2512).

18 Vgl. BVerfG-Beschlüsse vom 15.10.2008 – 1 BvR 1138/06, BVerfGK 14, 338, Rz 14; vom 7.7.2010 – 2 BvL 14/02, 2 BvL 2/04, 2 BvL 13/05, BVerfGE 127, 1, Rz 56; vom 21.7.2010 – 1 BvL 11/09, 1 BvL 12/06, 1 BvL 13/06, 1 BvR 2530/05, BVerfGE 126, 369, Rz 79; vom 2.5.2012 – 2 BvL 5/10, BVerfGE 131, 20, Rz 77; vom 17.12.2013 – 1 BvL 5/08, BVerfGE 135, 1, Rz 67, 72; vom 12.7.2023 – 2 BvR 482/14, DStR 2023, 1769, Rz 43.

19 Ebenso *Trossen*, Ugb 2023, 30 (42).

20 Vgl. anhängige Verfassungsbeschwerden beim BVerfG unter Az. 2 BvR 2113/22 im Nachgang zu BFH-Urteil vom 30.6.2022 – IV R 42/19, BFHE 278, 42, BStBl. II 2023, 118 und unter Az. 2 BvR 45/24 im Nachgang zu BFH-Urteil vom 5.9.2023 – IV R 24/20, BFHE 281, 374.

a) BFH-Urteil vom 30.6.2022 – IV R 42/19

Nachdem in ständiger Rechtsprechung[21] im Rahmen der Seitwärtsabfärbung die Geringfügigkeitsgrenze für gemischt tätige freiberufliche Personengesellschaften gilt, hatte sich der Bundesfinanzhof mit der Frage zu beschäftigen, ob diese Geringfügigkeitsgrenze auch für gemischt tätige vermögensverwaltende Personengesellschaften Anwendung findet. Hierzu positionierte er sich in seinem Urteil vom 30.6.2022 (IV R 42/19, BFHE 278, 42, BStBl. II 2023, 118) dahingehend, dass die Geringfügigkeitsgrenze ohne weitere Modifikationen auch uneingeschränkt für gemischt tätige vermögensverwaltende Gesellschaften gilt. Die Abfärbewirkung ist nach Auffassung des Bundesfinanzhofs veranlagungszeitraumbezogen zu beurteilen. Einen längeren (mehrjährigen) Beobachtungszeitraum (z. B. von drei Jahren) lehnt er mangels Rechtsgrundlage ab, nachdem er dies bis dato zuletzt in dem Urteil vom 12.4.2018 (IV R 5/15, BFHE 261, 157, BStBl. II 2020, 118) noch offengelassen hatte.

b) Analyse

Der folgenden Analyse ist voranzustellen, dass die zuvor benannte Entscheidung vor dem Hintergrund begrüßenswert erscheint, dass sie Rechtssicherheit auch für gemischt tätige vermögensverwaltende Personengesellschaften schafft[22] und ihrem Ergebnis nach im Wesentlichen zuzustimmen ist.[23]

Dem Grunde nach dient die Anwendung der Geringfügigkeitsgrenze der vom Bundesverfassungsgericht angedienten restriktiven Auslegung der Abfärberegelung, mithin einer Wahrung des Verhältnismäßigkeitsgrundsatzes vor dem Hintergrund der aufgrund der Abfärberegelung unstreitig bestehenden Ungleichbehandlung von Einzelunternehmen und Personenzusammenschlüssen. In Orientierung an den vom Bundesverfassungsgericht in seinem Beschluss vom 15.1.2008 (1 BvL 2/04, BGBl. I 2008, 1006, BVerfGE 120, 1) postulierten legitimen Zwecken soll die relative Grenze dem Vereinfachungsgedanken dienen und die absolute Grenze der Substanzerhaltung der Gewerbesteuer gerecht werden. Augenscheinlich entspricht der in der absoluten Grenze festgelegte Betrag von 24.500 € dem für den Gewerbeertrag in § 11 Abs. 1 Satz 3 Nr. 1 GewStG niedergelegten Freibetrag i. H. v. 24.500 €. Eine derartige Entsprechung der „Grenzen“ liegt jedoch vor dem Hintergrund nicht

---

21 BFH-Urteile vom 27.8.2014 – VIII R 16/11, BFHE 247, 499, BStBl. II 2015, 996; vom 27.8.2014 – VIII R 41/11, BFHE 247, 506, BStBl. II 2015, 999; vom 27.8.2014 – VIII R 6/12, BFHE 247, 513, BStBl. II 2015, 1002.

22 Vgl. *Graw*, DStR 2024, 1218 (1219); *Geissler*, HFR 2023, 143 (144); *Häsner/Preil/Weinhold*, DStR 2022, 2254 (2255).

23 Ebenso *Wacker*, FR 2023, 725 (731).

vor, dass die 24.500 € in § 11 GewStG auf den Gewebeertrag anzuwenden sind, wohingegen die absolute Grenze für die Beurteilung der Geringfügigkeit an die Umsätze anknüpft. Eine Orientierung an § 11 GewStG für die absolute Grenze der Geringfügigkeit ist billigenswert, da bei Umsätzen in dieser Höhe unabhängig von etwaigen Betriebsausgaben ein Entzug von Gewerbesteuersubstrat ausgeschlossen ist.[24] Zudem dient der Rückgriff auf die Nettoumsätze der Personengesellschaft der vereinfachten Anwendung der Geringfügigkeitsgrenze, da hierdurch für die Beurteilung der Abfärbewirkung eine Ermittlung des unternehmensindividuellen Gewerbeertrags vermieden wird.[25]

Bedenken eine Geringfügigkeitsgrenze auch bei Verlusten eines Personenzusammenschlusses anzuwenden, dürften – wie auch der Bundesfinanzhof in seiner Entscheidung vom 30.6.2022 (IV R 42/19, BFHE 278, 42, BStBl. II 2023, 118) zutreffend erkannt hat – nicht bestehen.[26] Mit der Einfügung des § 15 Abs. 3 Nr. 1 Satz 2 Alt. 1 EStG durch das WElektroMobFördG können auch gewerbliche Verluste eine Abfärbewirkung begründen. Die Begründung nimmt in diesem Zusammenhang explizit auf die bis dato von der Rechtsprechung entwickelten Geringfügigkeitsgrenzen Bezug (vgl. BR-Drucks 356/19, S. 104). Auch aus verfassungsrechtlicher Sicht besteht kein Anlass andere oder keine Geringfügigkeitsgrenzen im Fall von Verlusten anzuwenden. Dies gilt im Besonderen auch für die relative Grenze, welche zur Beurteilung des Maßes einer Vereinfachung geschaffen wurde. Dabei geht es darum, typisierend den auf die verschiedenen Tätigkeiten entfallenden zeitlichen sowie finanziellen Aufwand der Personenzusammenschlüsse zu beurteilen.[27] Hierauf hat das jährliche Betriebsergebnis, welches von vielen unterschiedlichen Faktoren abhängt, keinen direkten messbaren Einfluss.

Kritisch zu hinterfragen ist jedoch die unmodifizierte Übertragung der für die gemischt tätigen freiberuflichen Personengesellschaften geschaffenen Geringfügigkeitsgrenze auf die gemischt tätigen vermögensverwaltenden Personengesellschaften, denn hier erfolgt eine undifferenzierte Betrachtung, obwohl einer erheblicheren Eingriffsintensität ein geringer Vereinfachungseffekt gegenübersteht. Bei gemischt tätigen vermögensverwaltenden Personengesellschaften können die steuerlichen Folgen der Abfärberegelung gravierender sein als bei gemischt freiberuflich tätigen Personengesellschaften. Neben der

---

24 Im Ergebnis ebenso BFH-Urteil vom 27.8.2014 – VIII R 6/12, BFHE 247, 513, BStBl. II 2015, 1002, Rz 59 ff.; kritisch für eine Gewinngrenze eintretend *Korn*, NWB 2015, 1042 (1044).

25 Vgl. *Häsner*, FR 2024, 312 (314); *Keß*, FR 2022, 480 (480).

26 Kritisch hingegen *Stapperfend* in Herrmann / Heuer / Raupach, EStG / KStG, 328. Lf., 10/2024, § 15 EStG, Rz 1426; *Keß*, FR 2022, 480 (481); *Wendt*, FR 2022, 473 (475).

27 Vgl. FG München-Urteil vom 26.6.2018 – 2 K 2245/16, juris, Rz 35.

ertragsteuerlichen Verstrickung von Wirtschaftsgütern im Privatvermögen ist gegebenenfalls auch die Versagung der Anwendung des Sondertarifs für Einkünfte aus Kapitalvermögen gemäß § 32d Abs. 1 Satz 1 EStG und der Ausschluss einer steuerfreien Veräußerung nach Ablauf der Veräußerungsfrist des § 23 EStG mit bedeutenden Belastungen des einzelnen Steuerpflichtigen verbunden.[28] Dem steht regelmäßig ein geringerer Vereinfachungszweck gegenüber, denn ein vermögensverwaltender Personenzusammenschluss wird regelmäßig keinen Jahresabschluss erstellen, an den – als Folge der gewerblichen Infektion – angeknüpft werden könnte.

Der Bundesfinanzhof zieht sich hinsichtlich der Versagung einer höheren Geringfügigkeitsgrenze in seiner Entscheidung vom 30.6.2022 (IV R 42/19, BFHE 278, 42, BStBl. II 2023, 118) darauf zurück, dass „die vorbezeichnete Problematik [dem Gesetzgeber] nicht verborgen geblieben sein" könne und in der Begründung des Gesetzesentwurfs (vgl. BR-Drucks 356/19, S. 104) keine Anhaltspunkte für eine modifizierte Geringfügigkeitsgrenze erblickt werden könnten. Vielmehr liefe eine Modifikation dem Vereinfachungsgedanken zuwider und würde weitere Abgrenzungsschwierigkeiten begründen.

Anders als die Ausführungen des Bundesfinanzhofs es vielleicht erscheinen lassen, handelt es sich bei der von ihm benannten Vereinfachung aber um eine andere Vereinfachung, als diejenige die das Bundesverfassungsgericht in seinem Beschluss vom 15.1.2008 (1 BvL 2/04, BGBl. I 2008, 1006, BVerfGE 120, 1) aufgeführt hat, denn die vom Bundesverfassungsgericht als legitimer Zweck benannte Vereinfachung bezieht sich auf eine Vereinfachung der Einkünfteermittlung der Personengesellschaft und nicht auf eine vereinfachte Anwendung der Abfärberegelung. Die vereinfachte Anwendung der Abfärberegelung vermag die Anwendung der Abfärberegelung dem Grunde nach nicht zu legitimieren.

Vor diesem Hintergrund kann eine Modifikation der Geringfügigkeitsgrenze durchaus erwogen werden.[29] Letztlich ist meines Erachtens trotz der vorgebrachten Bedenken dem Ansatz des Bundesfinanzhofs in diesem Punkt zu folgen. Eine differenzierte Anlegung von absoluten und relativen Grenzwerten der Geringfügigkeitsgrenze würde zu einer Verkomplizierung der Anwendbarkeit der Abfärberegelung beitragen. Wenn man eine Differenzierung annehmen wollte, müsste die Frage gestellt werden, wie genau die höhere Eingriffsintensität bemessen werden müsste. Dies könnte nur zu dem Ergebnis führen,

---

28 Vgl. *Häsner*, FR 2024, 312 (316); *Paus*, FR 2019, 897 (899); *Weiss*, DB 2016, 2133 (2134).

29 Vgl. *Häsner*, FR 2024, 312 (316); *Levedag*, DStR 2018, 2094 (2099); *Korn/Scheel*, DStR 2019, 1665 (1667).

dass eine verallgemeinernde belastbare Quantifizierung nicht möglich ist. Folge wären nur weitere „aus der Luft gegriffene" Grenzwerte auf Basis einer griffweisen Schätzung ohne belastbare Grundlage.[30] Die Würdigung des Bundesfinanzhofs stellt vom Ergebnis her eine zulässige Typisierung unter Beachtung des anderweitig eintretenden Nutzens und Folgen für den Einzelnen dar.

Überdies hat der Bundesfinanzhof mit Urteil vom 30.6.2022 (IV R 42/19, BFHE 278, 42, BStBl. II 2023, 118, Rn. 48 ff.) die Anlegung eines längeren (mehrjährigen) Beobachtungszeitraums ausdrücklich abgelehnt. Zur Begründung der Ablehnung eines abschnittsübergreifenden Beobachtungszeitraums bringt der Bundesfinanzhof in seiner Entscheidung vom 30.6.2022 (IV R 42/19, BFHE 278, 42, BStBl. II 2023, 118, Rn. 48 ff.) die gleichen Gründe an, die nach seiner Auffassung bereits gegen eine modifizierte Geringfügigkeitsgrenze sprechen und verweist auf das Fehlen einer gesetzlichen Grundlage und das Prinzip der Abschnittsbesteuerung. Überdies werde durch die Anlegung eines Beurteilungszeitraums das Problem der Betriebsaufgabe und der daraus resultierenden Entstrickung nicht gelöst, sondern allenfalls abgemildert und gegebenenfalls auf einen späteren Zeitpunkt verschoben.

Dies birgt die Gefahr, dass in Einzelfällen ein Wechsel des Eintritts der gewerblichen Infektion der Einkünfte und der einhergehenden Betriebseröffnung und der mit der Versagung der Infektion einhergehenden Betriebsaufgabe die Aufdeckung stiller Reserven droht.[31] Zum Schutz vor derartig gravierenden Folgen wird im Schrifttum ein Nachhaltigkeitskriterium im Sinne eines Beobachtungszeitraums erwogen.[32] Hierfür spricht, dass die Rechtsfolgen des (zufälligen) Über- oder Unterschreitens der Geringfügigkeitsgrenze, sprich, die betriebliche Verstrickung bzw. Betriebsaufgabe, unverhältnismäßig sein können.[33] Die gegebenenfalls erforderliche Einrichtung einer Buchführung, die Errichtung eines Betriebsvermögensvergleichs und etwaige Verpflichtungen von Übergangsgewinnermittlungen und daraus folgenden Übergangsgewinnen stellen erhebliche Belastungen dar, die vor dem Hintergrund

30 BFH-Urteil vom 30.6.2022 – IV R 42/19, BFHE 278, 42, BStBl. II 2023, 118, Rz 46; im Ergebnis zustimmend *Bodden* in Korn, EStG, 156. Lf., Oktober 2024, § 15, Rz 292; *Krumm* in Kirchhof/Seer, EStG, 23. Aufl. 2024, § 15, Rz 148; *Stenert/Gravenhorst*, DStR 2020, 2505 (2513).

31 Jene Rechtsfolge verneinend *Carlé u.a/T. Carlé/Bauschatz* in Korn, EStG, 156. Lf., 10/2024, § 15 Einkünfte aus Gewerbebetrieb (Abs. 2 bis 4), Rz 492.2; *Stenert/Gravenhorst*, DStR 2020, 2505 (2508).

32 *Stapperfend* in Herrmann/Heuer/Raupach, EStG/KStG, 328. Lf. 10/2024, § 15 EStG, Rz 1426; *Kahle*, FR 2019, 337 (343); *Kahle/Braun*, DStZ 2019, 332 (336); *Kanzler*, FR 2015, 512 (513); *Korn*, NWB 2015, 1042 (1047 f.).

33 Vgl. *Kanzler*, FR 2015, 512 (513); *Trossen*, Ubg 2023, 30 (41).

einer unter Umständen nur einjährigen Gewerblichkeit kaum vertretbar erscheinen.[34] Dem steht – anders als der Bundesfinanzhof in seiner Entscheidung vom 30.06.2022 (IV R 42/19, BFHE 278, 42, BStBl. II 2023, 118, Rn. 50) andeutet – nicht zwingend der Grundsatz der Abschnittsbesteuerung entgegen.[35] Der Bundesfinanzhof legt für die Annahme eines Strukturwandels eines land- und forstwirtschaftlichen Betriebs selbst einen dreijährigen Beurteilungszeitraum zu Grunde[36] und zeigt hierdurch die Möglichkeit einer abweichenden Betrachtung auf. Sofern sich der Bundesfinanzhof zur Ablehnung eines abschnittsübergreifenden Beobachtungszeitraums darauf beruft, dass durch einen Beobachtungszeitraum die Folgen des „Infektionswechsels“ nur abgemildert würden, stellt dies aber gerade im Rahmen der Verhältnismäßigkeit ein milderes Mittel zur Entschärfung des Wechsels der Einkunftsart und der daraus resultierenden Folgen dar.

Letztlich ist dem Bundesfinanzhof jedoch zuzugestehen, dass durch die Einführung eines Beobachtungszeitraums die Grenzen der Auslegung des § 15 Abs. 3 Nr. 1 Satz 1 Alt. 1 EStG erreicht, wenn nicht gar überschritten würden und es daher Aufgabe des Gesetzgebers wäre eine derartige Abfederung der Folgen eines „Infektionswechsels“ normativ abzusichern. Sofern gesetzgeberisch zukünftig nicht die Einführung eines Beobachtungszeitraums eingerichtet werden sollte, wäre es alternativ wünschenswert durch die Einführung eines Wahlrechts zur Anwendung der Geringfügigkeitsgrenze in Fällen der Seitwärtsabfärbung ungewollten Härtefällen entgegenzuwirken.[37]

Letztlich wird in dieser Sache das Bundesverfassungsgericht das letzte Wort haben, nachdem die unter dem Aktenzeichen 2 BvR 2113/22 anhängig gemachte Verfassungsbeschwerde erhoben wurde.[38]

---

34 Vgl. *Stapperfend* in Herrmann/Heuer/Raupach, EStG/KStG, 328. Lf., 10/2024, § 15 EStG, Rz 1426; *Kanzler*, FR 2015, 512 (513).

35 Vgl. *Trossen*, Ubg 2023, 30 (41).

36 Vgl. BFH-Urteil vom 19.02.2009 – IV R 18/06, BStBl. II 2009, 654; R 15.5. Abs. 2 EStR.

37 So auch in unterschiedlicher Ausgestaltung erwägend *Dorn/Kammer/Alptekin*, DStR 2023, 2545 (2547); *Häsner*, FR 2024, 312 (317); *Korn/Scheel*, DStR 2019, 1665 (1672).

38 Vgl. anhängiges Verfahren beim BVerfG – IV R 42/19, vorgehend BFH-Urteil vom 30.06.2022 – IV R 42/19, BFHE 278, 42, BStBl. II 2023, 118.

3. Neues zur Aufwärtsabfärbung

Weiter hat der Bundesfinanzhof mit seinen Entscheidungen vom 5.9.2023 (IV R 24/20, BFHE 281, 374) und vom 11.7.2024 (IV R 18/22, BFH/NV 2024, 1247) zur Rechtssicherheit in Sachen der Aufwärtsabfärbung beigetragen.

a) BFH-Urteile vom 5.9.2023 – IV R 24/20 und vom 11.7.2024 – IV R 18/22

Zunächst entschied der IV. Senat in seinem Urteil vom 5.9.2023 (IV R 24/20, BFHE 281, 374), dass die Aufwärtsabfärbung gemäß § 15 Abs. 3 Nr. 1 Satz 1 Alt. 2 EStG in einkommensteuerrechtlicher Sicht auch ohne Berücksichtigung einer Geringfügigkeitsgrenze verfassungsgemäß ist. Als legitimen Zweck zur Rechtfertigung der Ungleichbehandlung arbeitet er den Zweck der umfassenden Verstrickung des Gesellschaftsvermögens sowie die Erleichterung der Einkünfteermittlung durch Konzentration auf nur eine Einkunftsart heraus. Die Aufwärtsabfärbung sei mit Blick auf diese Ziele verhältnismäßig, da die Typisierung zu einer Angleichung von Personen- und Kapitalgesellschaften beitrage. Die Umqualifizierung der Einkünfte könne auch zu steuerlichen Vorteilen führen und ihr könnte durch entsprechende gesellschaftsrechtliche Gestaltung begegnet werden. Die Verhältnismäßigkeit ergebe sich insbesondere vor dem Hintergrund der nachfolgend dargelegten verfassungskonformen Auslegung des § 2 GewStG, denn der BFH urteilte weitergehend in Bestätigung des Urteils vom 6.6.2019 (IV R 30/16, BFHE 265, 157, BStBl. II 2020, 649), dass § 2 Abs. 1 Satz 2 GewStG verfassungskonform dahin auszulegen ist, dass ein gewerbliches Unternehmen im Sinne des § 15 Abs. 3 Nr. 1 Satz 1 Alt. 2 EStG nicht als nach § 2 Abs. 1 Satz 1 GewStG der Gewerbesteuer unterliegender Gewerbebetrieb gilt.[39]

An diese Rechtsprechung anschließend urteilte der IV. Senat (BFH-Urteil vom 11.7.2024 – IV R 18/22, BFH/NV 2024, 1247) weitergehend, dass neben der Bestätigung, dass bei der Aufwärtsabfärbung keine Geringfügigkeitsgrenze zum Tragen komme, es für den Eintritt einer Aufwärtsabfärbung nur auf den Bezug gewerblicher Beteiligungseinkünfte, nicht aber auf deren Höhe oder darauf ankomme, ob ein zugewiesener Verlust der Ausgleichsbeschränkung des § 15a Abs. 1 EStG unterliegt.

---

39 So auch BFH-Urteil vom 30.11.2023 – IV R 10/21, BFHE 282, 300.

b) Analyse

Unterzieht man die zuvor benannten Urteile einer genaueren Betrachtung, lassen sich im Hinblick auf den „Bezug“ von Gewinnanteilen und die Ablehnung einer Geringfügigkeitsgrenze bei der Aufwärtsabfärbung folgende Überlegungen anstellen:

aa) „Bezug“ von Gewinnanteilen i. S. d. § 15 Abs. 1 Satz 1 Nr. 2 EStG

Im Ergebnis zustimmend urteilte der Bundesfinanzhof in seiner Entscheidung vom 11.7.2024 (IV R 18/22, BFH/NV 2024, 1247), dass das Vorliegen einer Mitunternehmerstellung allein nicht ausreichend sei, um die Folgen einer Aufwärtsabfärbung zu begründen, denn der Wortlaut des § 15 Abs. 3 Nr. 1 Satz 1 Alt. 2 EStG setzt ausdrücklich den Bezug von Gewinnanteilen i. S. d. § 15 Abs. 1 Satz 1 Nr. 2 EStG voraus. Es kommt weder auf die Höhe des Gewinnanteils noch auf den tatsächlichen Zufluss an, mit der Folge, dass auch ein Gewinn-/Verlustanteil von 0 € sowie ein lediglich verrechenbarer Verlust nach § 15a EStG einen Bezug von Beteiligungseinkünften darstellen. Hierfür spricht bereits, wie auch der Bundesfinanzhof zutreffend ausführt, der Wortlaut des § 15a Abs. 1 Satz 1 EStG „der einem Kommanditisten zuzurechnende Anteil am Verlust der Kommanditgesellschaft“, der zeigt, dass die Verlustausgleichsbeschränkung i. S. d. § 15a EStG zunächst eine Zurechnung, mithin einen Bezug der negativen Einkünfte voraussetzt.

Wörtlich heißt es hierzu im Urteil vom 11.7.2024 (IV R 18/22, BFH/NV 2024, 1247) in Rn. 21 „Dass der Klägerin im Gewinnfeststellungsbescheid 2017 der KG vom 6.4.2020 negative Einkünfte in Höhe von 5.481,13 € zugerechnet werden und dass es sich hierbei – ausweislich des mit dem Gewinnfeststellungsbescheid verbundenen Verlustfeststellungsbescheids 2017 – um lediglich verrechenbare Verluste handelt, sodass sich ein – nach Anwendung des § 15a EStG – im Folgebescheid anzusetzender laufender steuerpflichtiger Gewinn/Verlust der Klägerin von 0 € ergibt, steht dem nicht entgegen“ und Rn. 27 „Maßgebend für die Aufwärtsabfärbung ist, dass der Klägerin aufgrund ihrer mitunternehmerischen Beteiligung an der KG ein Gewinnanteil zugerechnet worden ist und die KG gewerbliche Einkünfte erzielt.“

Ebenso entschied der IV. Senat zur Frage der Anwendung des § 8c KStG a. F. auf Verluste gemäß § 15a EStG – auf den das Urteil vom 11.7.2024 (IV R 18/22, BFH/NV 2024, 1247) unter Rn. 27 ausdrücklich Bezug nimmt – unter Rn. 40 f. des Urteils vom 24.4.2024 (IV R 27/21, BFH/NV 2024, 187), dass das aus § 15a EStG resultierende Ausgleichs- und Abzugsverbot keine Änderung der (im Gewinnfeststellungsbescheid erfolgten) Zuweisung des Verlustanteils, sondern eine Umwandlung des Verlustanteils in einen verrechenbaren Verlust bewirkt. Verrechenbare Verluste seien somit für den Kommanditisten zunächst nicht nutzbar. Sie könnten sich erst zu einem späteren Zeitpunkt in „echte", abzugsfähige negative Einkünfte wandeln, nämlich dann, wenn Gewinne entstünden, die dem Kommanditisten aus seiner Beteiligung an der KG zuzurechnen seien. Die dann mögliche Verlustnutzung erfolge ebenfalls auf der Ebene der Gesellschaft, indem der dem Kommanditisten zugerechnete Anteil am Gewinn der KG um die – nunmehr in ausgleichsfähige Verluste gewandelten, bisher nur verrechenbaren – Verluste gemindert werde. Dieses Konzept entspreche dem Sinn und Zweck des § 15a EStG, der dem Kommanditisten einen steuerlichen Verlustausgleich und -abzug nur insoweit gewähre, als der Kommanditist wirtschaftlich durch den Verlust belastet werde. Es zeige aber auch, dass die verrechenbaren Verluste des Kommanditisten auf der Ebene der Gesellschaft gebunden seien.

Diese Maßstäbe zugrunde gelegt, ist der Hinweis im Schrifttum, dass es „erstaunlich" sei, dass ein auf der Ebene der Personengesellschaft „eingekapselter" Verlust beim Gesellschafter eine Abfärbewirkung i. S. d. § 15 Abs. 3 Nr. 1 Satz 1 Alt. 2 EStG begründe, verständlich.[40]

Im Ergebnis dürfte der Entscheidung des Bundesfinanzhofs vom 11.7.2024 (IV R 18/22, BFH/NV 2024, 1247) dennoch zuzustimmen sein, denn die systematischen Erwägungen des Gerichts zu der „Zurechnung" der gewerblichen Beteiligungseinkünfte überzeugen nicht. Sie verwundern vielmehr vor dem Hintergrund, dass die Ergebnisse (Gewinne und Verluste) eines mitunternehmerischen Verbunds in Umsetzung des Transparenzprinzips nicht von der Personengesellschaft selbst, sondern von ihren Gesellschaftern, den Mitunternehmern, erzielt, mithin nach den Worten des Großen Senats „anteilig als originäre eigene Einkünfte zugerechnet"[41] werden.[42] Hieran vermag auch die Systematik des § 15a EStG nach der hier vertretenen Auffassung nichts zu ändern. Insbesondere die Bindung der verrechenbaren Verluste des Kommanditisten auf der Ebene der Gesellschaft[43] sowie eine mögliche Verlustnutzung auf Ebene der Gesellschaft[44] folgt hieraus nicht. Vielmehr bildet § 15a EStG auf ertragsteuerlicher Ebene die handelsrechtliche Pflichtenlage entsprechend der individuellen Verhältnisse des jeweiligen Kommanditisten ab.[45]

---

40 *Strahl*, NWB 2376, 2377; *Wacker*, FR 2024, 877 (885).

41 Beschlüsse des Großen Senats vom 3.7.1995 – GrS 1/93, BFHE 178, 86, BStBl. II 1995, 617, Rz 55; vom 3.5.1993 – GrS 3/92, BFHE 171, 246, BStBl. II 1993, 616, Rz 61.

42 *Wacker*, FR 2024, 877 (885).

43 So der BFH in seinem Urteil vom 11.7.2024 – IV R 18/22, BFH/NV 2024, 1247, Rz 41.

44 So der BFH in seinem Urteil vom 11.7.2024 – IV R 18/22, BFH/NV 2024, 1247, Rz 40.

45 *Wacker*, FR 2024, 877 (883).

Diese systematischen Erwägungen zugrunde gelegt, ist sowohl die „Zurechnung" der gewerblichen Beteiligungseinkünfte, mithin deren „Bezug", als auch die eintretende Abfärbewirkung im Gleichlauf auf der Gesellschafterebene zu verorten, sodass unterdessen meinerseits ein „Erstaunen" hinsichtlich der Abfärbewirkung bei lediglich verrechenbaren Verlusten ausbleibt.[46]

bb) Legitime Zwecke zur Rechtfertigung der Ungleichbehandlung

Wie bereits zuvor unter III. ausgeführt, sind die zur Rechtfertigung der aus § 15 Abs. 3 Nr. 1 EStG resultierenden Ungleichbehandlung von Personengesellschaften und Einzelunternehmen anerkannten legitimen Zwecke die Vereinfachungswirkung und der Schutz des Gewerbesteuersubstrats.[47] Die Zugrundelegung der vom Bundesfinanzhof[48] verfolgten restriktiven Auslegung des § 2 Abs. 1 Satz 2 GewStG, wonach ein gewerbliches Unternehmen i. S. d. § 15 Abs. 3 Nr. 1 Satz 1 Alt. 2 EStG nicht als nach § 2 Abs. 1 Satz 1 GewStG der Gewerbesteuer unterliegender Gewerbebetrieb gilt, führt dazu, dass der Schutz des Gewerbesteuersubstrats als legitimer Zweck zum Zwecke der Rechtfertigung der Ungleichbehandlung bei der Aufwärtsabfärbung entfällt. Hinzu kommt, dass der durch die Aufwärtsabfärbung begründete Vereinfachungseffekt nicht begründbar ist, allenfalls jedoch äußerst schwach ausgeprägt ist.[49] Sofern es sich bei der Obergesellschaft um eine vermögensverwaltende Personengesellschaft handelt, kann i. d. R. gerade nicht an eine bestehende Gewinnermittlung angeknüpft und hierdurch eine Vereinfachungswirkung erzielt werden. Ohnehin werden die Einkünfte aus der Beteiligung an der Untergesellschaft im Wege der gesonderten und einheitlichen Feststellung der Einkünfte der Unterpersonengesellschaft in Gestalt eines Grundlagenbescheids festgestellt.[50] Diese werden anschließend auf Basis der Gewinnermittlung der Unterpersonengesellschaft lediglich zugerechnet. Vor diesem Hintergrund erscheint es ernstlich zweifelhaft, aus dem Bezug von Gewinn- oder Verlustanteilen eine Änderung der Gewinnermittlungsart der Obergesellschaft aus Vereinfachungszwecken legitimieren zu wollen. Hinzu kommt, dass sich die Einkünfte aus einer gehaltenen Beteiligung leichter abgrenzen lassen als diejenigen aus verschiedenen Tätigkeiten einer Personengesellschaft, denn anders als bei den bei der Seitwärtsabfärbung denkbaren typisch auftretenden Problemen bestehen

---

46 Ebenso *Wacker*, FR 2024, 877 (885).

47 Vgl. BVerfG-Beschluss vom 15.1.2008 – 1 BvL 2/04, BGBl. I 2008, 1006, BVerfGE 120, 1.

48 Vgl. BFH-Urteile vom 6.6.2019 – IV R 30/16, BFHE 265, 157, BStBl. II 2020, 649; vom 5.9.2023 – IV R 24/20, BFHE 281, 374.

49 Vgl. *Häsner*, FR 2024, 312 (314); *Pohl*, Ubg 2019, 523 (534); *Niehus*, Ubg 2018, 713 (715).

50 Vgl. *Stenert/Gravenhorst*, DStR 2020, 2505 (2509); *Wacker*, FR 2022, 473 (477).

bei Beteiligungseinkünften gerade keine Abgrenzungsschwierigkeiten bezüglich für beide Tätigkeiten genutzter Wirtschaftsgüter oder gemeinsam anfallender Kosten. Selbst bei Annahme einer handelsrechtlichen Gewinnermittlung der Oberpersonengesellschaft kann nach hiesiger Auffassung eine Vereinfachung nicht schlechterdings angenommen werden, denn der Anteil einer Personengesellschaft wird im Steuerrecht – anders als im Handelsrecht – nicht als Wirtschaftsgut bilanziell dargestellt, sondern unter Anwendung der Spiegelbildmethode.[51] Daher wären selbst bei Vorliegen einer handelsrechtlichen Bilanzierung der Oberpersonengesellschaft aufgrund der Abfärbewirkung weitergehende Modifikationen für die Steuerbilanz vorzunehmen. Danach kann nach hiesiger Auffassung keine, wenn überhaupt eine als sehr schwach zu qualifizierende Vereinfachung angenommen werden.

Dies erkennend, führt der Bundesfinanzhof in seinen Entscheidungen als „dritten Normzweck“ die umfassende Verstrickung des Gesellschaftervermögens an.

Insoweit ist zu konstatieren, dass dieser Zweck bislang nicht ausdrücklich vom Bundesverfassungsgericht zur Rechtfertigung der Abfärbewirkung benannt wurde. Weiter stellen sich Teile der Literatur die Frage, ob es sich insoweit überhaupt um einen dritten Normzweck handelt.[52] Dagegen könnte sprechen, dass eine Vermögensverstrickung letztlich vom Ergebnis her gedacht nur die Folge einer Vereinfachung darstellt, für die es kein echtes Bedürfnis gibt. Dem kann nach hiesiger Auffassung jedoch nicht gefolgt werden, denn die umfassende Verstrickung dürfte in dem vom Bundesverfassungsgericht in seinem Beschluss vom 15.1.2008 (1 BvL 2/04, BGBl. I 2008, 1006, BVerfGE 120, 1) benannten Normzweck des Schutzes des Gewerbesteuersubstrats inkludiert sein bzw. mit ähnlicher Begründung als eigenständiger Normzweck anzuerkennen sein. Wie dargestellt, ist vorliegend aufgrund der Auslegung des § 2 Abs. 1 Satz 2 GewStG der Schutz des Gewerbesteuersubstrats nicht möglich. Dieser verlangt jedoch nicht nur auf Ebene der Gewerbesteuer, sondern auch auf ertragsteuerlicher Ebene als „Vorfrage“ eine Verstrickung des Gesellschaftsvermögens. So soll die Regelung des § 15 Abs. 3 Nr. 1 Satz 1 Alt. 2 EStG verhindern, dass aufgrund der Verlagerung auf verschiedene Gesellschaften die Wirtschaftsgüter einer Verstrickung entzogen werden. Dies kann letztlich als ein „Minus“ des bislang anerkannten legitimen Zwecks des Schutzes des Gewerbesteuersubstrats oder als eigenständiger Zweck aufgefasst werden. Weiter führt die umfassende Verstrickung des Gesellschaftsvermögens zur

---

51 Vgl. *Bodden* in Korn, EStG, 156. Lf., Oktober 2024, § 15, Rz 893 m. w. N.

52 Vgl. *Häsner*, FR 2024, 312 (314, 316); *Häsner/Preil*, DB 2024, 141 (143).

Annäherung an die Kapitalgesellschaft, die kein unverstricktes Gesellschaftsvermögen haben kann, weil sie nach § 8 Abs. 2 KStG ausschließlich Einkünfte aus Gewerbebetrieb erzielt und damit ihr gesamtes Vermögen dem Gewerbebetrieb dient.[53]

Diese Argumentation taugt jedoch nicht für freiberufliche Personengesellschaften.[54] Denn handelt es sich um eine freiberufliche Personengesellschaft, liegt bereits eine umfassende Verstrickung vor, sodass die Abfärbewirkung nicht geeignet ist, um einen derartigen Zweck zu erreichen.

Als Zwischenergebnis ist festzuhalten, dass zur Legitimierung der Ungleichbehandlung von Personengesellschaften und Einzelunternehmen der Zweck der Verstrickung nur bei vermögensverwaltenden Personengesellschaften herangezogen werden kann. Für freiberufliche Personengesellschaften fehlt es hingegen an einem legitimen Zweck der Ungleichbehandlung. Wollte man die Legitimierung einer sehr schwach ausgeprägten Vereinfachungswirkung anerkennen, stellte sich hier – ebenso wie bei der vermögensverwaltenden Personengesellschaft – die Frage der Verhältnismäßigkeit.

cc) Infektionsrichtungsabhängige Handhabung der Geringfügigkeitsgrenze

Sofern ein legitimer Zweck der Differenzierung besteht, dürfte im Ergebnis die vom Bundesfinanzhof in seinen Urteilen vom 6.6.2019 (IV R 30/16, BFHE 265, 157, BStBl. II 2020, 649), vom 5.9.2023 (IV R 24/20, BFHE 281, 374) und vom 11.7.2024 (IV R 18/22, BFH/NV 2024, 1247) erfolgte Ablehnung der Geringfügigkeitsgrenze in Fällen der Aufwärtsabfärbung verhältnismäßig sein.

Auf den ersten Blick hält eine infektionsrichtungsabhängige Handhabung der Geringfügigkeitsgrenze bei isolierter Betrachtung einem systematischen Vergleich der Seitwärts- und Aufwärtsabfärbung vor dem Hintergrund der unterschiedlichen Eingriffsintensität und Ausprägung der verfolgten legitimen Zwecke nicht stand. Eine Betrachtung erfolgt unter der Maßgabe, dass bei der Seitwärtsabfärbung die legitimen Zwecke in verhältnismäßiger Weise gewahrt werden, ohne dass weiterer Raum für eine gesteigerte Eingriffsintensität bestünde. Dies entspricht dem Verständnis des Bundesverfassungsgerichts im Beschluss vom 15.1.2008 (1 BvL 2/04, BGBl. I 2008, 1006, BVerfGE 120, 1), wonach eine restriktive Auslegung zur Wahrung der Verfassungsmäßigkeit angezeigt ist und dies durch die nicht gesetzlich niedergelegte, aber dennoch notwendige Geringfügigkeitsgrenze vom Bundesfinanzhof umgesetzt wird. Nach dem Beschluss des Bundesverfassungsgerichts vom 15.1.2008

---

53 Vgl. *Wendt*, FR 2022, 473 (476).

54 Vgl. *Bodden*, BeSt 2024, 4 (6); *Wendt*, FR 2022, 473 (477).

(1 BvL 2/04, BGBl. I 2008, 1006, BVerfGE 120, 1) dient die Geringfügigkeitsgrenze in Fällen der Seitwärtsabfärbung dazu, die Verhältnismäßigkeit des legitimen Zwecks der Ungleichbehandlung von Personengesellschaften und Einzelunternehmen zu gewährleisten. Dieser Beschluss rechtfertigt aus sich heraus jedoch keine differenzierte Behandlung von Aufwärts- und Seitwärtsabfärbung im Hinblick auf die Anwendung einer Geringfügigkeitsgrenze. Zwar erging die Entscheidung in der Sache zur Seitwärtsabfärbung. Eine ausdrückliche Beschränkung der Anwendung der Geringfügigkeitsgrenze auf die Seitwärtsabfärbung ist in den Gründen des Beschlusses jedoch nicht zu entnehmen.[55] Wie zuvor dargelegt, liegt bei der Aufwärtsabfärbung allenfalls ein wesentlich schwächer ausgeprägter legitimer Zweck zur Rechtfertigung der Ungleichbehandlung von Personengesellschaften und Einzelunternehmern vor. Verhältnismäßigkeit setzt voraus, dass der beabsichtigte Zweck nicht außer Verhältnis zu der Schwere des Eingriffs steht. Im Wege einer vergleichenden Analyse müsste demnach dem schwächer ausgeprägten legitimen Zweck in besonderer Weise im Rahmen der Verhältnismäßigkeit Rechnung getragen werden. Dies geschieht bei der Aufwärtsinfektion bislang nicht durch die Anwendung einer Geringfügigkeitsgrenze. Sofern der Bundesfinanzhof sich in seinen Urteilen[56] darauf beruft, dass der Verhältnismäßigkeit genügt werde, da die mit der Abfärbewirkung verbundene Gewerblichkeit auch zu steuerlichen Vorteilen führen könne und für den Steuerpflichtigen die zumutbare Möglichkeit bestehe, den mit der Abfärbung verbundenen Belastungen durch eine entsprechende gesellschaftsrechtliche Gestaltung zu entgehen, überzeugt das im Rahmen einer vergleichenden Analyse nicht. Hinsichtlich des Verweises auf eine gestalterische Ausweichmöglichkeit – die neben dem altbekannten Einwand, eine solche könne nicht die Verfassungsmäßigkeit begründen – muss beachtet werden, dass sich das Ausweichen im Falle der Aufwärtsabfärbung regelmäßig „aufwendiger“ als im Falle der Seitwärtsabfärbung darstellen dürfte, denn die Übertragung einer Beteiligung auf eine Schwesterpersonengesellschaft erfordert dementsprechende vertragliche Regelungen der Untergesellschaft bzw. ein Mitwirken der übrigen Gesellschafter dieser.[57] Außerdem ist nicht erkennbar, inwieweit sich die steuerlichen Vorteile der Gewerblichkeit aufgrund der Aufwärtsabfärbung von denen der Seitwärtsabfärbung unterscheiden. Eine Differenzierung kann zudem nicht aufgrund der

55 So auch *Häsner*, FR 2024, 312 (313); *Häsner/Preil*, DB 2024, 141 (144).

56 Vgl. BFH-Urteile vom 5.9.2023 – IV R 24/20, BFHE 281, 374, Rz 64; vom 6.6.2019 – IV R 30/16, BFHE 265, 157, BStBl. II 2020, 649, Rz 37.

57 Vgl. *Wendt*, FR 2022, 473 (477).

Neuregelung in § 15 Abs. 3 Nr. 1 Satz 2 EStG i.d.F. des WElektroMobFördG begründet werden, da dieser hinsichtlich einer Abfärbewirkung auch bei Verlusten sowohl für die Aufwärts- als auch die Seitwärtsabfärbung in gleichem Maße Anwendung findet. Auch der neubenannte dritte Normzweck der „umfassenden Verstrickung“ vermag vor dem Hintergrund der Gleichartigkeit der Verstrickungsfolgen der Seitwärts- und der Aufwärtsabfärbung bei der Einkommensteuer keine abweichende Gewichtung zu begründen.[58]

In der Literatur wird zutreffend vertreten, dass die Versagung einer gewerblichen Infektion im Wege der Seitwärtsabfärbung bei der Untergesellschaft aufgrund der Anwendung der Geringfügigkeitsgrenze unterbleibt, auch im Verhältnis zur Oberpersonengesellschaft insoweit zu einer Versagung der Rechtsfolgen der Aufwärtsabfärbung führt.[59] Es ist bemerkenswert und unter Verhältnismäßigkeitsgesichtspunkten fragwürdig, dass in derartigen Konstellationen mangels „Entfärbewirkung“[60] des § 15 Abs. 3 Nr. 1 EStG die verbleibenden geringfügigen gewerblichen Einkünfte auf der Ebene der Unterpersonengesellschaft eine gewerbliche Infektion der Einkünfte der Obergesellschaft begründen sollen. Jedenfalls in derartigen „Konkurrenzsituationen“ erscheint die Anwendung der Geringfügigkeitsgrenze zur Wahrung der Verhältnismäßigkeit dringend geboten.[61]

Auf den zweiten Blick vermag überdies jedoch die im Falle der Aufwärtsabfärbung nach der Rechtsprechung des Bundesfinanzhofs eintretende Versagung der gewerbesteuerlichen Rechtsfolgen aufgrund einer restriktiven Auslegung des § 2 Abs. 1 Satz 2 GewStG in der Gesamtschau die Verhältnismäßigkeit zu wahren. Zwar ist festzuhalten, dass eine differenzierte Behandlung der Aufwärts- und der Seitwärtsabfärbung hinsichtlich der Anwendbarkeit einer Geringfügigkeitsgrenze und eine Beschränkung der Aufwärtsabfärbung auf die Einkommensteuer, ohne für die Gewerbesteuer Geltung zu entfalten, dem Aspekt der Vereinfachung des Steuerrechts nicht zuträglich sein dürfte.[62] Darüber hinaus begegnet die Versagung der gewerbesteuerlichen Folgen zur Wahrung der einkommensteuerrechtlichen Verhältnismäßigkeit der Aufwärtsab-

---

58 Vgl. *Häsner*, FR 2024, 312 (314).

59 Vgl. *Häsner*, FR 2024, 312 (314 f.); *Wendt*, FR 2022, 473 (478).

60 Ebenfalls Entfärbewirkung/umgekehrte Abfärbung ablehnend *Carlé u.a/T. Carlé/Bauschatz* in Korn, EStG, 156. Lf., 10/2024, § 15 Einkünfte aus Gewerbebetrieb (Abs. 2 bis 4), Rz 492.2; *Wendt*, StbJb. 2015/2016, S. 35 (41 f.); *Häsner*, FR 2024, 312 (316 f.); *Stenert/Gravenhorst*, DStR 2020, 2505 (2511); a.A. *Stapperfend* in Herrmann/Heuer/Raupach, EStG/KStG, 328. Lieferung, 10/2024, § 15 EStG, Rz 1426; *Kanzler*, FR 2015, 512 (514).

61 So auch *Wendt*, FR 2022, 473 (478).

62 Vgl. *Graw*, DStR 2024, 1218 (1222).

färbung jedoch dem Grunde nach keine Bedenken. Nach der Argumentation des Bundesfinanzhofs ist zur Wahrung des Verhältnismäßigkeitsgrundsatzes die Negierung einer gewerbesteuerlichen Abfärbewirkung auf die Obergesellschaft als notwendige Voraussetzung für den Eintritt der einkommensteuerrechtlichen Aufwärtsabfärbung zu betrachten.[63] Vor dem Hintergrund, dass die Gewerbesteuer an die einkommensteuerrechtliche Beurteilung anknüpft, stellt es augenscheinlich einen „systematischen Kunstgriff" dar, dass nun aus der Negierung gewerbesteuerlicher Folgen ein verhältnismäßiger Eingriff im Hinblick auf die Einkommensteuer begründet werden soll. Allerdings bestehen keine Bedenken, bei der Aufwärts- und der Seitwärtsabfärbung unterschiedliche Wege zur Wahrung des Verhältnismäßigkeitsgrundsatzes zu beschreiten. Eine isolierte vergleichende Analyse mit Blick auf die Geringfügigkeitsgrenze verbietet sich. Für die Frage der Verhältnismäßigkeit und die Schwere der Folgen kommt es nicht auf den Objektcharakter der Gewerbesteuer und die Eigenschaft der Einkommensteuer als Personensteuer an. Vielmehr ist im Wege einer Gesamtschau der steuerlichen Folgen die Eingriffsintensität anhand der verfolgten Zwecke auf ihre Verhältnismäßigkeit zu überprüfen. Die durch die restriktive Auslegung des § 2 Abs. 1 Satz 2 GewStG vom Ergebnis her nicht eintretende Aufwärtsabfärbung für gewerbesteuerliche Zwecke stellt aufgrund der vollständigen Entlastung von der Gewerbesteuer einen wesentlichen und gewichtigen Aspekt im Rahmen einer umfassenden Abwägung dar und dürfte, sofern ein legitimer Zweck bejaht werden kann, nach hiesiger Auffassung gerade noch dem Grundsatz der Verhältnismäßigkeit genügen.

Ob dies letzten Endes jedoch auch nach Auffassung des Bundesverfassungsgerichts ausreichend ist, um eine Verhältnismäßigkeit der Aufwärtsabfärbung im Hinblick auf die vom Bundesfinanzhof gestützten legitimen Zwecke zu rechtfertigen, bleibt abzuwarten, denn auch betreffend die Aufwärtsabfärbung ist eine Entscheidung des Bundesverfassungsgerichts unter dem Aktenzeichen 2 BvR 45/24 im Nachgang an die Entscheidung des Bundesfinanzhofs vom 5.9.2023 (IV R 24/20, BFHE 281, 374) anhängig.

c) Anhängige Verfahren vor dem Bundesfinanzhof

Weiter ist auf ein derzeit anhängiges Verfahren vor dem Bundesfinanzhof unter dem Aktenzeichen VIII R 1/22 hinzuweisen. Hier wird sich der Bundesfinanzhof mit der Rechtsfrage auseinandersetzen müssen, ob geringfügige gewerbliche Beteiligungseinkünfte einer Freiberufler-Personengesellschaft dazu führen, dass die Gesellschaft insgesamt Einkünfte aus Gewerbebetrieb

63 Vgl. *Graw*, DStR 2024, 1218 (1222).

erzielt und auch der Gewerbesteuer unterliegt. Nimmt man die Rechtsprechung des Bundesfinanzhofs in den Urteilen vom 5.9.2023 (IV R 24/20, BFHE 281, 374) und vom 11.7.2024 (IV R 18/22, BFH/NV 2024, 1247) ernst, wird die Antwort wohl „Ja“ lauten müssen, da im Wege der Aufwärtsabfärbung nach derzeitiger Auffassung des Bundesfinanzhofs die Anwendung der Geringfügigkeitsgrenze nicht in Betracht kommt. Beachtlich ist dieses Verfahren dennoch, da sich zum einen im Rahmen der jüngsten Rechtsprechungsentwicklung zu § 15 Abs. 3 Nr. 1 Satz 1 Alt. 2 EStG erstmals der VIII. Senat des Bundesfinanzhofs äußern wird. Zum anderen zeigt der dem Rechtsstreit entsprechend der Ausführungen der Vorinstanz (FG Hamburg-Urteil vom 25.2.2021 – 3 K 139/20, EFG 2021, 1564) zugrunde liegende Sachverhalt mit Beteiligungseinkünften, die nicht einmal 0,2 % des Gesamtumsatzes der Klägerin ausmachten und unterhalb des gewerbesteuerlichen Freibetrags lagen, sehr deutlich die Belastungsspitzen der bisherigen höchstrichterlichen Rechtsprechungslinie auf.

Für die Frage, ob bereits die Errichtung einer Photovoltaikanlage im Jahr 2010 zur Seitwärtsinfektion der Einkünfte einer im Übrigen nur vermögensverwaltend tätigen Personengesellschaft führt, auch wenn Einnahmen aus der Stromeinspeisung erst ab dem Folgejahr erzielt werden, wird auf das anhängige Verfahren beim Bundesfinanzhof unter dem Aktenzeichen IV R 5/24 verwiesen. Die Vorinstanz[64] urteilte im Einklang mit dem Wortlaut des § 15 Abs. 3 Nr. 1 Satz 1 Alt. 1 EStG dahingehend, dass bereits mit Beginn einer originär gewerblichen Tätigkeit gewerbliche Einkünfte erzielt werden, welche eine gewerbliche (Seitwärts-)Infektion der Einkünfte aus Vermietung und Verpachtung sowie Kapitalvermögen dem Grunde nach begründen. Spannend an diesem Fall ist jedoch, dass im Streitjahr noch keine Einnahmen („Nettoumsatzerlöse“) aus dem originären Gewerbebetrieb erzielt wurden. Demnach lagen bei rein formaler Betrachtung die Voraussetzungen für die Anwendung der vom Bundesfinanzhof entwickelten Geringfügigkeitsgrenze, die laut Urteil des Bundesfinanzhofs vom 30.6.2022 (IV R 42/19, BFHE 278, 42, BStBl. II 2023, 118) unmodifiziert auf gemischt tätige vermögensverwaltende Personengesellschaften Anwendung findet, vor, dennoch wandte die Vorinstanz[65] die Geringfügigkeitsgrenze nicht an und bejahte eine gewerbliche Infektion. Dies begründete sie damit, dass eine gewerbliche Infektion im Streitfall zu steuerlichen Vorteilen (Möglichkeit der Teilwertabschreibung eines Depots) führte. Die Geringfügigkeitsgrenze dürfe nicht zulasten des Steuerpflichtigen ange-

64 FG Nürnberg-Urteil vom 12.12.2023 – 1 K 1572/20, EFG 2024, 1671.

65 FG Nürnberg-Urteil vom 12.12.2023 – 1 K 1572/20, EFG 2024, 1671, Rz 92 ff.

wandt werden, da es sich um einen Akt der Eingriffsverwaltung handele, dem es an einer klaren und eindeutigen gesetzlichen Regelung fehle. Wie sich der Bundesfinanzhof in dieser Konstellation positionieren wird, bleibt abzuwarten. Sollte der Bundesfinanzhof der Auffassung der Vorinstanz folgen, stellt sich die Folgefrage, in welchen Fällen eine Anwendung der Geringfügigkeitsgrenze zugunsten oder zulasten des Steuerpflichtigen erfolgt. Im Streitfall stand der Vorteil einer möglichen Teilwertabschreibung auf das Depot dem steuerlichen Nachteil der steuerlichen Verstrickung des Vermögens gegenüber. Die Kumulation verschiedenster steuerlicher und auch sonstiger Folgen spricht meines Erachtens für den bereits unter V. 2. b) vorgebrachten Vorschlag der Einführung eines Wahlrechts betreffend die Anwendung der Geringfügigkeitsgrenze, um sich letztlich nicht der Notwendigkeit einer Gewichtung der jeweiligen Folgen einer gewerblichen Infektion ausgesetzt zu sehen.[66]

VI. Ausblick

Der Bundesfinanzhof schafft aufgrund seiner jüngsten Urteile in Sachen Abfärbewirkung vom 30.6.2022 – IV R 42/19, vom 5.9.2023 – IV R 24/20 und vom 11.7.2024 – IV R 18/22 aufgrund seiner stringenten Handhabe – aller Kritik zum Trotz – eine Grundlage für eine Handhabe der Abfärbewirkung in der Praxis. Inwieweit diese Handhabe vor dem Hintergrund der anhängigen Verfassungsbeschwerden (2 BvR 2113/22 und 2 BvR 45/24) sowie der Frage einer gesetzgeberischen Reaktion auf die restriktive Auslegung des § 2 Abs. 1 Satz 2 GewStG Bestand haben wird, bleibt mit Spannung abzuwarten, denn letztlich handelt es sich nicht nur um ein „Ping-Pong-Spiel" der Judikative, Exekutive und Legislative, sondern auch um einen „kühnen Drahtseilakt" der Verfassungsmäßigkeit.

66 Ebenso *Hierl/Horst*, DStR 2024, 2252 (2256).

Schenkungsteuer bei Einlagen und sonstigen Leistungen an Gesellschaften

Dr. Sina Baldauf, Richterin am Bundesfinanzhof

Das Jahr 2024 hat interessante Entscheidungen zur Schenkungsteuer hervorgebracht, die Einlagen in Personen- und Kapitalgesellschaften betreffen. Die Urteile haben ein erhebliches, zum Teil kontroverses Echo in der Fachwelt erzeugt. Das Thema rückt auch immer mehr in den Fokus der Finanzverwaltung. Es lohnt sich daher umso mehr, sich mit der neuen Rechtsprechung zu befassen.

Um die Einordnung der Entscheidungen zu erleichtern, werde ich zunächst die bisherige Rechtsentwicklung skizzieren. Danach stelle ich zwei Entscheidungen des II. BFH-Senats und zwei finanzgerichtliche Urteile vor.

I. Rechtsentwicklung

1. Schenkung an die Gesellschaft

Die Einlage eines Gesellschafters in die Gesellschaft ist in der Regel keine Schenkung an die Gesellschaft. Übertragen Gesellschafter Vermögen auf die Gesellschaft, dient dies regelmäßig dem Gesellschaftszweck. Solche Leistungen, die im Hinblick auf die Mitgliedschaft (societatis causa) erbracht werden, erfolgen nicht unentgeltlich.[1] Sie stellen keine freigebige Zuwendung an die Gesellschaft dar.[2]

Das gilt unabhängig von der Rechtsform der Gesellschaft. Es gilt sowohl für quotale Einlagen, also Leistungen, die die Gesellschafter im Verhältnis ihrer kapitalmäßigen Beteiligung an der Gesellschaft erbringen, als auch für disquotale Einlagen.[3] Diese kommen vor, wenn z. B. ein Gesellschafter über größere finanzielle Mittel verfügt, der andere aber Know-how oder seine Arbeitsleistung einbringt. Bei Familiengesellschaften dienen disquotale Einlagen dazu,

1 BGH v. 8.5.2006 – II ZR 94/05, ZIP 2006, 1199 (zur AG); BGH v. 18.9.2012 – II ZR 50/11, ZIP 2013, 19 (zur stillen Gesellschaft).

2 BFH v. 20.1.2016 – II R 40/14, BStBl. II 2018, 284 (zur GmbH).

3 Vgl. BFH v. 17.10.2007 – II R 63/05, BStBl. II 2008, 381; H.-U. Viskorf FS 100 Jahre Steuerrechtsprechung, 2018, S. 1655 (1664); Wachter GmbHR 2020, 1041.

Familienmitglieder am Vermögen zu beteiligen, ohne ihnen einen unmittelbaren Zugriff darauf zu gewähren.[4]

Eine Leistung „societatis causa" liegt jedoch nur dann vor, wenn dem Gesellschafter die Förderung des Gesellschaftszwecks überhaupt zugutekommen kann. Dies ist nicht der Fall, wenn er mit der Vermögensübertragung aus der Gesellschaft ausscheidet. Dann kann – genauso wie bei Leistungen Dritter (d. h. von Nichtgesellschaftern) – eine Schenkung an die Gesellschaft vorliegen.[5]

2. Schenkung an die (Mit-)Gesellschafter

Bei disquotalen Einlagen und bei Leistungen Dritter stellt sich die Frage, ob und unter welchen Voraussetzungen eine Schenkung an die (anderen) Gesellschafter vorliegen kann. Eine Leistung, die (zivilrechtlich) in das Vermögen der Gesellschaft erfolgt, kann den Wert aller Gesellschaftsanteile erhöhen und damit (wirtschaftlich) eine Zuwendung an die anderen Gesellschafter bedeuten.

a) Personengesellschaften

Der BFH[6] hat zuletzt zur disquotalen Einlage in das Vermögen einer KG entschieden, dass diese eine Schenkung an die Mitgesellschafter darstellen kann.

Eine Schenkung i. S. des § 7 Abs. 1 Nr. 1 ErbStG setzt voraus, dass die Leistung zu einer Bereicherung des Bedachten auf Kosten des Zuwendenden führt und die Zuwendung freigebig, d. h. objektiv und subjektiv unentgeltlich erfolgt. Das Merkmal der Bereicherung „auf Kosten des Zuwendenden" legt der BFH eng aus: Erforderlich ist eine substanzielle Vermögensverschiebung, d. h. eine Vermögensminderung beim Zuwendenden und eine Vermögensmehrung beim Bedachten, die sich auf die Vermögenssubstanz bezieht.[7] Es bedarf einer Mehrung der Aktiv- oder einer Minderung der Passivposten des Vermö-

---

4 Kleinert/Krogoll/Anissimov DStR 2024, 785.

5 BFH v. 20.1.2016 – II R 40/14, BStBl. II 2018, 284; H.-U. Viskorf FS 100 Jahre Steuerrechtsprechung, 2018, S. 1655 (1664).

6 BFH v. 5.2.2020 – II R 9/17, BStBl. II 2020, 658.

7 BFH v. 30.1.2013 – II R 38/11, BStBl. II 2018, 656; BFH v. 27.8.2014 – II R 43/12, BStBl. II 2015, 241; H.-U. Viskorf FS 100 Jahre Steuerrechtsprechung, 2018, S. 1655 (1662); vgl. auch BVerfG v. 7.11.2006 – 1 BvL 10/02, BGBl. 2007 I 194, Rz 102.

gens. Die bloße Wertsteigerung bei einem im Vermögen bereits vorhandenen Gegenstand genügt nicht.[8]

Rechtsfähige Personengesellschaften sind selbst Trägerinnen ihres Vermögens. Für die OHG und die KG ergibt sich dies aus (§ 161 Abs. 2 i. V. m.) § 105 Abs. 2 HGB in der Fassung des MoPeG[9]; zuvor ergab es sich aus § 124 Abs. 1 HGB. Für die GbR folgt dies aus § 713 BGB, war aber auch vor dem MoPeG im Zivilrecht anerkannt. Eine Leistung an eine rechtsfähige Personengesellschaft kann bei den Gesellschaftern daher zivilrechtlich nur eine Werterhöhung der Beteiligung bewirken.

Schenkungsteuerrechtlich betrachtet der BFH die Personengesellschaft hingegen als transparent. Eine Leistung in das Vermögen der Gesellschaft wird unmittelbar den Gesellschaftern zugerechnet. Nicht die Gesellschaft wird als bereichert angesehen, sondern der Gesellschafter. Der BFH hat sich insoweit vom Zivilrecht gelöst.[10] Der Annahme einer Schenkung an die Gesellschafter stehe nicht entgegen, dass eine Einlage durch das Gesellschaftsverhältnis veranlasst sein kann.[11]

Seit dem 01.01.2024 ist die Transparenz der Personengesellschaft gesetzlich verankert. Nach § 2a Satz 2 ErbStG gelten bei einem schenkweisen Erwerb durch eine rechtsfähige Personengesellschaft (§ 14a Abs. 2 Nr. 2 AO) deren Gesellschafter als Erwerber. Die Vorschrift fingiert eine Zuwendung unmittelbar an den Gesellschafter, wenn diese zivilrechtlich in das Vermögen der Gesellschaft erfolgt. Sie wurde durch das Kreditzweitmarktförderungsgesetz[12] eingefügt und soll gemäß den Gesetzesmaterialien[13] die Fortgeltung der bisherigen Rechtslage gewährleisten.

b) Kapitalgesellschaften

Anders als Personengesellschaften können Kapitalgesellschaften selbst nach § 7 Abs. 1 Nr. 1 ErbStG beschenkt werden. Eine Leistung an die Kapitalgesellschaft kann eine Schenkung an diese darstellen. Leistungen an eine Kapitalgesellschaft können aber auch den Gesellschaftern zuzurechnen sein. Das ist

8 Vgl. BFH v. 30.1.2013 – II R 38/11, BStBl. II 2018, 656; H.-U. Viskorf FS 100 Jahre Steuerrechtsprechung, 2018, S. 1655 (1662).

9 Gesetz zur Modernisierung des Personengesellschaftsrechts (Personengesellschaftsrechtsmodernisierungsgesetz) v. 10.8.2021, BGBl. 2021 I 3436.

10 Loose in von Oertzen / Loose / Stalleiken, ErbStG, 3. Aufl. 2024, § 2a ErbStG Rz 3.

11 BFH v. 5.2.2020 – II R 9/17, BStBl. II 2020, 658.

12 Kreditzweitmarktförderungsgesetz v. 22.12.2023, BGBl. 2023 I Nr. 411.

13 Beschlussempfehlung und Bericht des Finanzausschusses zum Reg.-Entwurf, BT-Drs. 20/9782 (neu), S. 206.

der Fall, wenn die Zuwendung an einen bestimmten Gesellschafter unter Verkürzung des Leistungswegs über die Kapitalgesellschaft erfolgt.[14]

Eine Schenkung nach § 7 Abs. 1 Nr. 1 ErbStG an die Gesellschafter liegt dagegen nicht vor, wenn eine Leistung an die Gesellschaft das Gesellschaftsvermögen vermehrt und – reflexhaft – auch den Wert der Anteile an der Gesellschaft erhöht. Nach der Rechtsprechung des BFH[15] fehlt es hier an einer substanziellen Vermögensverschiebung zwischen den Gesellschaftern Wegen der rechtlichen Eigenständigkeit des Vermögens der Kapitalgesellschaft wird diese selbst auf Kosten des Zuwendenden bereichert. Die Werterhöhung der Anteile der Gesellschafter sei, so der BFH, allein Folge der Gesellschafterstellung.

Diese Rechtsprechung hat zur Einfügung des § 7 Abs. 8 ErbStG durch das BeitrRLUmsG vom 07.12.2011[16] geführt. Satz 1 fingiert eine Schenkung des an eine Kapitalgesellschaft Leistenden an den Gesellschafter, dessen Anteil eine Werterhöhung erfährt. Der Wortlaut der Norm ist sehr weit. Er verlangt lediglich, dass eine Leistung an eine Kapitalgesellschaft bzw. Genossenschaft (Satz 3) erfolgt, die eine Werterhöhung von Anteilen einer Person bewirkt, die unmittelbar oder mittelbar an der Gesellschaft beteiligt ist. Leistender (Zuwendender) kann jedermann sein, braucht also kein Gesellschafter zu sein. Ist Zuwendende eine Kapitalgesellschaft, gilt Satz 2. Im Schrifttum wird die Regelung bis heute kontrovers diskutiert; sie war von Anfang an viel Kritik ausgesetzt. Bemerkenswert ist, dass sich die Finanzverwaltung in mehreren Erlassen[17] bemüht hat, den Anwendungsbereich der Norm einzugrenzen.

---

14 Vgl. BFH v. 25.10.1995 – II R 67/93, BStBl. II 1996, 160; H.-U. Viskorf FS 100 Jahre Steuerrechtsprechung, 2018, S. 1655 (1660).

15 BFH v. 25.10.1995 – II R 67/93, BStBl. II 1996, 160; BFH v. 9.12.2009 – II R 28/08, BStBl. II 2010, 566.

16 Beitreibungsrichtlinie-Umsetzungsgesetz v. 7.12.2011, BGBl. 2011 I 2592.

17 R E 7.5 ErbStR 2019; zuvor Oberste Finanzbehörden der Länder v. 20.4.2018, BStBl. I 2018, 632; Oberste Finanzbehörden der Länder v. 14.3.2012, BStBl. I 2012, 331.

II. Rechtsprechung des Jahres 2024

1. Verbilligte Abtretung eigener Anteile an eine GmbH

a) BFH-Urteile vom 10.4.2024 – II R 22/21, II R 23/21

Der BFH hat erst im vergangenen Jahr Gelegenheit erhalten, sich zur Auslegung des § 7 Abs. 8 Satz 1 ErbStG zu äußern Der (identische) Sachverhalt, der den Verfahren II R 22/21[18] und II R 23/21[19] zugrunde lag, war allerdings wenig geeignet, die Fragen der Fachwelt zu beantworten. Es ging – rechtlich – um keinen „Standardfall", sondern um die Spezialsituation des Erwerbs eigener Anteile durch eine GmbH. In der Praxis kommen solche Erwerbe häufig vor.

– Sachverhalt

Drei Brüder und deren Kinder hatten einen Geschäftsanteil von 1/3 an einer GmbH geerbt. Die übrigen GmbH-Anteile hielt eine KG, an der neben einer Komplementärin ohne vermögensmäßige Beteiligung die Brüder als Kommanditisten beteiligt waren. 2013 veräußerten die Miterben den geerbten Anteil gemeinschaftlich zum Preis von 300.000 € an die GmbH. Der Bestimmung des Kaufpreises lagen Unternehmensbewertungen zum 31.12.2009 zugrunde. Das FA stellte den Wert des veräußerten Anteils auf den Tag der Abtretung mit ca. 1,8 Mio. € fest. Aufgrund der Differenz zwischen dem festgestellten Wert und dem vereinbarten Kaufpreis ging es von gemischten Schenkungen der nicht an der KG beteiligten Miterben zugunsten der Kommanditisten nach § 7 Abs. 8 Satz 1 ErbStG aus. Die Steuerbefreiung für Anteile an Kapitalgesellschaften (§§ 13a, 13b ErbStG) gewährte es nicht. Das FG wies die Klagen ab.

– Entscheidung des BFH

Der II. Senat hat die Entscheidungen des FG aufgehoben und die Sachen an dieses zurückverwiesen. Er ist dem FG weitgehend gefolgt, hält aber die Ermittlung der Werterhöhung bei den Anteilen der Bedachten für rechtsfehlerhaft.

§ 7 Abs. 8 Satz 1 ErbStG fingiert eine Schenkung unter den Voraussetzungen, dass eine Leistung an eine Kapitalgesellschaft erfolgt, die zu einer Werterhöhung bei den Geschäftsanteilen einer Person führt, die unmittelbar oder mittelbar an der Gesellschaft beteiligt ist. Aufgrund ihres weiten Wortlauts geht der BFH davon aus, dass die Vorschrift nicht lediglich den Grundtatbe-

---

18 BFH v. 10.4.2024 – II R 22/21, BFH/NV 2024, 1386.

19 BFH v. 10.4.2024 – II R 23/21, BFH/NV 2024, 1328.

stand des § 7 Abs. 1 Nr. 1 ErbStG modifiziert, indem sie auf die substanzielle Vermögensverschiebung zwischen Leistendem (Zuwendendem) und bedachtem Gesellschafter verzichtet. Er versteht Abs. 8 Satz 1 vielmehr als selbständigen Erwerbstatbestand, der eine Schenkung unabhängig vom Grundtatbestand des Abs. 1 Nr. 1 fingiert.

– Leistung an eine Kapitalgesellschaft

Leistung i. S. des § 7 Abs. 8 Satz 1 ErbStG ist daher jedes Tun, Dulden oder Unterlassen, das die Hingabe von Vermögen bewirkt. Die Leistung kann in einer offenen oder verdeckten Einlage bestehen oder auf einer schuldrechtlichen Vereinbarung der Gesellschaft mit einem Dritten beruhen. Häufig wird die Leistung tatsächlich einen Vermögenszuwachs bei der Gesellschaft zur Folge haben, der – als Reflex – eine Erhöhung des Werts der Geschäftsanteile bewirkt, z. B. bei der Einlage eines Grundstücks abweichend von der Beteiligungsquote.

Anders ist es aber bei der Abtretung eines Anteils an einer GmbH an diese selbst. Die Gesellschaft kann sich durch den Erwerb eigener Anteile keinen Vermögenswert zuführen, den sie nicht schon vorher besaß.[20] Bei wirtschaftlicher Betrachtung ist der (teil-)entgeltliche Erwerb eigener Anteile eine Kapitalrückgewähr an den Anteilseigner.[21] Entsprechend werden eigene Anteile handelsrechtlich seit dem BilMoG[22] nicht mehr als Vermögensgegenstand aktiviert. Ob ein eigener Anteil – ungeachtet der Änderungen durch das BilMoG – bei der Gesellschaft handelsrechtlich einen Vermögensgegenstand und steuerrechtlich ein Wirtschaftsgut darstellt, ist sehr umstritten.[23]

---

20 Vgl. BFH v. 6.12.1995 – I R 51/95, BStBl. II 1998, 781 (II.1.a); BFH v. 23.2.2005 – I R 44/04, BStBl. II 2005, 522 (II.1.); Hüttemann FS Herzig, S. 595 (596); Wassermeyer FS Ludwig Schmidt, S. 621 (622); Potsch Ubg 2014, 646.

21 Vgl. BMF v. 27.11.2013, BStBl. I 2013, 1615 Rz 2; Wassermeyer FS Ludwig Schmidt, S. 621 (622); Drüen DB 2020, 1807 (1808).

22 Gesetz zur Modernisierung des Bilanzrechts (Bilanzrechtsmodernisierungsgesetz) v. 25.5.2009, BGBl. 2009 I 1102.

23 Bejahend vor dem BilMoG BFH v. 6.12.1995 – I R 51/95, BStBl. II 1998, 781, entsprach der hM; bejahend FG Münster v. 13.10.2016 – 9 K 1087/14 K, G, F, DStRE 2018, 285 Rz 35; Hessisches FG v. 31.3.2022 – 8 K 589/20, DStRK 2022, 273 Rz 40 ff., Rev. IV R 15/22; Hessisches FG v. 31.3.2022 – 8 K 590/20, EFG 2022, 1367 Rz 50 ff., Rev. IV R 16/22; aus der Lit. zB Herlinghaus in Rödder/Herlinghaus/Neumann, KStG, 2. Aufl. 2023, § 8b Rz 200; Roser in Gosch, KStG, 4. Aufl. 2020, § 8 Rz 86b; Gosch in Gosch, KStG, 4. Aufl. 2020, § 8 Rz 576; Drüen DB 2020, 1807 (1811 f.); Schmidtmann StuW 2010, 286 (292, 299); verneinend zB Schmidt/Levedag, EStG, 43. Aufl. 2024, § 17 Rz 29; Schmidt/Weber-Grellet, EStG, 43. Aufl. 2024, § 5 Rz 270 „Eigene Anteile“; Bott/Hamacher/Schober/Wulbusch in Bott/Walter, KStG, Stand: April

Für die Schenkungsteuer brauchte dieser Streit nicht entschieden zu werden, denn § 7 Abs. 8 Satz 1 ErbStG verlangt keine Vermögensverschiebung, auch nicht zwischen Leistendem und Kapitalgesellschaft. Für das Merkmal der Leistung an die Gesellschaft genügt es nach Auffassung des II. BFH-Senats, dass der Zuwendende – aus seiner Perspektive – einen Vermögensgegenstand hingibt. Die Ebene der Gesellschaft kann außer Betracht bleiben, denn Grund für die Belastung mit Schenkungsteuer ist nicht eine Bereicherung der Gesellschaft, sondern die Werterhöhung bei den Anteilen der (Mit-)Gesellschafter.

– Werterhöhung bei Anteilen an der Gesellschaft

Auch das Merkmal der Erhöhung des Werts der Anteile der (Mit-)Gesellschafter war im Besprechungsfall nicht unproblematisch. Erwirbt eine GmbH eigene Anteile, erhöht sich dadurch nicht der Wert der Summe der Anteile – die Gesellschaft hat nichts erhalten, das sie nicht schon vorher besaß. Es findet aber eine Wertverschiebung zulasten der eigenen und zugunsten der übrigen Anteile statt[24], da die Mitgliedschaftsrechte aus eigenen Anteilen ruhen. Die GmbH selbst kann keine auszuschüttenden Gewinne beziehen; die anderen Gesellschafter haben entsprechend einen höheren Gewinnanspruch.[25] Auch wird das Gesellschaftsvermögen nur noch in den Anteilen der verbliebenen Gesellschafter reflektiert; diese haben einen höheren quotalen Anteil an diesem Vermögen. Deshalb konnte die Abtretung des Anteils durch die Miterben zu einer Werterhöhung des Anteils der anderen Gesellschafterin (KG) führen.

Die Werterhöhung stellt aber keinen Automatismus dar. Sie muss in jedem Einzelfall ermittelt werden, indem der gemeine Wert des Anteils des Bedachten vor der Leistung mit dem Wert nach der Leistung verglichen wird. Das gilt auch beim Erwerb eigener Anteile. Das FG hat angenommen, dass sich die bei den abtretenden Miterben eingetretene Entreicherung (= Differenz zwischen dem Wert der Leistung und dem erhaltenen Entgelt) „denklogisch" mit der Werterhöhung des Anteils der KG deckt. In vielen Fällen dürfte die Entreicherung tatsächlich mit der Werterhöhung übereinstimmen. Zwingend ist dies aber nicht. Die Annahme des FG berücksichtigt beispielsweise nicht, dass sich das Ausscheiden des Abtretenden aus der Gesellschaft auf den Wert der Anteile der verbliebenen Gesellschafter auswirken kann. Der gemeine Wert

---

2024, § 8 Rz 358; Herzig DB 2008, 1339 (1342); vgl. auch BMF v. 27.11.2013, BStBl. I 2013, 1615 Rz 9ff.

24 Vgl. BFH v. 2.8.1989 – I R 53/85, BStBl. II 1990, 222 (II.2., 3. und 4).

25 Vgl. BGH v. 30.1.1995 – II ZR 45/94, NJW 1995, 1027 (Ls. 1 und 2); Bott/Hamacher/Schober/Wulbusch in Bott/Walter, KStG, Stand: April 2024, § 8 Rz 355; Obser FS Kessler, S. 355 (369 mwN).

des Gesellschaftsvermögens kann durch firmenwertbildende Faktoren (z. B. das Entfallen des Kundenstamms oder von Know-how) – über die Minderung des Geldbestands aufgrund der Entgeltzahlung hinaus – absinken oder es kann im ungünstigsten Fall der Ansatz eines Liquidationswerts notwendig sein.[26]

Das Maß, in dem der Leistende entreichert ist, bildet aber die Obergrenze des Steuerzugriffs. Der Wortlaut des § 7 Abs. 8 Satz 1 ErbStG enthält zwar keine solche Obergrenze und stellt auch nicht auf die Entreicherung ab. Es bedarf aber einer Einschränkung der Norm dahingehend, dass der Schenkungsteuer höchstens die Differenz zwischen dem Wert der Leistung und dem erhaltenen Entgelt unterliegt.[27] Dies drängt sich besonders im Besprechungsfall auf. Der Erwerb eigener Anteile hat die Besonderheit, dass die Werterhöhung unabhängig vom Entgelt eintritt, das der Leistende für die Anteilsabtretung erhält. Auch ein voll entgeltlicher Erwerb eigener Anteile führt zum Ruhen der Mitgliedschaftsrechte, das die Wertverschiebung zugunsten der anderen Anteile bewirkt. Ohne die Obergrenze würde somit auch die voll entgeltliche Abtretung Schenkungsteuer auslösen.

– Steuerbefreiung nach den §§ 13a, 13b ErbStG

Eine Begünstigung nach den §§ 13a, 13b ErbStG hat der BFH abgelehnt. Die Vorschriften gewähren einen Verschonungsabschlag und einen Abzugsbetrag, wenn – neben weiteren Voraussetzungen – Gegenstand des Erwerbs Anteile an Kapitalgesellschaften i. S. des § 13b Abs. 1 Nr. 3 ErbStG sind. Das ist im Rahmen des § 7 Abs. 8 ErbStG nicht der Fall. Zuwendungsgegenstand ist hier die Werterhöhung von Anteilen an einer Kapitalgesellschaft, die nicht zum begünstigungsfähigen Vermögen gehört.[28] Der Gesetzgeber hätte die Werterhöhung von Anteilen in den Katalog des § 13b Abs. 1 ErbStG aufnehmen können, soweit Gegenstand der Leistung an die Gesellschaft begünstigungsfähiges Vermögen i. S. der Vorschrift ist. Er hat von dieser Möglichkeit nach Auffassung des II. BFH-Senats aber bewusst keinen Gebrauch gemacht – weder unmittelbar bei Schaffung des § 7 Abs. 8 ErbStG noch zu einem späteren Zeitpunkt.

---

26 Vgl. R B 11.5 Abs. 3 S. 5 ErbStR 2019.

27 Vgl. R E 7.5 Abs. 12 S. 7 ErbStR 2019; gl. A. N. Schneider StJB 2011/2012, 487 (505 f.).

28 R E 7.5 Abs. 13 ErbStR 2019; aus der Lit. zB Loose in von Oertzen / Loose / Stalleiken, ErbStG, 3. Aufl. 2024, § 7 ErbStG Rz 576; N. Schneider StJB 2011/2012, 487 (505); Crezelius ZEV 2011, 393 (395); Korezkij DStR 2012, 163 (165); Potsch / Urbach KÖSDI 2012, 17747 (17751); Riedel DB 2011, 1888 (1890); ders. NZI 2011, 577 (579); a. A. Schulte / Sedemund BB 2011, 2080 (2082).

– Verhältnis zu § 7 Abs. 1 Nr. 1 ErbStG
Ob im Besprechungsfall zugleich eine Schenkung nach § 7 Abs. 1 Nr. 1 ErbStG an die Gesellschaft vorliegt, ist fraglich. Zwar ist keine Leistung im Hinblick auf die Mitgliedschaft (societatis causa) gegeben, denn die Leistenden sind mit der Anteilsabtretung aus der Gesellschaft ausgeschieden. Zweifelhaft ist aber, dass zwischen den Leistenden und der Gesellschaft eine substanzielle Vermögensverschiebung stattgefunden hat. Aus der Sicht der Gesellschaft stellt der (teil-)entgeltliche Erwerb eigener Anteile eine Kapitalrückgewähr an die Anteilseigner dar. Die Gesellschaft ist aus ihrer Perspektive nicht bereichert.

Der II. BFH-Senat brauchte hierzu nicht Stellung zu nehmen, da er von einem Vorrang des § 7 Abs. 8 Satz 1 ErbStG gegenüber dem Grundtatbestand des § 7 Abs. 1 Nr. 1 ErbStG ausgeht. Für diese Auslegung sprechen die Gesetzesmaterialien[29], nach denen Abs. 8 Satz 1 lex specialis ist. Sie hat allerdings zur Folge, dass immer dann, wenn unentgeltliche Leistungen ausscheidender Gesellschafter oder Dritter an eine Kapitalgesellschaft zu einer Erhöhung des Werts der Anteile der (Mit-)Gesellschafter führen, die Besteuerung einer Schenkung an die Gesellschaft nach Abs. 1 Nr. 1 ausgeschlossen ist.[30] Diese Rechtslage deckt sich mit der Besteuerung von Schenkungen an eine rechtsfähige Personengesellschaft. Auch diese werden nach § 2a Satz 2 ErbStG stets als Schenkungen an die Gesellschafter behandelt.

b) FG Münster, Urteil vom 23.5.2024 – 3 K 2585/21 Erb, Rev. II R 19/24

Das Urteil des FG Münster[31] ist noch nicht rechtskräftig; die Revision ist beim II. Senat anhängig.

– Sachverhalt
Zwei Brüder führten den Betrieb ihrer GmbH zunächst gemeinsam. Nach einem heftigen Streit verkaufte einer der Brüder seinen Geschäftsanteil an die GmbH. Der Verkauf erfolgte im Januar 2013 mit Wirkung zum November 2017. Als die Anteilsabtretung stattfand, hatte sich der Wert des Betriebs weit nach oben entwickelt. Der etwa fünf Jahre früher vereinbarte Kaufpreis lag inzwischen deutlich unter dem Wert des abgetretenen Anteils. Gegen den Schen-

29 Bericht des Finanzausschusses zu dem Gesetzentwurf der BReg. v. 26.10.2011, BT-Drs. 17/7524, S. 21.

30 Vgl. Binnewies GmbHR 2024, 1170 (1174 f.).

31 FG Münster v. 23.5.2024 – 3 K 2585/21 Erb, EFG 2024, 1619, Rev. II R 19/24.

kungsteuerbescheid machte der in der GmbH verbliebene Bruder geltend, der andere habe den Betrieb nach dem Streit nie wieder betreten und vor allem keinen Schenkungswillen besessen.

– Entscheidung des FG

Das FG hat sich deshalb (auch) mit der Frage auseinandergesetzt, ob der Tatbestand des § 7 Abs. 8 Satz 1 ErbStG eine ungeschriebene subjektive Komponente enthält, und dies bejaht. Anders als der BFH ist es davon ausgegangen, dass Abs. 8 Satz 1 lediglich den Grundtatbestand des Abs. 1 Nr. 1 modifiziert, indem er auf die substanzielle Vermögensverschiebung zwischen dem Zuwendenden und dem bedachten Gesellschafter verzichtet. Deshalb bedürfe es – wie beim Grundtatbestand[32] – eines Bewusstseins des Zuwendenden, zu der Vermögenshingabe weder rechtlich verpflichtet zu sein noch dafür eine mit der Leistung in einem synallagmatischen, konditionalen oder kausalen Zusammenhang stehende (gleichwertige) Gegenleistung zu erhalten.

– Einordnung der Entscheidung

Dagegen könnte sprechen, dass der Wortlaut des Satzes 1 – anders als der Wortlaut des Satzes 2 – keine subjektive Komponente enthält. Die Vorschrift knüpft jedenfalls nicht ausdrücklich an den Begriff der Freigebigkeit an, aus dem die Rechtsprechung das Erfordernis eines „Willens zur Unentgeltlichkeit“[33] für Abs. 1 Nr. 1 ableitet. Sie verweist auch nicht ausdrücklich auf Abs. 1 Nr. 1. Stattdessen wird der Tatbestand mit „Als Schenkung gilt“ eingeleitet. Dies deutet darauf hin, dass es sich um einen selbständigen Erwerbstatbestand handelt. Für diese Beurteilung könnte auch das Anliegen des Gesetzgebers sprechen, eine Besteuerungslücke zu schließen, indem überquotale Einlagen schenkungsteuerrechtlich einer Direktzuwendung an den Mitgesellschafter gleichstellt werden.[34] Solche Einlagen erfolgen gerade nicht unentgeltlich, sondern im Hinblick auf die Mitgliedschaft (societatis causa). Das Ziel der Stärkung der Gesellschaft und der private Zuwendungswille sind miteinander verflochten. Dieser Umstand könnte den Gesetzgeber dazu bewogen

32 Vgl. BFH v. 2.3.1994 – II R 59/92, BStBl. II 1994, 366; BFH v. 29.10.1997 – II R 60/94, BStBl. II 1997, 832; BFH v. 27.11.2013 – II R 25/12, BFH/NV 2014, 537; BFH v. 30.8.2017 – II R 46/15, BStBl. II 2019, 38.

33 BFH v. 2.3.1994 – II R 59/92, BStBl. II 1994, 366; BFH v. 27.8.2014 – II R 43/12, BStBl. II 2015, 241.

34 Vgl. Stellungnahme des BR zum Entwurf eines BeitrRLUmsG v. 17.6.2011, BR-Drs. 253/11 (Beschluss), S. 34.

haben, in Höhe des überquotalen Teils der Einlage eine Bereicherungsabsicht typisierend zu unterstellen.[35]

Eindeutig ist diese Auslegung allerdings nicht. Das FG verweist darauf, dass Abs. 8 Satz 1 die Begriffe des Zuwendenden und Bedachten aus dem Grundtatbestand verwendet. Auch sein Verweis auf die Gesetzessystematik ist berechtigt: Die Einleitung des Abs. 8 Satz 2 „Freigebig sind auch" lässt den Schluss zu, dass Satz 1 ebenfalls Freigebigkeit voraussetzt. Zu berücksichtigen ist zudem, dass das in Abs. 8 Satz 2 enthaltene Merkmal der Bereicherungsabsicht über den subjektiven Tatbestand des Abs. 1 Nr. 1 hinausgeht. Nach der ständigen Rechtsprechung des BFH ist ein auf die Bereicherung des Empfängers gerichteter Wille i. S. einer Bereicherungsabsicht (animus donandi) im Rahmen des Abs. 1 Nr. 1 nicht erforderlich.[36] Dies könnte bedeuten, dass trotz des Wortlauts des Abs. 8 Satz 2 Raum für ein Bewusstsein der Unentgeltlichkeit im Tatbestand des Satz 1 existiert.

Inwieweit sich der Senat im Revisionsverfahren II R 19/24 zu subjektiven Merkmalen äußern kann und wird, bleibt abzuwarten. Der Sachverhalt weist die Besonderheit auf, dass zwischen dem Abschluss des Anteilskaufvertrags und dessen Wirksamkeit sowie seinem Vollzug ca. fünf Jahre lagen. Zum einen könnte das FA einen unzutreffenden Besteuerungszeitpunkt gewählt haben, wovon das FG ausgegangen ist. Zum anderen dürfte den Vertragsparteien bewusst gewesen sein, dass sich der Wert des verkauften Anteils innerhalb von fünf Jahren erheblich verändern, also auch steigen kann.

2. Einlage eines GmbH-Anteils in eine KG

In einer durch das FG Hamburg[37] entschiedenen Sache war streitig, ob die Verschonungsregeln der §§ 13a, 13b ErbStG auf den Erwerb des Gesellschafters einer Personengesellschaft Anwendung finden. Die Revision war vom FA zunächst eingelegt, dann wieder zurückgenommen worden; das Urteil ist rechtskräftig.

---

35 Vgl. van Lishaut / Ebber / Schmitz Ubg 2012, 1 (2.3.1.2.).

36 Ausdr. BFH v. 2.3.1994 – II R 59/92, BStBl. II 1994, 366; BFH v. 29.10.1997 – II R 60/94, BStBl. II 1997, 832.

37 FG Hamburg v. 27.2.2024 – 3 K 117/22, EFG 2024, 1057, Rev. II R 8/24 zurückgen.

– Sachverhalt

Eltern und Töchter waren an einer GmbH und zugleich als Kommanditisten an einer GmbH & Co. KG beteiligt, allerdings mit jeweils unterschiedlichen Beteiligungsquoten. 2015 legten sie all ihre GmbH-Anteile ohne Gegenleistung in die KG ein. Streitbefangen war die überquotale Einlage einer Tochter zugunsten ihres Vaters.

– Entscheidung des FG

Zivilrechtlich ähnelt der Fall der Situation bei der überquotalen Einlage in eine Kapitalgesellschaft: Die Einlage der GmbH-Anteile erfolgt in das Vermögen der KG, die nach § 105 Abs. 2 i. V. m. § 161 Abs. 2 HGB selbst Trägerin dieses Vermögens ist. Zivilrechtlich können die Gesellschafter durch die Einlage nur eine Erhöhung des Werts ihrer Beteiligung erlangen. Da § 13b Abs. 1 Nr. 3 ErbStG aber auf den Erwerb eines Anteils an einer Kapitalgesellschaft abstellt, wird vertreten, die Norm sei nicht einschlägig, die Verschonung könne nicht gewährt werden.[38] Schenkungsteuerrechtlich gilt die KG indes als transparent. Die Leistung in das Vermögen der Gesellschaft wird unmittelbar den Gesellschaftern zugerechnet. Bei einer überquotalen Einlage soll eine substanzielle Vermögensverschiebung i. S. des § 7 Abs. 1 Nr. 1 ErbStG zwischen dem einlegenden Gesellschafter und den Mitgesellschaftern stattfinden. Das FG hat die Anwendbarkeit der Verschonungsregeln vor diesem Hintergrund bejaht. Das FG München hatte mit Urteil vom 21.6.2023[39] zu einer GbR eine ähnliche Entscheidung im Hinblick auf den grundsätzlich begünstigten Erwerb eines sog. Familienheims nach § 13 Abs. 1 Nr. 4a ErbStG getroffen.

– Einordnung der Entscheidung

Aus meiner Sicht haben die FG die für Personengesellschaften geltende Rechtslage konsequent fortentwickelt. Die nach der Rechtsprechung des II. BFH-Senats bestehende Transparenz der Personengesellschaft und die – im Besprechungsfall noch nicht existente – Fiktion des § 2a Satz 2 ErbStG bedeuten, dass der von der Gesellschaft erworbene Gegenstand eins zu eins den Gesellschaftern zugerechnet wird. Betrachtet man die KG schenkungsteuerrechtlich als transparent, haben die Gesellschafter nicht lediglich eine Erhöhung des Werts ihrer Beteiligung, sondern Anteile an Kapitalgesellschaften i. S. des § 13b

38 Trossen Ubg 2020, 554 (555); Wachter GmbHR 2020, 1041 (1052).

39 FG München v. 21.6.2023 – 4 K 1639/21, EFG 2023, 1411, Rev. II R 18/23.

Abs. 1 Nr. 3 ErbStG erworben.[40] M. E. wäre es rechtsdogmatisch nicht folgerichtig, die Bereicherung der Personengesellschaft zwar im Rahmen des § 7 Abs. 1 Nr. 1 ErbStG, nicht aber im Hinblick auf die Begünstigungstatbestände der §§ 13 bis 13b ErbStG auf die Gesellschafter durchschlagen zu lassen.[41]

III. Ausblick

Im Ergebnis lässt sich feststellen, dass die Belastung von Einlagen und sonstigen Leistungen an Personen- und Kapitalgesellschaften mit Schenkungsteuer nicht frei von Brüchen ist. Die Annahme, „alle diese Fälle [würden] im Wesentlichen gleich, also ‚rechtsformneutral' behandelt"[42], ist nicht gerechtfertigt. So verlangt § 7 Abs. 8 Satz 1 ErbStG für Kapitalgesellschaften, dass der Eintritt einer Werterhöhung bei den Anteilen der Gesellschafter positiv festgestellt wird. Für Personengesellschaften bedarf es dieser Feststellung m. E. nicht, da die Fiktion des § 2a Satz 2 ErbStG bedeutet, dass den Gesellschaftern unmittelbar das zugerechnet wird, was die Gesellschaft zivilrechtlich erworben hat. Unstimmig ist das Gesetz auch insofern, als die Leistung von begünstigungsfähigem Vermögen i. S. des § 13b Abs. 1 ErbStG an eine Personengesellschaft von der Schenkungsteuer befreit sein kann, die Leistung solchen Vermögens an eine Kapitalgesellschaft nach § 7 Abs. 8 ErbStG hingegen nicht. Ob die strukturellen Unterschiede zwischen Personen- und Kapitalgesellschaften diese Differenzierung rechtfertigen, erscheint fraglich.

Im Hinblick auf den Fiktionstatbestand des § 2a Satz 2 ErbStG ist bedauerlich, dass der Gesetzgeber am Status quo festgehalten hat, anstatt das ErbStG an die aktuelle Rechtslage im Gesellschaftsrecht anzupassen. Damit nimmt er ein weiteres Auseinanderlaufen von Personengesellschaftsrecht und Erbschaft- sowie Schenkungsteuerrecht in Kauf. Punktuelle Reparaturen des Gesetzes sind der Rechtssystematik und der Folgerichtigkeit des Rechts abträglich – das zeigen die in diesem Beitrag dargestellten Auslegungsschwierigkeiten einmal mehr. Im Hinblick auf Einlagen und sonstige Leistungen an Personen- und Kapitalgesellschaften wäre eine umfassende und konsistente Neuregelung – möglichst in einer Vorschrift – wünschenswert.

---

40 Gl.A. Geck in Kapp/Ebeling, ErbStG, Stand: Mai 2022, § 13a Rz 1; Bäuml NBW 2020, 3030 (3036); Christopeit DB 2021, 1229 (1232); Leidl DStR 2021, 13 (17); Milatz/Hornburg/Schulz ZEV 2020, 275 (278); Milatz/Schulz Stbg 2020, 15 (17 ff.); Stenert Ubg 2020, 555 (556); iErg auch Strauch/Sonnenschein DStR 2023, 862 (868).

41 So auch FG Hamburg v. 27.2.2024 – 3 K 117/22, EFG 2024, 1057, Rz 23.

42 Van Lishaut/Ebber/Schmitz Ubg 2012, 1 (2.3.1.1.).

Aktuelle Herausforderungen in Betriebsprüfungen
Prüfung der Rechtmäßigkeit von Schätzungen aus Sicht der Rechtsprechung

Dr. Egmont Kulosa, Richter am Bundesfinanzhof

I. Einführung

Der BFH hat das Thema „Schätzungen" seit gut zehn Jahren verstärkt für sich entdeckt, und zwar als Rechtsfrage. Schätzungen haben erhebliche Bedeutung für die Betroffenen; dies gebietet eine gründliche Rechtskontrolle durch die dritte Gewalt. Selbstverständlich muss eine Schätzung auf rechtlichen Maßstäben fußen – den allgemeinen rechtlichen Maßstäben, die im Rechtsstaat gelten.

Der erste Teil des Beitrags gibt einen systematischen Überblick über das Prüfungsraster für die Rechtmäßigkeit einer Schätzung. Im zweiten Teil geht es um Besonderheiten der einzelnen Schätzungsmethoden. Zum Schluss folgt noch ein Hinweis auf prozessuale Besonderheiten von Schätzungsfällen.

II. Systematik der Prüfung der Rechtmäßigkeit von Schätzungen

Überlegungen zu einer rechtlich sauberen Schätzung, die für die mit ihr befassten Personen nachvollziehbar ist, gliedern sich in drei Hauptbereiche:
- Die Herleitung der Schätzungsbefugnis dem Grunde nach,
- die Auswahl zwischen verschiedenen Schätzungsmethoden,
- die Durchführung der Schätzung der Höhe nach (einschließlich einer Plausibilitätsprüfung).

1. Schätzungsbefugnis dem Grunde nach

Hier stellen die Vorschriften des § 162 Abs. 1, 2 AO den gesetzlichen Ausgangspunkt dar. Danach *ist* zu schätzen, soweit die Finanzbehörde Besteuerungsgrundlagen nicht ermitteln oder berechnen kann. Dies gilt insbesondere, wenn die Buchführung oder die Aufzeichnungen[1] der Besteuerung nicht nach § 158 AO zugrunde gelegt werden (§ 162 Abs. 2 Satz 2 AO). Damit ist gemeint, dass die Buchführung wegen einer Verletzung der Vorschriften der §§ 140 – 148 AO nicht die in § 158 AO angesprochene Beweiskraft hat.

Auch die Schätzungsbefugnis dem Grunde nach hat wiederum drei Untervoraussetzungen:

- Benennung der verletzten Rechtsnorm, also die Bezeichnung eines formellen oder materiellen Mangels durch das FA,
- konkrete Angabe der Tatsachen, aus denen die Verletzung der Rechtsnorm folgt („Subsumtion"),
- Gewichtung des formellen oder materiellen Mangels im jeweiligen Einzelfall.

a) Benennung der verletzten Rechtsnorm

aa) Materielle Mängel

Materielle Mängel sind grundsätzlich die gravierenderen. Sie haben als solche bereits unmittelbare Auswirkungen auf das Buchführungsergebnis, also den Gewinn des einzelnen Jahres. Meistens handelt es sich um Verstöße gegen das Richtigkeits- und Vollständigkeitsgebot des § 146 Abs. 1 Satz 1 AO. Beispiele:

- Nichterfassung eines Teils der Einnahmen (dies ist ein Mangel, der in der Hierarchie ziemlich weit oben angesiedelt ist);
- Abzug von Aufwendungen als Betriebsausgaben, obwohl es keine sind;
- unzutreffende Abgrenzung zum Privatbereich;
- Ansatz fehlerhafter Jahresendbestände einzelner Wirtschaftsgüter;
- aber auch: negativer Kassenbestand (hierbei handelt es sich nicht etwa um einen formellen, sondern sogar um einen materiellen Mangel, da die Richtigkeit der Kassenaufzeichnungen dann zumindest an diesem Tag und in diesem Punkt denklogisch ausgeschlossen ist; deshalb legen Prüfer besonderen Wert auf die Suche nach rechnerisch negativen Kassenbeständen).

Materielle Mängel haben in der Betriebsprüfung immer Rechtsfolgen:

- Sie zwingen in jedem Fall zu einer Korrektur des Buchführungsergebnisses im Umfang des festgestellten Mangels.

---

1 Wenn im Folgenden vereinfachend von „Buchführung" die Rede ist, sind „Aufzeichnungen", die in Fällen der Gewinnermittlung durch Einnahmen-Überschuss-Rechnung geführt werden, grundsätzlich mit umfasst.

- Je nach ihrem Gewicht können sie aber auch Anlass geben, über den Umfang des beweisbaren Mangels hinaus ergänzende Schätzungen vorzunehmen (die sog. „Sicherheitszuschläge").
- In gravierenden Fällen berechtigen sie sogar dazu, die Buchführung vollständig zu verwerfen und eine Vollschätzung durchzuführen.

Aus Sicht des Finanzamts sind materielle Mängel häufig nur mit größeren Schwierigkeiten beweiskräftig festzustellen; das gilt vor allem für die Verkürzung von Einnahmen.

bb) Formelle Mängel

Formelle Mängel beschränken sich im Gegensatz zu materiellen Mängeln zunächst einmal auf die Organisation der Buchführung sowie die Einhaltung von Ordnungs- und Aufbewahrungsvorschriften. Sie sind daher für einen Betriebsprüfer zumeist in kürzester Zeit feststellbar.

(1) Einteilung der formellen Mängel

Entscheidend für die Besteuerung bleibt jedoch das materielle Buchführungsergebnis. Allein das offene Zutagetreten eines formellen Mangels lässt für sich genommen noch keinen logisch zwingenden Schluss darauf zu, dass auch das Ergebnis der Buchführung fehlerhaft ist, also die Höhe des am Ende ermittelten Gewinns, der für die Besteuerung entscheidend ist.

Hieraus folgt eine wichtige Einschränkung, die die Rechtsprechung vornimmt, und zu der das FA auch eine Begründung geben muss: eine Schätzungsbefugnis ist bei formellen Mängeln nur insoweit gegeben, als sie Anlass geben, auch die sachliche Richtigkeit des Buchführungsergebnisses anzuzweifeln.[2]

Bei formellen Mängeln gibt es daher die folgende Grunddifferenzierung:

- Es gibt formelle Mängel, die das FA nicht zu einer Änderung des Buchführungsergebnisses berechtigen (Beispiel: Allein die fehlende Datierung vorhandener und lückenlos nummerierter Tagesendsummenbons hat der BFH als geringfügig angesehen[3]). Der Prüfer muss sich dann darauf beschränken, den Steuerpflichtigen darauf hinzuweisen, dass die verletzte Formvorschrift für die Zukunft bitte zu beachten ist. Geld kostet dies den Steuerpflichtigen nicht.

---

2 BFH-Urteile vom 17.11.1981 – VIII R 174/77, BStBl. II 1982, 430, und vom 14.12.2011 – XI R 5/10, BFH/NV 2012, 1921, Rz 22.

3 BFH-Urteil vom 25.3.2015 – X R 20/13, BStBl. II 2015, 743, unter II.1.a bb.

- In einem mittleren Bereich bewegen sich solche formellen Mängel, die zu einer „kleinen Schätzungsbefugnis“ berechtigen. Die formellen Mängel deuten mit einer gewissen Wahrscheinlichkeit darauf hin, dass das Buchführungsergebnis auch inhaltlich (materiell) fehlerhaft ist; der Umfang dieser Fehler ist aber nach praktischer Erfahrung im konkreten Einzelfall wohl eher gering. Rechtsfolge ist hier i. d. R. ein Sicherheitszuschlag im unteren Bereich, in der Praxis zumeist zwischen 2 und 5 %, eventuell auch 10 % des Umsatzes.
- Zur „Königsklasse“ gehören formelle Mängel, die so gravierend sind, dass sie der gesamten Buchführung ihre Nachvollziehbarkeit nehmen. Dies ist der einfachste Weg für den Betriebsprüfer, eine umfassende Schätzungsbefugnis zu begründen.

(2) Gravierende formelle Mängel
Die häufigsten Beispiele für derartige gravierende formelle Mängel sind abhängig von den in der Praxis typischerweise verwendeten Kassensystemen:
- bei offenen Ladenkassen: Fehlen täglicher Aufzeichnungen über das tatsächliche Auszählen des Kassenbestands;
- bei „einfachen“ Registrierkassen (die es seit 2020 nicht mehr geben darf, zu denen aber noch viele Verfahren bei den Gerichten anhängig sind): das Fehlen von Tagesendsummenbons;
- bei programmierbaren Kassensystemen: die objektive Manipulierbarkeit des Systems; ggf. auch das Fehlen der Dokumentationsunterlagen (Bedienungsanleitung und Protokolle sämtlicher Programmiervorgänge).

Die beiden erstgenannten Sachverhalte (Fehlen von Aufzeichnungen über das Auszählen bzw. von Tagesendsummenbons) sind in der höchstrichterlichen Rechtsprechung schon lange im Sinne der Begründung einer Schätzungsbefugnis anerkannt,[4] obwohl streng genommen damit noch kein Nachweis eines auch inhaltlich fehlerhaften Buchführungsergebnisses erbracht ist. Aber es fehlt nun einmal an der grundlegenden Nachvollziehbarkeit und Überprüfbarkeit der Buchführungsunterlagen. Dies wird in der täglichen Betriebsprüfungspraxis so gehandhabt und von der Rechtsprechung bestätigt.

---

4 Zu offenen Ladenkassen z. B. BFH vom 20.6.1985 – IV R 41/82, BFH/NV 1985 S. 12.

(3) Objektive Manipulierbarkeit bei elektronischen Kassensystemen

Hingegen steckt die Rechtsprechung zur objektiven Manipulierbarkeit elektronischer Kassensysteme derzeit noch in einer gewissen Findungsphase. Selbstverständlich stellt die objektive Manipulierbarkeit eines elektronischen Kassensystems einen gravierenden formellen Mangel dar, auch wenn der Außenprüfer dem Steuerpflichtigen keine konkreten Manipulationen nachweisen kann. Sind hingegen tatsächliche Manipulationen nachweisbar, handelt es sich sogar um einen materiellen Mangel, der regelmäßig hohe Hinzuschätzungen rechtfertigt.

In diesem Zusammenhang hatte der BFH kürzlich einen ganz besonderen Fall zu entscheiden: es ging um die Gewährung von Vertrauensschutz bei Nutzung einer objektiv manipulierbaren Altkasse, die bereits in den 1980er Jahren entwickelt worden war, vom Steuerpflichtigen aber auch in den 2010er Jahren noch genutzt wurde.[5] Das Kernproblem des Falles hat sich mit dem Inkrafttreten der gesetzlichen Regelungen über die Anforderungen an elektronische Aufzeichnungssysteme (§ 146a AO) zum 1.1.2020 erledigt. Gleichwohl bleiben die Ausführungen in den Entscheidungsgründen von Bedeutung, da hier erstmals auch der Grundsatz des Vertrauensschutzes in einem Schätzungsfall angewendet wird. Die Erkenntnis, dass dies grundsätzlich möglich ist, gilt unabhängig von der konkreten, auf Altkassen bezogenen Problemstellung.

Das große Verdienst der Vorinstanz lag im konkreten Verfahren darin, den Aufwand der Beauftragung eines Sachverständigen zur Begutachtung der vom Kläger genutzten Kasse nicht gescheut zu haben. Hinzu kam, dass das FG mit der Person des Sachverständigen eine äußerst glückliche Hand hatte; es handelte sich nämlich um denjenigen Entwickler, der in den 1980er Jahren die Kassensoftware programmiert hatte.

Der Kläger hatte während der Außenprüfung zwar eine fortlaufend durchnummerierte Folge von Z1-Bons vorlegen können. Dies stellt – im ersten Schritt – ein starkes Indiz für die Lückenlosigkeit der Kassenaufzeichnungen dar. Dieses Indiz war im Streitfall aber – im zweiten Schritt – zunächst einmal bis annähernd zur Wertlosigkeit entkräftet, da sich nach sachverständiger Begutachtung der Kasse herausstellte, dass der Stand des Z1-Zählers durch Eingabe entsprechender Codes beliebig verändert werden kann, und zwar ohne dass solche Veränderungen dokumentiert werden. Eine solche Kasse ist für steuerliche Zwecke unbrauchbar; dies hat der BFH auch deutlich ausgesprochen.

---

5 BFH-Urteil vom 28.11.2023 – X R 3/22, DStR 2024, 860.

Bei dieser Erkenntnis ist der BFH aber nicht stehengeblieben, sondern ist noch einen dritten Schritt gegangen. Im Streitfall könnte nämlich einiges dafürsprechen, dass die Veränderbarkeit des Z1-Zählers nicht deshalb Teil der Kassensoftware geworden ist, um den Anwendern Manipulationen zu ermöglichen. Der Sachverständige gab hierzu an, dass dies der Wiederherstellung der vormaligen Kasseneinstellungen nach einer Reparatur diene und der Code – zunächst – nur einem kleinen Kreis von Personen bekannt gewesen sei. Eventuell war es im Zeitpunkt der Erstellung der Kassenprogrammierung in den 1980er Jahren gar nicht anders möglich, den Zweck der Wiederherstellung der Einstellungen zu erfüllen, als durch eine solche Änderungsmöglichkeit. Das Bewusstsein für Manipulationsmöglichkeiten ist – auf allen Seiten – erst im Laufe der Zeit allmählich gewachsen.

Auf der anderen Seite ist der BFH allerdings nicht so naiv, anzunehmen, ein Geheimcode, der objektiv für Kassenmanipulationen geeignet ist, würde nicht im Laufe der Jahrzehnte von der Ebene des Kassenprogrammierers über die Kassenhändler bis zu den Kassennutzern durchsickern und dort dann auch für andere Zwecke als seine ursprüngliche Bestimmung genutzt werden. Es kann daher im Regelfall weder festgestellt noch ausgeschlossen werden, ob ein konkreter Anwender einer solchen Kasse Kenntnis von den objektiv gegebenen Manipulationsmöglicheiten hatte.

Auch in einer solchen Situation hält der BFH – in geeigneten Einzelfällen – aber einen gewissen Schutz des Steuerpflichtigen für möglich. Die differenzierenden Kriterien dafür sind in der Entscheidung genannt.[6] Insbesondere muss der Kassenhersteller redlich gewesen sein; er darf die Unsauberkeit bei der Programmierung also nicht mit dem Ziel vorgenommen haben, den Kassennutzern eine Manipulationsmöglichkeit zu eröffnen. Ferner darf die Finanzverwaltung die Nutzung des – in der Praxis nennenswert verbreiteten – Kassenmodells bisher nicht unter Manipulationsgesichtspunkten beanstandet haben. Schließlich muss im konkreten Einzelfall eine „weit überwiegende Wahrscheinlichkeit" gegen eine tatsächliche Manipulation sprechen. Selbst wenn diese vier Voraussetzungen für die Gewährung von Vertrauensschutz vorliegen, fällt das – grundsätzlich sehr hohe – Gewicht des in der objektiven Manipulierbarkeit der verwendeten Kasse liegenden formellen Mangels aber nicht vollständig weg; vielmehr kommt es lediglich zu einer Reduzierung des Gewichts des Mangels. In der Praxis kann sich dies dahingehend auswirken, dass statt einer Vollschätzung nur noch ein Sicherheitszuschlag zulässig sein könnte. Dem Steuerpflichtigen im konkreten BFH-Fall würde dies bereits sehr

6 BFH-Urteil vom 28.11.2023 – X R 3/22, DStR 2024, 860, Rz 49.

helfen, denn die Vollschätzung hatte dort zu einer Verdreifachung der erklärten Erlöse und sogar zu einer Verzehnfachung der Gewinne geführt.

(4) Nichtaufbewahrung von Dokumentationsunterlagen elektronischer Kassensysteme

Mittlerweile prüfen die Finanzämter aber verstärkt auch die Dokumentationsunterlagen elektronischer Kassensysteme auf ihre Vollständigkeit. Die Finanzverwaltung hat diese Anforderung schon lange gestellt,[7] ist darin aber erst im Jahr 2015 vom BFH bestätigt worden.[8] Der BFH hat sehr deutlich erklärt, dass bei Nutzung programmierbarer Kassensysteme schon die Nichtaufbewahrung der Bedienungsanleitung und der Programmierprotokolle einen gravierenden formellen Mangel darstellt, dessen Gewicht so hoch ist, dass er bereits für sich genommen zu einer Schätzungsbefugnis dem Grunde nach führt. Seitdem sind Betriebsprüfungen in diesem Punkt wesentlich schärfer und formaler geworden. Der Berater muss daher beim jährlichen Mandantengespräch unbedingt auf die Aufbewahrungspflicht derartiger Unterlagen hinweisen.

Trotz Nichtaufbewahrung gibt es aber zwei Fallgruppen, in denen man einer Hinzuschätzung entgehen kann. Der Steuerpflichtige kann entweder darlegen, dass seine Kasse überhaupt nicht manipulierbar ist oder dass er trotz fehlender Dokumentation und trotz grundsätzlicher Manipulierbarkeit tatsächlich keine Manipulationen vorgenommen hat.

Im Grundsatzurteil zum Zeitreihenvergleich aus 2015, das eine Registrierkasse älterer und sehr einfacher Bauart betraf, hat der BFH hierzu ausgeführt, der Steuerpflichtige habe die Möglichkeit, für den konkreten Einzelfall darzulegen, dass die von ihm verwendete elektronische Kasse ausnahmsweise keine Manipulationsmöglichkeiten eröffnet.[9] Es mag damals solche alten Kassen gegeben haben, die so fest verdrahtet sind, dass sie nicht manipuliert werden konnten. Heute dürfen solche Kassen aber nicht mehr verwendet werden. Ob bzw. welche Ausnahmen bei modernen, frei programmierbaren PC-Kassensystemen vorzunehmen sind, hat der BFH in einer späteren Entscheidung ausdrücklich offengelassen und diese Frage als grundsätzlich bedeutsam bezeichnet.[10] M.E. wird hier eine Darlegung der fehlenden Manipulierbarkeit kaum

7 BMF-Schreiben vom 7.11.1995, BStBl. I 1995, 738, Tz. VI.c; vom 26.11.2010, BStBl. I 2010, 1342, und vom 14.11.2014, BStBl. I 2014, 1450, Tz. 111.

8 BFH-Urteil vom 25.3.2015 – X R 20/13, BStBl. II 2015, 743, unter II.1.a cc.

9 BFH-Urteil vom 25.3.2015 – X R 20/13, BStBl. II 2015, 743, Rz 28.

10 BFH-Beschluss vom 23.2.2018 – X B 65/17, BFH/NV 2018, 517, Rz 36.

möglich sein. Es ist allerdings darauf hinzuweisen, dass all diese Entscheidungen natürlich Fälle vor Inkrafttreten der Kassensicherungsverordnung betrafen. Verfahren zu Kassen, die unter diese Verordnung fallen, gibt es am BFH derzeit noch nicht. Hier müsste dann ggf. eine ganz neue Beurteilung vorgenommen werden. Ich halte es für denkbar, dass Kassen, die die Anforderungen der KassenSichVO erfüllen, als „nicht manipulierbar" angesehen werden, sodass die Nichtaufbewahrung der Dokumentationsunterlagen nicht mehr einen so gravierenden Mangel darstellen würde wie in Veranlagungszeiträumen vor 2020. Ohnehin dürften diese Kassen auch Änderungen der Einstellungen speichern. Das Thema der Nichtaufbewahrung der Kassendokumentation dürfte daher in der Praxis für Veranlagungszeiträume ab 2020 weniger (vielleicht auch deutlich weniger) Bedeutung haben als zuvor.

Für Veranlagungszeiträume bis 2019 ist hingegen die zweite Ausnahme wichtiger, die Darlegung des Fehlens einer tatsächlichen Manipulation. Auch in einem weiteren Verfahren, das zum BFH gelangt ist, hatte das Finanzgericht einen Sachverständigen beauftragt. Zusätzlich beauftragte auch der Steuerpflichtige noch einen fachkundigen Privatgutachter. Beide lieferten fachlich sehr ordentliche Gutachten ab und vermittelten dem BFH die folgenden Erkenntnisse:[11]

(1) Jedes PC-Kassensystem sei manipulierbar, da es die Daten in Datenbank-Tabellen ablege, deren Einträge frei änderbar seien.

(2) Die Einträge in den verschiedenen Tabellen stünden allerdings in Relation zueinander („relationale Datenbanken"), sodass ein simples Überschreiben von Daten einem fachkundigen Prüfer auffallen würde, weil dann die Relation der Daten zueinander nicht mehr plausibel sei.

(3) Eine nicht erkennbare Manipulation sei möglich, wenn in den verschiedenen Tabellen wieder zueinander plausible Relationen geschaffen würden. Dies übersteige allerdings die Möglichkeiten des gewöhnlichen Anwenders der Software. Hingegen könne ein Software-Spezialist solche nicht mehr erkennbaren Manipulationen vornehmen. Den Zeitaufwand für die Manipulation der Buchhaltungsdaten einer Woche (im Streitfall: bei einem eher kleinen Friseursalon) schätzte der Sachverständige auf die Arbeitszeit eines Software-Spezialisten an einem Wochenende.

Der BFH musste dazu nicht weiter Stellung nehmen, weil er den konkreten Fall an das FG zurückverwiesen hat. Für Kleinbetriebe dürfte sich die Beschäftigung eines teuren Manipulations-Spezialisten angesichts des vom Sachver-

11 BFH-Beschluss vom 23.2.2018 – X B 65/17, BFH/NV 2018, 517, Rz 10.

ständigen geschätzten Zeitaufwands aber wohl nicht lohnen. Diese Betriebe werden also entweder durch bloßes Überschreiben von Daten manipulieren (was ein guter Prüfer aufdecken kann) oder durch Einsatz von Zapper-Software. Vor beiden Manipulationsversuchen sollten eigentlich die technischen Vorkehrungen der Kassensicherungs-Verordnung schützen, sodass man vorsichtig optimistisch sein kann, dass sich auch die Bedeutung dieser Problematik für Veranlagungszeiträume ab 2020 in Betriebsprüfungen deutlich abschwächen dürfte.

Trotz des Umstands, dass der BFH die Verwaltungsauffassung in diesem Punkt bestätigt hat, sollten die Betriebsprüfer aber mit Augenmaß vorgehen. Und auch der X. Senat des BFH rudert hier bereits langsam, aber erkennbar zurück, weil er die Auswirkungen seiner Entscheidung zu den Programmierprotokollen auf die Betriebsprüfungspraxis deutlich unterschätzt hat. Die Nichtaufbewahrung von Programmierunterlagen ohne konkrete Anhaltspunkte für tatsächliche Manipulationen dürfte – so wohl die aktuelle Auffassung des Senats – *allein* (also ohne das Hinzutreten weiterer Mängel) jedenfalls nicht zur Vollschätzung berechtigen, sondern eher mit einem Sicherheitszuschlag abzugelten sein. Der Senat hat in diesem Zusammenhang kürzlich auch eine Revision zugelassen.[12]

b) Angabe der Tatsachen, aus denen die Verletzung der Rechtsnorm folgt

Die Finanzverwaltung trägt die Feststellungslast für steuererhöhende Tatsachen.[13] Daher muss sie in ihren schriftlichen Stellungnahmen die Tatsachen, auf die sie eine Schätzungsbefugnis stützen will, möglichst genau bezeichnen (im Bp-Bericht, spätestens in der Einspruchsentscheidung). Fehlt es daran, hat das FA eine Schätzungsbefugnis nicht nachvollziehbar dargelegt. Berater und Instanzrichter sollten in diesem Punkt auf klaren Tatsachenangaben bestehen, denn erst klare Angaben eröffnen die Möglichkeit einer tatsächlichen und rechtlichen Prüfung. Aus Sicht eines Revisionsrichters gilt die Pflicht zu klaren Tatsachenfeststellungen auch für das FG in der Urteilsbegründung von Schätzungsfällen.

In Bp-Berichten findet man häufig die pauschale Aussage, der Steuerpflichtige habe „einen Teil seiner Ausgangsrechnungen“ (oder: „einige Rechnungen“ / „zahlreiche Rechnungen“) nicht aufbewahrt. Derart unkonkrete Aussagen genügen im Allgemeinen nicht, denn für die Beurteilung der Frage, ob dem Grunde nach überhaupt eine Schätzungsbefugnis besteht, vor allem aber

12 Az. X R 27/24.

13 BFH-Urteil vom 2.3.2006 – II R 57/04, BFH/NV 2006, 1480, unter II.6., m. w. N.

für die Höhe der Hinzuschätzung ist von entscheidender Bedeutung, welchen Umfang der Mangel hat. Es stellt aber einen erheblichen Unterschied dar, ob nur zwei von insgesamt 100.000 Ausgangsrechnungen nicht aufbewahrt worden sind oder aber 3.000 von insgesamt nur 8.000 Belegen. In einem solchen Fall sollte der Prüfer daher möglichst konkret die fehlenden Rechnungsnummern sowie die Gesamtanzahl der Rechnungen angeben.

Gleiches gilt beim Fehlen von Tagesendsummenbons oder anderen aufbewahrungspflichtigen Unterlagen: Es kommt darauf an, wie viele und welche Tagesendsummenbons fehlen. Enthält ein Bp-Bericht solche konkreten Angaben nicht, kann sich ein unabhängiger Dritter kein eigenes Bild von der Schwere des Mangels machen.

c) Gewichtung des Buchführungsmangels im konkreten Einzelfall

Erforderlich sind einzelfallbezogene Aussagen zum Gewicht des festgestellten Buchführungsmangels. Gerade solche Aussagen findet man in Bp-Berichten aber kaum. Zwar mag in bestimmten Fällen eine pauschale Feststellung ausreichend sein („Das Fehlen täglicher Aufzeichnungen über den Bestand der offenen Ladenkasse stellt einen gravierenden Mangel dar, da der Steuerpflichtige 70 % seiner Einnahmen in Form von Bargeld erzielt und die ordnungsmäßige Kassenführung, daher von zentraler Bedeutung für das gesamte Buchführungsergebnis ist.“).

Zahlreiche andere Fälle stellen sich aber nicht als so eindeutig dar. Dann bedarf es konkreter Aussagen des FA. Hierfür gelten die folgenden Leitgedanken:

- Ist ein materieller Mangel so gravierend, dass er über die bloße Korrektur des festgestellten Fehlers hinaus zu einer Hinzuschätzung oder sogar Vollschätzung berechtigt?
- Oder: Ist ein formeller Mangel so gravierend, dass die Nachvollziehbarkeit (insbesondere) der vollständigen Erfassung der Betriebseinnahmen entscheidend beeinträchtigt ist,[14] oder gibt es trotz Nichtbeachtung einer Ordnungsvorschrift keinen Anhaltspunkt für eine Unrichtigkeit des materiellen Buchführungsergebnisses?

---

14 Z. B. BFH-Urteil vom 25.3.2015 – X R 20/13, BStBl. II 2015, 743, unter II.1.a aa: Lückenhaftigkeit der Tagesendsummenbons über einen Zeitraum von 2 ½ Monaten.

Das ist die Anwendung des Verhältnismäßigkeitsgrundsatzes in Reinkultur. In neueren Entscheidungen wird dies auch vom BFH klar ausgesprochen.[15] Im jüngsten dieser Fälle war wohl nachgewiesen, dass der Steuerpflichtige einen Teil seines Wareneinkaufs nicht gebucht hatte (also „Schwarzeinkäufe" getätigt hatte). Grundsätzlich handelt es sich dabei um einen schweren materiellen Mangel, da in solchen Fällen die Schlussfolgerung gezogen werden darf, dass der Steuerpflichtige auch einen Teil seiner Erlöse nicht erklärt hat („Doppelverkürzung"). Im konkreten Fall hatten aber weder das FA noch das FG erwähnt, dass der nicht gebuchte Wareneinkauf nur bei 0,1 % des gesamten Wareneinkaufs lag. In einem solchen Fall wird man aus einem Schwarzeinkauf keine allzu gravierenden Rechtsfolgen ableiten können.[16]

2. Auswahl und Konkurrenzen zwischen verschiedenen Schätzungsmethoden

Das FA muss sich in sachgerechter Weise zwischen den verschiedenen Schätzungsmethoden entscheiden. Diese Auswahl ist nach pflichtgemäßem Ermessen (§ 5 AO) zu treffen. Daher entsteht – wie stets bei Ermessensentscheidungen – ein Kontinuum zwischen der nicht überprüfbaren eigenen Entscheidungsbefugnis des FA und den stets einzuhaltenden rechtlichen Bindungen, also ein kontinuierlicher Anstieg der Anforderungen in Abhängigkeit von der Gewichtung der vorgefundenen Situation.

Es gibt ältere Rechtsprechung, aus der mitunter abgeleitet wird, dass das FA bei der Auswahl vollkommen frei sei. Dies ist tatsächlich aber nicht der Fall. Mittlerweile hat der BFH klargestellt, dass eine (weitgehende) Freiheit des FA nur bei der Auswahl zwischen mehreren *gleich geeigneten* Schätzungsmethoden besteht.[17] Als im Regelfall gleich geeignet sieht der BFH dabei die Methoden der Aufschlagkalkulation und der Geldverkehrs- bzw. Vermögenszuwachsrechnung an, wobei es naturgemäß im Einzelfall gute oder sogar zwingende Gründe geben kann, gerade die eine oder die andere Methode zu bevorzugen.

Demgegenüber sind Methoden, die tendenziell ungenauer sind, im Verhältnis zu genaueren Methoden nachrangig. Eher ungenau sind z. B. die griffweise Schätzung, die Richtsatzschätzung, aber auch der Zeitreihenvergleich. Auch

---

15 BFH-Urteil vom 25.3.2015 – X R 20/13, BStBl. II 2015, 743, Rz 60; vor allem BFH-Urteil vom 28.11.2023 – X R 3/22, DStR 2024, 860, Rz 36, 45, 61.

16 BFH-Urteil vom 28.11.2023 – X R 3/22, DStR 2024, 860, Rz 74 ff.

17 Zum Ganzen BFH-Urteil vom 25.3.2015 – X R 20/13, BStBl. II 2015, 743, unter II.3.b.

hier gilt natürlich: Je gravierender die Pflichtverletzungen des Steuerpflichtigen und je schwerer die Buchführungsmängel sind, desto weniger tatsächliche Anknüpfungspunkte werden im Allgemeinen für eine der genaueren Schätzungsmethoden zur Verfügung stehen und desto eher wird das FA befugt sein, eine der gröberen Methoden heranzuziehen.

Auch für das Finanzgericht gilt: Eine griffweise Schätzung, die ein FG vornimmt, ohne eine Sachaufklärung für eine genauere Schätzungsmethode wenigstens zu versuchen und ohne die Beteiligten auf die beabsichtigte Schätzung hinzuweisen, stellt einen Verfahrensmangel dar.[18]

In diesem Zusammenhang erlangt auch die Unterscheidung zwischen einer Vollschätzung und einer Teilschätzung Bedeutung. Bei einer Vollschätzung kommt es zur Verwerfung der gesamten Buchführung, verbunden mit einer eigenständigen Einkünfteermittlung durch das FA. Bei einer Teilschätzung wird das Buchführungsergebnis grundsätzlich auch vom FA herangezogen; es nimmt aber einige ergänzende Korrekturen vor. Da die Vollschätzung den stärkeren Eingriff darstellt, wird sie grundsätzlich nur bei gravierenden Buchführungsmängeln zu rechtfertigen sein.[19] Auch dies hat der BFH jüngst ausdrücklich entschieden.

3. Schätzung der Höhe nach

Rechtlicher Ausgangspunkt ist hier § 162 Abs. 1 Satz 2 AO, wonach alle Umstände zu berücksichtigen sind, die für die Schätzung von Bedeutung sind. Dabei ist zu differenzieren zwischen
- der technisch korrekten Anwendung der ausgewählten Schätzungsmethode
- und der Ableitung und Verprobung des rechnerischen Schätzungsergebnisses.

a) Technisch korrekte Anwendung der ausgewählten Schätzungsmethode

Dass die gewählte Methode vom Betriebsprüfer rechnerisch-technisch korrekt und in sich schlüssig angewendet werden muss, ist eine Selbstverständlichkeit. In der Praxis stellt sich aber das Problem, dass schon bei eher simplen Methoden wie der Geldverkehrsrechnung, erst recht aber bei komplexeren Methoden wie einer Aufschlagkalkulation – ganz zu schweigen von Methoden

18 BFH-Beschluss vom 29.9.2011 – X B 35/11, BFH/NV 2012, 177.
19 BFH-Urteil vom 28.11.2023 – X R 3/22, DStR 2024, 860, Rz 88.

wie Zeitreihenvergleich, die nur noch computergestützt anwendbar sind – im Prinzip eine unbegrenzte Zahl von Tatsachen und sonstigen Parametern in das Schätzungsergebnis einfließen kann. Für welche Ausgaben der Steuerpflichtige seine Einnahmen verwendet (Geldverkehrsrechnung), welche Zutaten er mit welchen Anteilen zu den von ihm angebotenen Speisen kombiniert (Aufschlagkalkulation) und in welchem Zeitraum er die von ihm an einem bestimmten Tag eingekauften Waren verbraucht (Zeitreihenvergleich), wird niemals mit „mathematischer" Sicherheit feststellbar sein.

Die Prüfungspraxis wird sich daher immer mit einem gewissen Grad an Wahrscheinlichkeit der getroffenen Schätzungsannahmen behelfen müssen. Wie genau die Tatsachenermittlungen ausfallen müssen und welcher Grad an Wahrscheinlichkeit der getroffenen Annahmen zu fordern ist, ist im Verhältnis zwischen den Beteiligten quasi „Verhandlungssache" und für das letztlich entscheidende Finanzgericht eine Frage der Einzelfallbeurteilung, der die Beteiligten weitestgehend „ausgeliefert" sind.

Wichtig ist die Nachprüfbarkeit der Tatsachengrundlagen der vom FA vorgenommenen Schätzung: Das Vorbringen des FA, bei den zugrunde gelegten Zahlen handele es sich um „Erfahrungswerte der Betriebsprüfung aus der Prüfung anderer Betriebe", reicht nicht aus, weil das Gericht die Rechtmäßigkeit der Schätzung anhand einer solchen Angabe nicht überprüfen kann.[20]

b) Ableitung und Verprobung des rechnerischen Schätzungsergebnisses (Plausibilitätsprüfung)

Zum Schluss müssen das FA und FG zwingend noch eine Kontrollüberlegung anstellen, die in der Praxis aber häufig vergessen wird: So muss das Schätzungsergebnis in sich schlüssig, wirtschaftlich vernünftig und möglich sein.[21] Auch wenn das Rechenwerk einer Schätzung „technisch-formal" in Ordnung zu sein scheint, ist also eine Plausibilitätsprüfung des Schätzungsergebnisses – also der Höhe der dem Steuerpflichtigen zugerechneten Einkünfte – vorzunehmen. Dabei ist zwischen der objektiven Plausibilität und der betriebsbezogenen Plausibilität zu unterscheiden.

An der *objektiven* Plausibilität fehlt es, wenn das Schätzungsergebnis schon ohne Rückgriff auf betriebliche Besonderheiten schlicht nicht möglich ist. So ist eine erhebliche Überschreitung der oberen Richtsatzspanne grund-

---

20 BFH-Urteil vom 17.6.2004 – IV R 45/03, BFH/NV 2004, 1618, unter 1.b cc.

21 BFH-Urteil vom 17.6.2004 – IV R 45/03, BFH/NV 2004, 1618.

sätzlich nicht plausibel, sofern keine betrieblichen Besonderheiten erkennbar sind, die hierzu geführt haben könnten.[22]

Die *betriebsbezogene* Plausibilität fehlt, wenn das vom FA geschätzte Ergebnis bei Betrachtung der konkreten betrieblichen Situation nicht schlüssig erzielbar ist. Hier kann der Steuerpflichtige und sein Berater eine Vielzahl von Umständen anführen. Bloße Spekulationen und unbewiesene Behauptungen genügen allerdings nicht.

Zu den verfahrensrechtlichen Folgen beim Unterbleiben der Plausibilitätsprüfung in FG-Urteilen komme ich im prozessualen Teil am Schluss meines Vortrags.

III. Detailfragen zu einzelnen Schätzungsmethoden

1. Aufschlagkalkulation, Geldverkehrsrechnung

Diese beiden Methoden sollen hier nur am Rande erwähnt werden. Es handelt sich um klassische Methoden, die in der Rechtsprechung seit langem anerkannt sind. Hierzu gibt es im Detail auch nichts Neues vom BFH. Wenn das Ausgangs-Datenmaterial zuverlässig und brauchbar ist, wird die Rechtsprechung eine ordnungsgemäß durchgeführte Aufschlagkalkulation oder Geldverkehrsrechnung in aller Regel nicht beanstanden.

Gleichwohl wendet die Finanzverwaltung diese Methoden nur noch ungern an, weil sie aus Sicht der Betriebsprüfer mehrere Nachteile haben:

- Das notwendige Ausgangs-Datenmaterial kann mit Unsicherheiten behaftet sein (z.B. die Zusammensetzung der Gerichte eines Restaurants oder Hofcafés; bei der Geldverkehrsrechnung Unsicherheiten über den Verbleib von Bargeld. Die Möglichkeit, Bargeld ins Ausland verbracht zu haben, wird meist nicht sicher ausgeschlossen werden können);
- der Steuerpflichtige, der seinen Betrieb und seine Verhältnisse am besten kennt, hat die Möglichkeit, eine Fülle von Einwendungen zu erheben, die das FA mangels Kenntnis der betrieblichen Verhältnisse nicht immer widerlegen kann;
- diese Kalkulationen sind für den Betriebsprüfer sehr zeitaufwändig.

---

22 BFH-Urteil vom 17.6.2004 – IV R 45/03, BFH/NV 2004, 1618, unter 1.b aa.

2. Elektronische Schätzungsmethoden, insbesondere Zeitreihenvergleiche

a) Einführung

Deshalb verfolgte die Finanzverwaltung zwischenzeitlich die Tendenz, immer stärker elektronische Verprobungs- und Schätzungsmethoden einzusetzen. Dies ist für den Betriebsprüfer sehr einfach, weil die spezielle Software der Finanzverwaltung innerhalb kurzer Zeit ein Ergebnis ausweist. Dieses Ergebnis übersteigt den vom Steuerpflichtigen erklärten Gewinn meistens weit. Der Betriebsprüfer wird nun dem Steuerpflichtigen die Last zuweisen das Schätzungsergebnis der Software zu widerlegen.

Die Finanzverwaltung hat auf die Grundsatzentscheidung des BFH aus dem Jahr 2015, aus der eine gewisse Vorsicht gegenüber solchen mathematisch-statistischen Methoden erkennbar wird, viel stärker reagiert, als dies zu erwarten war: Der BFH hat den Anwendungsbereich dieser Methoden lediglich *einschränken* und eine allzu unkritische Anwendung verhindern, die Methoden aber nicht gänzlich verwerfen wollen. Die Finanzverwaltung hat die Entscheidung aber möglicherweise etwas überinterpretiert und wendet derartige Methoden in der Praxis so gut wie gar nicht mehr an.

b) Problembereiche des Zeitreihenvergleichs

- Es gibt denklogisch immer Mehrergebnisse im Vergleich zur Buchführung des Steuerpflichtigen;
- es ergeben sich enorme mathematische Hebelwirkungen schon bei relativ kleinen Änderungen der Ausgangsparameter;
- das Datenmaterial ist derart umfangreich, dass es für den Steuerpflichtigen und die Finanzgerichte kaum nachzuvollziehen ist.

c) Abgestufte Zulässigkeit des Zeitreihenvergleichs in Abhängigkeit vom Gewicht der Buchführungsmängel (Drei-Stufen-Theorie)

Der BFH hat den Anwendungsbereich des Zeitreihenvergleichs auf schwere Buchführungsmängel beschränkt und dazu eine Drei-Stufen-Theorie entwickelt.[23] Auch dies stellt eine reine Anwendung des Verhältnismäßigkeitsgrundsatzes dar. Dieser allgemeine Rechtsgrundsatz gilt auch und gerade bei Schätzungen.

---

23 BFH-Urteil vom 25.3.2015 – X R 20/13, BStBl. II 2015, 743, unter II.3.b aa – cc.

d) Quantilsschätzung

Eine weitere, ebenfalls sehr umfangreiche BFH-Entscheidung befasst sich mit der Quantilsschätzung, einer anderen Methode der digitalen Betriebsprüfung.[24] Auf Details dieser Methode und der Entscheidung soll hier ebenfalls nicht näher eingegangen werden, denn abgesehen von diesen beiden Entscheidungen aus den Jahren 2015 und 2017, die beide zulasten der Finanzverwaltung ausgegangen sind, ist kein weiterer Fall zu elektronischen bzw. mathematisch-statistischen Schätzungsmethoden an den BFH herangetragen worden. Das ist einerseits schade, lässt aber möglicherweise den Schluss zu, dass die Finanzverwaltung diese Methoden heute viel zurückhaltender anwendet als früher und weitere kritische Entscheidungen der Gerichte vermeiden möchte.

Ein Gedanke aus der Entscheidung ist aber sehr wichtig, auch wenn er nicht unmittelbar die digitale Betriebsprüfung betrifft. Der BFH hat gesagt: Solange der Gesetzgeber sowohl die Gewinnermittlung durch Einnahmen-Überschuss-Rechnung zulässt als auch die Kassenführung mittels einer offenen Ladenkasse, kann (allein) aus dem Umstand, dass es bei Wahl dieser Methoden systembedingt keine Vollständigkeitsgewähr der Einnahmenerfassung geben kann, keine Befugnis zur Vollschätzung abgeleitet werden. Entscheidend für die Beurteilung der Frage, ob die im Einzelfall vorliegenden Aufzeichnungen ordnungsgemäß sind, ist nicht, ob das verwendete Aufzeichnungssystem bei hinreichender krimineller Energie Möglichkeiten zur Steuerverkürzung bietet, sondern ob es den gesetzlichen Anforderungen genügt.[25]

3. Richtsatzschätzung

Die neue höchstrichterliche Rechtsprechung, die das Thema „Schätzungen" für sich entdeckt hat und daher generell etwas strengere Anforderungen an die Finanzverwaltung und die Finanzgerichte stellt als bisher, ist nicht auf digitale Prüfungsmethoden beschränkt. Sie hat sich vielmehr jüngst auch zu ganz klassischen Methoden wie der Richtsatzschätzung geäußert. Dabei handelt es sich um eine eher ungenaue Schätzungsmethode, zumal sie nicht auf Daten des jeweiligen Betriebs beruht. Auch hier begrenzt die neuere Rechtsprechung die Freiheit, die der Finanzverwaltung in der Praxis bisher zukam.

---

24 BFH-Beschluss vom 12.7.2017 – X B 16/17, BFHE 257, 523; die Finanzverwaltung hat diese Entscheidung bisher nicht im BStBl. II veröffentlicht, wendet sie also noch nicht an

25 BFH-Beschluss vom 12.7.2017 – X B 16/17, BFHE 257, 523, Rz 86 ff.

a) BGH-Rechtsprechung zum Steuerstrafrecht

Den Anstoß hierzu hat nicht etwa der BFH gegeben, sondern der BGH in einer steuerstrafrechtlichen Entscheidung.[26] Er hat dabei die folgenden Kernaussagen getroffen:

(1) Die Richtsatzschätzung ist (nur) zulässig, wenn andere Schätzungsmethoden nicht in Betracht kommen. Dies muss im Urteil nachvollziehbar begründet werden.

(2) Weil es sich um ein eher grobes Schätzungsverfahren handelt, müssen die Umstände des Einzelfalls in den Blick genommen werden. Schon wenn der Mittelwert der Richtsatzspanne angesetzt wird, muss das Gericht ausdrücklich begründen, aus welchen Umständen es geschlossen hat, dass dieser Mittelwert im konkreten Betrieb erzielt werden kann. Dabei sind sowohl die örtlichen Verhältnisse als auch die betrieblichen Besonderheiten zu berücksichtigen.

Zwar hat der BGH diese Aussagen zum Strafrecht getroffen, wo (anders als im Steuerrecht) der Grundsatz „in dubio pro reo“ maßgebend ist und hohe Anforderungen an die Tatsachenfeststellung durch die Instanzgerichte gelten. Allerdings beruft sich der BGH für seine Aussagen ausdrücklich auf Rechtsprechung des BFH. Daher spricht viel dafür, dass für Richtsatzschätzungen im Steuerrecht dieselben Grundsätze gelten. Die steuerrechtliche Praxis verfährt bisher jedoch anders. Betriebsprüfer und Finanzgerichte begründen im Allgemeinen nicht detailliert, weshalb sie den herangezogenen Wert aus der Richtsatzspanne für zutreffend halten.

b) BFH: Beitrittsaufforderung an das BMF zu steuerrechtlichen Richtsatz-Schätzungen

Jahrzehntelang hat der BFH die Richtsatzschätzung als „anerkannte“ Schätzungsmethode bezeichnet und keine besonderen Anforderungen an ihre Anwendung gestellt. Ende 2022 hat der X. Senat des BFH dem BMF jedoch einige Fragen zur Methode der Richtsatzschätzung vorgelegt und das Ministerium aufgefordert, zwei anhängigen Revisionsverfahren beizutreten. Der Senat hat dabei angekündigt, sich in diesen Verfahren grundsätzlich mit der Frage auseinanderzusetzen, ob und unter welchen Voraussetzungen eine Schätzung anhand der Richtsatzsammlung des BMF zulässig ist.[27]

---

26 BGH-Urteil vom 20.12.2016 – 1 StR 505/16, HFR 2017, 970

27 BFH-Beschluss vom 14.12.2022 – X R 19/21, BFHE 278, 428.

Die Fragen, die der BFH veröffentlicht hat, betreffen die folgenden Problembereiche:

- Welche Einzeldaten fließen mit welchem Gewicht in die Ermittlung der Richtsätze der jeweiligen Gewerbeklasse ein? Wie wird die Repräsentativität der Daten sichergestellt?
- Steht die regional erheblich unterschiedliche Höhe fixer Betriebskosten (vor allem Raum- und Personalkosten) der Festlegung bundeseinheitlicher Richtsätze entgegen?
- Warum bleiben Betriebe, die zwar einen positiven Rohgewinnaufschlagsatz haben, aber Verluste erzielen, außer Betracht?
- Wird eine spätere Herabsetzung von Steuerfestsetzungen, die auf einer Außenprüfung beruhen, in den Richtsätzen berücksichtigt?
- Wie kann es dem Steuerpflichtigen ermöglicht werden, das Ergebnis einer Richtsatzschätzung im Hinblick auf die Daten, die dieser Sammlung zugrunde liegen, nachzuvollziehen und zu überprüfen?

aa) Eventuell regionale Differenzierung erforderlich?

Der BGH hat in seiner vorstehend zitierten Entscheidung die „örtlichen Verhältnisse" erwähnt. Es gibt innerhalb Deutschlands erhebliche Unterschiede in der Wirtschaftskraft und im Kostenniveau zwischen verschiedenen Regionen. Es liegt nahe, dass ein Bäcker, Friseur, Installateur oder Hofladenbetreiber aus einer wirtschaftsschwachen Region nicht den Rohgewinnaufschlagsatz ansetzen kann, der im Bundesdurchschnitt erzielt wird. Er braucht ihn auch nicht, weil seine Fixkosten viel geringer sind. Für Miete und Personal bezahlen Unternehmer in strukturschwachen Regionen viel weniger als in einem Hochpreisgebiet wie beispielsweise München. Die Fixkosten müssen aber ebenfalls aus dem Rohgewinn gedeckt werden. Demgegenüber sind die Wareneinkaufspreise (die Basisgröße für den Rohgewinnaufschlagsatz) in Deutschland weitestgehend einheitlich. Das Kilo Mehl für den Pizzabäcker kostet im Supermarkt in München und in Südostsachsen nahezu dasselbe. Der Verkaufspreis der Pizza ist aber in Südostsachsen viel geringer, also fällt auch der rechnerische Rohgewinnaufschlagsatz entsprechend geringer aus. Das muss m.E. zumindest bei der Anwendung der Richtsätze berücksichtigt werden, möglicherweise auch schon bei ihrem Zustandekommen.

M.E. bedarf es daher einer besonderen Begründung durch das Finanzamt, wenn in einer Region, in der die Wirtschaftskraft und das Preisniveau weit unter dem Bundesdurchschnitt liegen, derselbe Richtsatz angesetzt werden soll wie im Bundesschnitt. Umgekehrt könnte dies aber auch heißen, dass in besonders wirtschaftsstarken Regionen oder an sehr guten Standorten eine Überschreitung des Mittelwerts eher leicht zu begründen ist.

bb) Offenlegung der Daten hinter der Richtsatzsammlung

Die meisten der vom BFH veröffentlichten Fragen an das BMF zielen auf das Herstellen von größerer Transparenz als sie bisher in Bezug auf das Zustandekommen der amtlichen Richtsätze herrscht.

Denkbar wäre, hier an die Rechtsprechung des BVerwG und BVerfG zum Anspruch auf Einsichtnahme in die Rohmessdaten in Verfahren wegen Geschwindigkeitsüberschreitungen anzuknüpfen.[28] Danach dürfen die Gerichte zwar grundsätzlich von der Ordnungsmäßigkeit der Messdaten ausgehen. Wenn der Betroffene allerdings konkrete Anhaltspunkte für technische Fehler oder Bedienungsfehler vorträgt, muss das Gericht sich die Rohdaten anschauen. Eventuell ließe sich dies auf die Richtsätze übertragen.

4. Griffweise Schätzung

Die griffweise Schätzung ist grundsätzlich nachrangig gegenüber anderen, genaueren Schätzungsmethoden.

Auch in Bezug auf die notwendige Begründung einer griffweisen Schätzung hat der BFH die Anforderungen verschärft.[29] Es genügt nicht mehr, einfach zu sagen „Der Senat hält einen Zuschlag von 10 % für angemessen". Zwar kann eine griffweise Schätzung naturgemäß nicht detailliert begründet werden; ansonsten wäre es keine griffweise Schätzung mehr. Es muss aber zumindest erkennbar sein, dass das Gericht eine Abwägung zwischen der Höhe der Hinzuschätzung und dem Gewicht der festgestellten Mängel vorgenommen hat. Aus dem Urteil muss hervorgehen, dass der Tatrichter sich dessen bewusst ist, dass eine beispielsweise zehnprozentige Hinzuschätzung zum Umsatz mit einem viel höheren Prozentsatz auf den Gewinn durchschlägt. Daher muss auch das Ergebnis einer griffweisen Schätzung stets auf seine Plausibilität hin überprüft werden.

Diese Grundsätze sind zwar zur Überprüfung solcher Schätzungen entwickelt worden, die ein FG vorgenommen hat. Für Schätzungen eines Betriebsprüfers bzw. des Finanzamts gilt aber natürlich dasselbe.

---

28 BVerfG-Beschluss vom 12.11.2020 – 2 BvR 1616/18, NJW 2021, 455; BVerwG-Urteil vom 2.2.2023 – 3 C 14/21, BVerwGE 177, 369.

29 BFH-Urteil vom 20.3.2017 – X R 11/16, BStBl. II 2017, 992, Rz 50ff.; BFH-Urteil vom 12.12.2017 – VIII R 6/14, BFH/NV 2018, 606, Rz 63; BFH-Urteil vom 12.12.2017 – VIII R 5/14, BFH/NV 2018, 602, Rz 47.

IV. Prozessuales

Am Schluss dieses Beitrags sollen einige Hinweise zu besonderen prozessualen Situationen in Bezug auf Schätzungen stehen.

1. Hinweispflicht des FG beim Wechsel der Schätzungsmethode

Gelegentlich hat der BFH die folgende Konstellation zu beurteilen: Das Finanzamt hat eine komplexe Schätzungsmethode angewendet (z. B. Geldverkehrsrechnung, Aufschlagkalkulation, Zeitreihenvergleich). Im Einspruchs- und Klageverfahren hat sich der Berater dann viel Arbeit gemacht und qualifizierte Einwendungen gegen das Zahlenwerk des Finanzamts erhoben. Das FG scheut nun möglicherweise die Mühe, die in derartigen Fällen mit einer Beweisaufnahme oder anderen Maßnahmen der Sachaufklärung verbunden wäre, führt eine nicht allzu lebendige mündliche Verhandlung durch und weist die Klage anschließend ab. Zur Begründung führt es aus, man könne offenlassen, ob den Einwendungen des Beraters (des Klägers) gegen die durchgeführte Schätzung zu folgen sei; jedenfalls komme man mit einer Richtsatzschätzung oder einer griffweisen Schätzung zum selben Ergebnis.

Der BFH verpflichtet die Finanzgerichte dazu, in solchen Fällen gemäß § 76 Abs. 2 FGO einen vorherigen deutlichen Hinweis auf den beabsichtigten Wechsel der Schätzungsmethode zu geben.[30] Die Klägerseite erhält dadurch Gelegenheit, auch zu der neuen Schätzungsmethode Einwendungen vorzutragen. Da ein Unterbleiben des Hinweises einen Verfahrensmangel darstellt, kann dies auch mit einer Nichtzulassungsbeschwerde erfolgversprechend gerügt werden. Natürlich gilt diese Hinweispflicht ganz generell bei jedem Wechsel der Schätzungsmethode, nicht aber für bloße Abwandlungen der Schätzung innerhalb der beibehaltenen Schätzungsmethode.[31]

---

30 Zum Wechsel vom Zeitreihenvergleich zur Richtsatzschätzung BFH-Beschluss vom 19.1.2018 – X B 60/17, BFH/NV 2018, 530, Rz 16 ff.

31 BFH-Urteil vom 3.12.2019 – X R 5/18, BFH/NV 2020, 698, Rz 33.

2. Mangelnde Begründung von Schätzungen durch das FG

Grundsätzlich stellt eine lückenhafte Begründung eines FG-Urteils nur einen materiell-rechtlichen Fehler dar, der im Verfahren der Nichtzulassungsbeschwerde so gut wie nie mit Erfolgsaussicht gerügt werden kann. Dies gilt natürlich auch für Schätzungsfälle.

In einigen neueren Entscheidungen hat der BFH aber sogar in Verfahren der Nichtzulassungsbeschwerde Schätzungsentscheidungen aufgehoben, weil die Schätzung nicht auf ihre wirtschaftliche Plausibilität geprüft worden war. So stellt es einen Gehörsverstoß (und damit einen Verfahrensmangel) dar, wenn ein FG sich nicht mit der Plausibilität (Schlüssigkeit) seiner griffweisen Schätzung auseinandergesetzt hat, obwohl der Kläger zuvor substantiiert vorgetragen hatte, dass er derartig hohe Umsätze und Gewinne gar nicht erzielen kann.[32] Auch hat der BFH bereits eine Verletzung der Sachaufklärungspflicht bejaht, wenn das FG eine Schätzung trotz ihrer erheblichen Höhe nicht auf Plausibilität überprüft.[33]

3. Ausnahmsweise schwerwiegender Rechtsfehler

Einen sogenannten „schwerwiegenden Rechtsfehler", der ebenfalls zur Revisionszulassung führt, hat der BFH beispielsweise bejaht bei einer Schätzung des Gewinns eines Taxiunternehmers auf 85,5 % des Umsatzes.[34] Eine solche Kennzahl ist schon auf den ersten Blick grob unplausibel.

---

32 BFH-Beschluss vom 26.2.2018 – X B 53/17, BFH/NV 2018, 820.

33 BFH-Beschluss vom 27.12.2019 – X B 6/18, BFH/NV 2020, 769, Rz 43.

34 BFH-Beschluss vom 13.10.2003 – IV B 85/02, BStBl. II 2004, 25.